Kinderrechte

Kölner Schriften zu Recht und Staat

Herausgegeben von
Prof. Dr. Hartmut Schiedermair und
Prof. Dr. Bernhard Kempen

Band 54

PL ACADEMIC RESEARCH

ELISABETH ROSSA

Kinderrechte

Das Übereinkommen über die Rechte des Kindes im internationalen und nationalen Kontext

PL ACADEMIC RESEARCH

Bibliografische Information der Deutschen Nationalbibliothek
Die Deutsche Nationalbibliothek verzeichnet diese Publikation in der Deutschen Nationalbibliografie; detaillierte bibliografische Daten sind im Internet über http://dnb.d-nb.de abrufbar.

Zugl.: Köln, Univ., Diss., 2013

Abbildung auf dem Umschlag:
Historisches Universitätssiegel der Universität zu Köln.

D 38
ISSN 1433-0253
ISBN 978-3-631-65355-5 (Print)
E-ISBN 978-3-653-04567-3 (E-Book)
DOI 10.3726/978-3-653-04567-3

PL Academic Research ist ein Imprint der Peter Lang GmbH.

Peter Lang – Frankfurt am Main · Bern · Bruxelles · New York · Oxford · Warszawa · Wien

Dieses Buch erscheint in einer Herausgeberreihe bei PL Academic Research und wurde vor dem Erscheinen peer reviewed.

www.peterlang.com

Danksagung

Ich danke meinem Doktorvater Professor Dr. Bernhard Kempen für die umfassende, freundliche und stets ermutigende Betreuung. Die vielen Gespräche und kritischen Anregungen haben mir sehr geholfen und mich bestärkt. Meinem Zweitgutachter Professor Dr. Claus Kreß danke ich nicht nur für die zügige Erstellung des Gutachtens, sondern auch für viele lehrreiche und hochinteressante Stunden während meines Studiums. Zuletzt gilt mein Dank Professor Dr. Andreas Funke, durch den ich mein Interesse am Völkerrecht entdeckt und vertieft habe.

Inhaltsverzeichnis

Abkürzungsverzeichnis

aA	andere Ansicht
a. a. O.	am angegebenen Ort
abgedr.	abgedruckt
Abs.	Absatz
AEMR	Allgemeine Erklärung der Menschenrechte
a. F.	alte Fassung
AnwBl.	Anwaltsblatt
AöR	Archiv des öffentlichen Rechts
ApuZ	Aus Politik und Zeitgeschichte
Art.	Artikel
Artt.	Artikel (Plural)
Aufl.	Auflage
AvR	Archiv des Völkerrechts
Bd.	Band
BDGV	Berichte der deutschen Gesellschaft für Völkerrecht
BGB	Bürgerliches Gesetzbuch
BGBl.	Bundesgesetzblatt
BGG	Gesetz zur Gleichstellung behinderter Menschen
BK	Bonner Kommentar zum Grundgesetz
BMJ	Bundesministerium der Justiz
BR-Drucks.	Bundesratsdrucksache
Brem.	Bremisches
BremWahlG	Bremisches Wahlgesetz
BRK	Übereinkommen über die Rechte von Menschen mit Behinderungen / Behindertenrechtskonvention
BT	Bundestag
BT-Drucks.	Bundestagsdrucksache
BVerfG	Bundesverfassungsgericht
BVerfGE	Entscheidungen des Bundesverfassungsgerichts
BverfGG	Gesetz über das Bundesverfassungsgericht
BverwG	Bundesverwaltungsgericht

CDU	Christlich Demokratische Union Deutschlands
CRC	Convention on the rights of the child
CSU	Christlich-soziale Union in Bayern e. V.
ders.	derselbe
dies.	dieselbe(n)
Doc.	Dokument
Drucks.	Drucksache
DVBl.	Deutsches Verwaltungsblatt
ebd.	ebenda
EGMR	Europäischer Gerichtshof für Menschenrechte
Einl.	Einleitung
EMRK	Konvention zum Schutze der Menschenrechte und Grundfreiheiten / Europäische Menschenrechtskonvention
endg.	endgültig
EuR	Europarecht
evtl.	eventuell
f.	folgende (Seite)
FamRZ	Zeitschrift für das gesamte Familienrecht
FDP	Freie Demokratische Partei
ff.	folgende (Seiten)
Fn.	Fußnote
FoR	Forum Recht
FPR	Familie Partnerschaft Recht
FRK	Übereinkommen zur Beseitigung jeder Form von Diskriminierung der Frau
GBl.	Gesetzblatt
GG	Grundgesetz
GGK	Grundgesetz-Kommentar
GO	Geschäftsordnung
GVBl.	Gesetz- und Verordnungsblatt
GWP	Gesellschaft – Wirtschaft – Politik
HdBStR	Handbuch des Staatsrechts der Bundesrepublik Deutschland
HGR	Handbuch der Grundrechte in Deutschland und Europa
Hrsg.	Herausgeber/-in
HS	Halbsatz
HuV	Humanitäres Völkerrecht
ICJ	International Court of Justice

IGH	Internationaler Gerichtshof
ILC	International Law Commission
InfAuslR	Informationsbrief Ausländerrecht
IpbpR	Internationaler Pakt über bürgerliche und politische Rechte
IpwirtR	Internationaler Pakt über wirtschaftliche, soziale und kulturelle Rechte
i. V. m.	in Verbindung mit
IzKK	Informationszentrum Kindesmisshandlung/Kindesvernachlässigung
JGG	Jugendgerichtsgesetz
JZ	Juristen Zeitung
KerzG	Gesetz über die religiöse Kindererziehung
KJ	Kritische Justiz
KOM	Europäische Kommission
Komm.	Kommentar
KRK	Kinderrechtskonvention
lit.	litera
m. E.	meines Erachtens
MRM	Menschenrechtsmagazin
MüKo	Münchener Kommentar zum Bürgerlichen Gesetzbuch
m. w. N.	mit weiteren Nachweisen
Nds.	Niedersächsisch
NDV	Nachrichtendienst des Deutschen Vereins für öffentliche und private Fürsorge e.V.
NGO	Non-Governmental Organisation
NJW	Neue Juristische Wochenschrift
NkomVG	Niedersächsisches Kommunalverfassungsgesetz
Nr.	Nummer
NVwZ	Neue Zeitschrift für Verwaltungsrecht
NVwZ-RR	Neue Zeitschrift für Verwaltungsrecht-Rechtsprechungs-Report
NYIL	Netherlands Yearbook of International Law
OLG	Oberlandesgericht
OVG	Oberverwaltungsgericht
RdJB	Recht der Jugend und des Bildungswesens
RGBl.	Reichsgesetzblatt
RKEG	Gesetz über die religiöse Kindererziehung

Rn.	Randnummer
Rs.	Rechtssache
S.	Satz (Gesetzesangabe)
S.	Seite
s.	siehe
s. o.	siehe oben
SchwbG	Schwerbehindertengesetz
SGB	Sozialgesetzbuch
sog.	sogenannt
SPD	Sozialdemokratische Partei Deutschlands
StGB	Strafgesetzbuch
u. a.	und andere; unter anderem
UAbs.	Unterabsatz
UN	United Nations
UNICEF	United Nations Children's Fund
UNO	United Nations Organization
Urt.	Urteil
v.	von
VG	Verwaltungsgericht
vgl.	vergleiche
VN	Vereinte Nationen (Zeitschrift)
Vorb.	Vorbemerkung
VwGO	Verwaltungsgerichtsordnung
WHO	World Health Organization
WVK	Wiener Übereinkommen über das Recht der Verträge
z.	zum
ZaöRV	Zeitschrift für ausländisches öffentliches Recht und Völkerrecht
ZAR	Zeitschrift für Ausländerrecht und Ausländerpolitik
ZfJ	Zentralblatt für Jugendrecht
zit.	zitiert
ZKJ	Zeitschrift für Kindschafts- und Jugendrecht
ZP I	Zusatzprotokoll vom 8. Juni 1977 zu den Genfer Abkommen vom 12. August 1949 über den Schutz der Opfer internationaler bewaffneter Konflikte

ZP II	Zusatzprotokoll vom 8. Juni 1977 zu den Genfer Abkommen vom 12. August 1949 über den Schutz der Opfer nicht internationaler bewaffneter Konflikte
ZRP	Zeitschrift für Rechtspolitik
ZPO	Zivilprozessordnung

Einleitung

Kinderrechte sind Menschenrechte.[1]

Diese Überzeugung, die heute selbstverständlich zu sein scheint, findet in dem Übereinkommen über die Rechte des Kindes[2] ihre normative Ausgestaltung. Das Übereinkommen wurde 1989 ausgehandelt und besteht seit über 20 Jahren. Die Existenz eines Menschenrechtsübereinkommens ausschließlich für Kinder gibt Anlass, über seinen Kerngehalt – die Rechte von Kindern – ausführlich nachzudenken.

Kinderrechte sind Menschenrechte und damit bereits Gegenstand mehrerer internationaler Konventionen. Weshalb ist also das Bedürfnis einer eigenen Konvention über Kinderrechte entstanden, und worin besteht das Spezifische der Rechtspositionen von Kindern?

Zu den allgemeinen Menschenrechten muss in dem Übereinkommen über die Rechte des Kindes etwas hinzugetreten sein, was den Interessen des Kindes im Besonderen dient. Womöglich müsste es sich hierbei gar um speziell für Kinder geschaffene und damit „neue“ Rechte handeln.

Dass letzteres nicht der Fall ist, wird sich in dieser Arbeit zeigen. In welchem Rahmen die allgemeinen Menschenrechte jedoch sinnvoll zu ergänzen sind, kann sich letztlich nur aus einer Bestimmung der Bedürfnisse des Kindes ergeben. Die UN-Kinderrechtskonvention stellt daher in Art. 3 Abs. 1 die Interessen des Kindes in den Mittelpunkt, indem sie deren vorrangige Berücksichtigung bei allen Maßnahmen fordert, die Kinder betreffen. Wie weit und umfassend dieser sog. Kindeswohlvorrang aus Art. 3 Abs. 1 UN-KRK innerhalb der UN-Kinderrechtskonvention und dem System des Menschenrechtsschutzes wirkt, ist von zentraler Bedeutung bei dem Versuch, sich dem Kerngehalt der Kinderrechte zu nähern. Aber auch die konkreten Kriterien, nach denen sich das Kindeswohl richtet, müssen notwendigerweise bestimmt werden.

---

1 Diese Feststellung trifft neben vielen so explizit auch v. SCHORLEMER, in: dies. (Hrsg.), Die Vereinten Nationen und die Entwicklung der Rechte des Kindes, S. 35.

2 Im Folgenden auch als „UN-Kinderrechtskonvention“ oder „Kinderrechtskonvention“ bezeichnet.

Doch worin das Kindeswohl sämtlicher Kinder besteht, ist schwer zu ermitteln. Dies juristisch erfassen zu wollen, scheint auf den ersten Blick unmöglich. So existiert zwar eine große Bandbreite an Aufsätzen und anderen wissenschaftlichen Werken verschiedenster Fachrichtungen, die sich mit dem Gehalt der UN-Kinderrechtskonvention und den Interessen des Kindes auseinandersetzen. Diese können aber schon allein aufgrund ihrer unterschiedlichen Fachterminologien und der voneinander abweichenden Erkenntnisschwerpunkte insgesamt nicht zu einem befriedigenden und erschöpfenden Verständnis der UN-Kinderrechtskonvention aus rein rechtlicher Sicht führen. Daher versteht sich diese Arbeit als eine juristische Auseinandersetzung mit dem Übereinkommen über die Rechte des Kindes und seiner Wirkung insbesondere in Deutschland sowie mit den Interessen des Kindes. Untersuchungen der UN-Kinderrechtskonvention aus beispielsweise (sozial-)pädagogischer Sicht bleiben unberücksichtigt.

Die rechtliche Untersuchung des Kindeswohlbegriffes leitet unmittelbar auch in das innerstaatliche Recht über. Dort gibt es seit vielen Jahren und Legislaturperioden eine politische und wissenschaftliche Debatte über eine Verankerung von Kinderrechten in der Verfassung, in der das Kindeswohl eine hervorgehobene Rolle einnimmt. Besonders bedeutend sind in diesem Zusammenhang Art. 6 GG und Art. 2 Abs. 1 i. V. m. Art. 1 Abs. 1 GG sowie die Rechtsprechung des Bundesverfassungsgerichtes.

Eine tiefergehende Beschäftigung mit den verfassungsrechtlichen Normen und der dazu ergangenen Rechtsprechung ermöglicht es darüber hinaus, die Stellung des Kindes im innerstaatlichen Rechtssystem zu erkennen. Dabei stellt sich – wie auch bereits bei der Konzeption der UN-Kinderrechtskonvention – die Frage, wie das Kind im Recht zu sehen ist. Begreift man es also vorrangig als zu Schützendes, oder kann und muss man ihm darüber hinaus weitere, selbstständige Möglichkeiten der Gestaltung seines Lebens- und Rechtsraumes zugestehen?

Für das Übereinkommen über die Rechte des Kindes können zu diesem Punkt das Fakultativprotokoll betreffend ein Mitteilungsverfahren und die darin enthaltenen Wertungen Aufschluss über die dem Kind zugedachten Berechtigungen geben. So ist das Kind nach Art. 5 des Fakultativprotokolls selbst beschwerdebefugt. Ob solch weitreichende Berechtigungen dem Kind im innerstaatlichen Recht ebenfalls eingeräumt oder nach der Konvention gar zwingend einzuräumen sind, oder wie eine eventuelle Beschränkung der rechtlichen Möglichkeiten von Kindern zu rechtfertigen ist, wird für das innerstaatliche Recht daher ebenfalls beantwortet werden müssen.

Zu einer Konkretisierung des Kindeswohlbegriffes und seiner Anforderungen kann möglicherweise ebenfalls Art. 2 UN-KRK, der ein Diskriminierungsverbot enthält, herangezogen werden. Die dort normierten besonderen Gefährdungs- und Problemsituationen, denen Kinder ausgesetzt sein können, erfordern am Kindeswohl ausgerichtete Abhilfemaßnahmen von Seiten der Vertragsstaaten. Lange Zeit wies überdies allein die UN-Kinderrechtskonvention als Menschenrechtsübereinkommen ein Diskriminierungsverbot aufgrund einer Behinderung auf. Mit dem Übereinkommen über die Rechte von Menschen mit Behinderungen trat 2006 jedoch ein weiteres Übereinkommen neben die UN-Kinderrechtskonvention, das speziell die Rechte behinderter Menschen zum Inhalt hat. Da Kinderrechte zu den Menschenrechten zählen, enthält das Übereinkommen über die Rechte von Menschen mit Behinderungen als Menschenrechtspakt auch kinderspezifische Vorschriften. Insbesondere unter Kindeswohlgesichtspunkten und aufgrund der Verbindlichkeit beider Übereinkommen für Deutschland muss daher geprüft werden, welches der Übereinkommen auf behinderte Kinder im konkreten Fall Anwendung finden soll, welche der Konventionen dem Kindeswohl am ehesten gerecht wird und wiederum, worin das Kindeswohl überhaupt besteht.

Dabei muss auch die innerstaatliche Wirkung der Übereinkommen untersucht werden. Bei der UN-Kinderrechtskonvention war die innerstaatliche Wirkung stark umstritten. Dies betraf vor allem die unmittelbare Anwendbarkeit der Konvention und ihrer Normen aufgrund der von Deutschland abgegebenen Ratifikationserklärung bis zu deren Rücknahme. Dabei zeigt sich in dieser Arbeit, dass eine präzise Bestimmung der innerstaatlichen Wirkung der Konvention die Grundlage der Auseinandersetzung mit der UN-Kinderrechtskonvention in Deutschland und dem Kindeswohlbegriff bildet.

Insgesamt soll das Übereinkommen über die Rechte des Kindes, das einen Konsens einer sehr großen Zahl an Vertragsstaaten darstellt, für die innerstaatliche Umsetzung mit ihren wesentlichen Prinzipien greifbar gemacht werden. Dabei soll nicht nur die Rechtsprechung des Bundesverfassungsgerichts in Bezug zu den Forderungen der UN-Kinderrechtskonvention gesetzt werden. Es sollen auch die Bedürfnisse des Kindes in den Mittelpunkt der Diskussion gerückt werden, die über das Kriterium des Kindeswohls in einem noch zu bestimmenden Umfang Eingang in das innerstaatliche Recht finden müssen.

Kapitel 1 – Das Übereinkommen über die Rechte des Kindes

Das Übereinkommen über die Rechte des Kindes ist ein völkerrechtlicher Vertrag, der sich weltweit einer großen Zahl an Unterzeichnungen und Ratifikationen erfreut. Momentan ist die Konvention gar die am meisten akzeptierte der Welt.[3] Das soll jedoch nicht darüber hinwegtäuschen, dass die Rechte des Kindes mitnichten generell anerkannt und geschützt werden. Neben der überwältigenden Zahl an Unterzeichnungen und Ratifikationen weist die UN-Kinderrechtskonvention eine ähnlich lange Liste an erklärten Vorbehalten auf.[4]

Zunächst soll dieses erste Kapitel dazu dienen, einen kurzen Überblick über die Entstehungsgeschichte des Übereinkommens über die Rechte des Kindes zu geben. Im weiteren Verlauf soll die UN-Kinderrechtskonvention selbst mit ihren wesentlichen Inhalten vorgestellt werden. Zuletzt sollen die Fakultativprotokolle überblicksartig zur Darstellung gelangen.

A. Der Werdegang des Übereinkommens über die Rechte des Kindes

Bereits zu Beginn des 20. Jahrhunderts begann die Idee der Notwendigkeit eines gesteigerten und damit möglichst kodifizierten Schutzes von Kindern die internationale Staatengemeinschaft zu beschäftigen. In den Jahren 1904 und 1910 wurden Kinderschutzabkommen zur Bekämpfung des Mädchenhandels unterzeichnet,[5] die auf einer internationalen Staatenkonferenz 1902 in Paris ausgehandelt wurden.[6] Vierzehn Jahre später, am 26. September 1924, wurde die „Declaration of Geneva"[7] von der Völkerbundversammlung

---

3 Siehe zu dem aktuellen Stand der Anzahl an Vertragsstaaten http://treaties.un.org/Pages/ViewDetails.aspx?src=TREATY&mtdsg_no=IV-11&chapter=4&lang=en (zuletzt abgerufen am 31.01.2014).

4 Siehe zu dem aktuellen Stand der erklärten Vorbehalte a. a. O.

5 RGBl. 1913/26.

6 Früh, Die UNO-Kinderrechtskonvention, S. 6.

7 League of Nations OJ 1924, Special Supp. 21, S. 42 f.

verabschiedet, die zwar keinen verbindlichen Rechtscharakter hatte, aber für die gesamte Menschheit gültige Grundsätze enthielt.[8] Sie bestand aus fünf Artikeln und wurde in den Entwürfen maßgeblich von EGLANTYNE JEBB, der Gründerin des britischen Komitees „Save the Children International Union", konzipiert. [9] Sie setzte sich insbesondere für eine leicht zu übersetzende und verstehende Formulierung der Kinderrechte ein.[10] Als erste völkerrechtliche Resolution auf dem Gebiet des Kinderschutzes gilt die Genfer Erklärung über die Rechte des Kindes als wichtigste Etappe auf dem Weg zu der UN-Kinderrechtskonvention.[11] Im Gegensatz zu der heutigen Konzeption von Kinderrechten, die beispielsweise auch als Garant der freien, kindlichen Meinungsäußerung zu verstehen ist, sollte die Genfer Erklärung das Kind lediglich schützen und retten.[12] Mitwirkungsrechte waren somit nicht vorgesehen. Die Genfer Erklärung diente vielmehr erklärtermaßen dazu, Kinder in ihrer Entwicklung zu unterstützten und ihnen darin ausreichenden Schutz zu gewährleisten.[13]

1948 wurde die Genfer Erklärung über die Rechte des Kindes in leicht veränderter und erweiterter Form von der Generalversammlung der neu gegründeten Vereinten Nationen als „Declaration of the Rights of the Child" verkündet.[14] Die Deklaration enthielt insgesamt sieben Artikel. Dabei wurde das zuvor in der Präambel der Genfer Erklärung über die Rechte des Kindes enthaltene Schutzgebot für alle Kinder, ungeachtet ihrer Abstammung, Nationalität oder ihres Glaubensbekenntnisses, nun in dem ersten Artikel der Deklaration normiert.[15] Erweitert wurde die ursprüngliche Konzeption außerdem um das Gebot, das Kind im Kontext seiner Familie zu betrachten und alle Maßnahmen nach dem Kind als Teil seiner Familie auszurichten.[16] Die

---

8 DORSCH, Die Konvention der Vereinten Nationen über die Rechte des Kindes, S. 30 f.

9 MAYWALD, APuZ 38/2010, S. 9 f.

10 VEERMAN, The Rights of the Child and the Changing Image of Childhood, S. 155 ff.

11 Siehe hierzu auch die Bezugnahme auf die Genfer Erklärung in der Präambel zu der UN-Kinderrechtskonvention sowie STEINDORFF-CLASSEN, in: ELSEN, SUSANNE/WEBER, KLAUS/Hochschule München (Hrsg.), Aktiv für Kinderrechte, S. 13.

12 KRAPPMANN, in: V. SCHORLEMER, SABINE/SCHULTE-HERBRÜGGEN, ELENA (Hrsg.), 1989 – 2009: 20 Jahre UN-Kinderrechtskonvention, S. 11.

13 KERBER-GANSE, Die Menschenrechte des Kindes, S. 36 f.

14 CANTWELL, in: DETRICK, SHARON, The United Nations Convention on the Rights of the Child. A Guide to the „Travaux Préparatoires", S. 19.

15 Siehe Art. 1 der Declaration of the Rights of the Child.

16 Siehe Art. 2 der Declaration of the Rights of the Child.

Vereinten Nationen, als Nachfolger des Völkerbundes, nahmen sich dem Kinderschutz nach den verheerenden Eindrücken des Zweiten Weltkrieges in Form der Deklaration unmittelbar an und verabschiedeten sie noch vor der Allgemeinen Erklärung der Menschenrechte.[17] Auch letztere enthält in weit geringerem Umfang Rechte für Kinder. Art. 25 Abs. 2 AEMR gewährt Müttern und Kindern einen erhöhten Schutzanspruch. Auch soll eine Unterscheidung von ehelichen und unehelichen Kindern im Hinblick auf die Gewährung sozialen Schutzes unterbleiben. Beiden Erklärungen gemein war die fehlende Bindungswirkung,[18] die jedoch mit einer starken Signalwirkung einherging.

Aufgrund der wachsenden Überzeugung, dass Kinder mehr als den bereits gewährleisteten Schutz bräuchten, verabschiedete die Vollversammlung der Vereinten Nationen am 29. November 1959 die „Erklärung der Rechte des Kindes".[19] In der Präambel der Erklärung wird der erhöhte Schutzbedarf des Kindes mit dessen mangelnder körperlichen und geistigen Reife begründet.[20] Zudem wird in Abschnitt vier der Präambel auf dessen Anerkennung durch die Staatengemeinschaft in der Allgemeinen Erklärung der Menschenrechte und Satzungen verschiedener internationaler Organisationen referiert.[21] Als Grundlage wird daneben auch die Genfer Erklärung der Rechte des Kindes genannt.[22]

Die „Erklärung der Rechte des Kindes" bestand aus insgesamt zehn Artikeln. Es wurden ein Diskriminierungsverbot[23] sowie zahlreiche Schutz- und Fürsorgepflichten[24] kodifiziert. Durch die Normierung des Rechtes des Kindes auf einen Namen und eine Nationalität wurde Kindern erstmals ein bür-

---

17 DORSCH, Die Konvention der Vereinten Nationen über die Rechte des Kindes, S. 52; siehe zum Wortlaut der Allgemeinen Erklärung der Menschenrechte A/RES/217 (III) v. 10. Dezember 1948.

18 STEINDORFF-CLASSEN, in: ELSEN, SUSANNE/WEBER, KLAUS/Hochschule München (Hrsg.), Aktiv für Kinderrechte, S. 13, Fn. 8.

19 A/RES/1386 (XIV) = GAOR 14th sess., Supp. 16, S. 19; siehe auch BAER, NJW 1993, S. 2209.

20 Siehe dazu A/RES/1386 (XIV), Präambel, Abschnitt 3.

21 Siehe dazu A/RES/1386 (XIV), Präambel, Abschnitt 4.

22 a. a. O.

23 Siehe dazu den Wortlaut des Art. 1 der Erklärung der Rechte des Kindes.

24 Siehe dazu beispielsweise Art. 2 und 4 der Erklärung der Rechte des Kindes.

gerliches Recht zugesprochen.[25] Der Begriff des Kindeswohls, der in der heutigen Kinderrechtskonvention zu einem Schlüsselbegriff geworden ist, wurde in der „Erklärung der Rechte des Kindes“ von 1959 zum ersten Mal verwandt.[26] Ein Mitwirkungsrecht für Kinder wurde hingegen wiederum ausgespart. Auch die „Erklärung der Rechte des Kindes“ entfaltete keine Bindungswirkung[27] und vermittelte den Kindern keine subjektiven Rechte.

Ebenso wurden in anderen UN-Menschenrechtsabkommen bereits im Vorfeld der UN-Kinderrechtskonvention vereinzelt und fragmentarisch Schutz- und Fürsorgepflichten kodifiziert, wie beispielsweise der allgemeine Schutzanspruch des Kindes in den Artt. 23 und 24 Abs. 1 IPbpR[28] oder der Schutz des Kindes im Bereich der Wirtschaft in Art. 10 Abs. 3 IPwirtR.[29] Allerdings ist zu bemerken, dass die UN-Kinderrechtskonvention das erste Vertragswerk darstellt, das die Staaten zu einer verbindlichen Beachtung einer umfassenden Zahl an Kinderrechten aufruft.[30]

Die konkrete Idee zu einer völkerrechtlich verbindlichen Kinderrechtskonvention der Vereinten Nationen fußte im Wesentlichen auf einem polnischen Entwurf aus dem Jahr 1978 anlässlich des „Internationalen Jahr[es] des Kindes“ 1979.[31] Dieser Entwurf einer Kinderrechtskonvention orientierte sich in hohem Maß an der Erklärung aus dem Jahr 1959.[32] Erweitert wurde er

---

25 CANTWELL, in: DETRICK, SHARON, The United Nations Convention on the Rights of the Child. A Guide to the „Travaux Préparatoires“, S. 19 f.; siehe insofern den Wortlaut des Abschnitts 4 der Präambel der Erklärung der Rechte des Kindes.

26 MAYWALD, APuZ 38/2010, S. 9 f.; siehe insofern den Wortlaut des Art. 3 der Erklärung der Rechte des Kindes.

27 STEINDORFF-CLASSEN, in: ELSEN, SUSANNE/WEBER, KLAUS/Hochschule München (Hrsg.), Aktiv für Kinderrechte, S. 13 f.

28 Internationaler Pakt über bürgerliche und politische Rechte v. 19. Dezember 1966, BGBl. II 1973, S. 1533.

29 Internationaler Pakt über wirtschaftliche, soziale und kulturelle Rechte v. 19. Dezember 1966, BGBl. II 1973, S. 1569; DORSCH, Die Konvention der Vereinten Nationen über die Rechte des Kindes, S. 35; siehe dazu auch die ausführliche Aufzählung der internationalen Vereinbarungen, die Bereiche des Kinderschutzes schon vor der UN-Kinderrechtskonvention berücksichtigten bei VERSCHRAEGEN, Die Kinderrechtekonvention, S. 1, Fn. 6.

30 STEINDORFF-CLASSEN, in: ELSEN, SUSANNE/WEBER, KLAUS/Hochschule München (Hrsg.), Aktiv für Kinderrechte, S. 14.

31 DORSCH, Die Konvention der Vereinten Nationen über die Rechte des Kindes, S. 53; siehe zum polnischen Resolutionsentwurf E/CN.4/L.1366.

32 BARSH, Nordic Journal of International Law 58 (1989), S. 25.

lediglich um die für völkerrechtliche Verträge gewöhnlichen Vertragsvorschriften, die die Bedingung für eine Umwandlung der „Erklärung der Rechte des Kindes“ in einen völkerrechtlich verbindlichen Vertrag waren.[33] Der polnische Entwurf sah sich jedoch weitreichender Kritik vor allem der westlichen Staaten ausgesetzt, die die mangelnde Berücksichtigung des Kindes als einen Teil der Familie beanstandeten.[34] Zudem konzentrierte sich der Entwurf Polens sehr auf wirtschaftliche, soziale und kulturelle Rechte, was von westlichen Staaten wegen der fehlenden Justiziabilität als nachteilig empfunden wurde.[35] Auch die Bundesrepublik Deutschland tat sich schwer, den polnischen Entwurf, basierend auf einer vom Wortlaut her als unvollständig empfundenen „Erklärung der Rechte des Kindes“, unverändert zu akzeptieren.[36] Die dänische Regierung sah die „Erklärung der Rechte des Kindes“ zudem sprachlich als zu unpräzise an.[37] Die von der Menschenrechtskommission 1979 eingesetzte Arbeitsgruppe zur Vorbereitung einer Kinderrechtskonvention war nach ersten Beratungen mit den beteiligten Delegationen der Auffassung, dass die Konzeption einer solchen Konvention viel Zeit in Anspruch nehmen würde.[38] Damit sollte sie Recht behalten. Die Erstellung einer überwiegend akzeptierten Konvention bedurfte rund zehn weiterer Jahre.

Die Arbeitsgruppe bestand aus den Delegationen der 43 Mitgliedsstaaten der Menschenrechtskommission, Beobachtern aus den restlichen Mitgliedern der Vereinten Nationen und Vertretern verschiedener Nichtregierungs- sowie internationaler Organisationen.[39] Im Laufe der Debatten ergaben sich zwischen den verschiedenen Beteiligten mannigfach Streitpunkte über die Normierung einzelner Rechte, die jeweils eines Konsenses bedurften. War eine grundlegende Einigung nicht zu erreichen, so wurden programmatische Erklärungen verfasst, die die grundsätzlichen Bemühungen der Beteiligten zur

---

33 Siehe auch die *Denkschrift der Bundesregierung zu dem Übereinkommen*, abgedr. in: BT-Drucks. 12/42 v. 24.01.1991, S. 37.

34 DORSCH, Die Konvention der Vereinten Nationen über die Rechte des Kindes, S. 69.

35 PALM-RISSE, VN 3/1990, S. 101.

36 *Denkschrift der Bundesregierung zu dem Übereinkommen*, abgedr. in: BT-Drucks. 12/42 v. 24.01.1991, S. 31.

37 CANTWELL, in: DETRICK, SHARON, The United Nations Convention on the Rights of the Child. A Guide to the „Travaux Préparatoires“, S. 20.

38 DORSCH, Die Konvention der Vereinten Nationen über die Rechte des Kindes, S. 62 ff.; siehe dazu auch den Bericht der Arbeitsgruppe E.CN.4/L.1468 (1979).

39 LORZ, APuZ B 17-18/2000, S. 30.

Gewährung der streitigen Rechte signalisieren und unterstreichen sollten.[40] Für die Entscheidungsfindung der Arbeitsgruppe war das Konsensverfahren vorgesehen, in dessen Rahmen formlose Abstimmungen einen schnelleren Ablauf garantieren sollten, dessen Nachteil aber zugleich auch in der Notwendigkeit eines irgendwie gearteten Kompromisses zu sehen ist.[41] Als eine Folge dessen war zu bemerken, dass im Interesse der Aufrechterhaltung des bereits erzielten Konsenses bestimmte politisch kontroverse Themen von den Beratungen ausgeklammert wurden.[42] Zudem standen die Beratenden unter einem gewissen Zeitdruck, da die UN-Kinderrechtskonvention rechtzeitig zum 30. Jahrestag der Erklärung der Rechte der Kindes 1989 verabschiedungsreif sein sollte.[43] Diese Faktoren ließen den Entwurf einer Kinderrechtskonvention zwar teilweise recht vage ausfallen, ermöglichten es aber auch, eine Konvention zu erschaffen, die verschiedene Ansichten und Visionen miteinander vereinen konnte.

Eine für die Konzeption und den Schutzgehalt entscheidende Kontroverse entzündete sich beispielsweise daran, ob die Konvention rein als kinderspezifische zu erstellen sei, oder ob sie auch die allgemein anerkannten Menschenrechte miteinschließen sollte.[44] Die späteren Vertragsstaaten entschieden sich für die Gewährleistung eines umfassenden Menschenrechtsstandards und erlegten sich so selbst die damit einhergehende Verantwortung auf, die geltenden Menschenrechtsverbürgungen nicht zu unterschreiten.[45]

Eine konkrete Abweichung bezüglich der unterschiedlichen Schutzgehalte ergab sich zum Beispiel bei der Religionsfreiheit. Während nach Art. 18 IPbpR grundsätzlich die Möglichkeit des Religionswechsels besteht, ist sie nach Art. 14 UN-KRK für Kinder nicht verbürgt. Die Reduzierung des verbürgten Schutzes wurde vorgenommen, weil keine andere Möglichkeit auf Einigung mit den protestierenden islamischen Staaten bestand.[46]

---

40 VERSCHRAEGEN, Die Kinderrechtekonvention, S. 3; eine solche Norm ist beispielsweise Art. 22 Abs. 2 UN-KRK, der auch von den als „angemessen erscheinenden" Bemühungen der Vertragsstaaten spricht.

41 DORSCH, Die Konvention der Vereinten Nationen über die Rechte des Kindes, S. 77 f.

42 VERSCHRAEGEN, Die Kinderrechtekonvention, S. 2.

43 PALM-RISSE, VN 3/1990, S. 101.

44 LORZ, APuZ B 17-18/2000, S. 31.

45 VERSCHRAEGEN, Die Kinderrechtekonvention, S. 3.

46 Siehe dazu DORSCH, Die Konvention der Vereinten Nationen über die Rechte des Kindes, S. 138 sowie LORZ, APuZ B 17-18/2000, S. 31.

Sehr schwierig gestaltete es sich auch, einen für alle Staaten verbindlichen Zeitpunkt für den Beginn des zu schützenden Lebens zu finden, da dieser sich auch auf die rechtliche Ausgestaltung der Abtreibungsregeln auswirken könnte.[47] Statt der Festsetzung eines konkreten Zeitpunktes in einem Vertragsartikel konnten sich die späteren Vertragsstaaten lediglich auf einen auslegbaren Schutzstandard „before as well after birth" – entnommen aus der Präambel der „Erklärung der Rechte des Kindes" von 1959 – einigen.[48] Er fand in der Präambel der Kinderrechtskonvention Eingang.[49]

Nach langwierigen Beratungen einigte sich die Arbeitsgruppe schließlich am 9. Dezember 1988 einstimmig auf den verfassten Entwurf und auch die Menschenrechtskommission des Wirtschafts- und Sozialrates der Vereinten Nationen nahm den Entwurf am 9. März 1989 unverändert an.[50] Am 20. November 1989 wurde das Übereinkommen über die Rechte des Kindes als völkerrechtlicher Vertrag von der Generalversammlung der Vereinten Nationen angenommen.[51] Die Generalversammlung änderte den Entwurf der Arbeitsgruppe dabei nicht ab. [52]

Die Bundesrepublik Deutschland unterzeichnete die Konvention am 26. Januar 1990. Am 2. September 1990 trat sie gemäß ihres Artikels 49 Abs. 1 nach Hinterlegung der 20. Ratifikations- oder Beitrittsurkunde beim Generalsekretär der Vereinten Nationen in Kraft.[53] Dem folgte das Zustimmungsgesetz von Bundestag und Bundesrat vom 17. Februar 1992.[54] Am 6. März 1992 wurde die deutsche Ratifikationsurkunde bei den Vereinten Nationen hinterlegt. Am 5. April 1992 trat die UN-Kinderrechtskonvention schließlich für Deutschland in Kraft.[55]

---

47 CANTWELL, in: Detrick, Sharon, The United Nations Convention on the Rights of the Child. A Guide to the „Travaux Préparatoires", S. 26.

48 a. a. O.

49 Siehe dazu die Präambel des Übereinkommens über die Rechte des Kindes sowie CANTWELL, in: DETRICK, SHARON, The United Nations Convention on the Rights of the Child. A Guide to the „Travaux Préparatoires", S. 26.

50 *Denkschrift der Bundesregierung zu dem Übereinkommen*, abgedr. in: BT-Drucks. 12/42 v. 24.01.1991, S. 31.

51 A/RES/44/25 = GAOR 44th sess., Supp. 49, S. 166.

52 DORSCH, Die Konvention der Vereinten Nationen über die Rechte des Kindes, S. 72.

53 Siehe dazu auch DETRICK, in: dies., The United Nations Convention on the Rights of the Child. A Guide to the „Travaux Préparatoires", S. 1.

54 BGBl. II 1992, 121.

55 Siehe dazu auch die Ratifikationserklärung, BGBl. II 1992, 990.

Die UN-Kinderrechtskonvention beinhaltet einen bemerkenswert weiten Rahmen an zu schützenden Rechten, da sie im Gegensatz zu anderen Verträgen wirtschaftliche, soziale und kulturelle sowie bürgerliche und politische Rechte umfasst.[56] Dabei muss jedoch beachtet werden, dass die darin verbürgten Rechte nicht notwendigerweise mit einem durchsetzbaren Anspruch gleichzusetzen sind.[57]

B. Ein kurzer Abriss des Übereinkommens über die Rechte des Kindes

Das Übereinkommen über die Rechte des Kindes umfasst 54 Artikel. Es ist in drei Teile untergliedert, denen eine Präambel voransteht. Der erste Teil der Kinderrechtskonvention (Artt. 1 – 41) enthält die materiellen Rechte des Kindes. Der zweite Abschnitt, Artt. 42 – 45, normiert neben der Bekanntmachungspflicht die Organisation der internationalen Kontrolle hinsichtlich der Konventionsbeachtung durch die Staaten. Im letzten Teil der Konvention, in den Artt. 46 – 54, werden die für völkerrechtliche Verträge üblichen Schlussbestimmungen aufgelistet.

Eine einheitliche oder amtliche Einteilung des ersten Abschnitts der Konvention, mithin der materiellen Rechte des Kindes, existiert nicht. Vielmehr sind im Schrifttum zahlreiche unterschiedliche Zusammenfassungen vorgenommen worden – beispielsweise nach Zielen oder Inhalt der Normen.[58] Daneben wird auch der sog. rechtstypisierende Ansatz vertreten, der sich an einer Unterscheidung aus der Kinderrechtskonvention selbst orientiert.[59] Diese mögliche Differenzierung ergibt sich aus Art. 4 Satz 2 UN-KRK, der von Maßnahmen zur Verwirklichung „(...) der wirtschaftlichen, sozialen und

---

56 MARTENSON, in: DETRICK, SHARON, The United Nations Convention on the Rights of the Child. A Guide to the „Travaux Préparatoires“, S. ix; BORSCHE, Jugendhilfe 39 (2001), S. 176; siehe allgemein zu der Einteilung in bürgerliche und politische sowie wirtschaftliche, soziale und kulturelle Rechte V. ARNAULD, Völkerrecht, Rn. 603 ff.

57 VERSCHRAEGEN, Die Kinderrechtekonvention, S. 3; siehe dazu auch die Ausführungen in Kapitel 2, A. II. 1.

58 Siehe dazu die Zusammenstellung bei FRÜH, Die UNO-Kinderrechtskonvention, S. 30 sowie bei VERHELLEN, in: FILLER, EWALD u. a. (Hrsg.), Kinder, Kinderrechte und Kinderpolitik, S. 65 f.

59 Siehe dazu auch DORSCH, Die Konvention der Vereinten Nationen über die Rechte des Kindes, S. 93 f.

kulturellen Rechte (...)" spricht. Wie bereits oben gezeigt,[60] enthält die UN-Kinderrechtskonvention daneben auch politische und bürgerliche Rechte, die somit in Abgrenzung zu den in Art. 4 UN-KRK ausdrücklich benannten stehen, innerhalb der Konvention und hinsichtlich ihrer Geltendmachung aber unteilbar miteinander verbunden sind.[61] Auch die Denkschrift der Bundesregierung zu der UN-Kinderechtskonvention stützt diese Art der Einteilung. Die in Art. 4 Satz 2 UN-KRK festgelegte Verwirklichung der wirtschaftlichen, sozialen und kulturellen Rechte im Rahmen der verfügbaren Mittel eines jeden Landes wird dort überdies damit begründet, dass diese Rechte meist „(...) nur mit einem mehr oder weniger großen Kostenaufwand zu verwirklichen sind (...)" und sich jedes Land daher lediglich in Ansehung der konkreten Ressourcen verpflichtet sehen kann und soll.[62]

Ein Vorteil der Differenzierung zwischen wirtschaftlichen, sozialen und kulturellen sowie bürgerlichen und politischen Rechten kann darin gesehen werden, dass die so eingeteilten Normen in Kontrast zu vergleichbar klassifizierten (Kinder-)rechten anderer Pakte, wie beispielsweise dem IPbpR, gesetzt werden und dadurch eventuelle Spezifika der Normen der Kinderrechtskonvention herausgestellt werden können.[63] So gibt schon allein die Denkschrift der Bundesregierung in ihren Anmerkungen zu den einzelnen Artikeln der UN-Kinderrechtskonvention Auskunft über etwaige unterschiedliche Garantiegehalte des IPbpR oder des IPwirtR und der UN-Kinderrechtskonvention.[64]

Zu den wirtschaftlichen, sozialen und kulturellen Rechten zählen danach beispielsweise Art. 23 UN-KRK (Förderung behinderter Kinder) sowie Art. 28 KRK (Recht auf Bildung; Schule, Berufsausübung). Art. 23 UN-KRK bildet eine Konkretisierung des Art. 12 Abs. 1 IPwirtR, auf den sich auch behinderte Kinder mit Bezugnahme auf einen vergleichbaren Schutzgehalt berufen könnten.[65] Art. 28 UN-KRK ändert das bereits vorhandene Recht auf

60 Siehe dazu oben in diesem Kapitel, Abschnitt A.

61 v. SCHORLEMER, in: dies. (Hrsg.), Die Vereinten Nationen und die Entwicklung der Rechte des Kindes, S. 16.

62 *Denkschrift der Bundesregierung zu dem Übereinkommen*, abgedr. in: BT-Drucks. 12/42 v. 24.01.1991, S. 36.

63 DORSCH, Die Konvention der Vereinten Nationen über die Rechte des Kindes, S. 93 f.

64 *Denkschrift der Bundesregierung zu dem Übereinkommen*, abgedr. in: BT-Drucks. 12/42 v. 24.01.1991, S. 29 ff.

65 *Denkschrift der Bundesregierung zu dem Übereinkommen*, abgedr. in: BT-Drucks. 12/42 v. 24.01.1991, S. 46.

Bildung aus Art. 13 IPwirtR in einigen Unterpunkten speziell auf Kinder bezogen ab.[66] So erkannten die Vertragsstaaten des IPwirtR in seinem Art. 13 Abs. 1 Satz 1 das Recht auf Bildung eines jeden an und in Art. 13 Abs. 2 lit. a IPwirtR, dass „der Grundschulunterricht für jedermann Pflicht und allen unentgeltlich zugänglich sein muss (...)". Art. 28 Abs. 1 Satz 1 UN-KRK legt im Gegensatz dazu zunächst fest, dass die Vertragsstaaten das Recht auf Bildung des Kindes anerkennen und in Satz 2 lit. a desselben Artikels wird – wie schon bei Art. 13 Abs. 2 lit. a IPwirtR – die Schulpflicht bezogen auf den unentgeltlichen Grundschulunterricht für jeden normiert. Dabei weist die Denkschrift ausdrücklich darauf hin, dass die Schulpflicht mit Vollendung des 6. Lebensjahres beginnt.[67] Eine solche ausdrückliche Altersfestlegung ist dem IPwirtR nicht zu entnehmen.[68] Die beiden kurz vorgestellten Artikel sind lediglich Beispiele einer Reihe von wirtschaftlichen, sozialen und kulturellen Rechten der UN-Kinderrechtskonvention.

Daneben enthält die Konvention auch bürgerliche und politische Rechte. Dazu gehören zum Beispiel Art. 2 UN-KRK (Achtung der Kindesrechte; Diskriminierungsverbot) und Art. 7 UN-KRK (Geburtsregister, Name, Staatsangehörigkeit). Letzterer enthält die bereits in Art. 24 Abs. 2 und 3 des IPbpR vorgesehenen Rechte des Kindes. Art. 2 UN-KRK hingegen „(...) gehört zu den üblichen Bestandteilen internationaler Übereinkommen zum Schutz der Menschenrechte."[69] Daher finden sich entsprechende Regelungen in weiteren internationalen Verträgen, wie beispielsweise in Art. 2 Abs. 2 IPwirtR sowie in Art. 2 Abs. 1 IPbpR. Die aufgezählten Artikel dienen – wie auch oben – hinsichtlich der bürgerlichen und politischen Rechte nur der Illustration. Der Vertragstext der UN-Kinderrechtskonvention beinhaltet weit mehr Rechte dieser Art.[70]

Ähnlich weiteren Pakten, die Menschenrechte und deren Schutz normieren, gelten die Gewährleistungen der UN-Kinderrechtskonvention grundsätz-

---

66 *Denkschrift der Bundesregierung zu dem Übereinkommen*, abgedr. in: BT-Drucks. 12/42 v. 24.01.1991, S. 48.

67 a. a. O.

68 Siehe dazu auch *General Comment* der Vereinten Nationen zum dem IPwirtR, E/C.12/1999/10, Rn. 6 ff.

69 *Denkschrift der Bundesregierung zu dem Übereinkommen*, abgedr. in: BT-Drucks. 12/42 v. 24.01.1991, S. 34.

70 Eine übersichtliche Auflistung sämtlicher Rechte der UN-Kinderrechtskonvention, aufgeteilt in bürgerliche und politische sowie wirtschaftliche, soziale und kulturelle Rechte bietet MAYWALD, Kinder haben Rechte!, S. 52 f.

lich als unteilbar.[71] Bei der Überprüfung der Rechtmäßigkeit einer Maßnahme muss daher stets das gesamte Vertragswerk als Maßstab herangezogen werden. Die Konformität einer (nationalen) Regelung mit der Kinderrechtskonvention kann nur erreicht werden, wenn diese gegen keine Norm der Konvention verstößt.[72] Unschädlich ist dabei, dass der Kinderrechtsausschuss vier „general principles" benannt hat, die die Schutzrichtung der UN-Kinderrechtskonvention am geeignetsten ausdrücken sollen.[73] Diese Prinzipien genießen keinen Anwendungsvorrang vor den weiteren Verbürgungen der Konvention, sondern sie beinhalten die für die Sicherung des Zweckes der Kinderrechtskonvention notwendigen Grundvoraussetzungen.[74] Die „general principles" setzen sich aus Art. 2 UN-KRK (Achtung der Kindesrechte; Diskriminierungsverbot), Art. 3 Abs. 1 KRK (Wohl des Kindes), Art. 6 UN-KRK (Recht auf Leben) und Art. 12 UN-KRK (Berücksichtigung des Kindeswillens) zusammen.[75] Wie bereits gezeigt, handelt es sich bei Art. 2 UN-KRK um eine elementare Regelung auf dem Gebiet der Menschenrechtspakte. Es kann daher nicht verwundern, dass auch Kindern eine Ausübung ihrer Rechte ohne Diskriminierung gewährleistet werden soll. Wäre dies nicht der Fall, so wären die Ziele der UN-Kinderrechtskonvention nicht zu erreichen und ein universeller Charakter der Menschenrechtsgewährleistung von vornherein ausgeschlossen.[76] Neben den bereits erwähnten Ausführungen in der Denkschrift der Bundesregierung zu dem Übereinkommen, haben sich sämtliche Vertragsstaaten in der Präambel ebenfalls der Verwirklichung des Diskriminierungsverbotes angeschlossen.[77] Sie verweisen dabei zudem auf die

71 SCHMAHL, Kinderrechtskonvention mit Zusatzprotokollen, Art. 4 Rn. 4; siehe dazu ausführlicher auch unten, Kapitel 4, B. II. 3. b).

72 So auch der Kinderrechtsausschuss in seinem *General Comment*, CRC/GC/2003/5, Rn. 18.

73 CRC/GC/2003/5, Rn. 12.

74 MAYWALD, Kinder haben Rechte!, S. 96.

75 CRC/GC/2003/5, Rn. 12.

76 Siehe dazu auch die Ausführungen des Kinderrechtsausschusses zu Art. 2 UN-KRK, CRC/GC/2003/5, Rn. 12 sowie seinen Verweis auf den *General Comment* Nr. 18 des Menschenrechtsausschusses HRI/GEN/1/Rev. 6, in dem ausführlich zu der Bedeutung des Diskriminierungsverbotes im Bereich der Menschenrechte eingegangen wird.

77 Siehe dazu den Wortlaut der Präambel der UN-Kinderrechtskonvention, in der die Vertragsstaaten erklären, dass „(...) jeder Mensch Anspruch hat auf alle darin verkündeten Rechte und Freiheiten ohne Unterscheidung, etwa nach der Rasse, der Hautfarbe, dem Geschlecht, der Sprache, der Religion, der politischen oder sonstigen Anschauung,

Achtung der Allgemeinen Erklärung der Menschenrechte und der Internationalen Menschenrechtspakte.[78] Die UN-Kinderrechtskonvention steht damit unter anderem in einem engen Zusammenhang mit Art. 24 Abs. 1 IPbpR, der jedem Kind unbeschadet jeglicher Einschränkungen aufgrund von Diskriminierung ein Recht „auf diejenigen Schutzmaßnahmen durch seine Familie, die Gesellschaft und den Staat [einräumt], die seine Rechtsstellung als Minderjähriger erfordert." Der Anspruch der Kinderrechtskonvention liegt darin, die Garantie des Art. 24 Abs. 1 IPbpR zu konkretisieren und dadurch dem weiten Ermessensspielraum bei Anwendung dieser Norm durch Festlegung „konkrete[r] Maßnahmen, auf die Kinder zu ihrem Schutz ein Recht haben sollen (...)" entgegenzuwirken.[79]

Art. 3 Abs. 1 UN-KRK normiert den Kindeswohlvorrang. Dieses Prinzip zieht sich durch die gesamte Kinderrechtskonvention und ist – auch bei nicht ausdrücklicher Normierung in der jeweiligen Regelung – stets zu beachten. Darauf soll an dieser Stelle vorerst nur kurz hingewiesen werden, da eine ausführliche Beschäftigung mit dem Vorrang des Kindeswohls und dessen Inhalt in Kapitel 3 dieser Arbeit stattfinden soll.[80]

Durch Art. 6 UN-KRK erkennen die Vertragsstaaten das Recht auf Leben eines jeden Kindes an und verpflichten sich zur Gewährleistung dessen Überlebens und seiner Entwicklung.[81] Die Formulierung des Art. 6 UN-KRK ist bewusst offen gehalten, da sich die Staaten, wie oben gezeigt, nicht auf einen einheitlichen Zeitpunkt des Beginns des zu schützenden Lebens einigen konnten.[82] Auch die Maßnahmen zum Schutze des Lebens des Kindes sind nicht konkretisiert, sondern stehen im Ermessen der jeweiligen Staaten.[83] Nach Art. 6 Abs. 2 UN-KRK sollen die Vertragsstaaten sowohl das Überle-

---

der nationalen oder sozialen Herkunft, dem Vermögen, der Geburt oder dem sonstigen Status (...)".

78 *Denkschrift der Bundesregierung zu dem Übereinkommen*, abgedr. in: BT-Drucks. 12/42 v. 24.01.1991, S. 6.

79 *Denkschrift der Bundesregierung zu dem Übereinkommen*, abgedr. in: BT-Drucks. 12/42 v. 24.01.1991, S. 32.

80 Siehe dazu unten Kapitel 3, C.

81 Siehe insofern den Wortlaut des Art. 6 UN-KRK.

82 Siehe dazu auch SCHMAHL, Kinderrechtskonvention mit Zusatzprotokollen, Art. 6 Rn. 7 sowie BETHKE, Das Übereinkommen, S. 71.

83 *Denkschrift der Bundesregierung zu dem Übereinkommen*, abgedr. in: BT-Drucks. 12/42 v. 24.01.1991, S. 36 f.

ben als auch die Entwicklung des Kindes schützen.[84] Dabei wird davon ausgegangen, dass Abs. 2 insofern eine Konkretisierung des Abs. 1 darstellt.[85] Dass das Recht des Kindes auf Leben als solches zu schützen ist, ist indessen unbestritten und notwendige Voraussetzung einer Konvention, die vorrangig dem Schutz des Kindes dienen soll.[86]

Art. 12 UN-KRK, der letzte Artikel der „general principles", bietet ebenfalls Aufschluss über die Konzeption der UN-Kinderrechtskonvention. Art. 12 UN-KRK normiert die Berücksichtigung des Kindeswillens. So lautet die Bestimmung:[87]

> (1) Die Vertragsstaaten sichern dem Kind, das fähig ist, sich eine eigene Meinung zu bilden, das Recht zu, diese Meinung in allen das Kind berührenden Angelegenheiten frei zu äußern, und berücksichtigen die Meinung des Kindes angemessen und entsprechend seinem Alter und seiner Reife.
> (2) Zu diesem Zweck wird dem Kind insbesondere Gelegenheit gegeben, in allen das Kind berührenden Gerichts- oder Verwaltungsverfahren entweder unmittelbar oder durch einen Vertreter oder eine geeignete Stelle im Einklang mit den innerstaatlichen Verfahrensvorschriften gehört zu werden.

Diese Norm steht in engem Zusammenhang mit der Gewährleistung des Kindeswohls nach Art. 3 UN-KRK, da die Beteiligung des Kindes in allen es betreffenden Angelegenheiten erheblich dazu beitragen kann, dem tatsächlichen Wohl des Kindes gerecht zu werden.[88] Aber die freie Äußerung und Bildung einer Meinung erfordert zugleich die Gewährung von Rechten wie dem der Informations- und Versammlungsfreiheit, sodass Art. 12 UN-KRK ins-

---

84 Siehe dazu den Wortlaut des Art. 6 Abs. 2 UN-KRK.

85 DORSCH, Die Konvention der Vereinten Nationen über die Rechte des Kindes, S. 128 f.

86 SCHMAHL, Kinderrechtskonvention mit Zusatzprotokollen, Art. 6 Rn. 1.

87 Die Übersetzung orientiert sich an *Übereinkommen über die Rechte des Kindes. UN-Kinderrechtskonvention in Wortlaut mit Materialien*, hrsg. v. Bundesministerium für Familie, Senioren, Frauen und Jugend, abrufbar unter http://www.bmfsfj.de/Redaktion BMFSFJ/Broschuerenstelle/Pdf-Anlagen/_C3_9Cbereinkommen_C3_BCber-die-Rechte -des-Kindes,property=pdf,bereich=bmfsfj,sprache=de,rwb=true.pdf (zuletzt abgerufen am 15.10.2013).

88 SCHMAHL, Kinderrechtskonvention mit Zusatzprotokollen, Einl. Rn. 30; kritisch zu der Ausformung des Art. 12 UN-KRK im Hinblick auf seinen Schutzgehalt ist DORSCH, Die Konvention der Vereinten Nationen über die Rechte des Kindes, S. 259 f.; siehe zu dem Wohl des Kindes und dem Zusammenhang mit seinem Recht auf Meinungsäußerung ausführlich unten Kapitel 3, D., E. und F.

gesamt eng vernetzt mit den anderen Rechten der Kinderrechtskonvention gesehen werden muss.[89]

Aus der ausdrücklichen Normierung von Beteiligungsrechten für Kinder ergibt sich unter Berücksichtigung der „general principles" sowie des restlichen Normbestandes eine weitere Möglichkeit der Klassifizierung der Konventionsrechte: Sie werden insofern auch in Schutz,- Versorgungs- (oder auch Förderungs-) und Beteiligungsrechte eingeteilt. [90] Bei dieser Art der Aufteilung wird oftmals von den „drei P's" gesprochen, wobei sich dieser Ausdruck an der englischen Fassung der Einteilung in „participation", „protection" und „provision" orientiert.[91] Zu den Schutzrechten sollen beispielsweise Art. 2 UN-KRK (Achtung der Kindesrechte; Diskriminierungsverbot) sowie Art. 8 UN-KRK (Identität) und zu den Förderrechten Art. 10 UN-KRK (Familienzusammenführung; grenzüberschreitende Kontakte) zählen.[92] Ein Recht des Kindes auf Beteiligung ergibt sich unter anderem aus Art. 12 UN-KRK selbst.

Die Unterschiedlichkeit der verschiedenen Sichtweisen auf die UN-Kinderrechtskonvention – sei es der Einteilung in bürgerliche und politische sowie wirtschaftliche, soziale und kulturelle Rechte oder der in Schutz,- Versorgungs- (oder auch Förderungs-) und Beteiligungsrechte folgend – erlaubt, den Charakter der Konvention und ihre Zielrichtung besser zu verstehen.[93] Daher soll in dieser Arbeit von einer endgültigen Klassifizierung der verbürgten Rechtspositionen Abstand genommen werden. Statt dessen soll bei

---

89 So auch MAYWALD, Kinder haben Rechte!, S. 49 u. a. mit dem Hinweis auf Art. 13 UN-KRK (Meinungs- und Informationsfreiheit) und Art. 15 UN-KRK (Vereinigungs- und Versammlungsfreiheit).

90 So beispielsweise STEINDORFF-CLASSEN, EuR 2011, S. 20 f.; MAYWALD, Kinder haben Rechte!, S. 50 f.; BORSCHE, Jugendhilfe 39 (2001), S. 176 sowie WIESNER, IzKK-Nachrichten 2009/1, S. 21.

91 MARAUHN, in: V. SCHORLEMER, SABINE/SCHULTE-HERBRÜGGEN, ELENA (Hrsg.), 1989-2009: 20 Jahre UN-Kinderrechtskonvention, S. 149 m. w. N.; STEINDORFF-CLASSEN, EuR 2011, S. 20 f. sowie SCHMAHL, Kinderrechtskonvention mit Zusatzprotokollen, Einl. Rn. 31, die zudem darauf hinweist, dass zum Teil auch von „four P's" gesprochen wird. Dabei ergibt sich das vierte „P" aus der Zielrichtung der UN-Kinderrechtskonvention, namentlich der „prevention to harm children". Diese Einteilung folgt VAN BUEREN, The International Law on the Rights of the Child, S. 15.

92 Siehe dazu auch das Modell bei MAYWALD, Kinder haben Rechte!, S. 50 f.

93 Diese Einschätzung teilt auch VERHELLEN, in: FILLER, EWALD u. a. (Hrsg.), Kinder, Kinderrechte und Kinderpolitik, S. 67.

den einzelnen Fragestellungen vielmehr Raum für eine Betrachtung der fraglichen Normen auf jede mögliche Weise erhalten bleiben.

Für die Auslegung der gesamten Konvention ist ferner zu beachten, dass die ersten fünf Artikel der UN-Kinderrechtskonvention als „vor die Klammer gezogen" betrachtet werden.[94] Diese Artikel sind maßgeblich für die Auslegung der gesamten materiellen Verbürgungen der Konvention.[95] Art. 1 UN-KRK bestimmt den persönlichen Anwendungsbereich der Konvention. Danach kann sich jeder Mensch bis zum Eintritt der Volljährigkeit, spätestens aber bis zur Vollendung des achtzehnten Lebensjahres, auf die Geltung des Übereinkommens berufen. Eine Aussage über den Beginn des zu schützenden Lebens enthält Art. 1 UN-KRK aus den oben genannten Gründen nicht. Um den Zweck der Konvention, namentlich jedem Menschen ohne jedwede Einschränkung deren Garantien zukommen zu lassen, nicht zu gefährden, muss auch das Diskriminierungsverbot des Art. 2 UN-KRK systematisch zu Beginn genannt werden.[96] Dadurch wird die Notwendigkeit der Beachtung des Diskriminierungsverbotes bezüglich der gesamten Verbürgungen unterstrichen. Der Kindeswohlvorrang, der sich aus Art. 3 UN-KRK herleitet, ist in einigen Artikeln der UN-Kinderrechtskonvention noch einmal ausdrücklich normiert,[97] gilt aber für die Auslegung der gesamten Konvention. Bereits aus dem Wortlaut des Art. 3 UN-KRK ergibt sich, dass das Kindeswohl bei allen Maßnahmen, die Kinder betreffen, vorrangig zu berücksichtigen ist. Auch die Vertragsstaaten verpflichten sich in Art. 3 Abs. 2 UN-KRK sämtliche geeigneten Gesetzgebungs- und Verwaltungsmaßnahmen zu treffen, die dem Kindeswohl dienlich sind. Der genaue Umfang dieser Pflicht und ihre rechtliche Einklagbarkeit sind neben der Frage nach der innerstaatlichen Wirkung der Konvention, wie noch zu zeigen sein wird, streitig.[98] Ebenso umstritten ist in diesem Zusammenhang die rechtliche Konsequenz aus Art. 4 UN-KRK, der den Vertragsstaaten auferlegt, alle geeigneten Gesetzgebungs-, Verwaltungs- und sonstigen Maßnahmen zur Verwirklichung der Rechte aus der Konvention zu treffen. Auch darauf wird noch einzugehen sein.[99] Als letzter Artikel,

94 JEAND'HEUR, Verfassungsrechtliche Schutzgebote zum Wohl des Kindes, S. 185 f.

95 VERSCHRAEGEN, Die Kinderrechtekonvention, S. 13 f.

96 Siehe zu der Ziel- und Zweckbestimmung der UN-Kinderrechtskonvention auch unten ausführlich in Kapitel 2, A. II. 3.

97 Siehe beispielsweise Art. 18 UN-KRK.

98 Siehe dazu unten ausführlich Kapitel 2.

99 Siehe dazu unten Kapitel 2, B.

der im Gegensatz zu den nachfolgenden Artikeln keine spezifischen Rechte von Kindern enthält, ist Artikel 5 UN-KRK zu nennen. Dieser legt die Pflicht der Staaten fest, die Aufgaben, Rechte und Pflichten der Eltern oder sonstigen (gesetzlich) verantwortlichen Personen zu achten.[100] Die Achtung des Elternrechts soll bei sämtlichen Maßnahmen im Sinne der UN-Kinderrechtskonvention gewährleistet sein,[101] sodass auch diese Norm systematisch vor den materiellen Rechten der Kinder verortet ist. Zu beachten ist, dass Art. 5 UN-KRK keine vollständige Kodifikation von Elternrechten und -pflichten darstellen soll, um dem Charakter einer universellen Konvention gerecht zu werden.[102] Vielfach sind die spezifischen, für verschiedene Lebensformen und Kulturen geltenden Verpflichtungen und Rechte von Eltern, in den nationalen Rechtsordnungen zu finden. In Deutschland befasst sich auf verfassungsrechtlicher Ebene Art. 6 Abs. 2 GG vorrangig mit der Elternverantwortung.[103] Einfachgesetzlich ist die elterliche Sorge in § 1626 Abs. 1 BGB geregelt.

Eine weitere Norm, die innerhalb der UN-Kinderrechtskonvention neben den verbürgten Rechten für Kinder von Interesse ist, ist Art. 41 UN-KRK. Danach lässt die UN-Kinderrechtskonvention zur Verwirklichung der Rechte des Kindes besser geeignete Bestimmungen aus dem Recht eines Vertragsstaates gleichwohl wie Regelungen des Völkerrechts, die für den jeweiligen Vertragsstaat gelten, unberührt.[104] Bietet somit eine nationale oder völkerrechtliche Norm in einem konkreten Fall einen höheren Schutzgehalt als eine Norm der UN-Kinderrechtskonvention, so tritt letztere bei der Anwendung zurück. Eine Anhebung des allgemeinen Schutzstandards durch ausdrückliche Regelung der Subsidiarität bei eventueller Verminderung der zugestandenen Rechte ist ebenso in anderen internationalen Verträgen zum Schutz der Menschenrechte üblich.[105] Auch Art. 41 UN-KRK gilt aufgrund seiner Gel-

---

100 Siehe insofern den Wortlaut des Art. 5 UN-KRK.

101 DORSCH, Die Konvention der Vereinten Nationen über die Rechte des Kindes, S. 108 f.

102 SCHMAHL, Kinderrechtskonvention mit Zusatzprotokollen, Art. 5 UN-KRK Rn. 2.

103 Eine ausführliche Auseinandersetzung mit Begriff und Umfang der elterlichen Sorge oder auch Verantwortung erfolgt unten in Kapitel 3, B. IV.

104 Siehe insofern den Wortlaut des Art. 41 UN-KRK.

105 Siehe dazu auch die Ausführungen bezüglich Art. 41 UN-KRK in der *Denkschrift der Bundesregierung zu dem Übereinkommen*, abgedr. in: BT-Drucks. 12/42 v. 24.01.1991, S. 53, die auf Art. 23 FRK als Ursprungsform dieser Art einer Subsidiaritätsklausel hinweist sowie beispielhaft für vergleichbare Normen Art. 60 EMRK nennt.

tung für die gesamte Kinderrechtskonvention als „vor die Klammer“ gezogen.[106] Innerhalb der Norm weiterhin umstritten ist die Frage, ob die Formulierung „in dem für diesen Staat geltenden Völkerrecht“ des Art. 41 lit. b UN-KRK lediglich Völkervertragsrecht oder auch Völkergewohnheitsrecht umfasst, sodass die Norm bewusst weit formuliert wurde, um jedem Staat eine eigene Interpretation zu ermöglichen.[107]

Eine Voraussetzung zur weltweiten Stärkung der Kinderrechte soll die Umsetzung von Art. 42 UN-KRK schaffen. Danach verpflichten sich die Vertragsstaaten zur Bekanntmachung der Grundsätze und Bestimmungen der Kinderrechtskonvention bei Erwachsenen und Kindern.[108] Ohne ein Wissen um die Rechte, die Kindern durch die Konvention zugesprochen werden, können diese nicht geltend gemacht werden. Durch umfassende Information der Menschen jeder Altersgruppe soll eine umfassende Menschenrechtsbildung erreicht werden.[109] Mangels konkreter Anhaltspunkte, wie eine solche Informationspolitik beschaffen sein soll, wird jede objektiv geeignete und wirksame Maßnahme ausreichen, wie beispielsweise die Veröffentlichung des Vertragstextes der Kinderrechtskonvention sowie der Staatenberichte.[110] Daneben gibt es in Deutschland auch mehrere speziell auf Kinder zugeschnittene Textausgaben der UN-Kinderrechtskonvention, die Kindern ihre Rechte vorstellen und deren Inhalte verständlich vermitteln sollen.[111]

Art. 43 UN-KRK sieht in seinem Absatz 1 die Einsetzung eines Ausschusses für die „Prüfung der Fortschritte, welche die Vertragsstaaten bei der Erfüllung der [...] eingegangenen Verpflichtungen gemacht haben (...)“ vor. Die weiteren Absätze des Art. 43 UN-KRK regeln dessen Zusammensetzung

---

106 SCHMAHL, Kinderrechtskonvention mit Zusatzprotokollen, Art. 41 UN-KRK Rn. 1.

107 Ebd., Rn. 3.

108 Siehe insofern den Wortlaut des Art. 42 UN-KRK.

109 MAYWALD, Kinder haben Rechte!, S. 55.

110 SCHMAHL, Kinderrechtskonvention mit Zusatzprotokollen, Art. 42 UN-KRK Rn. 1 f.

111 Zu nennen sind neben anderen die von dem Bundesministerium für Familie, Senioren, Frauen und Jugend herausgegebene Textversion „Die Rechte der Kinder von logo! einfach erklärt“, abrufbar unter http://www.bundestag.de/bundestag/ausschuesse17/a13/kiko/flyer_kinderrechte_2013.pdf (zuletzt abgerufen am 15.10.2013) sowie die Textfassung von unicef „Konvention über die Rechte des Kindes. Für Kinder erklärt“, abrufbar unter http://www.unicef.de/fileadmin/content_media/Aktionen/Kinderrechte18/Kinderfreundliche_Version_UN_Kinderrechtskonvention_UNICEF_Schweiz.pdf (zuletzt abgerufen am 15.10.2013).

und die Häufigkeit des Zusammentritts.[112] Die Arbeit des Kinderrechtsausschusses soll dabei nicht nur der Überprüfung der Vertragsstaaten hinsichtlich der Kinderrechtskonvention dienen, sondern soll auch nötige Hilfestellung zur Umsetzung der dort normierten Rechte gewähren.[113] Art. 45 UN-KRK sieht überdies vor, dass der Kinderrechtsausschuss bei Bedarf auch „andere zuständige Stellen" zu einer Stellungnahme einladen kann, sodass auf diesem Weg auch Nichtregierungsorganisationen Gelegenheit gegeben werden kann, die Umsetzung der UN-Kinderrechtskonvention im Rahmen der Ausschussarbeit kritisch zu bewerten.[114]

Zuletzt gewährleistet auch die Berichtspflicht des Art. 44 UN-KRK, die den Vertragsstaaten auferlegt, dem Ausschuss zunächst alle fünf, dann alle zwei Jahre Bericht über die Maßnahmen zur Verwirklichung der Rechte der Kinderrechtskonvention zu erstatten, die Stärkung der Kinderrechte.[115] Ebenso sind die Vertragsstaaten gemäß Art. 44 Abs. 6 UN-KRK dazu angehalten, die Berichte national zu verbreiten.[116]

C. Die Fakultativprotokolle zum Übereinkommen über die Rechte des Kindes

Zu der UN-Kinderrechtskonvention existieren bislang insgesamt drei Fakultativprotokolle. Sie sollen dazu dienen, den Schutz von Kindern in bestimmten Bereichen weiter zu konkretisieren. Der Schutzgedanke, der in der UN-Kinderrechtskonvention einen zentralen Stellenwert besitzt, wird im Zusammenhang mit schwerwiegenden Beeinträchtigungen von Kindern über die bereits kodifizierten Rechte hinaus spezifisch ausgestaltet.[117] Neben dem Fakultativprotokoll zum Übereinkommen über die Rechte des Kindes betref-

---

112 Siehe insofern den Wortlaut des Art. 43 Abs. 2 bis 12 UN-KRK.

113 SCHMAHL, Kinderrechtskonvention mit Zusatzprotokollen, Art. 43 UN-KRK Rn. 1; siehe zur Arbeit des Kinderrechtsausschusses zudem beispielsweise dessen „*General Comments*", in denen der Ausschuss zur empfohlenen Lesart verschiedener Rechte der Konvention vertiefend Auskunft gibt sowie KRAPPMANN, RdJB 2/2006, S. 153 ff.

114 So auch MAYWALD, Kinder haben Rechte!, S. 55, der die Regelung als bemerkenswert einschätzt.

115 Siehe insofern den Wortlaut des Art. 44 UN-KRK.

116 Siehe zu dem gesamten Berichtsverfahren ausführlich unten Kapitel 4, A. I.

117 Siehe dazu auch MAYWALD, Kinder haben Rechte!, S. 56 ff.

fend die Beteiligung von Kindern an bewaffneten Konflikten[118] wurde auch das Fakultativprotokoll zum Übereinkommen über die Rechte des Kindes betreffend den Verkauf von Kindern, die Kinderprostitution und die Kinderpornographie[119] verabschiedet. Das dritte Fakultativprotokoll ist relativ jung. Das Fakultativprotokoll zum Übereinkommen über die Rechte des Kindes betreffend ein Mitteilungsverfahren wurde am 19. Dezember 2011 von der Generalversammlung der Vereinten Nationen verabschiedet und ist bislang mangels einer ausreichenden Zahl an Ratifikationen noch nicht in Kraft getreten.[120] Bei allen drei Protokollen ergab sich ihre Notwendigkeit – wie zu zeigen sein wird – aus der Überzeugung, die UN-Kinderrechtskonvention biete Kindern in konkreten Situationen keinen ausreichenden Schutz oder der Schutzgehalt der Kinderrechtskonvention hebe sich nicht signifikant von der Rechtslage vor der Kodifikation ab. Die Zusatzprotokolle erlauben damit einen kritischen Blick auf die Kinderrechtskonvention und gewähren zudem einen Eindruck von der Weiterentwicklung des internationalen Schutzes von Kindern. Daher sollen die Zusatzprotokolle nachfolgend kurz vorgestellt werden. Das Fakultativprotokoll zum Übereinkommen über die Rechte des Kindes betreffend ein Mitteilungsverfahren soll an dieser Stelle vorerst nur erwähnt sein, da ihm in dieser Arbeit ein eigenes Kapitel gewidmet ist.[121]

---

118 Doc.A/RES/54/263, verabschiedet am 25. Mai 2000 von der Generalversammlung der Vereinten Nationen; BGBl. II 2004, 1354, Inkrafttreten am 13. Dezember 2004; siehe dazu sowie zu dem aktuellen Stand der Vertragsstaaten http://treaties.un.org/doc/Publication/MTDSG/Volume%20I/Chapter%20IV/IV-11-b.en.pdf (zuletzt abgerufen am 31.01.2014).

119 Doc. A/RES/54/263, verabschiedet am 25. Mai 2000 von der Generalversammlung der Vereinten Nationen; BGBl. II 2008, 1222, Inkrafttreten am 15. Juli 2009; siehe dazu sowie zu dem aktuellen Stand der Vertragsstaaten http://treaties.un.org/Pages/ViewDetails.aspx?src=TREATY&mtdsg_no=IV-11-c&chapter=4&lang=en (zuletzt abgerufen am 31.01.2014).

120 Doc. A/RES/66/138; siehe dazu sowie zu dem aktuellen Stand der Vertragsstaaten auch http://treaties.un.org/Pages/ViewDetails.aspx?src=TREATY&mtdsg_no=IV-11-d&chapter=4&lang=en (zuletzt abgerufen am 31.01.2014); das Fakultativprotokoll zum Übereinkommen über die Rechte des Kindes betreffend ein Mitteilungsverfahren wird allerdings voraussichtlich am 14. April 2014 gem. Art. 19 Abs. 1 des Protokolls in Kraft treten.

121 Siehe dazu unten Kapitel 4, B.

I. Das Fakultativprotokoll zum Übereinkommen über die Rechte des Kindes betreffend die Beteiligung von Kindern an bewaffneten Konflikten

1. Die Regelung des Übereinkommens über die Rechte des Kindes

Das Übereinkommen über die Rechte des Kindes befasst sich in seinem Art. 38 mit dem Schutz von Kindern in bewaffneten Konflikten. Bereits in Entstehungszeiten des Art. 38 UN-KRK gab es erhebliche Meinungsverschiedenheiten über dessen Inhalt und insbesondere über die darin festzulegenden Altersgrenzen für eine zulässige Rekrutierung Minderjähriger.[122] Diese führten dazu, dass auch der erreichte Konsens noch sehr unterschiedlich bewertet wurde.[123] In der Denkschrift zu dem Übereinkommen begründet die Bundesregierung den rein „deklaratorischen Charakter" dieser Norm mit der „Schwierigkeit der Materie", die lediglich eine Verpflichtung der Vertragsstaaten auf bereits etablierte Schutzstandards zuließ.[124] Damit blieb die Altersgrenze in Übereinstimmung mit internationalen Abkommen bei Vollendung des 15. Lebensjahres, ab der man unmittelbar an Feindseligkeiten teilnehmen (Art. 38 Abs. 2 UN-KRK) oder zu Streitkräften eingezogen werden kann (Art. 38 Abs. 3 UN-KRK), was als Widerspruch zu der in Art. 1 UN-KRK gesetzten Begriffsbestimmung eines Kindes aufgefasst wird.[125] Zudem soll das niedrige Alter der Rekrutierung gegen das Prinzip des Kindeswohlvorrangs aus Art. 3 Abs. 1 UN-KRK verstoßen.[126]

Sah man in dem gefundenen Konsens in Zeiten der Kodifikation des Übereinkommens einen Rückschritt, so wurde ihm nur unter Beachtung des Art. 41 UN-KRK, mithin der Gewähr des bereits international bestehenden Schutzstandards, zugestimmt.[127] Mehrheitlich wurde jedoch festgestellt, dass Art. 38 UN-KRK nichts Wesentliches zum Schutz der Kinder beiträgt:[128]

---

122 Siehe zu den verschiedenen Argumenten, die vorgebracht wurden DORSCH, Die Konvention der Vereinten Nationen über die Rechte des Kindes, S. 230 ff.

123 a. a. O.

124 *Denkschrift der Bundesregierung zu dem Übereinkommen*, abgedr. in: BT-Drucks. 12/42 v. 24.01.1991, S. 51.

125 PALM-RISSE, VN 3/1990, S. 104; TOMUSCHAT, VN 3/2002, S. 90.

126 MAYWALD, Kinder haben Rechte!, S. 56.

127 DORSCH, Die Konvention der Vereinten Nationen über die Rechte des Kindes, S. 235, die für dieses Verhalten beispielsweise Italien nennt.

128 Siehe zu diesem Themenkomplex die Ausführungen von MARAUHN, HuV-I 2/1995, S. 69 f.

Durch Art. 38 Abs. 1 UN-KRK verpflichten sich die Vertragsstaaten zur Achtung der für sie jeweils verbindlichen Regeln des humanitären Völkerrechts. Dabei ist augenfällig, dass dieser Absatz keinerlei eigenen Schutzgehalt normiert, sondern die Staaten lediglich zu etwas auffordert, zu dem sie sich selbst ohnehin bereits verpflichtet haben. Dennoch ist die ungewöhnliche Verbindung von Friedens- und humanitärem Völkerrecht bemerkenswert, da sie den Willen zu einer universellen Geltung des Kinderschutzes unterstreicht.[129] Art. 38 Abs. 2 und Abs. 3 UN-KRK bilden größtenteils Art. 77 Abs. 2 des ersten Zusatzprotokolls vom 8. Juni 1977 zu den Genfer Abkommen vom 12. August 1949 über den Schutz der Opfer internationaler bewaffneter Konflikte[130] nach.[131] Abs. 4 wirkt sich gar partiell negativ auf die Gewährleistungen gegenüber Kindern in bewaffneten Konflikten aus, indem im Gegensatz zu den Verbürgungen der beiden Zusatzprotokolle zum Genfer Abkommen[132] nur „alle durchführbaren Maßnahmen" zum Schutz und zur Betreuung der Kinder getroffen werden sollen, anstatt den Kindern „jede Pflege und Hilfe" angedeihen zu lassen, wie es Art. 77 Abs. 1 ZP I fordert.[133] Zudem gelten die Schutzbestimmungen der UN-Kinderrechtskonvention nach ihrem Art. 2 Abs. 1 lediglich für die in den Vertragsstaaten lebenden Kinder, während die Zusatzprotokolle zu den Genfer Abkommen die Sicherheit sämtlicher Kinder bezwecken.[134] Aufgrund der beschriebenen Unzufriedenheit mit der Regelung der UN-Kinderrechtskonvention zum Schutz von Kindern in bewaffneten Konflikten[135] beauftragte der Wirtschafts- und Sozialrat

---

129 SCHMAHL, Kinderrechtskonvention mit Zusatzprotokollen, Art. 38 UN-KRK Rn. 2.

130 Im Folgenden auch als ZP I bezeichnet.

131 So auch DORSCH, Die Konvention der Vereinten Nationen über die Rechte des Kindes, S. 235.

132 Siehe den Normgehalt des Art. 77 Abs. 1 ZP I sowie den des Art. 4 Abs. 3 des Zusatzprotokolls vom 8. Juni 1977 zu den Genfer Abkommen vom 12. August 1949 über den Schutz der Opfer nicht internationaler bewaffneter Konflikte. Letzteres wird im Folgenden verkürzt als ZP II bezeichnet.

133 MARAUHN, HuV-I 2/1995, S. 69.

134 Siehe beispielsweise den Wortlaut des Art. 77 ZP I, der nicht zwischen Kindern, die in Vertragsstaaten leben und sonstigen unterscheidet; so auch MARAUHN, HuV-I 2/1995, S. 69.

135 Zu weiteren Gründen siehe auch den Bericht des Kinderrechtsausschusses zu seiner 2. Sitzung vom 28.09.1992 bis zum 09.10.1992, CRC/C/10 (1992), S. 20-25.

der Vereinten Nationen 1994 eine Arbeitsgruppe zur Erstellung eines Entwurfes für ein Fakultativprotokoll.[136]

2. Die Regelungen des Fakultativprotokolls zum Übereinkommen über die Rechte des Kindes betreffend die Beteiligung von Kindern an bewaffneten Konflikten

Der vor diesem Hintergrund verfasste Entwurf wurde am 25. Mai 2000 von der Generalversammlung der Vereinten Nationen verabschiedet und trat für Deutschland am 13. Dezember 2004 in Kraft.[137] Das Fakultativprotokoll zum Übereinkommen über die Rechte des Kindes betreffend die Beteiligung von Kindern an bewaffneten Konflikten besteht aus 13 Artikeln. In Art. 1 des Fakultativprotokolls wird das Alter, ab dem Angehörige von Streitkräften unmittelbar an Feindseligkeiten teilnehmen können, auf 18 Jahre erhöht. Damit wurde der Schutzstandard des Art. 38 Abs. 2 UN-KRK um drei Jahre angehoben und stimmt damit mit der Definition des Kindes aus Art. 1 UN-KRK überein. Einen obligatorischen Einzug von Personen, die das 18. Lebensjahr noch nicht vollendet haben, zu staatlichen Streitkräften, soll Art. 2 des Fakultativprotokolls verhindern. Nach Art. 3 Abs. 1 des Protokolls sollen aber auch Freiwillige nicht mehr – wie es in Art. 38 Abs. 3 UN-KRK normiert ist – vor Vollendung des 15. Lebensjahres eingezogen werden können. Das Mindestalter zur Einziehung freiwilliger Minderjähriger sowie die Arten von Schutzmaßnahmen zur Verhinderung gewaltsamer oder zwangsweiser Einziehung sollen die Vertragsstaaten nach Art. 3 Abs. 2 des Zusatzprotokolls selbst festlegen können. Deutschland erklärte demgemäß, dass der freiwillige Dienst in den nationalen Streitkräften mit Vollendung des 17. Lebensjahres möglich sein solle.[138] Art. 4 Abs. 1 des Zusatzprotokolls befasst sich zudem mit der Einziehung von Personen zu bewaffneten Gruppen, die nicht Streitkräfte des Staates sind. Diese sollen demnach keine Personen unter 18 Jahren rekrutieren oder bei Feindseligkeiten einsetzen dürfen. Nach Art. 5 des Zusatzprotokolls bleiben rechtliche Bestimmungen, die einen besseren Schutz

---

136 Resolution des Wirtschafts- und Sozialrates des Vereinten Nationen 1994/91 v. 09. März 1994.

137 Siehe dazu bereits oben in diesem Kapitel, Abschnitt C.

138 So Art. 1 des Gesetzes zu dem Fakultativprotokoll vom 25. Mai 2000 zum Übereinkommen über die Rechte des Kindes betreffend die Beteiligung von Kindern an bewaffneten Konflikten, abgedr. in: BGBl. II 2004, 1354.

von Kindern gewährleisten, unberührt. Art. 8 Abs. 1 des Fakultativprotokolls erlegt den Staaten eine Berichtspflicht auf, die einen Bericht zwei Jahre nach dem Inkrafttreten des Protokolls für den jeweiligen Vertragsstaat vorsieht und danach von der Berichtspflicht nach Art. 44 UN-KRK mitumfasst wird (Abs. 2). Weitere Überprüfungsmechanismen bestehen nicht. Ebenso ist keine Strafbarkeit bei Nichteinhaltung der Bestimmungen des Übereinkommens vorgesehen.[139]

Damit sind die Durchsetzungs- und Prüfmechanismen denen der UN-Kinderrechtskonvention angeglichen und wie bei dieser, so bleibt den Staaten in einigen Punkten die genaue Ausgestaltung der Konventionsmodalitäten – hier der Altersgrenzen mit Blick auf Art. 3 Abs. 2 des Zusatzprotokolls – selbst überlassen. Angesichts dessen mag es einerseits fraglich bleiben, ob sich die Situation der rekrutierten Kinder durch das Zusatzprotokoll tatsächlich verbessert. Andererseits spiegelt sich in der Kodifikation einer erhöhten Altersgrenze auch die zunehmende Sensibilisierung der Vertragsstaaten für das Leid der zwangsweise eingezogenen Kinder wider, aufgrund derer dem Art. 38 UN-KRK von einigen der Staaten in der geltenden Fassung eventuell nicht mehr zugestimmt worden wäre. Unabhängig von der faktischen Durchsetzbarkeit des Zusatzprotokolls hat es sein Ziel, eine Anhebung des Schutzstandards gegenüber der Kinderrechtskonvention, vorerst erreicht.

II. Das Fakultativprotokoll zum Übereinkommen über die Rechte des Kindes betreffend den Verkauf von Kindern, die Kinderprostitution und die Kinderpornographie

1. Die Regelungen des Übereinkommens über die Rechte des Kindes

Die UN-Kinderrechtskonvention nimmt sich in zwei Artikeln den Problemen des Kinderhandels und des sexuellen Missbrauchs von Kindern an. Nach Art. 34 UN-KRK verpflichten sich die Vertragsstaaten dazu, Kindern Schutz

---

139 Als Richtwert für die unterste Grenze des nicht strafbewährten Einzugs von Kindern zu nationalen Streitkräften kann lediglich Art. 8 Abs. 2 b) xxvi) des Römischen Statuts des Internationalen Gerichtshofes (A/CONF.183/9 v. 17.07.1998) herangezogen werden, der eine Rekrutierung von Kindern unter 15 Jahren als Kriegsverbrechen einstuft; siehe dazu auch die entsprechenden Ausführungen bei TOMUSCHAT, VN 3/2002, S. 90 f.

vor allen Formen sexueller Ausbeutung und Missbrauchs zu gewähren. Art. 34 UN-KRK fordert dabei konkret Maßnahmen gegen die Ausbeutung durch Kinderprostitution, Kinderpornographie oder das Verleiten oder den Zwang zu rechtswidrigen sexuellen Handlungen. Die Arten der erforderlichen Maßnahmen werden hingegen nicht näher ausgeführt, was bei der Würdigung des Art. 34 UN-KRK als unbefriedigend empfunden wurde.[140] Zudem sah man die dringende Notwendigkeit, auf die weite und nahezu unkontrollierbare Verbreitung von Kinderpornographie im Internet einzuwirken.[141]

Ein weiterer Artikel, der durch das zweite Zusatzprotokoll präzisiert werden sollte, ist Art. 35 UN-KRK. Danach sollen die Vertragsstaaten alle geeigneten Maßnahmen zur Verhinderung der „Entführung und de[s] Verkauf[s] von Kindern sowie de[s] Handel[s] mit Kindern zu irgendeinem Zweck und in irgendeiner Form (...)" treffen. Dieser Artikel ist sehr weit gehalten und umfasst damit sämtliche Arten des Kinderhandels.[142] Nicht vom Schutzbereich des Art. 35 erfasst ist hingegen das in Art. 11 UN-KRK normierte Verbot der rechtswidrigen Verbringung von Kindern ins Ausland, die meist von einem Elternteil zur Erlangung des Umgangs mit dem Kind vorge-

---

140 So beispielsweise die Kritik von DORSCH, Die Konvention der Vereinten Nationen über die Rechte des Kindes, S. 227 f.; aber auch HERZIG, IzKK-Nachrichten 2009/1, S. 36 f. illustriert diesen Missstand mittels Schilderung der Chronologie und Inhalte der Weltkongresse gegen verschiedene Arten der Ausbeutung von Kindern, bei denen konkret nationale Aktionspläne zur Verbesserung des Kinderschutzes als eine der von Art. 34 UN-KRK vorgesehenen Maßnahmen gefordert wurden.

141 SCHMAHL, Kinderrechtskonvention mit Zusatzprotokollen, Art. 32-36 UN-KRK Rn. 20.

142 Ein in diesem Zusammenhang umstrittenes Problem ist, ob der Begriff des „Kinderhandels" weiter oder enger verstanden werden kann als der Begriff der „Sklaverei". Den Anknüpfungspunkt bietet dabei die Einstufung des Begriffs „Kinderhandel" als sklavereiähnliche Praktik in dem Zusatzübereinkommen über die Abschaffung der Sklaverei, des Sklavenhandels und sklavereiähnlicher Einrichtungen und Praktiken von 1956 (BGBl. II 1958, S. 203). Es wird dabei allerdings vermehrt davon ausgegangen, die UN-Kinderrechtskonvention benutze den Begriff der „sklavereiähnlichen Praktik" nicht, um eine größere Akzeptanz des Übereinkommens zu erreichen – auch, wenn ersterer dem Begriff des „Kinderhandels" gleichwohl weiterhin innewohne. Siehe zu dieser Diskussion beispielsweise DORSCH, Die Konvention der Vereinten Nationen über die Rechte des Kindes, S. 166 ff. sowie SCHMAHL, Kinderrechtskonvention mit Zusatzprotokollen, Art. 32-36 UN-KRK Rn. 21.

nommen wird, da Art. 35 UN-KRK lediglich Fälle der Entführung zu wirtschaftlichen Zwecken umfasst.[143]

2. Die Regelungen des Fakultativprotokolls zum Übereinkommen über die Rechte des Kindes betreffend den Verkauf von Kindern, die Kinderprostitution und die Kinderpornographie

Das Fakultativprotokoll zum Übereinkommen über die Rechte des Kindes betreffend den Verkauf von Kindern, die Kinderprostitution und die Kinderpornographie wurde am 25. Mai 2000 von der Generalversammlung der Vereinten Nationen verabschiedet und trat am 15. Juli 2009 für Deutschland in Kraft.[144] Es umfasst 17 Artikel und konkretisiert die Staatenverpflichtungen hinsichtlich der beiden Problemkomplexe aus Art. 34 und 35 der Kinderrechtskonvention, deren Anwendungsbereiche häufig miteinander verzahnt sind.[145]

Nach Art. 1 des Zusatzprotokolls verbieten die Vertragsstaaten „(...) den Verkauf von Kindern, die Kinderprostitution und die Kinderpornographie (...).“ Im Gegensatz zu den entsprechenden Artikeln der UN-Kinderrechtskonvention werden die drei genannten verbotenen Handlungen in dem Zusatzprotokoll definiert.[146] Eine ebenfalls weitergehende Regelung als die der Kinderrechtskonvention enthält Art. 3 des Fakultativprotokolls, der eine Strafbarkeit bei Verwirklichung der in demselben Artikel aufgeführten Tatbestände vorsieht. Vor allem diese Neuerung wird als wichtige Errungenschaft des Fakultativprotokolls erachtet.[147] Nach Art. 3 Abs. 1 des Zusatzprotokolls soll die Strafbewährung unabhängig davon Anwendung finden,

143 SCHMAHL, Kinderrechtskonvention mit Zusatzprotokollen, Art. 32-36 UN-KRK Rn. 22.

144 Siehe dazu bereits oben in diesem Kapitel, Abschnitt C.

145 So spricht auch das Zusatzprotokoll in seinem Art. 3 Abs. 1 lit. a zum Beispiel über das Delikt des Kinderhandels zwecks sexueller Ausbeutung. Diese Form der Ausbeutung eines Kindes, die zusätzlich mit Kinderhandel einhergeht, ist nach den Vorschriften des Zusatzprotokolls strafbar.

146 Siehe Art. 2 des Fakultativprotokolls zum Übereinkommen über die Rechte des Kindes betreffend den Verkauf von Kindern, die Kinderprostitution und die Kinderpornographie.

147 MARAUHN, in: V. SCHORLEMER, SABINE/SCHULTE-HERBRÜGGEN, ELENA (Hrsg.), 1989-2009: 20 Jahre UN-Kinderrechtskonvention, S. 149; TOMUSCHAT, VN 3/2002, S. 92.

„(...) ob diese Straftaten im Inland oder grenzüberschreitend (...) begangen werden (...)“. Das damit verfolgte Ziel ist offensichtlich eine möglichst lückenlose Gewährleistung eines hohen Grades an Strafbarkeit. Mit dem Gesetz zur Umsetzung des Rahmenbeschlusses des Rates der Europäischen Union zur Bekämpfung der sexuellen Ausbeutung von Kindern und der Kinderpornographie[148] wurden die Anforderungen des Zusatzprotokolls in Deutschland beispielsweise noch vor dessen Ratifikation erfüllt.[149] Es bleibt zu beachten, dass das Zusatzprotokoll in Art. 3 nur bestimmte Handlungen als tatbestandsmäßig ansieht, den „Konsum“ von Kinderpornographie oder die Inanspruchnahme von minderjährigen Prostituierten jedoch nicht – ein Umstand, der durchaus kritisch gesehen wird.[150]

Ein weiterer Aspekt, der in dem Fakultativprotokoll starke Betonung findet, ist der der internationalen Zusammenarbeit.[151] Diese dient vor allem der verbesserten und effektiveren Strafverfolgung der Täter auch über Landesgrenzen hinaus und damit der Verbesserung des Schutzes der Kinder. Um diesen zu verbessern, enthält das Zusatzprotokoll zusätzlich Opferschutz- und Präventionsregelungen.[152] Ebenso wie das Fakultativprotokoll zum Übereinkommen über die Rechte des Kindes betreffend die Beteiligung von Kindern an bewaffneten Konflikten lässt auch dieses Zusatzprotokoll besser geeignete Regelungen zum Schutz von Kindern nach seinem Art. 11 unberührt. Auch die Berichtspflicht nach Art. 12 des Zusatzprotokolls gleicht der des Fakultativprotokolls über die Beteiligung von Kindern an bewaffneten Konflikten.

Neben der bereits erwähnten positiven Aufnahme des Fakultativprotokolls zum Übereinkommen über die Rechte des Kindes betreffend den Verkauf von Kindern, die Kinderprostitution und die Kinderpornographie wegen der normierten Strafbarkeit und der damit einhergehenden Erhöhung des

---

148 BGBl. I 2008, S. 2149.

149 Darauf weisen auch BUNKE/KRÖGER, IzKK-Nachrichten 2009/1, S. 35 hin, die die Rechtslage vor dem genannten Gesetz bereits als im Wesentlichen konform zu den Vorgaben des Fakultativprotokolls bewerten, die Erweiterung des § 184 b StGB sowie die Neufassung von § 184 c StGB im Zuge dieses Gesetzes jedoch im Hinblick auf das Zusatzprotokoll gleichwohl als notwendig erachten.

150 TOMUSCHAT, VN 3/2002, S. 92.

151 Siehe zum Beispiel die Artikel 5, 6 und 10 des Fakultativprotokolls.

152 Siehe Art. 8 und 9 des Fakultativprotokolls sowie die Ausführungen bei SCHMAHL, Kinderrechtskonvention mit Zusatzprotokollen, Art. 32-36 UN-KRK Rn. 17 sowie bei MARAUHN, in: V. SCHORLEMER, SABINE/SCHULTE-HERBRÜGGEN, ELENA (Hrsg.), 1989-2009: 20 Jahre UN-Kinderrechtskonvention, S. 154.

Schutzniveaus wird es dennoch weiterhin notwendig bleiben, dass die Staaten ihre eigene Verantwortung erkennen und wahrnehmen und eventuell weiter bestehende Schutzlücken selbstständig zu füllen versuchen.[153] So müssen in Anbetracht der Kritikpunkte[154] weiterhin konkrete Versuche unternommen werden, um Kinder in den Situationen der vorgestellten Zusatzprotokolle ausreichend schützen zu können.

153 So lautet in etwa auch das Fazit der Bewertung beider Fakultativprotokolle von TOMUSCHAT, VN 3/2002, S. 93, der die Staaten mahnt „selbstbewußt als Hüter des Gemeinwohls gegenüber ihren eigenen Gesellschaften auf[zu]treten."

154 Siehe neben den Ausführungen in diesem Abschnitt auch beispielsweise die Kritik bei MAYWALD, Kinder haben Rechte!, S. 59 f. sowie bei SCHMAHL, Kinderrechtskonvention mit Zusatzprotokollen, Art. 32-36 UN-KRK Rn. 17 ff.

Kapitel 2 – Geltung der UN-Kinderrechtskonvention in Deutschland

Der Beitritt eines Staates zu einem menschenrechtlichen Vertrag bindet den Staat nicht nur völkerrechtlich, sondern die in diesem Vertrag festgelegten Rechte und Pflichten sollen möglichst auch innerstaatlich Wirkung entfalten. Wodurch sich eine innerstaatliche Bindung ergeben kann und wie weit sie reicht, hängt von verschiedenen Faktoren, wie beispielsweise den Regelungen des Signatarstaates zur Einbeziehung des Völkerrechts in nationales Recht oder auch von den Normen des völkerrechtlichen Vertrages selbst ab.[155] Gegenstand des zweiten Kapitels soll daher die Bestimmung der innerstaatlichen Geltung des Übereinkommens über die Rechte des Kindes in Deutschland sein. Dabei sollen der Bindungswille Deutschlands und der Charakter der Konvention und ihrer Bestimmungen ausgelegt werden. Im Zuge dieser Untersuchung soll auch die Frage nach der unmittelbaren Anwendbarkeit der Konventionsnormen beantwortet werden. Dieser Abschnitt bildet mithin die Grundlage jeder weitergehenden Diskussion um die Rechte von Kindern in Deutschland und einer Überprüfung des nationalen Rechts anhand der UN-Kinderrechtskonvention. Wie zu zeigen sein wird, ergab sich aus der Ratifikationserklärung Deutschlands zu dem Übereinkommen bis zu ihrer Rücknahme ein zentraler Streitpunkt bezüglich der innerstaatlichen Wirkung. Aber auch nach Rücknahme der Ratifikationserklärung werden die innerstaatliche Wirkung sowie insbesondere die unmittelbare Anwendbarkeit der gesamten Konvention oder einzelner Artikel weiterhin kontrovers diskutiert.

A. Die deutsche Ratifikationserklärung und ihre Rücknahme

Die Bundesrepublik Deutschland trat dem Übereinkommen über die Rechte des Kindes zunächst nicht vorbehaltslos bei. Vielmehr gab sie eine Ratifikationserklärung ab,[156] die der Festlegung der Bindungswirkung und der Ein-

---

155 Siehe zu den verschiedenen Faktoren in Bezug auf Deutschland und die UN-Kinderrechtskonvention Abschnitte A. und B. in diesem Kapitel.

156 BGBl. II 1992, 990.

grenzung des Schutzbereiches der Konvention im nationalen Recht diente.[157] Der vorrangige Grund für diese Erklärung lag bei den Bundesländern, die aus Sorge vor „Fehlauslegungen [...], die zum Teil weitreichende Konsequenzen für die innerstaatliche Rechtsordnung hätten [...]“,[158] einer Unterzeichnung des Übereinkommens nur unter der Bedingung der Hinterlegung einer solchen Ratifikationserklärung zustimmten.

Laut dieser Erklärung sollte die innerstaatliche Anwendbarkeit der Kinderrechtskonvention auf mehreren Gebieten beschränkt bleiben. So wurden bestimmte Punkte der elterlichen Sorge in Abschnitt II der Erklärung von der Wirkung der Konvention ausgenommen sowie Einschränkungen im Bereich des Jugendstrafrechts in Abschnitt III erklärt. Nicht der Konvention unterfallen sollte gemäß Abschnitt IV der Ratifikationserklärung auch das Ausländerrecht mit seinen Regelungen zu Einreise und Aufenthalt und einer möglichen unterschiedlichen Behandlung von In- und Ausländern. Die für die innerstaatliche Anwendbarkeit der gesamten Konvention aber entscheidende Einschränkung enthielt Abschnitt I, der eine unmittelbare Anwendbarkeit der Konvention in Deutschland ablehnte.

Die Kinderrechtskonvention galt sehr lange – bis zum 15. Juli 2010 – in Deutschland unter Maßgabe der Ratifikationserklärung. Der UN-Kinderrechtsausschuss versuchte vielfach, auf eine Rücknahme der Ratifikationserklärung hinzuwirken.[159] Auch innerstaatlich entzündeten sich an ihr vielschichtige Debatten, die in diesem Kapitel überblicksartig skizziert werden sollen. Neben einer Einbettung der Kinderrechtskonvention in den politischen und wissenschaftlichen Kontext der Zeit ihrer Entstehung bis heute, soll die Darstellung auch die trotz der Rücknahme der Erklärung immer noch bestehenden Kontroversen verstehen und lösen helfen.

I. Rechtliche Qualifikation der Ratifikationserklärung

Die Rechtsnatur der Ratifikationserklärung Deutschlands war seit ihrer Abgabe umstritten. In der rechtsdogmatischen Debatte ließen sich verschiedene

157 PETER, Eine schier unendliche Geschichte, S. 1.

158 Siehe *Denkschrift der Bundesregierung zu dem Übereinkommen*, abgedr. in: BT-Drucks. 12/42 v. 24.01.1991, S. 32; s. dazu auch PETER, Eine schier unendliche Geschichte, S. 6.

159 Siehe dazu CRC/C/15/Add.43, Rn. 22 sowie CRC/C/15/Add.226, Rn. 7 f.

Ansätze einer Qualifikation erkennen: Auf der einen Seite gab es die Vorstellung, die Ratifikationserklärung sei eine interpretative Erklärung.[160] Auf der anderen Seite wurde die Ratifikationserklärung weit überwiegend als Vorbehalt eingeordnet.[161] Daneben wurde die Ratifikationserklärung auch inhaltlich aufgeteilt und die einzelnen Abschnitte unterschiedlich beurteilt.[162] Interpretative Erklärungen werden dabei als Festlegung einer bestimmten Auslegungspraxis des erklärenden Staates verstanden, die gemäß Art. 31 Abs. 2 lit. b WVK bei der Auslegung des jeweiligen Vertrages Berücksichtigung finden muss.[163] Die Festlegung allein der Auslegungsmodalitäten bezieht sich somit nicht auf die Wirksamkeit des Vertrages oder einzelner Normen. Im Gegensatz dazu definiert man einen Vorbehalt gemäß Art. 2 Abs. 1 lit. d WVK als „eine wie auch immer formulierte oder bezeichnete, von einem Staat bei der Unterzeichnung, Ratifikation, Annahme oder Genehmigung eines Vertrags oder bei dem Beitritt zu einem Vertrag abgegebene einseitige Erklärung, durch die der Staat bezweckt, die Rechtswirkung einzelner Vertragsbestimmungen in der Anwendung auf diesen Staat auszuschließen oder zu ändern". Auf die Bezeichnung einer Erklärung als Vorbehalt kommt es dabei nicht an.[164] Die Rechtswirkung eines wirksam erklärten Vorbehaltes richtet sich nach Art. 21 WVK. Wird ein Vorbehalt danach wirksam erklärt, ist der Staat im Ausmaß des Erklärten nicht mehr an die Konvention gebunden.[165] Diese Einschränkung gilt vonseiten des erklärenden Staates gegenüber allen Staaten, die dem Vorbehalt nicht widersprochen haben.[166] Als

---

160 So beispielsweise EICHHOLZ, IzKK-Nachrichten 2009/1, S. 14 f.

161 So neben anderen MENZEL, ZAR 1/1996, S. 23; PETER, ZAR 4/2002, S. 144 ff.; LORZ, APuZ B 17-18/2000, S. 38; HERDEGEN, FamRZ 1993, S. 380; WABNITZ, ZKJ 12/2010, S. 428; BENASSI, NDV 3/2012, S. 97 sowie BAER, NJW 1993, S. 2210.

162 So differenziert DORSCH, Die Konvention der Vereinten Nationen über die Rechte des Kindes, S. 307 ff. und sieht Abschnitt I der Ratifikationserklärung als Interpretationserklärung, die eine Auslegung von Art. 4 UN-KRK vornimmt und Abschnitt III beispielsweise als Vorbehalt; siehe dazu auch KRAPPMANN, RdJB 4/2010, S. 504 f.

163 KÜHNER, Vorbehalte zu multilateralen völkerrechtlichen Verträgen, S. 36 f.

164 KÜHNER, ZaöRV 42 (1982), S. 61.

165 Siehe dazu den Wortlaut des Art. 21 Abs. 1 lit. a WVK sowie KEMPEN/HILLGRUBER, Völkerrecht, § 13 Rn. 24.

166 Siehe dazu den Wortlaut des Art. 21 Abs. 1 lit. b WVK; zudem ausführlich auch GEIGER, Grundgesetz und Völkerrecht, § 24 V. 2.; zu dem Komplex der Zulässigkeit eines Vorbehaltes zu einem völkerrechtlichen Vertrag siehe zudem unten in diesem Kapitel ausführlich unter A. II. 2.

Kriterien, die bei der Qualifikation einer Erklärung eines Staates zu einem völkerrechtlichen Vertrag herangezogen werden können, gelten die Auslegung der Erklärung nach Treu und Glauben im Hinblick auf die gewöhnliche Verwendung der gewählten Formulierung und den Charakter des betreffenden Vertrages sowie die Berücksichtigung des Staatenwillens.[167]

Die Ratifikationserklärung ist nach den obenstehenden Ausführungen zunächst nicht eindeutig zu qualifizieren. Zwar enthält sie auch einige interpretative Elemente bezüglich einzelner Artikel der Kinderrechtskonvention (etwa im ersten Absatz des Abschnitts II), jedoch sind die Ablehnung der innerstaatlichen Wirksamkeit sowie die Feststellung, dass verschiedene Normen des innerstaatlichen Rechtes von der Konvention unberührt bleiben, als vorrangige Komponenten der Erklärung anzusehen. Dafür sprechen auch die von den Bundesländern zum Ausdruck gebrachten Bedenken, die eine zu starke Beeinflussung des innerstaatlichen Rechts fürchteten.[168] Zudem zieht die Bundesregierung auch Parallelen zu den von ihr zu einem anderen völkerrechtlichen Vertrag eingelegten Vorbehalten und zielt auf eine entsprechende Verkürzung der durch die Konvention eigentlich vorgesehenen Rechtswirkung.[169] Dass die Ratifikationserklärung nicht ausdrücklich als „Vorbehaltserklärung" bezeichnet wurde, ist wie gezeigt unschädlich. So wurde die Ratifikationserklärung der Bundesrepublik weithin als eine auslegende Erklärung aufgefasst, die auf eine Einschränkung des vertraglichen Bindungswillens abzielt und damit als Vorbehalt zu qualifizieren ist.[170]

II. Zulässigkeit des erklärten Vorbehaltes

Nachdem in Übereinstimmung mit der Mehrheit der vertretenen Ansichten auch in dieser Arbeit eine Qualifikation der Ratifikationserklärung als Vorbehalt im Sinne des Art. 2 Abs. 1 lit. d WVK als zutreffend erachtet wird, stellt sich die Frage nach dessen Zulässigkeit. Neben der Problemstellung, ob Vorbehalte zu menschenrechtlichen Verträgen überhaupt zulässig sind, wird

167 SHAW, International Law, S. 917 f.

168 *Denkschrift der Bundesregierung zu dem Übereinkommen*, abgedr. in: BT-Drucks. 12/42 v. 24.01.1991, S. 32.

169 Siehe Abschnitt III der Ratifikationserklärung, BGBl. II 1992, 990 (991).

170 So beispielsweise HERDEGEN, FamRZ 1993, S. 380; BAER, NJW 1993, S. 2210 m. w. N. sowie BENASSI, NDV 3/2012, S. 97.

dabei vorrangig die Vereinbarkeit des Vorbehaltes mit Ziel und Zweck des konkreten Vertrages geprüft werden müssen, wie sie allgemein Art. 19 lit. c WVK und konkret Art. 51 Abs. 2 UN-KRK als Zulässigkeitskriterium festlegen. Wie noch zu zeigen sein wird, wurde vor allem der Ausschluss der unmittelbaren Anwendbarkeit des völkerrechtlichen Vertrages in Deutschland kritisiert und als völkerrechtswidrig erachtet.[171]

Um diesen Einwand und die weiteren Argumente in der Diskussion um die Zulässigkeit der Vorbehalte beurteilen zu können, soll der Darstellung der Debatte eine überblicksartige Einführung in das Verhältnis von Völkerrechtsverträgen und innerstaatlichem Recht in Deutschland vorangehen. Dabei sollen auch die Mechanismen ihrer Einbeziehung in das nationale Recht erläutert werden.

1. Völkerrechtsverträge und innerstaatliches Recht

Über die generelle Beziehung von Völkerrecht und innerstaatlichem Recht ist bereits viel und ausführlich geschrieben und debattiert worden. Dabei muss zudem die Frage erörtert werden, wie Völkerrecht in die innerstaatliche Rechtsordnung Einzug finden kann. Ebenso hat auch dieses Problem bislang viel Aufmerksamkeit erfahren. Einer ausführlichen Auseinandersetzung an dieser Stelle bedarf es somit nicht mehr. Dennoch seien einige Bemerkungen kurz angeführt.

Ganz gleich, welches Verständnis des Verhältnisses von Völkerrecht und staatlichem Recht man zugrunde legt, wird sowohl von monistischer als auch von dualistischer Seite ein staatlicher Akt zur Einbeziehung von Völkervertragsrecht gefordert werden müssen.[172] Diese Notwendigkeit ergibt sich bereits aus Art. 59 Abs. 2 S. 1 GG, der für Verträge, die die politischen Beziehungen des Bundes regeln oder sich auf Gegenstände der Bundesgesetzgebung beziehen, die Zustimmung oder Mitwirkung der jeweils für die Bundesgesetzgebung zuständigen Körperschaften in Form eines Bundesgesetzes fordert.

---

171 Siehe dazu unten in diesem Kapitel, A. II. 3.

172 NIEDOBITEK, Das Recht der grenzüberschreitenden Verträge, S. 157; zu den beiden Theorien des Monismus und Dualismus sowie zu der Entwicklung zu der Vertretung der „gemäßigten" Form beider Theorien siehe beispielsweise PFEFFER, Das Verhältnis von Völkerrecht und Landesrecht, S. 82 ff. und GEIGER, Grundgesetz und Völkerrecht, § 7 I.

Wie man die Einbeziehung des Völkervertragsrechts in die innerstaatliche Rechtsordnung dogmatisch einordnet, ist bis heute nicht eindeutig gelöst. So geht die Transformationslehre davon aus, dass der Anwendbarkeit völkerrechtlicher Normen eine Umformung dieser in staatliches Recht vorangehen müsse, und dass sich dadurch folgerichtig auch der eigentliche Geltungsgrund der Norm ändere.[173] Nach der dagegen vertretenen Vollzugslehre bedarf die innerstaatliche Anwendbarkeit ebenfalls eines staatlichen Rechtsaktes, der als Rechtsanwendungsbefehl den innerstaatlichen Vollzug des Völkerrechts verfügt, dabei aber den Charakter der Norm als Völkerrecht unverändert lässt.[174] Das Vollzugsgesetz ermöglicht es dabei, dass die innerstaatlichen Rechtssubjekte, die bereits als Adressaten im völkerrechtlichen Vertrag angelegt sind, ohne Zwischenschritt von diesem auch innerstaatlich erfasst – also berechtigt und verpflichtet – werden können.[175] Die Unmittelbarkeit der Bezugnahme auf den völkerrechtlichen Vertrag und die Wahrung des Völkerrechts als eigenständig und unabhängig von seiner Eingliederung in das innerstaatliche Recht, lassen die Vollzugslehre als vorzugswürdig erscheinen.[176]

Für die Frage der innerstaatlichen Anwendbarkeit völkerrechtlicher Verträge kommt es jedoch weniger auf die oben getroffene Weichenstellung für die Art der Eingliederung eines völkerrechtlichen Vertrages in innerstaatliches Recht, als vielmehr auf eine Bestimmung der konkreten Funktion des Vertragsgesetzes an. Nur dieses kann Auskunft über die Wirkung des einbezogenen Vertrages erteilen.

Tritt ein völkerrechtlicher Vertrag in Kraft, sind die Vertragsparteien zum einen an diesen Vertrag gebunden, zum anderen kann der Vertrag oder können einzelne seiner Normen unter gewissen Umständen zusätzlich auch unmittelbare Anwendbarkeit erlangen, die es Individuen ermöglicht, sich auf diese Rechtsnormen vor Gericht oder sonstigen staatlichen Behörden direkt zu berufen.[177] Die Zuerkennung der unmittelbaren Anwendbarkeit bedeutet somit, dass eine Norm auch ohne zusätzliche Durchführungsvorschrift als

---

173 PARTSCH, BDGV 6 (1964), S. 18; NIEDOBITEK, Das Recht der grenzüberschreitenden Verträge, S. 157 f.

174 PFEFFER, Das Verhältnis von Völkerrecht und Landesrecht, S. 134.

175 NIEDOBITEK, Das Recht der grenzüberschreitenden Verträge, S. 166 f.

176 Siehe auch NIEDOBITEK, a. a. O.; GEIGER, Grundgesetz und Völkerrecht, § 36 II. 2.

177 KELLER, Rezeption des Völkerrechts, S. 13.

verbindlich angesehen wird.[178] Fraglich bleibt dabei, ob der Vertrag durch seine Eingliederung in seiner Gesamtheit, oder ob nur einzelne Vorschriften unmittelbare Anwendbarkeit erlangen. Anfänglich wurden nur diejenigen Teile eines Vertrages als eingliederungsfähig angesehen, deren unmittelbare Adressaten die staatlichen Rechtsanwendungsorgane und Rechtsunterworfenen waren.[179] Jedoch liegt darin eine unzulässige Vermischung von innerstaatlicher Geltung auf der einen und unmittelbarer Anwendbarkeit auf der anderen Seite.[180] Im Gegensatz dazu wurde auch vertreten, dass davon unabhängig die innerstaatliche Geltung des gesamten völkerrechtlichen Vertrages als logische Voraussetzung seiner unmittelbaren Anwendung vorausgehen müsse.[181] Dieser Ansicht wird heute inzwischen wohl überwiegend gefolgt und auch die Gerichte, namentlich die obersten Bundesgerichte, scheinen sich diesem Verständnis anzuschließen.[182] Ein Vorteil wird beispielsweise darin gesehen, dass so eine sinnvolle Auslegung des Vertrages innerhalb seiner Gesamtkonzeption ermöglicht würde, da er so in seiner Gesamtheit und nicht zerrissen betrachtet werden könnte.[183] Danach ist das Vertragsgesetz so auszulegen, dass es den gesamten Vertrag in die innerstaatliche Rechtsordnung eingliedert und ihm zu innerstaatlicher Wirksamkeit verhilft.[184] Zugleich wird in dem Vertragsgesetz überwiegend ein darin enthaltener Rechtsanwendungs- oder auch Vollzugsbefehl gesehen.[185]

Allein ist damit noch immer nicht festgestellt, ob auch der gesamte Vertrag unmittelbare Anwendbarkeit erlangt hat. Dazu muss die Funktion des Vertragsgesetzes oder vielmehr des darin enthaltenen Rechtsanwendungsbefehls konkretisiert werden. Der Rechtsanwendungsbefehl des Vertragsgesetzes soll doppelte Wirkung besitzen: Unmittelbar anwendbare Vertragsnor-

---

178 GEIGER, Grundgesetz und Völkerrecht, § 34 I. 1.

179 RUDOLF, Völkerrecht und deutsches Recht, S. 171 f. sowie PARTSCH, BDGV 6 (1964), S. 106 f.

180 ROJAHN, in: V. MÜNCH/KUNIG, GGK I, Art. 59 Rn. 37.

181 BLECKMANN, Begriff und Kriterien der innerstaatlichen Anwendbarkeit völkerrechtlicher Verträge, S. 59 ff.

182 NIEDOBITEK, Das Recht der grenzüberschreitenden Verträge, S. 170 m. w. N; ROJAHN, in: V. MÜNCH/KUNIG, GGK I, Art. 59 Rn. 36 m. w. N. sowie beispielsweise BVerfGE 59, 63 (90), in der das Bundesverfassungsgericht den Begriff des „Rechtsanwendungsbefehls" nutzt, der von dem Vertragsgesetz erteilt werde.

183 GEIGER, Grundgesetz und Völkerrecht, § 36 II. 3. a).

184 KEMPEN, in: V. MANGOLDT/KLEIN/STARK, GG II, Art. 59 Abs. 2 Rn. 95.

185 ROJAHN, in: V. MÜNCH/KUNIG, GGK I, Art. 59 Rn. 35.

men, sog. self-executive – Vorschriften, begründen Rechte und Pflichten für den jeweiligen Adressaten und die Normen, die diese Voraussetzungen nicht erfüllen, müssen durch die Vertragspartner geachtet und eventuell im Wege konkretisierender Rechtsprechung ausgelegt werden.[186] Das bedeutet, dass auch nicht unmittelbar anwendbare Normen durch das Vertragsgesetz innerstaatliche Geltung erlangen, jedoch bis zu ihrer Konkretisierung durch innerstaatliche Organe keine innerstaatliche Anwendungsreife.[187] Die nicht unmittelbar anwendbaren Vertragsnormen sind damit für das innerstaatliche Recht nicht irrelevant, sondern müssen durch Anpassung des selben ebenfalls befolgt werden.[188] Die Unterscheidung in self-executive – Normen und solche, die keine unmittelbare Anwendbarkeit aufweisen, zeigt also, dass grundsätzlich davon ausgegangen wird, dass auch nur Teile eines Vertrages unmittelbare Anwendbarkeit erlangen können.

Es muss jedoch noch bestimmt werden, unter welchen Voraussetzungen von einer unmittelbaren Anwendbarkeit ausgegangen wird, welche Normen also als self-executive betrachtet werden. Dazu müssen die Vertragsnormen auf ihren spezifischen Inhalt und ihre inhaltliche Bestimmtheit hin untersucht werden, also danach, ob sie zu ihrer Ausführung noch konkretisiert oder ergänzt werden müssen.[189] Kumulativ bedarf es also dreier Umstände: Die Völkerrechtsnorm bedarf keines weiteren innerstaatlichen Rechtsakts zu ihrer Anwendung, sie muss inhaltlich präzise und konkret sein und zusätzlich muss die Norm ihren Adressaten berechtigen oder verpflichten.[190]

Vergegenwärtigt man sich anhand der oben gemachten Ausführungen zu dem Verhältnis von Völkerrecht und innerstaatlichem Recht sowie zu der Eingliederung von Völkervertragsrecht in innerstaatliches Recht das dahin-

---

186 KEMPEN, in: V. MANGOLDT/KLEIN/STARK, GG II, Art. 59 Abs. 2 Rn. 95.

187 ROJAHN, in: V. MÜNCH/KUNIG, GGK I, Art. 59 Rn. 33.

188 So treffend formuliert bei GEIGER, Grundgesetz und Völkerrecht, § 34 I. 2.

189 ROJAHN, in: V. MÜNCH/KUNIG, GGK I, Art. 59 Rn. 37.

190 STEIN/V. BUTTLAR, Völkerrecht, Rn. 187 sowie BLECKMANN, Begriff und Kriterien der innerstaatlichen Anwendbarkeit völkerrechtlicher Verträge, S. 20; siehe dazu auch KELLER, Rezeption des Völkerrechts, S. 14 f., die für die Beurteilung der unmittelbaren Anwendbarkeit einer Norm neben dem Wortlaut auch auf die Zielrichtung des Vertrages insgesamt und den Willen der Vertragsparteien abstellt. Augenfällig sei zudem der weite Ermessensspielraum, der dem Rechtsanwender zugesprochen würde, sodass der Umgang mit der unmittelbaren Anwendbarkeit zugleich auch aufschlussreich hinsichtlich der Völkerrechtsfreundlichkeit des entsprechenden Rechtssystems sei.

terstehende System, so wird deutlich, dass es dabei auch auf eine gewisse Trennschärfe der Begrifflichkeiten ankommt. Umso wichtiger erscheint es konkret für die Bestimmung der innerstaatlichen Wirkung der UN-Kinderrechtskonvention, sich die oben genannten Kategorien immer wieder vor Augen zu führen und dabei vor allem nicht die unmittelbare Anwendbarkeit einer Völkervertragsnorm synonym mit der Gewährung subjektiver Rechte zu gebrauchen.[191]

2. Generelle Zulässigkeit von Vorbehalten zu völkerrechtlichen Verträgen

Für die generelle Zulässigkeit eines Vorbehaltes wird vorrangig auf eine entsprechende Klausel im Vertrag selbst abgestellt, soweit eine solche vorhanden ist. Die UN-Kinderrechtskonvention enthält in Art. 51 Abs. 2 eine derartige Zulässigkeitsbestimmung, die der allgemeinen Einschränkung von Vorbehalten nach Art. 19 lit. c WVK entspricht. Danach ist ein Vorbehalt unzulässig, der mit Ziel und Zweck des Übereinkommens unvereinbar ist. An dieser sehr weiten Formel müssen sich die erklärten Vorbehalte messen lassen. Zusätzlich ist bei der Einlegung von Vorbehalten speziell zu Menschenrechtsverträgen zu überlegen, ob es neben der Prüfung der Vereinbarkeit mit Ziel und Zweck des Vertrages eventuell noch weitere Zulässigkeitskriterien geben muss.

Die grundsätzliche, hinter der Frage der Zulässigkeit eines Vorbehaltes – insbesondere zu einem menschenrechtlichen Vertrag – stehende Schwierigkeit besteht darin, dass zum einen möglichst viele Länder auf einen solchen Vertrag verpflichtet werden sollen und zum anderen, dass der Menschenrechtsschutz dabei jedoch gleichsam so weit wie möglich ungeteilt, das heißt ohne Vorbehalte, gewährt und gewährleistet werden soll.[192] Verböte man Vorbehalte zu menschenrechtlichen Verträgen generell, so wären sicherlich weit weniger Länder bereit, einen solchen zu unterzeichnen und zu ratifizieren, da sie die daraus erwachsenden Verpflichtungen scheuen könnten.[193] Bei

---

191 Siehe dazu auch GEIGER, Grundgesetz und Völkerrecht, § 34 I. 1., der dort noch einmal darauf hinweist, dass die unmittelbare Anwendbarkeit nicht – wie so oft – mit der Gewährung von subjektiven Rechten verwechselt werden darf.

192 LORZ, Der Staat 41 (2002), S. 34.

193 So auch der Menschenrechtsausschuss in seinem *General Comment*, CCPR/C/21/Rev.1/Add.6, Rn. 4.

der Lösung der Frage nach der Zulässigkeit muss daher gut abgewogen und nach einem weithin tragfähigen Konsens gesucht werden.

Als wegweisend bei Einschätzung der Zulässigkeit von Vorbehalten allgemein und speziell zu Menschenrechtsverträgen kann insbesondere das Gutachten des Internationalen Gerichtshofes zu der Völkermordkonvention[194] in Zusammenschau mit den dazu veröffentlichten *dissenting opinions* gesehen werden.[195] Darin musste der IGH darüber befinden, ob die hinsichtlich der Völkermordkonvention eingelegten Vorbehalte zulässig waren. Dabei entwickelte der IGH die Lehre von den Vorbehalten entscheidend weiter: Die Zulässigkeit eines Vorbehaltes sollte danach nicht mehr allein von dem Willen der Staaten abhängen, die ihn annehmen oder mittels Einspruchs ablehnen konnten, sondern sollte sich objektiv danach bestimmen, ob der Vorbehalt mit Ziel und Zweck des Vertrages übereinstimmt.[196] Diese Regelung fand so auch in Art. 19 lit. c WVK Einzug, der oben bereits als Kriterium für die Zulässigkeit von Vorbehalten genannt wurde. Zusätzlich zu dieser Prüfung müssen die Staaten in einem zweiten Schritt und möglichst unter Orientierung an dem Ergebnis der Überprüfung der Vereinbarkeit mit Ziel und Zweck des Vertrages dem Vorbehalt weiterhin zustimmen oder ihn durch Einspruch ablehnen.[197] Trotz der Einführung des objektiven Kriteriums soll die Selbstbestimmung der Staaten somit erhalten bleiben. Der IGH betonte in seinem Gutachten zwar, dass die getroffenen Überlegungen nur auf die Völkermordkonvention angewandt werden könnten,[198] jedoch wurden sie als analog

194 *IGH*, Reservations to the Convention on the Prevention and Punishment of the Crime of Genocide, Advisory Opinion of May 28th, 1951, ICJ Reports 1951, S. 15 ff.; Dissenting Opinion der Richter GUERRERO, MCNAIR, READ and HSU MO, ICJ Reports 1951, S. 31 ff. sowie Dissenting Opinion des Richters ALVAREZ, ICJ Reports 1951, S. 49 ff.

195 Siehe zu den Schwierigkeiten, die vor dem Urteil des IGH noch bestanden beispielsweise BAUER, Vorbehalte zu Menschenrechtsverträgen, S. 20 ff.; BEHNSEN, Das Vorbehaltsrecht völkerrechtlicher Verträge, S. 19 ff.

196 So auch BEHNSEN, Das Vorbehaltsrecht völkerrechtlicher Verträge, S. 29 f. sowie *IGH*, Reservations to the Convention on the Prevention and Punishment of the Crime of Genocide, Advisory Opinion of May 28th, 1951, ICJ Reports 1951, S. 23 ff.

197 KÜHNER, Vorbehalte zu multilateralen völkerrechtlichen Verträgen, S. 75 sowie STÖCKER, ZAR 2/1992, S. 83 mit dem Hinweis auf Art. 20 WVK.

198 *IGH*, Reservations to the Convention on the Prevention and Punishment of the Crime of Genocide, Advisory Opinion of May 28th, 1951, ICJ Reports 1951, S. 23.

übertragbar auf andere Menschenrechtsinstrumente angesehen[199] und auch zu Rate gezogen.[200] Dabei muss freilich jedoch auch die Kritik, die an der neuen Konzeption des IGH geübt wurde, im Hinterkopf behalten werden. So äußerten einige Richter des IGH in ihrer *dissenting opinion* die Befürchtung, dass Ziel und Zweck eines Vertrages nicht immer zweifelsfrei bestimmt werden könnten.[201] Auch die Annahme, die Staaten würden sich zu jeder Zeit bei ihrer Entscheidung für oder gegen den Vorbehalt am Vertragszweck orientieren, scheint so nicht unbedingt.[202]

Als belastbare Kriterien hinsichtlich der Feststellung der Unzulässigkeit von Vorbehalten zu Menschenrechtsabkommen werden beispielsweise folgende genannt: Zum einen sollen Vorbehalte unzulässig sein, die sich gegen Völkergewohnheitsrecht oder allgemeine Rechtsgrundsätze wenden, zum anderen solche, die den vorgesehenen Schutzstandard des Übereinkommens unterschreiten.[203] Weiterhin fallen darunter Vorbehalte, die nur unpräzise formuliert sind, oder mit denen der erklärende Staat versucht, seine Regelungsgewalt aufrechtzuerhalten.[204] Als letzte Fallgruppen sollen Vorbehalte zu Menschenrechtsabkommen unzulässig sein, die generell die vorrangige Anwendung der nationalen Rechts- und Verfassungsordnung anordnen sowie Vorbehalte, die die Anerkennung der vorgesehenen Kontrollgremien unterlaufen.[205] Der Menschenrechtsausschuss selbst legte in einem *General Comment* fest, dass Vorbehalte möglichst klar formuliert sein müssen und die Staaten diese mit Rücksicht auf die Wirkung innerhalb des Vertrages und seiner Wirkung im Zusammenhang mit weiteren Vorbehalten einlegen sollten.[206] Zudem sollten nicht so viele Vorbehalte eingelegt werden, dass die Konvention als solche als nicht akzeptiert angesehen werden könnte.[207] Auch ein Ausschluss der selbstständigen Rechtswirkung der in Frage stehenden Konvention soll nicht durch einen Vorbehalt mit Hinweis auf das mit der Konvention übereinstimmende innerstaatliche Recht vorgenommen wer-

---

199 HILPOLD, AVR 34 (1996), S. 391.

200 BEHNSEN, Das Vorbehaltsrecht völkerrechtlicher Verträge, S. 34 m. w. N.

201 Dissenting Opinion der Richter GUERRERO, MCNAIR, READ and HSU MO, ICJ Reports 1951, S. 43 f.

202 BEHNSEN, Das Vorbehaltsrecht völkerrechtlicher Verträge, S. 33.

203 GIEGERICH, ZaöRV 55 (1995), S. 772.

204 a. a. O.

205 a. a. O.

206 CCPR/C/21/Rev.1/Add.6, Rn. 19.

207 a. a. O.

den.[208] Um das Kriterium der Vereinbarkeit mit Ziel und Zweck des Vertrages konkretisieren zu können, gab die International Law Commission vor, bei einer Auslegung des Vertrages nach Treu und Glauben, auch den Konventionstitel sowie ihre Präambel zu betrachten.[209] Soweit möglich solle man auch die Vorarbeiten zu dem völkerrechtlichen Vertrag sowie die Staatenpraxis miteinbeziehen.[210]

Die besondere Schwierigkeit bei Vorbehalten zu Menschenrechtsabkommen wird vor allem darin gesehen, dass der Charakter eines solchen Abkommens nicht dem eines gewöhnlichen völkerrechtlichen Vertrages ohne Menschenrechtsbezug entspreche: Bei einem menschenrechtlichen Vertrag sind alle Vertragsparteien darauf bedacht, dass jede der anderen Vertragsparteien ihre Verpflichtung gegenüber sämtlichen Vertragsstaaten – nicht lediglich gegenüber einem anderen Vertragsstaat – im Interesse eines umfassenden Menschenrechtsschutzes ausübt.[211] Aufgrund der universellen Art des Vertrages und der damit eingegangenen Verpflichtung zur Vertragserfüllung gegenüber der Gesamtheit der Vertragsstaaten, kann damit eine lediglich reziproke Rechtsverkürzung bei menschenrechtlichen Verträgen, wie sie nach dem Vorbehaltsregime der WVK vorgesehen ist, nicht wirksam werden.[212]

Daneben wirft der Charakter von Menschenrechtsabkommen aber noch weitere Probleme im Hinblick auf die Anwendung der WVK auf: Zum einen ist Art. 21 WVK, der die Rechtswirkungen von Vorbehalten und Einsprüchen regelt, ebenfalls reziprok konzipiert, sodass sich die Wirkungen eines Vorbehaltes oder eines Einspruchs jeweils nur zwischen zwei Staaten, nicht jedoch gegenüber der gesamten Staatengemeinschaft auswirken.[213] Zum anderen fehlt es an einem Überprüfungsmechanismus einer zuständigen Stelle, die über eventuell eingelegte Einsprüche gegen Vorbehalte entscheiden und damit deren Zulässigkeit feststellen oder negieren könnte.[214]

---

208 a. a. O.

209 A/66/10/para. 75, Guide to Practice on Reservations to Treaties, Rn. 3.1.5.1.

210 a. a. O.

211 GIEGERICH, ZaöRV 55 (1995), S. 753 f.

212 BAUER, Vorbehalte zu Menschenrechtsverträgen, S. 55 f.

213 LORZ, Der Staat 41 (2002), S. 37 f.

214 a. a. O. sowie BEHNSEN, Das Vorbehaltsrecht völkerrechtlicher Verträge, S. 194 und HILPOLD, AVR 34 (1996), S. 420 f., der beispielsweise eine Kompetenzübertragung an den Menschenrechtsausschuss vorschlägt. Dieser selbst scheint sich ebenfalls für zuständig zu erachten, CCPR/C/21/Rev.1/Add.6, Rn. 18. PETER, ZAR 4/2002, S. 147 weist speziell für die UN-Kinderrechtskonvention ebenfalls auf das Fehlen eines

Diesem unbefriedigenden Ergebnis konnte bisher noch nicht abgeholfen werden. Eine Überlegung geht beispielsweise dahin, einen menschenrechtlichen Kerngehalt zu definieren, der durch Vorbehalte nicht berührt werden darf und die Ausschüsse menschenrechtlicher Übereinkommen zwar mit der Kompetenz der Feststellung einer (Un-)zulässigkeit auszustatten, über die Form der Abhilfe die Vertragsstaaten entscheiden zu lassen.[215] Daneben wird vertreten, keine übergeordnete Instanz zu schaffen, sondern die Staaten selbst entscheiden zu lassen, ob sie einen Einspruch gegen einen Vorbehalt einlegen, der – anders als in der WVK vorgesehen – die Rechtsfolge der Unwirksamkeit des Vorbehaltes und damit der umfänglichen Bindung des Staates an den Vertrag nach sich zieht.[216] Einen ähnlichen Vorschlag machte 2011 auch die International Law Commission.[217] Danach ist ein Vorbehalt auch ohne Einspruch unwirksam, wenn er bestimmte Kriterien nicht erfüllt,[218] jedoch kann der Staat, der einen unzulässigen Vorbehalt eingelegt hat, jederzeit erklären, nicht mehr an den Vertrag gebunden sein zu wollen.[219]

Wie konkret man die Frage nach der Unzulässigkeit oder Zulässigkeit von Vorbehalten zu menschenrechtlichen Verträgen entscheidet, bedarf an dieser Stelle keiner weiteren Erörterung, wenn sich die deutschen Vorbehalte zu dem Übereinkommen über die Rechte des Kindes als zulässig erweisen sollten.

3. Die Zulässigkeit der deutschen Vorbehalte zu der UN-Kinderrechtskonvention

Die Zulässigkeit der erklärten Vorbehalte wurde durchweg stark in Zweifel gezogen. Abgestellt auf Art. 51 Abs. 2 UN-KRK sollte vor allem der Aus-

Kontrollmechanismus' hin und schlussfolgert aus der mangelnden Verbindlichkeit der Feststellungen des Kinderrechtsausschusses, dass der deutsche Vorbehalt trotz eventueller Unzulässigkeit mangels Wiederspruchs der übrigen Vertragsstaaten als zulässig gelten muss.

215 So ausführlich bei LORZ, Der Staat 41 (2002), S. 42 ff.

216 So BEHNSEN, Das Vorbehaltsrecht völkerrechtlicher Verträge, S. 168 ff., 198 f. mit Verweis auf die Staatenpraxis.

217 A/66/10/para. 75, Guide to Practice on Reservations to Treaties; siehe dazu auch CRAWFORD, Brownlie's Principles of Public International Law, S. 376 f.

218 Siehe zu den Kriterien A/66/10/para. 75, Guide to Practice on Reservations to Treaties, Rn. 2, 3.

219 A/66/10/para. 75, Guide to Practice on Reservations to Treaties, Rn. 4.5.3.

schluss der unmittelbaren Anwendbarkeit der Konventionsbestimmungen in Deutschland gegen allgemeines Völkerrecht und damit zugleich gegen Ziel und Zweck des Vertrages verstoßen.[220] Insbesondere die Verneinung der Vermittlung individueller Rechtspositionen durch die UN-Kinderrechtskonvention sollte mit Ziel und Zweck des Übereinkommens unvereinbar sein.[221] Zudem dürften Vorbehalte nur zu einzelnen Vertragsbestimmungen, jedoch nicht generell zu dem gesamten Vertrag erklärt werden.[222] Speziell bezogen auf Abschnitt IV der Ratifikationserklärung wurde eine dadurch ermöglichte schrankenlose Gesetzgebung im Bereich des Ausländerrechts, die sich nicht an die UN-KRK zurückbinden ließe, kritisiert.[223] Zudem wäre eine konventionskonforme Auslegung des deutschen Ausländerrechts verwehrt.[224]

Betrachtet man Ziel und Zweck der Kinderrechtskonvention, so kann man in Anbetracht ihrer Entstehungsgeschichte und ihrer Normen mit Bestimmtheit sagen, dass sie die Rechte der Kinder weltweit stärken und die nationalen Gesetzgeber dazu anhalten soll, die innerstaatliche Rechtslage möglichst kinderfreundlich und damit konventionskonform zu gestalten.[225] Zwar erschwert der Ausschluss der unmittelbaren Anwendbarkeit der Konventionsbestimmungen in Deutschland auf den ersten Blick die Verwirklichung dieser Zweckbestimmung. Jedoch kann dieser Anschein bei näherer Betrachtung der völkerrechtlichen Lage entkräftet werden.[226] Mit dem Vollzugsgesetz der Bundesregierung vom 17. Februar 1992[227] wurde die Kinderrechtskonvention als völkerrechtlicher Vertrag mit Rang eines einfachen Bundesgesetzes in die innerstaatliche Rechtsordnung eingegliedert. Die rein auf die inner-

---

220 WOLF, ZRP 10 (1991), S. 378.

221 EICHHOLZ, IzKK-Nachrichten 2009/1, S. 14 f., der die Ratifikationserklärung allerdings nicht als Vorbehalt, sondern als Interpretationserklärung qualifiziert, die juristisch ohne Bedeutung sei.

222 WOLF, ZRP 10 (1991), S. 378.

223 MENZEL, ZAR 1/1996, S. 23, der den Vorbehalt deshalb als unwirksam und unbeachtlich qualifiziert.

224 PETER, ZAR 4/2002, S. 146.

225 Siehe dazu beispielsweise auch die Präambel des Übereinkommens über die Rechte des Kindes, in der auf den besonderen Schutzbedarf des Kindes hingewiesen wird sowie auf die Notwendigkeit einer das Wohl des Kindes weltweit berücksichtigenden Kodifikation; so auch LORZ, Der Vorrang des Kindeswohls nach Art. 3 der UN-Kinderrechtskonvention in der deutschen Rechtsordnung, S. 20.

226 Siehe dazu ausführlich oben in diesem Kapitel, Abschnitt A. II. 1.

227 BGBl. II 1992, 121.

staatliche Anwendbarkeit der Konvention bezogene Ratifikationserklärung konnte diese Rechtsfolge nicht unterbinden.[228] Der in dem Vertragsgesetz enthaltene Rechtsanwendungsbefehl bestimmt dabei zum einen, dass in dem Vertrag enthaltene self-executive – Normen ohne einen dazwischen geschalteten Rechtsetzungsakt Rechte und Pflichten für den Einzelnen begründen können und zum anderen, dass die nicht unmittelbar anwendbaren Vorschriften die Verpflichtung beinhalten, durch die Vertragspartei (in diesem Falle die Bundesrepublik Deutschland) beachtet und eventuell durch die Rechtsprechung konkretisiert zu werden.[229] Eine völkerrechtliche Pflicht zur innerstaatlichen Anwendung des Vertragsinhaltes existiert insoweit nicht und ein Vorbehalt, der diese ausschließt, ist für die völkerrechtliche Bindung des Vertragsstaates nach außen somit irrelevant.[230] Vielmehr kann der Gesetzgeber auf der nationalen Ebene über die Rechtswirkung der Konvention selbst bestimmen und die unmittelbare Anwendbarkeit mittels eines Vorbehaltes grundsätzlich ausschließen.[231] Der Ausschluss der unmittelbaren Anwendbarkeit des gesamten Übereinkommens über die Rechte des Kindes bei Ratifikation des Vertrages[232] ist damit nicht zu beanstanden, da eine Verpflichtung der Bundesrepublik zur Herstellung einer innerstaatlichen Kohärenz des Rechts mit den Zielen und dem Zweck der Konvention trotz Vorbehaltserklärung bestehen bleibt.[233] Auch eine speziell auf menschenrechtliche Verträge bezogene Unzulässigkeit des deutschen Vorbehaltes ist hier nicht augenfäl-

---

228 TOMUSCHAT, in: RULAND, FRANZ/BARON VON MAYDELL, BERND/PAPIER, HANS-JÜRGEN (Hrsg.), Verfassung, Theorie und Praxis des Sozialstaats, S. 1153 f.

229 KEMPEN, in: V. MANGOLDT/KLEIN/STARK, GG II, Art. 59 Abs. 2 Rn. 95.

230 HERDEGEN, FamRZ 1993, S. 380; EICHHOLZ, IzKK-Nachrichten 2009/1, S. 13 sowie MENG, in: KOEPPEL, PETER (Hrsg.), Kindschaftsrecht und Völkerrecht im europäischen Kontext, S. 27.

231 NETTESHEIM, in: MAUNZ/DÜRIG, Komm. z. GG, Art. 59 Rn. 181; GEIGER, Grundgesetz und Völkerrecht, § 36; KEMPEN, in: V. MANGOLDT/KLEIN/STARK, GG II, Art. 59 Abs. 2 Rn. 95, der – wie auch NETTESHEIM – als Beispiel den Vorbehalt zu der UN-Kinderrechtskonvention nennt sowie auch RÖBEN, Außenverfassungsrecht, S. 68 mit ebendiesem Beispiel, der den Vorbehalt Deutschlands als „dogmatisch unproblematisch" bezeichnet.

232 BGBl. II 1992, 990.

233 So auch neben vielen KEMPEN, in: V. MANGOLDT/KLEIN/STARK, GG II, Art. 59 Abs. 2 Rn. 95; HERDEGEN, FamRZ 1993, S. 380 sowie VERSCHRAEGEN, Die Kinderrechtekonvention, S. 57.

lig.[234] Der von der Bundesrepublik Deutschland erklärte Vorbehalt zur Kinderrechtskonvention war somit völkerrechtlich zulässig.

Hinsichtlich des Abschnitts IV der Ratifikationserklärung erscheint die Feststellung eines Verstoßes gegen Art. 51 Abs. 2 UN-KRK nicht ganz fernliegend. Die umfassende Trennung des innerstaatlichen Ausländerrechts von den Wertungen der UN-Kinderrechtskonvention, die Kindern die Anwendbarkeit grundlegender Normen, wie der des Kindeswohlvorrangs nach Art. 3 UN-KRK versagt,[235] ist mit Ziel und Zweck der Konvention schwerlich in Einklang zu bringen.[236] Gleichwohl muss auch hier beachtet werden, dass die UN-Kinderechtskonvention trotz des Vorbehaltes innerstaatliche Geltung im Rang eines einfachen Bundesgesetzes erhalten hat, und dass Vertragsstaaten die unmittelbare Anwendbarkeit innerstaatlich ausschließen können. Durch Abschnitt IV des Vorbehaltes sollte beispielsweise ein unmittelbar aus der Anwendung einer Norm der UN-Kinderrechtskonvention hergeleitetes Abschiebungsverbot verhindert werden.[237] Die Konstellation gleicht damit der von Abschnitt I der Ratifikationserklärung und ändert nichts an der innerstaatlichen Geltung der Konventionsbestimmungen und den sich daraus ergebenden Pflichten.

Unabhängig davon, ob man die eingelegten Vorbehalte als wirksam oder unwirksam betrachtet, wurde gegen die Ratifikationserklärung Deutschlands von keinem Staat Einspruch eingelegt.[238] Die Notwendigkeit eines Einspruchs ergibt sich bei völkerrechtlichen Verträgen aus Art. 20 Abs. 5 WVK, der eine Annahme bei fehlender Einlegung eines Einspruchs fingiert.[239] Daher ist an dieser Stelle eine vertiefte Erörterung der sich in dem Zusammenhang mit den Rechtswirkungen eines unzulässigen Vorbehaltes oder auch des Einspruchs gegen einen solchen ergebenden Fragen entbehrlich.[240] Überdies

---

234 Siehe dazu oben in diesem Kapitel, Abschnitt A. II. 2.

235 So zusammenfassend auch SCHMAHL, Kinderrechtskonvention mit Zusatzprotokollen, Art. 46-54 Rn. 9.

236 So auch CREMER, in: BIELEFELDT, HEINER/DEILE, VOLKMER/HAMM, BRIGITTE (Hrsg.), Kinder und Jugendliche. Jahrbuch Menschenrechte 2010, S. 31.

237 So auch ausgeführt bei V. ARNAULD, Völkerrecht, Rn. 502.

238 Siehe dazu http://treaties.un.org/Pages/ViewDetails.aspx?src=IND&mtdsg_no=IV-11&chapter=4&lang=en (zuletzt abgerufen am 31.01.2014).

239 STÖCKER, ZAR 2/1992, S. 84.

240 Siehe dazu ausführlich neben vielen SCHWEISFURTH, in: GEIGER (Hrsg.), Völkerrechtlicher Vertrag und staatliches Recht vor dem Hintergrund zunehmender Verdichtung der internationalen Beziehungen, S. 71 ff.; LORZ, Der Staat 41 (2002),

wurde die Ratifikationserklärung Deutschlands bereits zurückgenommen, sodass sich die rechtliche Lage seit 2010 verändert hat. Wie es zu dieser Rücknahme gekommen ist und inwiefern sich die rechtliche Situation gewandelt hat, soll im Folgenden behandelt werden.

III. Die Ratifikationserklärung in der Debatte durch die Legislaturperioden

Die politische und wissenschaftliche Auseinandersetzung mit den erklärten Vorbehalten Deutschlands dauerte bis zu deren Rücknahme am 15. Juli 2010[241] an. Die Debatten im Bundestag sowie im Bundesrat zogen sich durch mehrere Legislaturperioden und sollen hier – ebenso wie die verschiedenen wissenschaftlichen Auseinandersetzungen – nur überblicksartig skizziert werden.[242]

Zunächst wurde vor allem über Abschnitt II der Ratifikationserklärung diskutiert. Dieser Teil sollte die Auslegung der Artikel beschränken, die sich auf das innerstaatliche Familienrecht beziehen. In der Denkschrift zu dem Übereinkommen legte die Bundesregierung für jeden der betreffenden Artikel der Konvention dar, weshalb das deutsche Familienrecht konventionskonform sei.[243] Vor allem bezüglich Art. 9 Abs. 3 UN-KRK und Art. 18 Abs. 1 UN-KRK regte sich allerdings Widerspruch. Danach stünde beiden Elternteilen grundsätzlich das elterliche Sorgerecht zu, Art. 18 Abs. 1 UN-KRK. Die Bundesregierung wandte in ihrer Interpretationserklärung ein, dass der automatische Zuspruch des Sorgerechts an beide Elternteile gegen Art. 3 Abs. 1 UN-KRK verstieße, mithin dem Vorrang des Kindeswohls. Es bedürfe vielmehr einer Einzelfallprüfung. Das in Art. 9 Abs. 3 UN-KRK gewährte Umgangsrecht beider Elternteile mit dem Kind im Falle des Getrenntlebens

---

S. 36 ff.; SHAW, International Law, S. 917 f.; speziell auf die UN-Kinderrechtskonvention bezogen siehe ausführlich bei PETER, ZAR 4/2002, S. 146 ff.

241 Siehe dazu die Pressemitteilung des BMJ v. 15. Juli 2010, abrufbar unter: http://www.bmj.de/SharedDocs/Pressemitteilungen/DE/2010/20100715_UN_Kinderrechtskonvention_Ruecknahme_des_Vorbehalts_rechtswirksam.html (zuletzt abgerufen am 15.10.2013).

242 Eine sehr detaillierte Darstellung der Diskussionen in sämtlichen Legislaturperioden bis einschließlich des Beginns der 17. Wahlperiode gibt PETER, Eine schier unendliche Geschichte, an dessen Dokumentation sich hier vorrangig orientiert wird.

243 *Denkschrift der Bundesregierung zu dem Übereinkommen*, abgedr. in: BT-Drucks. 12/42 v. 24.01.1991, S. 32 ff.

der Eltern sollte ebenfalls die innerstaatliche Rechtslage nicht berühren. Zu erwähnen bleibt zudem, dass das Übereinkommen über die Rechte des Kindes nicht zwischen ehelichen und unehelichen Kindern unterschied. Die Erklärung der Bundesregierung muss vor dem damaligen innenpolitischen Kontext betrachtet werden: Im Rahmen einer Reform des Rechts der elterlichen Sorge wurde über ein regelmäßig gemeinsames elterliches Sorgerecht auch nach Scheidung sowie über ein (Mit-) Sorgerecht des nichtehelichen Vaters und ein nicht mehr von der Zustimmung der Mutter abhängiges Besuchsrecht debattiert.[244] Das Kindschaftsrechtsreformgesetz vom 1. Juli 1998[245] entschärfte die Debatte insofern, als dass das Umgangsrecht lediger und geschiedener Eltern angeglichen wurde und den Interessen des Kindes durch eine Vertretung in Familien- und Vormundschaftssachen mehr Gehör zukommen sollte.[246]

Daneben wurden besonders die Einschränkungen bezüglich des Ausländerrechts diskutiert.[247] Als unerträglich wurde dabei vor allem die Situation der unbegleiteten minderjährigen Flüchtlingskinder empfunden, die bereits mit 16 Jahren aus dem Anwendungsbereich der Kinderrechtskonvention „herausdefiniert" wurden.[248] Bereits in der 12. und 13. Legislaturperiode antwortete die Bundesregierung relativ knapp auf die Kleinen Anfragen der SPD[249] und der Bundestagsfraktion Bündnis 90/Die Grünen[250], die auf eine Überprüfung der Vereinbarkeit des deutschen Asylrechts mit der UN-Kinderrechtskonvention hinwirken wollten, die deutsche Rechtslage sei sowohl mit der Genfer Flüchtlingskonvention, dem Haager Minderjährigenschutzübereinkommen als auch mit der Kinderrechtskonvention konform. Als Begründung für die Vereinbarkeit mit der Kinderrechtskonvention verwies die Bundesregierung auf den eingelegten Vorbehalt bezüglich der aufenthalts- und asylrechtlichen Regelungen. Danach ergebe sich kein Anpassungsbedarf des innerstaatlichen Rechts. Zu Beginn der 14. Legislaturperiode und damit dem Wechsel der regierenden Parteien folgte der Bundestag dann einer Empfeh-

---

244 BAER, NJW 1993, S. 2210.

245 Gesetz zur Reform des Kindschaftsrechts, BGBl. I 1997, 2942.

246 V. SCHORLEMER, in: dies. (Hrsg.), Die Vereinten Nationen und die Entwicklung der Rechte des Kindes, S. 14 sowie PETER, Eine schier unendliche Geschichte, S. 1; siehe zur Kindschaftsrechtsreform zudem unten Kapitel 3, C. I. m. w. N.

247 LÖHR, ZAR 2010, S. 378 f.

248 So HABBE, FoR 3/2005, S. 88.

249 Siehe die Antwort der Bundesregierung, BT-Drucks. 13/1873 v. 29.06.1995.

250 Siehe die Antwort der Bundesregierung, BT-Drucks. 13/7222 v. 13.03.1997.

lung des Ausschusses für Familie, Senioren, Frauen und Jugend[251] und beschloss die Prüfung einer möglichen Rücknahme der Vorbehaltserklärung.[252] Dem widersetzten sich allerdings die Länder, indem sie ihre Zustimmung verweigerten.[253] Ein weiterer Versuch scheiterte 2001 ebenfalls an der mangelnden Zustimmung der Länder.[254] Während der gesamten Zeit der Debatten wandten die Länder neben dem oben erwähnten ursprünglichen Bedenken einer möglichen Fehlinterpretation der Kinderrechtskonvention vornehmlich ein, dass es „(...) zu falschen Erwartungen und zu einer damit zusammenhängenden erhöhten Belastung beim Gesetzesvollzug sowie zu Rechtsunsicherheiten bei der Anwendung des nationalen Aufenthalts- und Asylrechts führen würde.“[255] Noch 2001 räumte die Bundesregierung allerdings ein, dass die „(...) Auslegungen der Konvention [...] in gleichem Maße gelten [würden], wenn die Erklärung nicht abgegeben worden wäre.“[256] Dem pflichtete 2004 auch der Kinderrechtsausschuss der Vereinten Nationen bei und stellte fest, dass die hinterlegte Ratifikationserklärung besonders vor dem Hintergrund der Reformen des Staatsbürgerschafts- sowie des Kindschaftsrechts[257] überflüssig geworden seien.[258]

2009, in der 17. Wahlperiode, einigten sich die Bundestagsfraktionen der CDU, CSU und FDP in ihrem Koalitionsvertrag, auf eine Rücknahme der Ratifikationserklärung hinarbeiten zu wollen.[259] Der Bundesrat folgte am 26. März 2010 einem Antrag der Länder Rheinland-Pfalz, Berlin, Bremen und Brandenburg und beschloss, sich letztendlich für eine Rücknahme der Vorbehaltserklärung auszusprechen.[260] Das Bundeskabinett folgte dem Antrag des Bundesrates und kündigte am 3. Mai 2010 an, die Vorbehaltserklärung

251 BT-Drucks. 14/1681 v. 29.09.1999.

252 Plenarprotokoll 14/58 v. 30.09.1999, S. 5155.

253 Siehe die Antwort der Bundesregierung, BT-Drucks. 14/5036 v. 28.12.2000.

254 BT-Drucks. 14/6024 v. 11.05.2001.

255 BT-Drucks. 16/6076 v. 13.07.2007, S. 4.

256 BT-Drucks. 14/6415 v. 22.06.2001.

257 Ersteres wurde am 15.07.1999 verkündet, siehe BGBl. I 1999, 1618; die Reform zum Kindschaftsrecht ist am 01.07.1998 in Kraft getreten, BGBl. I 1997, 2942.

258 CRC/C/15/Add. 226, Rn. 3, 7 ff.

259 Wachstum, Bildung und Zusammenhalt, Koalitionsvertrag zwischen CDU, CSU und FDP, S. 70.

260 BR-Drucks. 829/09.

bei dem Generalsekretär der Vereinten Nationen zurückzunehmen.[261] Dies geschah am 15. Juli 2010.[262]

Die Rücknahme stieß allenthalben auf große Zustimmung. Von der Bundesregierung selbst wurde sie als eine eindrucksvolle Demonstration dafür gesehen, dass das Kindeswohl im Mittelpunkt ihrer Politik stünde.[263] Die National Coalition für die Umsetzung der UN-Kinderrechtskonvention in Deutschland begrüßte vor allem das nun erhöhte Schutzpotential der UN-Kinderrechtskonvention auch für ausländische Kinder und betonte den weiterhin bestehenden Reformbedarf des nationalen Rechts.[264] Dies brachte auch das Deutsche Institut für Menschenrechte zum Ausdruck.[265]

B. Die innerstaatliche Wirkung der UN-Kinderrechtskonvention in der Bundesrepublik Deutschland

Im Folgenden soll die innerstaatliche Wirkung der UN-Kinderrechtskonvention in Deutschland mit und ohne Ratifikationserklärung beleuchtet und untersucht werden. Da über das Verhältnis der UN-Kinderrechtskonvention zu deutschem innerstaatlichen Recht in Einzelheiten nach wie vor keine Einigkeit besteht, soll sich der innerstaatlichen Wirkung der UN-Kinderrechtskonvention für die Zeit vor und nach der Ratifikationserklärung vornehmlich über eine Nachzeichnung des wissenschaftlichen Diskurses angenähert werden. So können die widerstreitenden Argumente und Positionen der Zeit vor Rücknahme der Erklärung in großen Teilen auch für die heutige Diskussion fruchtbar gemacht werden.

---

261 Siehe dazu die Pressemitteilung des BMJ v. 03. Mai 2010, abrufbar unter: http://www.bmj.de/SharedDocs/Pressemitteilungen/DE/2010/20100503_Großer_Tag_fuer_die_Kinderrechte.html (zuletzt abgerufen am 15.10.2013); siehe dazu auch LÖHR, ZAR 2010, S. 379.

262 Siehe dazu die Pressemitteilung des BMJ v. 15. Juli 2010, abrufbar unter: http://www.bmj.de/SharedDocs/Pressemitteilungen/DE/2010/20100715_UN_Kinderrechtskonvention_Ruecknahme_des_Vorbehalts_rechtswirksam.html (zuletzt abgerufen am 15.10.2013).

263 a. a. O.

264 Pressemitteilung der National Coalition für die Umsetzung der UN-Kinderrechtskonvention in Deutschland v. 04. Mai 2010.

265 CREMER, Die UN-Kinderrechtskonvention, S. 15.

Vorab bleibt festzuhalten, dass die Frage nach der innerstaatlichen Wirkung der Konvention im Kern nur hinsichtlich der unmittelbaren Anwendbarkeit der Konvention oder einzelner ihrer Bestimmungen Schwierigkeiten bereitete und heute noch bereitet. Dass die UN-Kinderrechtskonvention durch das Zustimmungsgesetz[266] gemäß Art. 59 Abs. 2 S. 1 GG innerstaatliche Geltung erlangt hat, wurde nicht in Frage gestellt.[267] Vielmehr warf die Bestimmung der unmittelbaren Anwendbarkeit der einzelnen Normen der Kinderrechtskonvention zahlreiche Fragen auf.[268]

I. Die innerstaatliche Wirkung der UN-Kinderrechtskonvention zu der Zeit des Vorbehaltes

Entscheidend für die innerstaatliche Wirkung der Konvention war vor allem Abschnitt I der Ratifikationserklärung Deutschlands.[269] Dort heißt es:

> „(...) Die Bundesrepublik Deutschland erklärt zugleich, daß das Übereinkommen innerstaatlich keine unmittelbare Anwendung findet. Es begründet völkerrechtliche Staatenverpflichtungen, die die Bundesrepublik Deutschland nach näherer Bestimmung ihres mit dem Übereinkommen übereinstimmenden innerstaatlichen Rechts erfüllt.“[270]

Damit bezog sich die Bundesregierung auf Art. 4 UN-KRK, wie die Denkschrift verdeutlicht.[271] Art. 4 UN-KRK verpflichtet die Vertragsstaaten, „(...) alle geeigneten Gesetzgebungs-, Verwaltungs- und sonstigen Maßnahmen zur Verwirklichung der in diesem Übereinkommen anerkannten Rechte [zu treffen]“.[272] In der Denkschrift begründet die Bundesregierung die Notwendigkeit eines derartigen Art. 4 UN-KRK damit, dass die Forderung solcher Maßnahmen vor dem Hintergrund der notwendigen Umsetzung der Konventions-

266 BGBl. II 1992, 121.

267 Siehe dazu auch oben in diesem Kapitel, Abschnitt A. II. 1. die Feststellung, dass die innerstaatliche Geltung der – hier nun in Frage stehenden unmittelbaren Anwendbarkeit – vorausgehen müsse.

268 Siehe dazu ausführlich die folgenden Abschnitte.

269 BGBl. II 1992, 990.

270 a. a. O.

271 *Denkschrift der Bundesregierung zu dem Übereinkommen*, abgedr. in: BT-Drucks. 12/42 v. 24.01.1991, S. 32 f.

272 Siehe dazu den Normwortlaut des Art. 4 UN-KRK.

rechte in innerstaatliches Recht durch einen nationalen Rechtsakt erforderlich sei.[273] Eine Gewährung subjektiver Rechte unmittelbar aus dem Übereinkommen sei damit aber nicht verbunden, sondern könne sich gleichwohl nur durch innerstaatliches Recht, das bereits den Anforderungen der UN-Kinderrechtskonvention entspreche, ergeben.[274] Durch den Hinweis auf die Notwendigkeit eines Rechtsakts zur Umsetzung der Konventionsrechte, gibt die Bundesregierung zugleich zum Ausdruck, dass ihrer Ansicht nach keine der Normen der UN-Kinderrechtskonvention self-executive ist.[275]

Das war so nicht unbestritten. Die innerstaatliche Wirkung der UN-Kinderrechtskonvention wurde bereits relativ kurz nach der Unterzeichnung Deutschlands am 26. Januar 1990 kontrovers diskutiert. Exemplarisch genannt sei das Streitgespräch des Ministerialrates STÖCKER mit ULLMANN, das sich in den Jahren 1991/1992 über mehrere Ausgaben der *Zeitschrift für das gesamte Familienrecht* erstreckte.[276] Zwar mutet dieser Diskurs teilweise etwas polemisch an, aber er verdeutlicht doch die mit Vehemenz noch lange vertretenen gegensätzlichen Positionen zur Frage der innerstaatlichen Anwendbarkeit des Übereinkommens, weshalb er hier kurz zur Darstellung gelangen soll.

STÖCKER qualifiziert die Erklärung Deutschlands in seinem Beitrag als Interpretationsvorbehalt und beurteilt ihn als insgesamt völkerrechtlich zulässig.[277] Dabei stützt er sich vor allem auf eine Widerlegung des Argumentes, dass der zweite Abschnitt der Ratifikationserklärung, wie ihn die Bundesregierung zur Zeit der Abfassung des Artikels noch einzulegen plante und ihn wenig später auch ebenso hinterlegte, mit Ziel und Zweck des Übereinkommens unvereinbar sei.[278] Namentlich solle das dort zum Ausdruck gebrachte

273 *Denkschrift der Bundesregierung zu dem Übereinkommen*, abgedr. in: BT-Drucks. 12/42 v. 24.01.1991, S. 32.

274 *Denkschrift der Bundesregierung zu dem Übereinkommen*, abgedr. in: BT-Drucks. 12/42 v. 24.01.1991, S. 32 f.

275 So auch beispielsweise BAER, NJW 1993, S. 2210 sowie JEAND'HEUR, Verfassungsrechtliche Schutzgebote zum Wohl des Kindes, S. 189 f.; siehe zur unmittelbaren Anwendbarkeit ausführlich oben in diesem Kapitel, Abschnitt A. II. 1.

276 STÖCKER, FamRZ 1992, S. 245-252; ULLMANN, FamRZ 1992, S. 892-894 sowie *ders.*, FamRZ 1991, S. 898-902; STÖCKER, FamRZ 1992, S. 895-896.

277 STÖCKER, FamRZ 1992, S. 247 ff.

278 Wie bereits oben unter A. II. 3. dargelegt, bildete dieser Teil der Ratifikationserklärung einen der Hauptangriffspunkte der Gegner des deutschen Vorbehaltes. Zu der

Verständnis des Art. 18 Abs. 1 S. 1 UN-KRK nicht völkerrechtswidrig sein.[279] Wie oben bereits gezeigt[280] und auch aus der Erklärung selbst ersichtlich, sollte Art. 18 Abs. 1 UN-KRK die innerstaatlichen Regelungen zur Vertretung Minderjähriger, zur Verteilung des Sorgerechts sowie über die familien- und erbrechtlichen Verhältnisse nichtehelicher Kinder unberührt lassen. Die Einlegung des Vorbehalts sollte vor allem dem Kindeswohl dienen.[281] Diese Auffassung teilt auch STÖCKER, da Kinder dadurch nicht – wie von der Konvention beabsichtigt – zum „Spielball widerstreitender Elterninteressen" gemacht werden könnten, sondern durch das im deutschen Recht vorgesehene „Vetorecht" der Mutter aus §§ 1671, 1705 BGB a. F. geschützt würden.[282] Der Vorbehalt soll nach STÖCKER dazu dienen, die wesentlichen Eigenschaften und Ziele der Konvention, wie beispielsweise den Vorrang des Kindeswohls, zu unterstreichen anstatt sie ins Gegenteil zu verkehren.[283] Durch die Konvention – so der Ministerialrat weiter – würden allein Staatenverpflichtungen begründet sowie auf die Möglichkeit oder auch Notwendigkeit einer innerstaatlichen Reformgesetzgebung hingewiesen, jedoch ergebe sich aus der Konvention keinesfalls eine Pflicht oder ein Recht zur innerstaatlichen Anwendung.[284] Daraus folgt nach STÖCKER auch, dass die Konvention bei deutschen Gerichtsentscheidungen nicht zur Anwendung gelangen soll.[285]

ULLMANN hingegen sieht die von der Bundesregierung eingelegten Vorbehalte als zumindest teilweise unzulässig an.[286] Seiner Ansicht nach sind sie sowohl verfassungsrechtlich nicht zu rechtfertigen als auch nach Art. 52 Abs. 2 UN-KRK nicht mit Ziel und Zweck der Konvention vereinbar.[287] Wenn durch das Zustimmungsgesetz gemäß Art. 59 Abs. 2 GG auch ein für den Richter bindender Rechtsanwendungsbefehl erlassen würde, so seine Argumentation, dann sei die damit verbundene rechtsfortbildende Tätigkeit des

---

weiteren Entwicklung innerhalb des deutschen Familienrechts, insbesondere zum Kindschaftsrechtsreformgesetz siehe ebenfalls dort.

279 Ebd., S. 251.

280 Siehe dazu auch oben in diesem Kapitel, A. III.

281 BGBl. II 1992, 990 f.

282 STÖCKER, FamRZ 1992, S. 251 f.

283 a. a. O.

284 STÖCKER, FamRZ 1992, S. 252.

285 Ebd., S. 251.

286 ULLMANN, FamRZ 1991, S. 900.

287 Ebd., S. 899 f.

Richters und so auch die unmittelbare Anwendbarkeit der Konvention durch einen Vorbehalt nicht zu beschränken oder insgesamt aufzuheben.[288] Dazu fehle schon die Kompetenz der Bundesregierung.[289] Vielmehr würde das Abkommen vorbehaltlos in innerstaatliches Recht transformiert und ein unmittelbares sich – Berufen auf die Konvention ermöglicht.[290] Als Rechte, auf die man sich danach unmittelbar berufen kann, nennt er beispielsweise Art. 2 UN-KRK, Art. 6 UN-KRK und auch Art. 8 UN-KRK.[291] Eine Beachtung der Konvention von Amts wegen durch die Gerichte ergebe sich – wie dargestellt – aus Art. 59 Abs. 2 GG.[292] Für den Fall, dass die Vorbehaltserklärung jedoch wirksam sei, müsse die Bundesregierung in einem verfassungsrechtlichen Verfahren die Richter anweisen, die Konvention nicht zu beachten.[293] Eine solche Anweisung hätte es allerdings nicht gegeben. [294]

Solle das Kriterium der „widerrechtlichen Einreise“ unter Bezugnahme auf den sog. „Ausländervorbehalt“ ebenfalls keine Änderung im innerstaatlichen Recht erfahren müssen, so sei unter anderem schon darin ein Verstoß gemäß Art. 52 Abs. 2 UN-KRK zu sehen.[295] Zudem dürfte die Kinderrechtskonvention gemäß ihres Art. 41 kein Recht mit höherem Schutzgehalt berühren.[296] Die Ratifizierung der Konvention unter Vorbehalten unterschreite jedoch den Schutz des Art. 24 IPbpR, der vorbehaltlos gewährleistet sei.[297] Darin solle ein zweiter Verstoß gegen Ziel und Zweck der Kinderrechtskonvention liegen, deren Aufgabe unter anderem in einer Präzisierung des Art. 24 IPbpR bestehe.[298]

In seiner Erwiderung[299] auf den Beitrag ULLMANNS geht STÖCKER nur auf einzelne, der oben erwähnten Punkte ein. So sieht er in dem Ausbleiben einer förmlichen Anweisung an die Gerichte, die Konvention nicht anzuwen-

288 Ebd., S. 899.
289 ULLMANN, FamRZ 1992, S. 892.
290 ULLMANN, FamRZ 1991, S. 899.
291 ULLMANN, FamRZ 1992, S. 892.
292 ULLMANN, FamRZ 1991, S. 899.
293 ULLMANN, FamRZ 1992, S. 892.
294 a. a. O.
295 ULLMANN, FamRZ 1992, S. 893.
296 ULLMANN, FamRZ 1991, S. 900.
297 a. a. O.
298 ULLMANN, FamRZ 1991, S. 899 f.
299 STÖCKER, FamRZ 1992, S. 895 f.

den eine ständige deutsche Staatspraxis.[300] Die dennoch eintretende Wirkung des Vorbehaltes – auch ohne innerstaatliches Gesetz – ergibt sich nach STÖCKER aus dem Wiener Übereinkommen über das Recht der Verträge, nach dessen Art. 21 Abs. 1 lit. a ein Vorbehalt bereits gegenüber jedem Staat gilt, der ihn unwidersprochen lässt.[301] So schlussfolgert er, dass die UN-Kinderrechtskonvention für Deutschland mangels Widerspruchs[302] mit einem wirksamen Vorbehalt in Kraft trat und damit innerstaatlich nicht unmittelbar anwendbar geworden ist.[303]

Auch die von ULLMANN vorgenommene Verknüpfung von Rechtsanwendungsbefehl durch das Zustimmungsgesetz und der Gewähr subjektiver Rechte weist STÖCKER so zurück.[304] Die Frage nach einer subjektiven Rechtsposition, vermittelt durch Vertragsnormen, läge vielmehr in den Normen selbst begründet.[305] Ihr Inhalt bestimme darüber, ob sie sich als Grundlage subjektiver Rechte in innerstaatliches Recht transformieren ließen, was beispielsweise bei reinen prozeduralen Artikeln von vornherein ausgeschlossen sei.[306]

Eine weitergehende, gegenseitige Befassung mit den unterschiedlichen Standpunkten beider Autoren erfolgte nicht mehr. Auch insgesamt verharrte die fachliche Diskussion innerhalb dieser Argumente, die nicht tiefergehend erhellt wurden. Es blieb zunächst bei einer groben Aufteilung in die Befürworter einer unmittelbaren Anwendbarkeit der Konvention beziehungsweise einiger ihrer Normen trotz des eventuell völkerrechtswidrigen Vorbehaltes und in die Verfechter des Vorbehaltes verbunden mit der Überzeugung, der Vertrag begründe innerstaatlich keine unmittelbaren Rechte und Pflichten für den Normadressaten.

Gleichwohl ging man unabhängig von einer Entscheidung der Kontroverse vielfach davon aus, dass die UN-Kinderrechtskonvention im nationalen Recht durch die Gerichte im Wege der völkerrechtsfreundlichen Auslegung

---

300 STÖCKER, FamRZ 1992, S. 895.

301 a. a. O.

302 Siehe dazu http://treaties.un.org/Pages/ViewDetails.aspx?src=IND&mtdsg_no=IV-11&chapter=4&lang=en (zuletzt abgerufen am 31.01.2014).

303 STÖCKER, FamRZ 1992, S. 895.

304 a. a. O.

305 STÖCKER, FamRZ 1992, S. 895 f.

306 STÖCKER, FamRZ 1992, S. 895.

Berücksichtigung finden müsse.[307] So würden die Vorschriften der UN-Kinderrechtskonvention auch ohne die Befugnis zur unmittelbaren Anwendung von den Gerichten berücksichtigt.[308] Diese Pflicht zur Berücksichtigung des Völkerrechts im Rahmen des nationalen Rechts wird dabei umfassend von der unmittelbaren Anwendbarkeit getrennt.[309] So gäbe es, auch wenn man die unmittelbare Anwendbarkeit des Vertrages oder einzelner seiner Normen ablehnte, dennoch eine Möglichkeit, das nationale Recht möglichst in Einklang mit den völkerrechtlichen Verpflichtungen eines Staates zu bringen.[310]

Allerdings gab es auch Stimmen, die mehr als eine Berücksichtigung der Normen der UN-Kinderrechtskonvention allein im Rahmen der Völkerrechtsfreundlichkeit des Grundgesetzes erreichen wollten. So wurde, wie auch schon in dem eben nachgezeichneten Diskurs[311], unabhängig von der innerstaatlichen Geltung der Konvention angenommen, dass einige Konventionsbestimmungen, wie Art. 2 UN-KRK oder auch Art. 6 UN-KKR, trotz des Vorbehaltes unmittelbare Anwendbarkeit besäßen.[312] Dabei wurde darauf hingewiesen, dass die Ratifikationserklärung zwar das Verhältnis des völkerrechtlichen Vertrages und des nationalen Rechts bestimmen könne, eine unmittelbare Anwendung von Völkervertragsnormen, soweit diese die Voraussetzungen erfüllten, jedoch kein Gegenstand der Regelungsgewalt des innerstaatlichen Rechts sein könne.[313] Die Befugnis des Gesetzgebers zur Entscheidung darüber, ob ein völkerrechtlicher Vertrag innerstaatlich unmittelbare Anwendbarkeit erlangt, wurde des Öfteren in Frage gestellt.[314] Wurde

---

307 PROKSCH, RdJB 4/1996, S. 475; GERSTEIN, ZfJ 12/1995, S. 527; siehe zu dem Grundsatz der Völkerrechtsfreundlichkeit beispielsweise JARASS, in: ders./PIEROTH, GG, Art. 25 Rn. 4 f. m. w. N. sowie unten Kapitel 3, F. I.

308 MENG, in: KOEPPEL, PETER (Hrsg.), Kindschaftsrecht und Völkerrecht im europäischen Kontext, S. 28.

309 KLEIN, in: KOEPPEL, PETER (Hrsg.), Kindschaftsrecht und Völkerrecht im europäischen Kontext, S. 46 f.

310 LORZ, Der Vorrang des Kindeswohls nach Art. 3 der UN-Kinderrechtskonvention in der deutschen Rechtsordnung, S. 56 ff.

311 So oben ULLMANN, FamRZ 1992, S. 892.

312 WOLF, ZRP 10 (1991), S. 376; ULLMANN, FamRZ 1991, S. 892.

313 WOLF, ZRP 10 (1991), S. 376, der zudem auf den oftmals übereinstimmenden Wortlaut der Normen der UN-KRK mit denen des IpbpR hinweist, die individuelle Rechte beinhalten sollten.

314 Siehe neben WOLF, ZRP 10 (1991), S. 376 beispielsweise auch DORSCH, Die Konvention der Vereinten Nationen über die Rechte des Kindes, S. 311 f., die bei Bejahung einer solchen Befugnis die Gefahr einer Abweichung des formellen und mate-

die Befugnis bejaht, wurde zudem darauf hingewiesen, dass es wegen des Vorbehaltes zu keiner unmittelbaren Anwendbarkeit des Vertrages oder seiner Normen kommen könne, auch wenn Gerichte dies teilweise missachteten, da das Vertragsgesetz in seiner Wirkung nicht über im Völkerrecht Vereinbartes hinausweisen könne.[315] Ein einheitliches Verständnis der unmittelbaren Anwendbarkeit eines völkerrechtlichen Vertrages zugrunde legend, wurde diese für die UN-Kinderrechtskonvention von einigen ebenfalls verneint.[316] Es wurde in diesem Zusammenhang vielmehr unterstrichen, dass sich der Ratifikationserklärung der Bundesregierung folgend, Ansprüche nur nach nationalem Recht ergeben könnten, Deutschland durch die Ratifizierung jedoch verpflichtet sei, einen Einklang des nationalen und des Völkervertragsrechts herzustellen.[317] Aufgrund des Mangels an unmittelbar anwendbaren Normen wurde die Erklärung des deutschen Vorbehaltes allenfalls als klarstellend angesehen.[318]

Neben den oben genannten Normen der UN-Kinderrechtskonvention wurde ausführlich auch die unmittelbare Anwendbarkeit des Art. 3 UN-KRK

---

riellen Inhalts des Zustimmungsgesetzes sieht. Wäre der Gesetzgeber nicht dazu befugt, die unmittelbare Anwendbarkeit auszuschließen, so käme dem Rechtsanwender die Entscheidung über den Charakter der jeweiligen Norm und mithin über die unmittelbare Anwendbarkeit zu. Die Verlagerung dieser Entscheidung sieht DORSCH aufgrund der bewährten, für die unmittelbare Anwendbarkeit herausgearbeiteten Kriterien im Allgemeinen als durchaus vertretbar an. Speziell auf die Kinderrechtskonvention bezogen soll sich das Problem eines Ausschlusses der unmittelbaren Anwendbarkeit durch den Gesetzgeber jedoch nach DORSCH nicht stellen, da sie die Erklärung der Bundesregierung in diesem Punkt nicht als Vorbehalt qualifiziert.

315 MENG, in: KOEPPEL, PETER (Hrsg.), Kindschaftsrecht und Völkerrecht im europäischen Kontext, S. 27 f., der dort zwei Fälle nachzeichnet, in denen Gerichte die unmittelbare Anwendbarkeit einer Norm der UN-KRK annahmen und in ihre Entscheidung miteinfließen ließen, siehe dazu beispielsweise VG Frankfurt/Main, Urt. v. 24. November 1993, abgedr. in: InfAuslR 1994, S. 314 ff.; dagegen und für eine Kompetenz der Gerichte zu einer umfassenden Prüfung der Bindungen Deutschlands aus der UN-Kinderrechtskonvention LORZ, Der Vorrang des Kindeswohls nach Art. 3 der UN-Kinderrechtskonvention in der deutschen Rechtsordnung, S. 36 f. sowie CREMER, in: BIELEFELDT, HEINER/DEILE, VOLKMER/HAMM, BRIGITTE (Hrsg.), Kinder und Jugendliche. Jahrbuch Menschenrechte 2010, S. 34 f.

316 So beispielsweise PETER, ZAR 4/2002, S. 145; BAER, NJW 1993, S. 2210.

317 JEAND'HEUR, Verfassungsrechtliche Schutzgebote zum Wohl des Kindes, S. 189 ff.

318 Diese Ansicht teilt auch PETER, ZAR 4/2002, S. 145 m. w. N.

geprüft.[319] Dabei sollte die Kinderrechtskonvention insgesamt zwar keinen self-executive – Charakter besitzen, Art. 3 UN-KRK jedoch trotz der Ratifikationserklärung unmittelbare Anwendbarkeit zukommen.[320] Die Ratifikationserklärung der Bundesregierung wurde in diesem Zusammenhang zwar nicht endgültig qualifiziert, doch wurde sie sowohl für den Fall, dass sie eine Interpretationserklärung darstellen sollte, als unbeachtlich als auch für den Fall des Vorliegens eines Vorbehaltes als unzulässig angesehen.[321] Unter dieser Prämisse hätte die Ratifikationserklärung einer unmittelbaren Anwendung des Art. 3 UN-KRK also auch schon vor ihrer Rücknahme nicht entgegengestanden. Dies voraussetzend wurde der self-executive – Charakter des Art. 3 UN-KRK anhand objektiver und subjektiver Kriterien überprüft.[322] Dabei ergab sich, dass Art. 3 UN-KRK einen hinreichend bestimmten Wortlaut aufweist und sich in der Forderung der vorrangigen Berücksichtigung des Kindeswillens konkret an den Rechtsanwender richtet.[323] Zudem wäre so gewährleistet, dass sich in sämtlichen Fällen, in denen Normen der Kinderrechtskonvention einschlägig wären, deren unmittelbare Anwendbarkeit nicht gegeben wäre, zumindest der Kindeswohlvorrang durchsetzen könne.[324] Systematisch soll auch der Standort des Art. 3 UN-KRK innerhalb der Konvention für eine unmittelbare Anwendbarkeit sprechen, da Art. 4 UN-KRK, der die Vertragsstaaten verpflichtet, „(...) alle geeigneten Gesetzgebungs-, Verwaltungs- und sonstigen Maßnahmen zur Verwirklichung der in diesem Übereinkommen anerkannten Rechte [zu treffen]“[325] sich nur auf die nachfolgenden Rechte, nicht aber auf das grundlegende Recht des Kindeswohl-

319 Siehe dazu das Gutachten von LORZ, Der Vorrang des Kindeswohls nach Art. 3 der UN-Kinderrechtskonvention in der deutschen Rechtsordnung, das er im Auftrag der National Coalition erstellte.

320 Siehe hinsichtlich des Charakters der gesamten Konvention LORZ, Der Vorrang des Kindeswohls nach Art. 3 der UN-Kinderrechtskonvention in der deutschen Rechtsordnung, S. 16 f. und bezüglich des Art. 3 UN-KRK ebd., S. 18 ff.

321 Ebd., S. 25 ff.

322 Ebd., S. 18 ff.; siehe zu den Voraussetzungen einer unmittelbaren Anwendbarkeit zudem oben in diesem Kapitel, A. II. 1. sowie CREMER, AnwBl 3/2011, S. 162, der sich gegen das Heranziehen eines subjektiven Kriteriums ausspricht.

323 LORZ, Der Vorrang des Kindeswohls nach Art. 3 der UN-Kinderrechtskonvention in der deutschen Rechtsordnung, S. 18 f.

324 Ebd., S. 19.

325 Siehe dazu den Normwortlaut des Art. 4 UN-KRK.

vorrangs bezöge.[326] Auch Ziel und Zweck der Konvention, die Rechtsstellung des Kindes national und international zu verbessern, spräche dafür, dass eine unmittelbar anzuwendende vorrangige Berücksichtigung des Kindeswohls den Vertrag, insbesondere im Hinblick auf die vielen unbestimmten Normen, am effektivsten verwirklichen könne.[327]

Eine ausführliche Untersuchung hinsichtlich des self-executive – Charakters weiterer Normen der UN-Kinderrechtskonvention wurde indes dort nicht abschließend vorgenommen.[328] Dennoch brachte die Untersuchung des Art. 3 UN-KRK die Erkenntnis mit sich, dass Art. 2 UN-KRK – entgegen der oben vertretenen Ansichten –[329] keine unmittelbare Anwendbarkeit besitzen solle, sondern aufgrund der Wortlautgleichheit mit Art. 4 UN-KRK bezüglich des Verpflichtungsgrades wie ebendieser lediglich eine Staatenverpflichtung normiere.[330]

Den dargestellten Ergebnissen zu Art. 3 UN-KRK wurde in der wissenschaftlichen Literatur weithin gefolgt.[331] Gleichwohl erfuhr die UN-Kinderrechtskonvention, insbesondere Art. 3 UN-KRK, unter dem Eindruck des Vorbehaltes keine erwähnenswerte Beachtung in der Rechtsprechung und Rechtspraxis, sondern ihre unmittelbare Anwendbarkeit wurde zumeist abgelehnt.[332] Im folgenden Abschnitt soll daher im Rahmen der Untersuchung

326 LORZ, Der Vorrang des Kindeswohls nach Art. 3 der UN-Kinderrechtskonvention in der deutschen Rechtsordnung, S. 19.

327 Ebd., S. 20.

328 So verweist LORZ in seinem Gutachten beispielsweise noch auf Art. 9 UN-KRK, der eine passende Normstruktur und Bestimmtheit aufweise, *ders.*, Der Vorrang des Kindeswohls nach Art. 3 der UN-Kinderrechtskonvention in der deutschen Rechtsordnung, S. 17; allerdings ist in diesem Rahmen zu beachten, dass Art. 3 UN-KRK dem Gutachten folgend, insofern eine Besonderheit darstellt, als dass in ihm das „Grundprinzip" der UN-Kinderrechtskonvention normiert ist. Anders als weitere Verbürgungen der Konvention wurde dieses von den Vertragsstaaten mit Nachdruck hinreichend bestimmt gestaltet, um die unmittelbare Anwendbarkeit zu gewährleisten, so ebd., S. 21 f.

329 Siehe dazu oben in diesem Abschnitt die Beiträge von WOLF, ZRP 10 (1991), S. 376 und ULLMANN, FamRZ 1991, S. 892.

330 LORZ, Der Vorrang des Kindeswohls nach Art. 3 der UN-Kinderrechtskonvention in der deutschen Rechtsordnung, S. 19.

331 So beispielsweise EICHHOLZ, IzKK-Nachrichten 2009/1, S. 13; WABNITZ, ZKJ 12/2010, S. 429; LÖHR, RdJB 2/2012, S. 196 f. sowie BENASSI, NDV 3/2012, S. 98.

332 Das beklagt zum Beispiel auch CREMER, in: BIELEFELDT, HEINER/DEILE, VOLKMER/HAMM, BRIGITTE (Hrsg.), Kinder und Jugendliche. Jahrbuch Menschenrechte 2010,

der innerstaatlichen Wirkung der UN-Kinderrechtskonvention nach der Rücknahme der Ratifikationserklärung geprüft werden, ob die Normen der Konvention nunmehr in größerem Maße Beachtung finden.

II. Die innerstaatliche Wirkung der UN-Kinderrechtskonvention in heutiger Zeit

Die Rücknahme des deutschen Vorbehaltes zu der UN-Kinderrechtskonvention am 15. Juli 2010[333] beseitigte zunächst einen Großteil der Unsicherheiten hinsichtlich der Geltung der UN-Kinderrechtskonvention und ihrer potentiellen unmittelbaren Anwendbarkeit in Deutschland. Nach den oben getroffenen allgemeinen Bemerkungen zu dem Verhältnis innerstaatlichen Rechts und Völkerrechts[334] beansprucht die UN-Kinderrechtskonvention uneingeschränkte innerstaatliche Geltung[335] und hat den Rang eines einfachen Bundesgesetzes.[336] Aus Art. 20 Abs. 3 GG ergibt sich mithin eine Bindungswirkung der vollziehenden Gewalt und Rechtsprechung.[337] Hinsichtlich der unmittelbaren Anwendbarkeit kann aus der Rücknahme der Ratifikationserklärung, speziell des Abschnittes I, jedoch noch nicht geschlossen werden, der Konvention käme insgesamt unmittelbare Anwendbarkeit zu. Wie bereits mehrfach dargestellt, bestimmt sich dies nach den einzelnen Normen des Vertrages.[338]

S. 32 f.; siehe bezüglich der Ablehnung einer unmittelbaren Anwendbarkeit der UN-Kinderrechtskonvention aufgrund der Ratifikationserklärung beispielsweise VG Ansbach, Urt. v. 31. März 2004 – AN 15 K 02.32519 sowie OVG Hamburg, Urt. v. 30. März 1999 - Bf VI 25/96, abgedr. in NVwZ-RR 2000, S. 116 f., das zudem die Verbürgung „ausländerrechtliche[r] Individualrechte“ im Einklang mit Abschnitt IV der Ratifikationserklärung ablehnt; anders insofern und die UN-KRK in die Entscheidung miteinbeziehend etwa VG Frankfurt/Main, Urt. v. 24. November 1993, abgedr. in: InfAuslR 1994, S. 314 ff.; siehe dazu auch näher SCHMAHL, Kinderrechtskonvention mit Zusatzprotokollen, Art. 22 Rn. 19 sowie CREMER, Die UN-Kinderrechtskonvention, S. 6.

333 Siehe dazu ausführlich oben in diesem Kapitel, A. III.

334 Siehe dazu ausführlich oben in diesem Kapitel, A. II. 1.

335 So auch LORZ/SAUER, MRM 1/2011, S. 6.

336 Siehe dazu auch STERNBERG, Der Rang von Menschenrechtsverträgen im deutschen Recht unter besonderer Berücksichtigung von Art. 1 Abs. 2 GG, S. 38 f.

337 SACHS, in: ders. (Hrsg.), GG, Art. 20 Rn. 107.

338 Siehe dazu ausführlich oben in diesem Kapitel insbesondere unter A. II. 1.

Die innerstaatliche Geltung der Konvention mit Rang eines Bundesgesetzes führt damit zunächst dazu, dass der Rechtsanwender zu der Entscheidung berufen ist, ob die entsprechende Norm unmittelbar anwendbar, oder ob sie lediglich zu beachten und eventuell zu konkretisieren ist.[339] Die Auslegung der Vertragsnormen erfolgt dabei auch im innerstaatlichen Recht nach den allgemeinen Regeln der Art. 31 ff. WVK.[340] Besonders problematisch erscheint insbesondere die Funktion des Art. 4 UN-KRK. So wird zum einen darauf abgestellt, dass Art. 4 UN-KRK die Vertragssaaten lediglich zur Verwirklichung der ihm nachfolgenden Rechtspositionen auffordert und diese damit zu Staatenverpflichtungen macht, während der vorangestellte Art. 3 UN-KRK bereits aus sich heraus anwendbar sei.[341] Dafür soll wiederum auch die Wortlautgleichheit des Art. 4 UN-KRK mit Art. 2 Abs. 2 UN-KRK sprechen, die beide eine entsprechende Umsetzungsverpflichtung enthalten, während allein Art. 3 UN-KRK davon frei ist.[342] Dagegen wird vorgebracht, dass Art. 4 UN-KRK eine Implementierungspflicht der gesamten Rechtspositionen der UN-Kinderrechtskonvention enthalte, die zur Folge hätte, dass das nationale Recht auf umfassende Konformität mit der gesamten Konvention ausgelegt sein müsse.[343]

Unabhängig davon, ob Art. 4 UN-KRK die unmittelbare Anwendbarkeit der ihm nachfolgenden Artikel unterbindet oder nicht, sind jedoch zwei Dinge festzustellen: Zum einen finden die in der Konvention verbürgten Rechte auch innerstaatliche Berücksichtigung, wenn sie nicht self-executive sind, sodass diese als reine Staatenverpflichtungen nicht an Bedeutung verlören.[344] Zum anderen ist die besondere Rolle, die Art. 3 UN-KRK innerhalb der Konventionsbestimmungen zugedacht ist, ebenso nicht von der Hand zu weisen.[345] Wie noch zu zeigen sein wird, ist der Vorrang des Kindeswohls als eines der Grundprinzipien der Konvention, nicht nur stets vorrangig zu beachten, sondern prägt auch das Verständnis der übrigen Konventionsrech-

---

339 KEMPEN, in: V. MANGOLDT/KLEIN/STARK, GG II, Art. 59 Abs. 2 Rn. 95; NETTESHEIM, in: MAUNZ/DÜRIG, Komm. z. GG, Art. 59 Rn. 182.

340 ROJAHN, in: V. MÜNCH/KUNIG, GGK I, Art. 59, Rn. 46.

341 LORZ, Rücknahme der deutschen Vorbehaltserklärung, S. 4.

342 Ebd., S. 4 f.

343 CREMER, Die UN-Kinderrechtskonvention, S. 9.

344 So auch SCHMAHL, Kinderrechtskonvention mit Zusatzprotokollen, Einl. Rn. 27.

345 Siehe ausführlich zu Art. 3 UN-KRK und dem Begriff des Kindeswohls unten Kapitel 3.

te.[346] Mit Blick auf seine besondere Funktion und den – im Vergleich zu den weiteren Normen der Konvention – sehr präzisen Wortlaut, ist eine unmittelbare Anwendbarkeit des Art. 3 UN-KRK durchaus anzunehmen, sodass das prägende Prinzip der Konvention in Deutschland unmittelbar Rechte und Pflichten begründet.

Ob darüber hinaus auch weitere Artikel der UN-Kinderrechtskonvention unmittelbar anwendbar sind, wird vermutlich – wenn nicht im wissenschaftlichen Diskurs – dann doch spätestens durch die Rechtsprechung letztgültig beantwortet.[347] Insbesondere in Rechtsbereichen, in denen die rechtliche Lage nicht ausreichend kinderspezifisch ausgestaltet zu sein scheint, wird der Auslegung der entsprechenden Konventionsnormen rasch Bedeutung zukommen.[348] So entschied beispielsweise das OLG Karlsruhe in der Frage, ob einem Flüchtlingskind ein Rechtsanwalt als Ergänzungspfleger zu bestellen sei, über eine unmittelbare Anwendbarkeit des Art. 22 Abs. 1 UN-KRK und lehnte diese ab.[349] Als Grund gab es insbesondere an, der Wortlaut sei nicht auf das Treffen konkreter Maßnahmen gerichtet, sondern stelle lediglich „(...) ein vereinbartes Ziel (...)“ dar.[350] Zudem sei dem Schutzzweck des Art. 22 UN-KRK auch mittels Gewährung von Prozesskostenhilfe genügt.[351] Zusätzlich zu Art. 22 UN-KRK wurde ebenfalls das Kindeswohl aus Art. 3 UN-KRK als abwägungserheblich herangezogen.[352]

Hinsichtlich der innerstaatlichen Wirkung der UN-Kinderrechtskonvention sind überdies Probleme im Zusammenhang mit der Kollision der Normen der Konvention als einfachem Bundesrecht und anderen gleichrangigen innerstaatlichen Vorschriften zu bewältigen. Der Rang des einfachen Bundes-

---

346 Siehe dazu ausführlich unten Kapitel 3, C. III.

347 Auf die Entscheidungskompetenz der Gerichte weist in diesem Zusammenhang auch Tomuschat, in: Ruland, Franz/Baron von Maydell, Bernd/Papier, Hans-Jürgen (Hrsg.), Verfassung, Theorie und Praxis des Sozialstaats, S. 1151 f. hin.

348 Das verdeutlichen bereits die oben genannten Urteile, bei denen die UN-Kinderrechtskonvention schon vor Rücknahme der Ratifikationserklärung insbesondere im Ausländer- und Asylrecht bei der Entscheidung berücksichtigt wurden; siehe dazu oben in diesem Kapitel, B. I.; siehe zu der nachfolgend beschriebenen Entscheidung sowie zu weiteren Urteilen mit Bezug zur Kinderrechtskonvention auch ausführlich Benassi, NDV 3/2012, S. 99 sowie Löhr, RdJB 2/2012, S. 191 ff.

349 OLG Karlsruhe, Beschluss v. 02. Dezember 2010 – 2 UF 172/10.

350 Ebd., Rn. 24.

351 Ebd., Rn. 25.

352 Ebd., Rn. 27.

rechts führt grundsätzlich dazu, dass Bundesgesetze, die nachträglich erlassen werden, aufgrund der lex-posterior-Regel Vorrang genießen, selbst wenn sie dem völkerrechtlichen Vertrag widersprechen.[353] Allerdings führt der Grundsatz der Völkerrechtsfreundlichkeit dazu, dass das innerstaatliche Recht so auszulegen ist, dass es möglichst im Einklang mit den sich aus dem völkerrechtlichen Vertrag ergebenden Verpflichtungen steht.[354] Der dem Völkerrecht dadurch wiederum eingeräumte Vorrang soll dabei solange gelten, bis ihm ein ausdrücklicher Wille des Gesetzgebers entgegensteht.[355] Dabei wird zum einen schlicht der lex-posterior-Grundsatz verdrängt, zum anderen wird das Vertragsgesetz als lex specialis qualifiziert.[356]

Auch das Bundesverfassungsgericht geht von der Möglichkeit einer völkerrechtskonformen Auslegung von Gesetzen unabhängig von dem Zeitpunkt ihres Inkrafttretens aus.[357] Dabei hatte das Bundesverfassungsgericht darüber zu entscheiden, welche innerstaatliche Wirkung der Europäischen Menschenrechtskonvention[358] und der Rechtsprechung des Europäischen Gerichtshofs für Menschenrechte[359] zukommt. Die EMRK besitzt insofern ebenfalls den Rang eines einfachen Bundesgesetzes und fällt unter den Auslegungsgrundsatz der Völkerrechtsfreundlichkeit – ohne jedoch grundsätzlich als relevanter Prüfungsmaßstab in grundrechtlichen Fragen Geltung beanspruchen zu können.[360] Dagegen entschied das Bundesverfassungsgericht, die EMRK sei aufgrund ihres menschenrechtlichen Charakters, der eine Verbürgung von dem Grundgesetz „verwandten Menschenrechten“ mit sich brächte, durchaus

353 ULSAMER, in: MAUNZ/SCHMIDT-BLEIBTREU/KLEIN/BETHGE (Hrsg.), BVerfGG, § 80 Rn. 152.

354 ROJAHN, in: V. MÜNCH/KUNIG, GGK I, Art. 59 Rn. 45.

355 LORZ, Rücknahme der deutschen Vorbehaltserklärung, S.10 f.; siehe dazu auch ausdrücklich BVerfGE 74, 358 (370).

356 So beispielsweise auch SCHMAHL, Kinderrechtskonvention mit Zusatzprotokollen, Einl. Rn. 25; GEIGER, Grundgesetz und Völkerrecht, § 36 II. 4. sowie ROJAHN, in: V. MÜNCH/KUNIG, GGK I, Art. 59 Rn. 44.

357 BVerfGE 74, 358 (370) sowie BVerfGE 111, 307 (324).

358 Konvention zum Schutze der Menschenrechte und Grundfreiheiten, Konvention Nr. 005 des Europarats v. 4. November 1950; im Folgenden auch als EMRK bezeichnet.

359 Im Folgenden auch als EGMR bezeichnet.

360 PACHE, EuR 2004, S. 398.

auch bei der Auslegung der Verfassung zu beachten.[361] Gleiches gelte auch für die Rechtsprechung des EGMR.[362]

Diese Rechtsprechung, die dem Menschenrechtsvertrag EMRK einen über den Rang eines einfachen Bundesgesetzes hinausgehenden Gehalt zuweist, weitet sich auf andere Menschenrechtsverträge aus. So entschied das Bundesverfassungsgericht auch hinsichtlich des Übereinkommens der Vereinten Nationen über die Rechte von Menschen mit Behinderungen[363], dass es als „[...] Auslegungshilfe für die Bestimmung von Inhalt und Reichweite der Grundrechte herangezogen werden kann [...]".[364] Das Bundesverfassungsgericht verweist darüber hinaus auf die oben beschriebene Entscheidung,[365] in der es bereits damals formulierte, dass die „verfassungsrechtliche Bedeutung eines völkerrechtlichen Vertrages, der auf regionalen Menschenrechtsschutz zielt, [...] Ausdruck der Völkerrechtsfreundlichkeit des Grundgesetzes [ist]."[366] Insofern hat das Bundesverfassungsgericht in seiner Entscheidung 2004 ausdrücklich den Grundstein für die innerstaatliche Beachtung von Menschenrechtsabkommen neben der EMRK als Auslegungshilfe für die Verfassung gelegt. Damit hat die Rechtsprechung des Bundesverfassungsgerichts auch unmittelbare Auswirkung auf die UN-Kinderrechtskonvention, die ihrerseits ebenfalls einen Menschenrechtsvertrag darstellt.[367]

---

361 BVerfGE 74, 358 (370) sowie BVerfGE 111, 307 (317, 329) mit dem Hinweis auf Art. 1 Abs. 2 GG durch den „dem Kernbestand an internationalen Menschenrechten ein[] besonderer Schutz zu[gewiesen ist]. Dieser ist in Verbindung mit Art. 59 Abs. 2 GG die Grundlage für die verfassungsrechtliche Pflicht, auch bei der Anwendung der deutschen Grundrechte die Europäische Menschenrechtskonvention in ihrer konkreten Ausgestaltung als Auslegungshilfe heranzuziehen [...]."

362 BVerfGE 74, 358 (370) sowie BVerfGE 111, 307 (329); siehe dazu und auch zu eventuellen Einschränkungen ausführlich GEIGER, Grundgesetz und Völkerrecht, § 72 VI. 2.

363 Siehe dazu ausführlich unten Kapitel 5, D. III.; im Weiteren wird das Übereinkommen verkürzt als „UN-Behindertenrechtskonvention" oder „UN-BRK" bezeichnet.

364 BVerfGE 128, 282 (306).

365 Siehe BVerfGE 128, 282 (306) mit dem Verweis auf BVerfGE 111, 307 (317 f.).

366 BVerfGE 111, 307 (317).

367 Oftmals genannt wird hier der Beschluss des BVerwG v. 10. Februar 2011 – 1 B 22.10, der klarstelle, dass die UN-KRK als Auslegungshilfe des Grundgesetzes heranzuziehen sei, so beispielsweise CREMER, AnwBl. 2012, S. 327 sowie SCHMAHL, Kinderrechtskonvention mit Zusatzprotokollen, Einl. Rn. 25. Eine solche Lesart ergibt sich m. E. allerdings nicht unbedingt. Vielmehr stellt das Gericht fest, dass insbesondere Art. 8 EMRK in der Verhältnismäßigkeitsprüfung einer Ermessensent-

C. Abschließende Bemerkungen zu der UN-Kinderrechtskonvention und ihrer innerstaatlichen Wirkung in Deutschland

Die Auseinandersetzung mit dem nationalen Werdegang des Übereinkommens über die Rechte des Kindes bildet den Versuch einer Aufarbeitung der verschiedenen Positionen, die zumindest zum Teil bis heute in Widerstreit stehen. Dass man sich angesichts der Rücknahme der Ratifikationserklärung aktuell zum Beispiel nicht mehr über ihre rechtliche Qualifikation streitet, verwundert dabei nicht. Jedoch bleiben einige der damit verbundenen Fragen weiterhin bedenkenswert, wie die Zulässigkeit der Einlegung von Vorbehalten zu menschenrechtlichen Verträgen oder der Umgang mit unzulässigen Vorbehalten. Es ist mithin festzustellen, dass die Uneinigkeit über die innerstaatliche Wirkung der Konvention zwar durch die Rücknahme der Ratifikationserklärung an Brisanz verloren hat, einige Punkte aber noch immer Klärungsbedarf aufweisen.

Mittlerweile besteht Konsens darüber, dass die UN-Kinderrechtskonvention innerstaatliche Geltung erlangt hat, und dass – zumindest nach der Rücknahme der Ratifikationserklärung – ihre Normen unmittelbare Anwendbarkeit erlangen können. Dazu müssen sie jedoch die Kriterien der hinreichenden Bestimmtheit erfüllen. Diese Feststellungen entsprechen so auch der hier vertretenen Auffassung und ergeben sich folgerichtig aus den oben[368] gemachten Ausführungen zu dem Verhältnis von Völkerrecht und innerstaatlichem Recht. Fraglich bleibt dabei nur die Reichweite der unmittelbaren Anwendbarkeit beziehungsweise der Umfang der unmittelbar anwendbaren

scheidung zu berücksichtigen sei. Die nunmehr innerstaatliche Geltung der UN-KRK füge dieser Abwägung keine neuen Aspekte hinzu, da sich auch nach dem infrage kommenden Recht des Kindeswohlvorrangs gem. Art. 3 UN-KRK in der Verhältnismäßigkeitsprüfung kein anderes Ergebnis als bei der Berücksichtigung des Art. 8 EMRK oder der Auslegung des Art. 6 GG ergebe, BVerwG v. 10. Februar 2011 – 1 B 22.10, Rn. 9. Art. 3 GG wird in dieser Entscheidung damit nicht als Auslegungshilfe einer Verfassungsnorm, sondern als Abwägungsbelang bei der Verhältnismäßigkeitsprüfung einer Ermessensentscheidung auf Grundlage einfachen Rechts angewandt. Folgt man, wie hier vertreten, der Ansicht, Art. 3 UN-KRK sei unmittelbar anwendbar, so bedürfte es einer völkerrechtsfreundlichen Auslegung dieses Prinzips überdies nicht, da diese vorrangig Normen, die nicht unmittelbar anwendbar sind, zur Beachtung verhelfen soll; so auch LORZ/SAUER, MRM 1/2011, S. 13; siehe kritisch zu der Rspr. des BVerwG zudem LÖHR, RdJB 2/2012, S. 197 f.

368 Siehe hierzu A. II. 1. in diesem Kapitel.

Normen innerhalb der UN-Kinderrechtskonvention. Einer unmittelbaren Anwendbarkeit des Art. 3 UN-KRK ist jedenfalls zuzustimmen. Wie gezeigt, besitzen jedoch auch nicht unmittelbar anwendbare Normen Relevanz für das innerstaatliche Recht und seine Wertungen. Dieser Umstand wird durch die Rechtsprechung des Bundesverfassungsgerichts im Hinblick auf den Charakter von Menschenrechtsverträgen als Auslegungshilfe für die Verfassung in erheblichem Maße gestärkt. Nichtsdestotrotz sollte in der Rechtspraxis vermehrt auf eine Konkretisierung der Verbürgungen der UN-Kinderrechtskonvention hingearbeitet werden.

Kapitel 3 – Die Aufnahme von Kinderrechten in die Verfassung

Die Aufnahme von Kinderrechten in das Grundgesetz der Bundesrepublik Deutschland ist seit langem ein immer wiederkehrendes Thema in der rechtspolitischen Debatte.[369] Insbesondere anlässlich Art. 4 UN-KRK wird eine stärkere Berücksichtigung von Kinderrechten in der Verfassung als notwendig erachtet. Als geeignete und notwendige Form der dort geforderten Verwirklichung der Rechte des Kindes durch das Treffen aller geeigneten Gesetzgebungs-, Verwaltungs- und sonstigen Maßnahmen wird die Verankerung von Kinderrechten im Grundgesetz erachtet.[370] Aber auch in Anbetracht immer wiederkehrender und sich häufender Fälle von Kindesmisshandlung ist eine öffentliche Debatte über eine Stärkung der Rechte von Kindern entbrannt.[371] Den zahlreichen Befürwortern einer Verfassungsänderung steht dabei die ebenso, wenn auch seltener vertretene Auffassung gegenüber, das Grundgesetz beinhalte bereits in ausreichender und damit konventionsgemäßer Form subjektive Rechtspositionen des Kindes.

Das folgende Kapitel soll zunächst der Beantwortung einer Frage dienen, die sich zu Beginn einer Debatte um die Aufnahme von Kinderrechten in die Verfassung stellen muss – nämlich der Frage, weshalb Kinder überhaupt eigener Rechte bedürfen und wie diese beschaffen sein müssen. Eine konkrete Vorstellung davon, welche Rechtspositionen Kindern bedarfsgerecht idealerweise zugesichert werden sollen, ist die Grundlage jeder Diskussion über eine Normierung von Kinderrechten.

Einer Analyse der rechtlichen Situation des Kindes, wie sie sich aufgrund der derzeitigen Verfassung darstellt, soll sich dann die Abwägung des Für und Wider einer Verankerung von Kinderrechten im Grundgesetz unter Beachtung der völkerrechtlichen Pflichten anschließen.

---

369 Siehe hierzu in diesem Kapitel, F. I. und II.

370 So beispielsweise MAYWALD, in: GEIGER, GUNTER (Hrsg.), Kinderrechte sind Menschenrechte, S. 51.

371 SEDLMAYR, IzKK-Nachrichten 2009/1, S. 10.

A. Vorüberlegung

Die Beantwortung der oben aufgeworfenen Frage nach den Bedürfnissen von Kindern im Spiegelbild des Rechts fällt auf den ersten Blick nicht leicht. Bedacht werden muss vor allem, dass alle Kinder zwar im Grunde die gleichen Forderungen haben, wie beispielsweise Nahrung und Bildung, dass sich ihre Interessen darüberhinausgehend jedoch in verschiedenen Situationen stark unterscheiden können. Die Lebensumstände von Kindern weltweit ist bis auf eine Reduktion auf Grundbedürfnisse nicht einheitlich erfassbar. Die UN-Kinderrechtskonvention bemüht sich dennoch, eben dieses zu leisten. Sie fasst die als Grundbedürfnis aller Kinder geltenden Forderungen zusammen und tritt für ihre rechtliche Verbindlichkeit ein. Gleichwohl unterscheidet man auch bei der Kinderrechtskonvention zwischen ihrem „Kerngehalt“ und „sonstigen Rechten“.[372] Was in einem konkreten Fall aber für ein Kind interessengerecht ist, wird eine Entscheidung und Abwägung im Einzelfall erfordern.

Ziel des Versuchs, das anfangs gestellte Problem zu lösen, kann daher lediglich die Überprüfung des Völkerrechts, hier der UN-Kinderrechtskonvention, und der nationalen Rechtsordnung auf die Sicherung der Grundbedürfnisse von Kindern sein. Darüber hinausgehende Forderungen können wegen ihrer Einzelfallbezogenheit nicht betrachtet werden. Das gewonnene Bild über die „Grundrechte“ von Kindern kann sodann Aufschluss darüber geben, welche Rechte im Grundgesetz verankert werden könnten oder sollten.

Konkret kann das Ansinnen, Kinderrechte mit Verfassungsrang auszustatten, mittels eines Dreischrittes inhaltlich präzisiert werden. In einem ersten Schritt muss folglich überlegt werden, worin das Spezifische von „Kinderrechten“ besteht. Durch diese Art der Qualifizierung kann in einem zweiten Schritt innerhalb des Systems der Kinderrechte möglicherweise eine Abgrenzung von verfassungswesentlichen und verfassungsunwesentlichen Rechtspositionen (vor dem Hintergrund der UN-Kinderrechtskonvention) vorgenommen werden. Nach Herausarbeiten der bedeutendsten Prinzipien müsste in einem dritten und letzten Schritt die nationale Rechtslage auf den ermittelten Bedarf hin überprüft werden.

---

372 Zur Systematik der UN-Kinderrechtskonvention s. auch oben Kapitel 1, B.

B. Das Spezifische an Kinderrechten

Wie schon in der Einleitung zu dieser Arbeit beschrieben, erschließen sich einem die spezifischen Merkmale von Kinderrechten nicht unmittelbar.[373] Betrachtet man das deutsche Rechtssystem, so erkennt man leicht, dass Kinder grundsätzlich Erwachsenen gleichgestellt sind. In bestimmten Bereichen sieht der Gesetzgeber jedoch eine Beschränkung der rechtlichen Befugnisse von Kindern vor. Eine grobe Übersicht über diese Beschränkungen innerhalb der verschiedenen Zweige des Rechts soll dabei helfen, ihren Sinn zu ergründen.

I. Zivilrecht

Im Zivilrecht können sich Kinder bis zur Vollendung des siebten Lebensjahres nicht rechtsgeschäftlich binden, sondern gelten als geschäftsunfähig (vgl. §§ 104 Nr. 1, 105 BGB). Mit Vollendung des siebten Lebensjahres sind Kinder bis zur Vollendung ihres 18. Lebensjahres beschränkt geschäftsfähig (vgl. §§ 2, 106 ff. BGB). Ein beschränkt geschäftsfähiges Kind bedarf dadurch zu Willenserklärungen, die für es nicht lediglich rechtlich vorteilhaft sind, der Einwilligung seines gesetzlichen Vertreters (§ 107 BGB). Die Prozessfähigkeit eines Kindes ist erst dann gegeben, wenn sich die fragliche Person vertraglich verpflichten kann (vgl. §§ 51 f. ZPO). Davon unberührt bleibt die Parteifähigkeit, die bereits zum Zeitpunkt der Rechtsfähigkeit und somit mit Vollendung der Geburt vorliegt (§ 50 Abs. 1 ZPO, § 1 BGB). Auch im Rahmen der Haftung sind Minderjährige privilegiert. So ist die deliktische Haftung ebenfalls in verschiedene, altersbedingte Stufen aufgeteilt. Das Kind, das den Schaden vor Vollendung des siebten Lebensjahres verursacht hat, haftet in keinem Fall (vgl. § 828 Abs. 1 BGB). Hat das Kind zwar das siebente, nicht jedoch das zehnte Lebensjahr vollendet, so ist seine Haftung bei nicht vorsätzlicher Begehung von Schäden bei einem Unfall mit Kraftfahrzeugen, Schienen- oder Schwebebahnen ebenfalls ausgeschlossen (vgl. § 828 Abs. 2 BGB). Gemäß § 828 Abs. 3 BGB muss für eine Bejahung der Haftung für Schäden, die ein Minderjähriger verursacht, auf dessen konkrete Einsichtsfähigkeit abgestellt werden. Ist der Schaden von einer solchen im konkreten Fall nicht umfasst, ist eine Haftung des Kindes wiederum ausgeschlos-

373 Siehe dazu oben S. 1 ff. der Einleitung.

sen. Daneben treten kann in diesen Fällen jedoch immer eine Haftung aus Billigkeitsgesichtspunkten (§ 829 BGB) oder eine Haftung der Eltern bei Aufsichtspflichtverletzung, sofern der Schaden nicht in jedem Fall eingetreten wäre (§§ 832 i. V. m. 1629, 1626, 1631 BGB).

II. Strafrecht

Im Strafecht gibt es ebenfalls kinderspezifische Regelungen.[374] § 19 StGB bestimmt, dass Kinder unter vierzehn Jahren schuldunfähig sind. Damit ist eine Strafmündigkeit von Kindern bis zu diesem Zeitpunkt ausgeschlossen.[375] Auf Jugendliche, die zum Tatzeitpunkt zwar vierzehn, aber noch nicht achtzehn sind und ebenso für Heranwachsende, die die Tat zwischen achtzehn und einundzwanzig Jahren begehen, findet gemäß § 1 Abs. 2 JGG das Jugendgerichtsgesetz Anwendung. Nach § 3 S. 1 JGG wird für die Feststellung der strafrechtlichen Verantwortlichkeit auf die individuelle geistige und sittliche Entwicklung – mithin auf die persönliche Reife des Jugendlichen in Bezug auf die Einsichtsmöglichkeit des Unrechts abgestellt. § 105 f. JGG regelt davon abweichend, dass auf Heranwachsende nur gewisse „Erleichterungen" des JGG Anwendung finden.

Auch im deutschen Strafrecht findet demnach eine Staffelung der Verantwortlichkeit und damit auch der Konsequenzen in Bezug auf Jugendliche und Heranwachsende nach ihrem individuellen Reifegrad statt.

III. Öffentliches Recht

1. Öffentlich – rechtlicher Prozess und Verfassungsbeschwerde

Zuletzt gibt es auch im öffentlichen Recht Sonderregelungen zugunsten von Kindern und Jugendlichen. Wie schon im Zivilprozess sind Kinder auch im öffentlich-rechtlichen Prozess nur nach den Regeln des Zivilrechts prozessfähig (vgl. § 62 VwGO), bedürfen somit bei Prozesshandlungen bis zu ihrem 18. Lebensjahr einer Vertretung durch ihren gesetzlichen Vertreter. In Ausnahmefällen wird allerdings auch noch Minderjährigen abhängig von ihrer

---

374 Siehe dazu auch überblicksartig LIPP, RdJB 3/2003, S. 364 f.

375 SCHILD, in: KINDHÄUSER/NEUMANN/PAEFFGEN (Hrsg.), Strafgesetzbuch, § 19 Rn. 1.

Einsichtsfähigkeit und dem konkreten Streitgegenstand Prozessfähigkeit im Verwaltungsverfahren zugesprochen.[376] Verfassungsprozessrechtlich gestaltet sich die Befugnis von Minderjährigen etwas abweichend. Aus dem Bundesverfassungsgerichtsgesetz selbst ergibt sich keine konkrete Altersgrenze. Nach § 90 BVerfGG ist grundsätzlich *jedermann* dazu befugt, eine Verfassungsbeschwerde vor dem Bundesverfassungsgericht zu erheben. Auch hier gelten die Regelungen zur Prozessfähigkeit gemäß § 62 VwGO i. V. m. den entsprechenden Normen des Zivilrechts, jedoch sind Minderjährige unter der Voraussetzung einer gewissen Reife und in Ansehung der Umstände im Einzelfall dazu befugt, die Rechtsverletzung des jeweiligen Grundrechts selbstständig und eigenverantwortlich zu rügen.[377]

2. Grundrechtspositionen

Eine hier besonders interessierende Materie ist die des Verfassungsrechts, genauer die der Grundrechte. Kinder sind ebenso wie Erwachsene Träger von Grundrechten, mithin grundrechtsfähig.[378] Das stellte 1968 auch das Bundesverfassungsgericht in einer wegweisenden Entscheidung fest.[379] Danach ist das Kind ein Grundrechtsträger „(...) mit eigener Menschenwürde und dem eigenen Recht auf Entfaltung seiner Persönlichkeit im Sinne der Art. 1 Abs. 1 und Art. 2 Abs. 1 GG."[380]

Als Erste nach dem Grundgesetz zur Verantwortung für das Kind berufen sind die Eltern.[381] Subsidiär tritt der Staat ein, für den „(...) das Wohl des Kindes den Richtpunkt [...] gemäß Art. 6 Abs. 2 Satz 2 GG [bildet] (...)".[382] Neben der ausdrücklichen Festlegung in der Frage, ob Kinder Grundrechtsträger sind, bietet die zitierte Entscheidung auch hinsichtlich des Verständnisses von Art. 6 GG, insbesondere des Absatzes 2, weiterführende Einsichten. Dazu soll an dieser Stelle jedoch auf Abschnitt *E. Die Rechte des Kindes im Grundgesetz der Bundesrepublik* dieses Kapitels verwiesen wer-

---

376 Siehe dazu ausführlich mit verschiedenen Beispielen BIER, in: SCHOCH/SCHNEIDER/ders., VwGO, § 62 VwGO Rn. 8 ff.

377 DREIER, in: ders. (Hrsg.), GG I, Vorb. Art. 1 Rn. 114.

378 Siehe dazu neben vielen anderen HOHM, NJW 1986, S. 3108.

379 BVerfGE 24, 119 (135 ff.).

380 BVerfGE 24, 119 (144).

381 Siehe nur den Wortlaut des Art. 6 Abs. 2 S. 1 GG.

382 BVerfGE 24, 119 (144).

den, der sich im Schwerpunkt mit Art. 6 GG und den darin (eventuell) enthaltenen Rechten des Kindes befasst.

Eine im Zusammenhang mit der Grundrechtsfähigkeit von Kindern immer wieder aufgeworfene und diskutierte Kategorie ist die der Grundrechtsmündigkeit. Damit ist die Fähigkeit einer natürlichen Person zur selbstständigen Ausübung der Grundrechte gemeint.[383] Konkret wird damit eine Beschränkung Minderjähriger in der Ausübung der Grundrechte gleich der fehlenden beziehungsweise beschränkten Geschäftsfähigkeit des Zivilrechts angenommen.[384] Die Existenz eines solchen Begriffes wird mittlerweile jedoch richtigerweise überwiegend abgelehnt. Zum einen lässt sich eine Einschränkung der Grundrechtsfähigkeit schon aus dem Grundgesetz selbst nicht ableiten, da es an keiner Stelle einen Hinweis – etwa im Wortlaut eines Artikels – auf eine solche gibt.[385] Auch an dem Willen, die Grundrechtsfähigkeit dergestalt einzuschränken, bestehen Zweifel. So ist es zwar nachvollziehbar und geboten, die Ausübung eines jeweiligen Grundrechts, beispielsweise der Religionsfreiheit, an bestimmte Altersgrenzen zu knüpfen, aber eine grundsätzliche, für alle Grundrechte gleich geltende Beschränkung ähnlich der Geschäftsfähigkeit erscheint nicht im Sinne der universellen Gewährleistungen der Grundrechte.[386] Zum anderen wird zu Recht vertreten, dass die Schrankensystematik des Grundgesetzes ausreiche, um die Problembereiche die altersabhängige Ausübung von Grundrechten betreffend abschließend zu regeln, beispielsweise mithilfe des Gesetzes über religiöse Kindererziehung[387] im oben angesprochenen Fall der Religionsfreiheit.[388] So bleibt auch zu bedenken, dass ein Grundrecht, dessen Schutzbereich nicht klar eingegrenzt werden kann, wie beispielsweise der des Art. 2 Abs. 1 GG, keine allgemeingültige Einschränkung auf der Ebene des Schutzbereiches erfahren kann.[389] Dies somit allein auf Schrankenebene vorzunehmen.[390]

---

383 v. Münch/Kunig, in: v. Münch/Kunig, GGK I, Vorb. Art. 1-19 Rn. 31.

384 Borsche, Jugendhilfe 39 (2001), S. 174.

385 So auch Hohm, NJW 1986, S. 3110; Sachs, in: ders. (Hrsg.), GG, Vorb. Art. 1 Rn. 75.

386 So auch v. Münch/Kunig, in: v. Münch/Kunig, GGK I, Vorb. Art. 1-19 Rn. 31.

387 RGBl. 1921/939.

388 Hufen, Staatsrecht II, § 6 Rn. 41.

389 Kunig, in: v.Münch/ders., GGK I, Art. 2 Rn. 6; siehe zu dem Zusammenhang der Grundrechtsmündigkeit und Art. 2 Abs. 1 GG auch Münder, Elterliche Gewalt und Wohl des Kindes, RdJB 25/1977, S. 367 f.

390 Kunig, in: v.Münch/ders., GGK I, Art. 2 Rn. 6.

IV. Der Zweck der Beschränkungen gegenüber Kindern und ihre Rechtfertigung

In Ansehung der oben dargestellten Regelungen zur Teilnahme von Minderjährigen am Rechtsverkehr wird der Zweck der teilweise vorgenommenen Einschränkungen offenbar. Die Beschränkung der Geschäftsfähigkeit und auch der Prozessfähigkeit dient vor allem dem Schutz der Kinder. Es soll dadurch vermieden werden, dass sich Kinder rechtlich nachteilig binden oder ihrer Rechte verlustig gehen. Angesichts ihrer noch nicht voll ausgebildeten Einsichtsfähigkeit und der Schwierigkeit, komplexe Sachverhalte bis zu einem gewissen Alter sachlich richtig einzuschätzen und sämtliche Kriterien abzuwägen, erscheinen diese „Beschränkungen" erforderlich.[391] Auch die Notwendigkeit einer prozessrechtlichen Vertretung und das Abstellen auf die Einwilligung des gesetzlichen Vertreters in bestimmten Fällen, der im Interesse des Kindes handeln soll, ist darum folgerichtig. Gerade in Prozesssituationen sind Kinder leicht überfordert und allein das Erkennen einklagbarer Rechtspositionen bereitet ihnen mangels umfassender Kenntnis des Rechtssystems nachvollziehbar Schwierigkeiten. Kinder sind daher auf Erwachsene, im Idealfall ihre Eltern, angewiesen, um ihre Rechte wahrzunehmen, und um auch im umgekehrten Fall nicht rechtlich nachteilig gebunden zu werden.

Jedoch bleibt zu bedenken, dass die Rechte und Handlungsfreiheit von Kindern durch die oben vorgestellten Regelungen der verschiedenen Rechtsgebiete stark eingeschränkt werden. Diese Art der Einschränkung bedarf wie sämtliche Einschränkungen von Rechten durch den Gesetzgeber einer Rechtfertigung.[392] Nimmt man allein den erhöhten Schutzbedarf der Kinder als Rechtfertigungsgrund, bleiben viele Detailfragen ungelöst. Der Schutzbedarf eines jeden Kindes kann durchaus divergieren. Der Begriff des Schutzbedarfes ist grundsätzlich zu weit, um eine Rechtfertigung für spezielle Eingriffe darzustellen und bedarf als unbestimmter Rechtsbegriff der Präzisierung.

---

391 So auch beispielsweise SCHMITT, in: SÄCKER/RIXECKER, MüKo, Vorb. §§ 104 ff. Rn. 2 f.

392 Siehe dazu ausführlich beispielsweise DREIER, in: ders. (Hrsg.), GG I, Vorb. Art. 1 GG Rn. 134 ff.

1. Der Begriff des „Schutzbedarfes" von Kindern

Einen ersten Ansatz zur Konkretisierung des Begriffes „Schutzbedarf" bezüglich der Beschränkung der Handlungsfähigkeit von Kindern bietet die bereits erwähnte Kategorie der Grundrechtsmündigkeit. Dabei wurde die Idee, die Ausübung sämtlicher Grundrechte einzuschränken, als zu eng und dem einzelnen Grundrecht unangemessen empfunden.[393] Es bedarf, wie festgestellt, vielmehr einer individuellen Einschränkung der Grundrechtsausübung, die zum einen nur bei bestimmten Grundrechten eingreifen kann, und die zum anderen ebenso individuell von jedem Grundrechtsträger und seiner Reife abhängt. Weist ein Kind als Grundrechtsträger aufgrund seiner erhöhten Reife einen geringeren Schutzbedarf als andere Kinder in seinem Alter auf, so kann auch dieses jüngere Kind seine Grundrechte theoretisch selbst geltend machen, wenn auch das in Frage stehende Grundrecht auf eine Reifeentscheidung abstellt. Dies ist exemplarisch bei der Religionsfreiheit zu bejahen.[394] Festzuhalten ist damit zunächst, dass sich die Schutzbedürftigkeit an dem einzelnen Kind und auch dem konkreten Recht oder Rechtsverhältnis orientieren muss. Das Recht und der Rechtsanwender müssen zusammen betrachtet werden, um eine Beschränkung des Letzteren aus Gründen des Schutzes zu rechtfertigen.

Diese These wird auch durch das nationale Recht selbst gestützt, das damit als zweiter Ansatz zur Präzisierung des Begriffes vom Schutzbedarf dienen kann. Die Zahl der selbst wahrnehmbaren Rechte nimmt mit höherem Alter in sämtlichen Rechtsgebieten zu.[395] Das kann mit dem Zuwachs an Reife und dem damit verbundenen Zuwachs an Urteilsfähigkeit erklärt werden. Können Kinder die (rechtliche) Situation aufgrund eines gesteigerten Urteilsvermögens besser einschätzen, sinkt damit zugleich ihre Schutzbedürftigkeit.[396]

---

393 Siehe dazu auch oben in diesem Kapitel, B. III. 2.

394 Siehe zu der Religionsfreiheit und den damit zusammenhängenden Altersgrenzen HERZOG, in: MAUNZ/DÜRIG, Komm. z. GG, Art. 4 Rn. 42 f. sowie § 5 KerzG.

395 Siehe dazu oben den Überblick der rechtlichen Beschränkungen gegenüber Kindern in den verschiedenen Rechtsgebieten, B. I. bis III dieses Kapitels.

396 Das wird insbesondere an den in Abschnitt B. I. bis III. dargestellten gestuften Regelungen der Geschäftsfähigkeit und auch der Prozessfähigkeit deutlich, die Kindern mehr Handlungsspielräume eröffnen, sobald sie eine größere Einsichtsfähigkeit aufweisen.

Aber auch die Verantwortlichkeit von Kindern im Strafrecht ist nach ihrem Alter gestaffelt. Nicht nur die Gewährung von Rechten, sondern auch die Inanspruchnahme von Kindern durch das Recht orientiert sich an dem individuellen Reifegrad. Dies ist beispielsweise im Deliktsrecht der Fall. Die im Gesetz genannten Altersgrenzen, die eine höhere Verantwortlichkeit auslösen, sind somit nicht starr zu verstehen, sondern es wird, wie beispielsweise in § 3 S. 1 JGG, auf die individuelle geistige und sittliche Entwicklung abgestellt. Kinder sollen sich möglichst in Übereinstimmung mit ihrem individuellen Entwicklungsstand rechtlich binden oder auch gebunden werden können. Das dient zum einen der Abwendung von Nachteilen, zum anderen ermöglicht eine individuelle Betrachtung des Einzelnen diesem auch die größtmögliche Berechtigung.

Einen dritten Ansatz, den man im Zuge der Annäherung an den Begriff des Schutzbedarfes verfolgen kann und muss, bietet die Rechtsprechung des Bundesverfassungsgerichts.

Auch dieses stellte in dem oben genannten Urteil fest, dass sich die elterliche Sorge mit den damit verbundenen Rechten durch den erhöhten Bedarf des Kindes an Schutz rechtfertigen lässt.[397] Allerdings lässt das Bundesverfassungsgericht es nicht dabei bewenden, die Einschränkung von Rechten durch den Staat allein mit dem erhöhten Schutzbedarf zu rechtfertigen, sondern es verortet denselben innerhalb der Grundrechtsdogmatik und schafft eine tiefergehende rechtliche Begründung. So stellt das Bundesverfassungsgericht fest, dass ein Kind „(...) ein Wesen mit eigener Menschenwürde und dem eigenen Rechte auf Entfaltung seiner Persönlichkeit im Sinne der Art. 1 Abs. 1 und Art. 2 Abs. 1 GG [ist].“[398] Das Zugestehen eines allgemeinen Persönlichkeitsrechtes des Kindes[399] steht am Anfang einer langen Reihe von Konkretisierungen dieser Rechtsposition durch die Rechtsprechung und auch am Beginn der Begrifflichkeit des Schutzbedarfes. Denn wie das Bundesverfassungsgericht weiter ausführt, ist die Würde des Menschen der Anknüpfungspunkt und die Richtschnur für jegliche Form der Einschränkung des Rechtes eines anderen. So urteilte das Bundesverfassungsgericht in Bezug auf das Elternrecht wie folgt:

---

397 BVerfGE 24, 119 (144).

398 BVerfGE 24, 119 (144).

399 Siehe zu dem Begriff des allgemeinen Persönlichkeitsrechts in diesem Zusammenhang näher unten in Abschnitt E. I. 1.

> „(...) Eine Verfassung, welche die Würde des Menschen in den Mittelpunkt ihres Wertesystems stellt, kann bei der Ordnung zwischenmenschlicher Beziehungen grundsätzlich niemandem Rechte an der Person eines anderen einräumen, die nicht zugleich pflichtengebunden sind und die Menschenwürde des anderen respektieren. Die Anerkennung der Elternverantwortung und der damit verbundenen Rechte findet daher ihre Rechtfertigung darin, daß das Kind des Schutzes und der Hilfe bedarf, um sich zu einer eigenverantwortlichen Persönlichkeit innerhalb der sozialen Gemeinschaft zu entwickeln, wie sie dem Menschenbilde des Grundgesetzes entspricht. (...)“[400]

Der Begriff des Schutzbedarfes umfasst nach der Rechtsprechung des Bundesverfassungsgerichts nicht nur einen Schutz vor rechtlicher Inanspruchnahme oder die Hilfe zur Wahrnehmung eigener Rechte, sondern er enthält zugleich die Dimension des Schutzes und der durchgängigen Achtung der Menschenwürde. Die Eltern sollen dem Kind eine respektvolle Begleitung sein in dem Bemühen um Herausbildung einer eigenverantwortlichen Persönlichkeit, die dem Kind ein Leben ermöglichen soll, wie es dem Würdebegriff und Menschenbild des Grundgesetzes entspricht.[401] Aus dem Würdebegriff, der dem Kind von vorneherein zu eigen ist, ergibt sich auch die Notwendigkeit der maßvollen und angemessen Wahrnehmung des Elternrechts, die sich am Kind und seinen Bedürfnissen orientiert. Das Kind wird somit von Anfang an als Mensch mit eigener Würde gesehen, zu dessen Schutz von Wohl und weiterer Entwicklung im Sinne des Würdebegriffes die Eltern, subsidiär der Staat, berufen sind. Die Ausübung dieser Pflicht durch die Eltern, die einen Teil des Art. 6 Abs. 2 GG bildet, wird vom Bundesverfassungsgericht als „Elternverantwortung“ bezeichnet.[402] Die Pflicht zur Erziehung des Kindes in dem oben festgelegten Rahmen stellt neben dem Recht der Eltern auf ebendiese Erziehung einen „wesensbestimmende[n] Bestandteil dieses ‘Elternrechts‘ [dar], das insoweit treffender als ‘Elternverantwortung‘ bezeichnet werden kann (...).“[403]

---

400 BVerfGE 24, 119 (144).
401 Kirchhof, AöR 129 (2004), S. 544 f.
402 BVerfGE 24, 119 (143 f.).
403 BVerfGE 24, 119 (143).

2. Rechtfertigung der Beschränkungen gegenüber Kindern

Die besondere Rolle, die Kinder innerhalb der Rechtsordnung einnehmen, lässt sich nach alledem zwar mit einem erhöhten Schutzbedarf gegenüber dem von Erwachsenen erklären, jedoch sind dabei mehrere Ebenen zu unterscheiden. Am Anfang der Behandlung des Kindes im Recht stehen die Würde des Kindes und seine unbeschränkte Grundrechtsfähigkeit. Es ist die Aufgabe der Eltern und subsidiär die des Staates, die Entwicklung des Kindes zu einem unabhängigen und selbstverantwortlichen Erwachsenen zu begleiten. Die sich dabei herausbildende Reife des Kindes soll bei der Erziehung des Kindes stets Beachtung finden, sodass die Entscheidungen der Eltern für das Kind mehr und mehr durch Entscheidungen des Kindes selbst abgelöst werden. Ist die Handlungsfähigkeit des Kindes in einigen Bereichen eingeschränkt, so ist das eine Folge der mangelnden Reife des Kindes im Zeitpunkt seiner Entwicklung. Die Eltern sind in diesen Situationen dazu berufen, das Kind und seine Interessen unter Berücksichtigung der dem Kinde innewohnenden Würde zu vertreten. Können sie dies nicht, tritt der Staat an ihre Stelle. Die mangelnde Reife des Kindes, die eine Schutzbedürftigkeit auslöst, muss daher notwendig als rückgebunden an die Würde des Kindes und die damit verbundene Entwicklung nach Maßgabe des allgemeinen Persönlichkeitsrechts gesehen werden. Ein Abstellen auf die mangelnde Einsichtsfähigkeit allein ist nicht ausreichend, um die Beschränkung der Rechte von Kindern zu rechtfertigen.

C. Die Interessen des Kindes und ihre Entsprechung in Kinderrechten

In diesem Zusammenhang erscheint es als wesentlich, den Umfang der Verantwortung der Eltern oder des gesetzlichen Vertreters zu bestimmen. Es bedarf eines tieferen Verständnisses deren oberster Leitlinie: das Interesse des Kindes. Diesem sind die Eltern (und auch der Staat) in Wahrnehmung ihrer Verantwortung – wie sich bereits aus der Rechtsprechung des Bundesverfassungsgerichts ergibt[404] – verpflichtet. Damit verbunden ist auch die Möglichkeit einer Definition der Pflichten des Staates, die er bei subsidiärem Einschreiten dem Kind und den Eltern gegenüber zu erfüllen hat.

---

404 BVerfGE 24, 119 (144 f.).

Dabei ist es keine leichte Aufgabe, sich dem Begriff des Interesses des Kindes zu nähern. Neben einer starken Einzelfallbezogenheit, die natürlicherweise mit diesem Terminus verknüpft ist, gibt es – wohl gerade deshalb – wenige bis gar keine eindeutigen gesetzgeberischen Versuche einer Definition. Es handelt sich um einen unbestimmten Rechtsbegriff, der der Präzisierung bedarf.

I. Das deutsche Familienrecht

Im deutschen Familienrecht etwa gibt es einige Bestimmungen, die das Interesse des Kindes im Zusammenhang mit der elterlichen Sorge behandeln. Nach § 1626 Abs. 1 BGB umfasst die elterliche Sorge die Personen- und Vermögenssorge.[405] Letztere beinhaltet die Entscheidung in sämtlichen vermögensrechtlichen Fragen des Kindes.[406] Den Begriff der Personensorge definiert § 1631 BGB näher, nach dem darunter „(...) insbesondere die Pflicht und das Recht [verstanden wird], das Kind zu pflegen, zu erziehen, zu beaufsichtigen und seinen Aufenthalt zu bestimmen."[407] Auch im Bereich der elterlichen Sorge wird auf verschiedene Reifegrade des Kindes abgestellt, die sich in seiner wachsenden Beteiligung an Entscheidungen in seinen Angelegenheiten widerspiegeln (vgl. § 1626 Abs. 2 BGB). Abs. 3 dieser Vorschrift nennt zudem den Begriff des „Kindeswohl[s]". Kann mindestens eine Form der elterlichen Sorge nicht mehr ausreichend, das heißt dem Wohl des Kindes entsprechend, ausgeübt werden, so können gemäß § 1666 BGB gerichtliche Maßnahmen ergriffen werden. Ebenso ist das „Kindeswohl" auch in § 1671 BGB bei der Zuerkennung der elterlichen Sorge im Falle des Getrenntlebens von Bedeutung. Teilweise wird der Kindern zu gewährende Schutz noch näher konkretisiert. Ein Beispiel dafür bietet § 1632 Abs. 4 BGB, der ein Kind davor schützen soll, von den Eltern aus der Familienpflege genommen zu

---

405 Das Prinzip der elterlichen Sorge existiert in § 1626 BGB erst seit 1980 und wurde durch das Gesetz zur Neuregelung des Rechts der elterlichen Sorge, BGBl. I 1979, 1061, eingeführt. Damit wurde die „elterliche Gewalt" durch einen Begriff ersetzt, der als „elterliche Sorge" eine konkrete Orientierung am Kindeswohl vorsieht; so auch SCHULER-HARMS, in: FRANKENBERG, GÜNTER (Hrsg.), Verfassungsrecht und gesellschaftliche Realität, S. 136 f.

406 KEMPER, in: SCHULZE u. a. (Hrsg.), Bürgerliches Gesetzbuch, § 1626 Rn. 9.

407 Siehe insofern den Wortlaut des § 1631 Abs. 1 BGB.

werden, wenn dieser Schritt dem Kindeswohl widerspricht.[408] Für das Kindeswohl entscheidend scheinen dabei Kontinuität, also das Erhalten der in dem Moment der Entscheidung gegebenen Bindungen sowie Stabilität, die im Wege einer Art Prognoseentscheidung über die weitere Entwicklung der Erziehungsverhältnisse festgestellt werden kann.[409]

Diese bespielhafte Aufzählung von Normen aus dem Familienrecht, die sich mit der elterlichen Sorge einerseits und damit notwendigerweise auch dem Kind andererseits auseinandersetzen, verdeutlicht, dass als Richtschnur zur Bewertung elterlicher Handlungen sowohl die „Interessen des Kindes“ als auch das „Kindeswohl“ genannt werden. Die Bedeutung des Kindeswohls im Rahmen der elterlichen Verantwortung wurde 1998 durch das Kindschaftsrechtsreformgesetz[410] abermals betont.[411]

II. Die Rechtsprechung des Bundesverfassungsgerichts

Auch das Bundesverfassungsgericht verwandte in der oben zitierten Entscheidung den Begriff vom „Wohl des Kindes“.[412] Die Elternverantwortung erstreckt sich demnach neben der Gewährung von Schutz für das Kind auch eine Hilfestellung bei der Entwicklung „zu einer eigenverantwortlichen Persönlichkeit innerhalb der sozialen Gemeinschaft, wie sie dem Menschenbilde des Grundgesetzes entspricht“.[413] Wird diese Entwicklung durch ein Versäumen der elterlichen Sorge verhindert, kann, so das Bundesverfassungsgericht dort weiter, der Staat dem Kind an Stelle der Eltern Hilfe leisten. Das Wohl des Kindes wird damit als „Richtpunkt für den Auftrag des Staates gemäß Art. 6 Abs. 2 Satz 2 GG“ festgelegt.[414] Bemerkenswert an dieser Entscheidung ist auch, dass sich das Bundesverfassungsgericht darin unter anderem ausdrücklich an der „Erklärung der Rechte des Kindes“ der Vereinten

---

408 Siehe dazu ausführlich HUBER, in: SÄCKER/RIXECKER (Hrsg.), MüKo, § 1632 Rn. 37 ff.

409 COESTER, Das Kindeswohl als Rechtsbegriff, S. 176 f.

410 Gesetz zur Reform des Kindschaftsrechts, BGBl. I 1997, 2942.

411 Siehe dazu im Einzelnen PESCHEL-GUTZEIT, in: STAUDINGER, BGB, Vorb. §§ 1626 ff. und RKEG Rn. 22 sowie § 1626 Rn. 1 ff.; WABNITZ, ZfJ 9/1996, S. 340 sowie BORSCHE, Jugendhilfe 39 (2001), S. 177 f. und Kapitel 2, A. III.

412 BVerfGE 24, 119 (144).

413 a. a. O

414 a. a. O.

Nationen vom 29. November 1959[415] orientiert. Dort wurde der Begriff des „Kindeswohls“ erstmalig verwandt und in der Präambel der erhöhte Schutzbedarf von Kindern thematisiert. Eine belastbare inhaltliche Konkretisierung des Begriffes wurde aber weder 1959, noch durch die genannte Entscheidung des Bundesverfassungsgerichts erreicht. Dennoch bilden beide die Basis für ein vertieftes Verständnis des „Kindeswohls“. Die grundsätzliche Feststellung eines erhöhten Schutzbedarfes von Kindern sowie der Notwendigkeit spezieller Kinderrechte in der „Erklärung der Rechte des Kindes“ und die weitergehende Konkretisierung dieses Schutzbedarfes durch das Bundesverfassungsgericht sind der Ausgangspunkt der Bildung eines vertieften Verständnisses auf dem Gebiet der Kinderrechte.

Legt man dem Versuch der Präzisierung des „Kindeswohl“-Begriffes eine Analyse der Rechtsprechung des Bundesverfassungsgerichts zugrunde, so ergeben sich verschiedene Merkmale, die den Kindeswohlbegriff greifbarer machen. Nach dem Urteil aus dem Jahre 1968 ergingen noch zahlreiche Entscheidungen, die sich mit dem Interesse des Kindes und seinem allgemeinen Persönlichkeitsrecht befassten. Diese Urteile entwickelten sowohl den Begriff des Kindeswohls weiter als auch den der Elternverantwortung gemäß Art. 6 Abs. 2 GG. Beide Begriffe sind nur schwer zu trennen, bildet das Kindeswohl den Bezugspunkt der Elternverantwortung. An dieser Stelle soll vorerst allein auf das Kindeswohl in der Rechtsprechung des Bundesverfassungsgerichts eingegangen werden. Dabei sollen drei Entscheidungen besonders in den Blick genommen werden. Die Entwicklung des Verständnisses von Art. 6 Abs. 2 GG sowie des allgemeinen Persönlichkeitsrechts soll dagegen in *Abschnitt E* dieses Kapitels ausführlich thematisiert werden.

In einer Entscheidung aus dem Jahre 1971 befasste sich das Bundesverfassungsgericht mit der Regelung des persönlichen Verkehrs zwischen einem geschiedenen, nichtsorgeberechtigten Elternteil und seinem Kind und der Zulässigkeit einer damit verknüpften Anordnung zur Durchsetzung des Verkehrsrechts.[416] Neben Ausführungen zum Umfang des Elternrechts aus Art. 6 Abs. 2 GG stellte das Gericht fest, dass eine Regelung des Verkehrs der Eltern mit dem Kind im Scheidungsfalle dessen Wohl entspreche. Die Argumentation des Bundesverfassungsgerichts wägt dabei die Interessen der Eltern mit denen des Kindes ab. So kommt es zu dem Schluss, dass es für das

415 A/RES/1386 (XIV) = GAOR 14th sess., Supp. 16, S. 19; siehe dazu ausführlicher oben, Kapitel 1, A.

416 BVerfGE 31, 194.

Wohl des Kindes, „(...) um eine Gefährdung seiner körperlichen und seelischen Entwicklung abzuwehren (...)“ sinnvoll sei, ein „verständiges Zusammenwirken“ der Eltern auch im Scheidungsfall mithilfe gesetzgeberisch festgelegter Umgangsregeln zu gewährleisten.[417] Denn nur so könne der „fortdauernde[...] Kontakt“ zu beiden Elternteilen ohne großes Zerwürfnis sichergestellt werden.[418] So werde durch eine eindeutige Regelung des Gesetzgebers gewährleistet, dass zum Wohl des Kindes zwar nur ein Elternteil sorgeberechtigt sein solle, der andere Elternteil sich jedoch „(...) von dem körperlichen und geistigen Befinden des Kindes und seiner Entwicklung durch Augenschein und gegenseitige Aussprache fortlaufend [...] überzeugen, die verwandtschaftlichen Beziehungen zu ihm aufrechterhalten und einer Entfremdung vor[...]beugen [könne]“.[419] Das Bundesverfassungsgericht konkretisiert den „Kindeswohl“-Begriff somit dahingehend, dass im Interesse des Kindes ein Konflikt der Eltern über die Berechtigung zur Ausübung der elterlichen Sorge im Scheidungsfalle möglichst zu vermeiden ist, um dem Kind in der belastenden Situation, in der es sich ohnehin befindet, keine weiteren Schwierigkeiten zumuten zu müssen. Zu einer solchen Regelung ist der Staat berufen, dem als „dritte Partei“ im Streitfalle der Eltern somit eine Schlichterrolle zum Wohl des Kindes zukommt. Das Kind soll im Falle der Scheidung der Eltern nicht in höherem Maße belastet werden, sondern unmittelbar um seine Bezugsperson wissen unter gleichzeitiger Aufrechterhaltung der Bindung zu dem anderen Elternteil. Durch das Vermeiden der Ungewissheit und des Streites sieht das Bundesverfassungsgericht die Entwicklung des Kindes im Sinne des Grundgesetzes und seiner Garantien gewährleistet.

Eine Einschränkung des Elternrechts zugunsten des Kindeswohls sieht auch die Entscheidung des Bundesverfassungsgerichts aus dem Jahre 1982 vor.[420] In diesem Urteil musste das Gericht unter anderem über die Vereinbarkeit der Schweigepflicht von Schülerberatern gegenüber Erziehungsberechtigten entscheiden. Das Bundesverfassungsgericht ging davon aus, dass das Informationsrecht der Eltern[421] aus Art. 6 Abs. 2 Satz 1 GG eingeschränkt werden kann, wenn „(...) eine Information der Eltern zu Reaktionen

417 BVerfGE 31, 194 (209).

418 a. a. O.

419 BVerfGE 31, 194 (205 f.).

420 BVerfGE 59, 360; siehe zu diesem Urteil und dem Begriff der Elternverantwortung unten ausführlich unter E. 2. b.

421 Zu dessen Herleitung siehe unten in diesem Kapitel, E. I. 2. b.

führen kann, die im Interesse des Kindeswohls nicht zu verantworten sind.“[422] Als Fallgruppen werden beispielsweise Kindesmisshandlung oder Alkohol- und Drogensucht genannt – allesamt Familienverhältnisse, in denen eine Vertrauensbeziehung zwischen Kind und Eltern nicht mehr zwingend gegeben ist.[423] Tritt an diese Stelle das Vertrauen des Kindes zu seinem Schülerberater, so kann das Zurückhalten von Informationen dem Wohl des Kindes dienen, „(...) um den Heilerfolg nicht zu gefährden (...)“.[424] Die Einschränkung des Elternrechts ergibt sich somit daraus, dass die Eltern ihr Recht auf Information mit großer Wahrscheinlichkeit nicht mehr zum Wohle des Kindes ausüben könnten.[425]

Aus der „Erklärung der Rechte des Kindes“, die das Bundesverfassungsgericht in seiner Entscheidung aus dem Jahr 1968 aufgreift,[426] ergibt sich ebenfalls der grundlegende und bereits angesprochene Aspekt, der Rechte für Kinder notwendig macht. Kinder bedürfen eines umfassenderen Schutzes als Erwachsene. Dieses Prinzip hat – wie oben bereits gezeigt – in sämtlichen Bereichen des deutschen Rechts Einzug gefunden und ist von der Rechtsprechung anerkannt, wie die dargestellten Urteile des Bundesverfassungsgerichts bestätigen. Ein weiterer Punkt, der sich aus der Rechtsprechung des Bundesverfassungsgerichts ergibt, ist die mit der Feststellung der Grundrechtsträgerschaft von Kindern verbundene Notwendigkeit, diese Rechte auch einfordern zu können. So stellt das Bundesverfassungsgericht fest, dass das Kind einen „Anspruch auf den Schutz des Staates hat.“[427] Diesen Anspruch muss das Kind verwirklichen können, insbesondere, wenn die Eltern ihre elterliche Verantwortung nicht pflichtgemäß wahrnehmen. Die „Erklärung der Rechte des Kindes“ gestand Kindern noch keine subjektiven Rechte zu.[428] Ob die UN-Kinderrechtskonvention dies leistet (und in welchem Umfang), ist bis heute umstritten.[429] Im Bereich der Grundrechte jedoch sind Kinder Träger subjektiver Rechte. Die Wahrung dieser liegt damit im Interesse des Kindes ebenso wie die unbeschränkte Möglichkeit der Geltendmachung.

422 BVerfGE 59, 360 (384).
423 BVerfGE 59, 360 (384).
424 BVerfGE 59, 360 (384).
425 So auch BVerfGE 59, 360 (384).
426 BVerfGE 24, 119 (144).
427 a. a. O.
428 Siehe dazu oben, Kapitel 2, Abschnitt A.
429 Siehe dazu ausführlich oben, Kapitel 2, Abschnitt B.

III. Das Übereinkommen über die Rechte des Kindes

Das Übereinkommen über die Rechte des Kindes kann ebenfalls dazu beitragen, den Begriff des Kindeswohls zu konkretisieren. Als völkerrechtlicher Vertrag, der durch das Zustimmungsgesetz Eingang in die deutsche Rechtsordnung gefunden und nunmehr den Rang eines einfachen Bundesgesetzes hat,[430] kann es auch Auskunft über die völkerrechtliche Konzeption des Kindeswohls geben. Der Rechtsbegriff des Kindeswohls ist in der UN-Kinderrechtskonvention zentral. Art. 3 der Konvention bestimmt, dass das Kindeswohl bei allen Maßnahmen, die Kinder betreffen, vorrangig zu berücksichtigen ist. Das Kindeswohl und dessen Beachtung bei sämtlichen Entscheidungen gilt innerhalb der UN-Kinderrechtskonvention als ihr Hauptgedanke und damit auch Hauptanliegen.[431] Ebenso bestimmt Art. 18 UN-KRK, dass das Wohl des Kindes das Grundanliegen der Eltern (oder des Vormunds) bei der Erziehung und Entwicklung des Kindes darstellen soll. Die Nähe des „Kindeswohls" zu dem Begriff „Interesse des Kindes" ergibt sich auch aus dem Vergleich der deutschen Übersetzung der UN-Kinderrechtskonvention mit dem englischen Original. Dort wird der Terminus der „best interests of the child" gebraucht, woraus sich jedoch kein inhaltlicher Unterschied zur deutschen Formulierung „Kindeswohl" ergeben soll.[432]

Aber nicht nur der Vorrang des Kindeswohls ist innerhalb der UN-Kinderrechtskonvention von zentraler Bedeutung, sondern daneben werden noch drei weitere Rechte als elementar für die Verwirklichung des Kindeswillens angesehen: Schutz, Förderung und Partizipation.[433] Sie finden sich in zahlreichen Bestimmungen der UN-Kinderrechtskonvention wieder und sind damit eng mit dem Begriff des Kindeswohls verbunden.[434]

Das Prinzip der Partizipation findet sich in Art. 12 UN-KRK wieder und gehört wie der Vorrang des Kindeswohls zu den „general principles" der

---

430 Siehe dazu ausführlich oben, Kapitel 2, B. II.

431 EICHHOLZ, in: V. SCHORLEMER, SABINE/SCHULTE-HERBRÜGGEN, ELENA (Hrsg.), 1989 – 2009: 20 Jahre UN-Kinderrechtskonvention, S. 199 f.

432 SCHMAHL, Kinderrechtskonvention mit Zusatzprotokollen, Art. 3 Rn. 2. Ob beide Begriffe tatsächlich synonym verwandt werden können, oder ob das „Kindeswohl" im Sinne der UN-Kinderrechtskonvention eventuell gar weiter verstanden werden kann, ist wiederum eine Frage der Auslegung des konkreten Rechtsbegriffes, die in der englischen Textfassung geleistet werden müsste.

433 Siehe dazu auch oben, Kapitel 1, Abschnitt B.

434 MAYWALD, APuZ 38/2010, S. 11 f.

Konvention.[435] Der Begriff der Partizipation, wie er der UN-Kinderrechtskonvention zugrunde gelegt ist, geht von einer gleichberechtigten Beteiligung des Kindes an demokratischen und gesellschaftspolitischen Vorgängen aus.[436] Daneben sollen Kinder sowohl im gerichtlichen Verfahren als auch in jeder anderen Situation, die sie betrifft, ihre Meinung äußern können und gehört werden.[437] Umfasst sind damit auch familiäre Auseinandersetzungen.

Das Verständnis des Begriffes vom Schutz des Kindes ist vor allem durch Art. 3 Abs. 2 UN-KRK geprägt.[438] Darin heißt es:

> „(2) Die Vertragsstaaten verpflichten sich, dem Kind unter Berücksichtigung der Rechte und Pflichten seiner Eltern, seines Vormunds oder anderer für das Kind gesetzlich verantwortlicher Personen den Schutz und die Fürsorge zu gewährleisten, die zu seinem Wohlergehen notwendig sind; zu diesem Zweck treffen sie alle geeigneten Gesetzgebungs- und Verwaltungsmaßnahmen."

Die Vertragsstaaten werden somit verpflichtet, das Kind in der Weise zu schützen, dass sein „Wohlergehen" gesichert ist. Auch dieser Begriff ist – wie der des Kindeswohls – sehr unbestimmt und bedarf einer Betrachtung des Einzelfalls, jedoch ist davon auszugehen, dass der zu gewährende Schutz die Verwirklichung der übrigen Konventionsrechte umfasst.[439] Wiederum unter Beachtung des Kindeswohls ergibt sich ein Schutzbedarf damit dann, wenn die fragliche Maßnahme oder Unterlassung dem Kindeswohl zuwiderläuft und sein Wohlergehen damit gefährdet.

Das Prinzip der Förderung spiegelt sich beispielsweise in dem Recht auf Bildung (Art. 28 UN-KRK) und dem Auftrag an die Medien (Art. 17 UN-KRK) wider.[440] Einem Kind den Zugang zu Bildung und Medien zu ermöglichen, erlaubt es ihm, sich und sein Leben besser zu verstehen und mit den Situationen, die auf es zukommen, sicherer umgehen zu können. Dadurch wird der Reifeprozess initiiert, der es dem Kind erlaubt, immer mehr Rechte

---

435 Siehe dazu auch oben, Kapitel 1, Abschnitt B.

436 BRACHES-CHYREK, Soziale Passagen 2/2010, S. 72.

437 So auch SCHMAHL, Kinderrechtskonvention mit Zusatzprotokollen, Art. 12 Rn. 21.

438 Daneben finden sich noch weitere Normen in der Kinderrechtskonvention, die den Schutz für Kinder konkretisieren, wie beispielsweise Art. 2 Abs. 2 UN-KRK, der den Schutz vor Diskriminierung normiert, oder auch Art. 19 UN-KRK, der den Schutz vor Gewalt zum Gegenstand hat.

439 So auch LÜTKES/SEDLMAYR, FPR 2012, S. 189.

440 MAYWALD, APuZ 38/2010, S. 11.

selbst wahrnehmen zu können.[441] Es soll dem Kind somit ermöglicht werden, sich seiner Würde entsprechend zu entwickeln.

IV. Zusammenfassende Bemerkungen zum „Kindeswohl"

Eine eindeutige und allgemeingültige Definition des „Kindeswohls" ist nicht möglich. Diese würde ein festgelegtes Menschenbild konstruieren. Da aber von unterschiedlichen nationalen Auffassungen über die ethischen und kulturellen Ziele des Kindeswohls auszugehen ist, muss man einer international gültigen Definition, der national vorbehaltlos zugestimmt werden kann, eine pessimistische Prognose ausstellen. Darum kann allein die Überprüfung verschiedener Quellen zielführend sein, die für Deutschland beispielsweise im Familienrecht als einfachem Recht, den Urteilen des Bundesverfassungsgerichts oder weltumspannend auch in der UN-Kinderrechtskonvention liegen, und die ein wenig Licht in die Konzeption des Rechtsbegriffes bringen können. Letztlich ist der Begriff des Kindeswohls aber als unbestimmter Rechtsbegriff auf Konkretisierung im Einzelfall angewiesen. Das deutsche Familienrecht und das Bundesverfassungsgericht haben dabei in Einzelfällen Faktoren wie Stabilität der Familienbeziehungen, ungestörte Vertrauensverhältnisse von Eltern und Kind oder auch den Kontakt zu beiden Elternteilen im Scheidungsfalle herausgearbeitet, die dem Kindeswohl dienen sollen. Die UN-Kinderrechtskonvention betont in starkem Maße die Anhörung des Kindes, die Beteiligung in allen, es betreffenden Angelegenheiten. Wiederum im Einzelfall soll das Kind also selbst darüber entscheiden, was seinem Wohl am besten entspricht und wie seine Interessen am besten umgesetzt werden. Ein Kind mit seinen Belangen und seine Sicht ernst zu nehmen, heißt abermals, es als Menschen mit seiner ihm innerwohnenden Würde zu respektieren. Wie diese im Einzelfall verwirklicht wird, ist dagegen für die Konzeption des Begriffes nachrangig. Begreifen alle mit dem Kind befassten Entscheidungsträger das Kind grundsätzlich als Menschen und handeln den Anforderungen seiner Würde entsprechend, so ist auch im konkreten Fall den Interessen des Kindes genüge getan.

---

441 Auf die Entwicklung der geistigen Reife ist die Abstufung der Wahrnehmbarkeit von Rechten durch Kinder, wie bereits in diesem Kapitel unter Abschnitt B. gezeigt, ausgerichtet.

D. Kinderspezifische Rechte zur Aufnahme ins Grundgesetz

Nachdem die Konzeption des Begriffes „Kindeswohl“ mithilfe der nationalen Rechtsordnung und der Rechtsprechung des Bundesverfassungsgerichts soweit wie möglich konkretisiert werden konnte und ebenso die zentralen Eckpfeiler Schutz, Förderung und Partizipation von Kinderrechten mithilfe der UN-Kinderrechtskonvention herausgearbeitet wurden, stellt sich die Frage, welche Rechte speziell ins Grundgesetz aufgenommen werden sollten. Besinnt man sich darauf, dass die Einbeziehung von Kinderrechten ins Grundgesetz zwar keinen Akt der Umsetzung an sich darstellt,[442] aber doch von dem Ausschuss für Kinderrechte der Vereinten Nationen empfohlen und gewünscht wird,[443] sollte allen Überlegungen ein Blick in die Kinderrechtskonvention vorangehen. Auch dort liegt, wie oben bereits erwähnt, ein großes Gewicht auf dem Kindeswohl und seiner vorrangigen Beachtung. Neben dem Versuch einer Annäherung an den Kindeswohlbegriff im nationalen Recht ist für die Frage der Eingliederung von Kinderrechten im Grundgesetz auch das Verständnis der UN-Kinderrechtskonvention von grundlegender Bedeutung. Sie gilt in Deutschland nur im Rang eines einfachen Bundesgesetzes und kann den Inhalt der Verfassung damit nicht festlegen. Doch bei der Überlegung, welche Rechtspositionen mit Verfassungsrang ausgestattet werden sollten, kann die UN-Kinderrechtskonvention eine umfassende Orientierungshilfe bieten.

Die UN-Kinderrechtskonvention kodifiziert die Pflicht zur vorrangigen Berücksichtigung des Kindeswohls in ihrem Art. 3. Da es auch in der Konvention selbst an einer greifbaren Definition des Rechtsbegriffes fehlt, wird das Kindeswohl als Gesamtgebilde jedes in der Konvention enthaltenen Rechts verstanden.[444] Es muss sich also jede Maßnahme an den Konventionsrechten messen lassen und tut sie dies erfolgreich, wird davon ausgegangen, dass die Maßnahme dem Wohl des Kindes in ausreichender Weise Rechnung trägt. Dabei muss jedoch wiederum bedacht werden, dass es sich letztlich

---

442 So zum Beispiel HILLGRUBER, Schriftliche Stellungnahme für die öffentliche Anhörung des Deutschen Bundestages zur Aufnahme von Kinderrechten in das Grundgesetz, S. 4 sowie JESTAEDT, Schriftliche Stellungnahme zu den Gesetzentwürfen zur Verankerung von Kindesrechten im Grundgesetz, S. 4; siehe ausführlich zu diesem Punkt unten in diesem Kapitel, Abschnitt F.

443 CRC/C/15/Add.226, Rn. 10.

444 DORSCH, Die Konvention der Vereinten Nationen über die Rechte des Kindes, S. 107.

immer nur um eine Einzelfallentscheidung handelt, bei der das Wohl des Kindes nicht in allgemeinverbindlicher Form festgelegt werden kann und soll. Problematisch kann die Art des Verständnisses des Begriffes „Kindeswohl“ vor allem bei einer Kollision der verschiedenen zu beachtenden Konventionsrechte werden.[445] Diese macht eine abwägende Gewichtung der Konventionsrechte notwendig, deren Parameter nur im Einzelfall zu ermitteln sind und eine unangreifbare Handhabung der Ermittlung des Kindeswohls mindestens erschwert. Im System der Menschenrechte ist die Gesamtschau der verbürgten Rechte jedoch folgerichtig. Da Menschenrechte grundsätzlich als unteilbar gelten,[446] müssen auch die Rechte der Kinder ungeteilt beachtet werden.[447] Wäre dies nicht der Fall, so würden die Errungenschaften einer Konvention wie die der Kinderrechte zunichte gemacht, da die einmal erzielte Einigung über die Bedürfnisse der Kinder unbrauchbar und folgenlos bliebe. Vor dem Vertrag als Gesamtheit haben sich dennoch vier tragende Prinzipien herausgebildet, die der UN-Kinderrechtsausschuss als die allgemeinen und tragenden Prinzipien der UN-Kinderrechtskonvention ansieht.[448] Die weiteren kodifizierten Rechte stehen diesen Grundsätzen in ihrer Geltung und Bedeutung zwar in Nichts nach, doch vermitteln die vier nachfolgend Genannten den Zweck der Kinderrechte am eindringlichsten. Neben Art. 3 Abs. 1 KRK (Wohl des Kindes) hat der Kinderrechtsausschuss der Vereinten Nationen Art. 2 UN-KRK (Achtung der Kindesrechte; Diskriminierungsverbot), Art. 6 UN-KRK (Recht auf Leben) und Art. 12 UN-KRK (Berücksichtigung des Kindeswillens) als „general principles“ bezeichnet.[449] Diese Gewährleistungen sind mithin essentiell für den Schutz des Kindes nach der UN-Kinderrechtskonvention. Ein großer Teil der Gewährleistung soll durch Beteiligung des Kindes verwirklicht werden.[450] So sollen nicht nur seine Interessen vorrangig beachtet werden, sondern das Kind soll auch ausdrücklich nach dem aus seiner Sicht Besten in einer Situation gefragt und in den Entscheidungsprozess aktiv miteinbezogen werden (vgl. auch Art. 12 UN-KRK).

---

445 Hierauf weist zu Recht SCHMAHL, Kinderrechtskonvention mit Zusatzprotokollen, Art. 3 Rn. 12 hin.

446 Siehe dazu ausführlich v. ARNAULD, Völkerrecht, Rn. 607 ff. sowie KÄLIN/KÜNZLI, Universeller Menschenrechtsschutz, S. 20 ff.

447 SCHMAHL, Kinderrechtskonvention mit Zusatzprotokollen, Art. 4 Rn. 4.

448 Siehe CRC/GC/2003/5, Rn. 12.

449 CRC/GC/2003/5, Rn. 12; siehe dazu im Übrigen oben, Kapitel 1, B.

450 So auch KRAPPMANN, in: BIELEFELDT, HEINER/DEILE, VOLKMER/HAMM, BRIGITTE (Hrsg.), Kinder und Jugendliche. Jahrbuch Menschenrechte 2010, S. 19 f.

In der Diskussion um eine Aufnahme von Kinderrechten in die Verfassung geht es – wie noch zu zeigen sein wird – vorrangig um zwei verschiedene Aspekte: In einem ersten Schritt wird die rechtliche Situation von Kindern in der Verfassung bemängelt, da Kinder dort nicht als eigene Rechtssubjekte, sondern vielmehr als Objekte dargestellt und wahrgenommen würden.[451] Aus diesem Umstand ergibt sich in einem zweiten Schritt die Forderung nach der Stärkung von Kindern und ihren Rechten im Grundgesetz. Die Stärkung der Rechtsstellung von Kindern soll dabei auf verschiedenen Wegen erreicht werden,[452] jedoch orientieren sich die Vorschläge weit überwiegend ebenfalls an dem Konzept der Trias von Schutz, Förderung und Partizipation, wie sie auch die UN-Kinderrechtskonvention vorgibt.[453] Daneben wird ebenfalls die Verankerung des Vorrangs des Kindeswohls als sinnvoll erachtet.[454]

E. Die Rechte des Kindes im Grundgesetz der Bundesrepublik

Nach Ermittlung der wesentlichen Komponenten des Kindeswohlprinzips – insbesondere seines (unbedingten) Vorrangs – sowie der eventuell in das Grundgesetz aufzunehmenden Rechtspositionen ist es nun sinnvoll, die verfassungsrechtlichen Gewährleistungen zu betrachten und mit den Ergebnissen abzugleichen. Dabei wird oftmals bezweifelt, ob die Verfassung Deutschlands das Kindeswohl ausreichend achtet, sodass es seinem Zweck gerecht

---

451 Siehe in der politischen Diskussion beispielsweise den Vorschlag der Bundestagsfraktion Bündnis 90/Die Grünen, BT-Drucks. 16/5005 v. 12.04.2007, S. 1 f. sowie in der wissenschaftlichen Debatte zum Beispiel HOHMANN-DENNHARDT, FPR 2012, S. 187.; ausführlich zu den Debatten siehe unten in diesem Kapitel, Abschnitt F.

452 Diskutiert werden beispielsweise eine Erweiterung des Art. 2 GG oder des Art. 6 GG sowie die Normierung einer Staatszielbestimmung; siehe dazu ausführlich in diesem Kapitel, Abschnitt F.

453 So beispielsweise LIEBEL, Antworten zu 1 und 2 im Rahmen des Öffentlichen Expertengespräches zum Thema „Kinderrechte ins Grundgesetz" am 20. Februar 2013, Kommissionsdrucks. 17/24 v. 18.02.2013 sowie WIESNER, Antwort zu 2 und 4 im Rahmen des Öffentlichen Expertengespräches zum Thema „Kinderrechte ins Grundgesetz" am 20. Februar 2013, Kommissionsdrucks. 17/25 v. 19.02.2013; siehe dazu ausführlich unten Abschnitt F dieses Kapitels.

454 Das befürworten beispielsweise LÜTKES/SEDLMAYR, FPR 2012, S. 190; siehe dazu ausführlich unten Abschnitt F dieses Kapitels.

werden kann.[455] Die vor allem politisch geführte Debatte soll im Anschluss an die Bestandsaufnahme der Rechte des Kindes in der Verfassung mit ihren Argumenten nachgezeichnet sowie auf ihren Wahrheitsgehalt hin überprüft werden.

I. Kinder als Grundrechtsträger vor dem Hintergrund der Verfassung

Wie unter Abschnitt B. III. 2. gezeigt, sind Kinder grundsätzlich grundrechtsfähig. Die Eröffnung des Schutzbereiches ist nicht altersabhängig.[456] Allenfalls die Ausübung kann je nach Reifegrad eingeschränkt werden.[457] Die Art der Einschränkung ist demnach lediglich eine prozessrechtliche, keine materiell – rechtliche.[458] Fraglich erscheint jedoch, ob Kindern auch eigene spezifische Grundrechte innerhalb des Grundrechtskatalogs zugewiesen sind, oder ob die Verfassung keine speziellen, auf Kinder zugeschnittenen subjektiven Rechtspositionen normiert.

1. Kinder als Grundrechtsträger vor dem Hintergrund des Art. 2 Abs. 1 i. V. m. Art. 1 Abs. 1 GG

Das richterrechtlich entwickelte Grundrecht des „allgemeinen Persönlichkeitsrechts", das aus Art. 2 Abs. 1 i. V. m. Art. 1 Abs. 1 GG herausgelesen wird und sich damit aus der Dogmatik zum Schutz der Menschenwürde und der allgemeinen Handlungsfreiheit speist,[459] ist im Rahmen dieser Untersuchung von besonderem Interesse. Wie oben bereits verdeutlicht, ergibt sich aus der Rechtsprechung des Bundesverfassungsgerichts, dass ein Kind „(...) ein Wesen mit eigener Menschenwürde und dem eigenen Recht auf Entfaltung seiner Persönlichkeit im Sinne der Art. 1 Abs. 1 und Art. 2 Abs. 1 GG

455 Siehe dazu sogleich in Abschnitt F dieses Kapitels.

456 LORZ, Der Vorrang des Kindeswohls nach Art. 3 der UN-Kinderrechtskonvention in der deutschen Rechtsordnung, S. 40.

457 HUFEN, Staatsrecht II, § 6 Rn. 41.

458 LORZ, Der Vorrang des Kindeswohls nach Art. 3 der UN-Kinderrechtskonvention in der deutschen Rechtsordnung, S. 40.

459 So KUNIG, in: V. MÜNCH/ders., GGK I, Art. 2 Rn. 30; siehe zum allgemeinen Persönlichkeitsrecht, seiner Entwicklung und Einordnung daneben beispielsweise auch KUBE, in: ISENSEE/KIRCHHOF (Hrsg.), HdBStR VII, § 148 Rn. 28 ff. sowie STARCK, in: V. MANGOLDT/KLEIN/ders., GG I, Art. 2 Abs. 2 Rn. 86 ff., 170 ff.

[ist].“[460] Der Schutzbereich des allgemeinen Persönlichkeitsrechtes im Hinblick auf Kinder und Jugendliche bedarf vor diesem Hintergrund der Konkretisierung, um Inhalt und Umfang der verbürgten Rechtsposition zu erhellen.

Grundsätzlich ist gemäß des Wortlautes die freie Entfaltung der Persönlichkeit vom Schutzbereich des Art. 2 Abs. 1 GG erfasst, die durch die Verbindung mit Art. 1 Abs. 1 GG um den Aspekt der dem Würdebegriff eigenen Selbstbestimmung des Individuums ergänzt wird.[461] Dabei soll sich das Individuum so entfalten können, wie es seiner inneren Natur entspricht.[462] Vor allem in Bezug auf Kinder und Jugendliche ist nicht nur die Entfaltung der eigenen Anlagen, sondern auch deren Ausbildung und die dem gemäße Entwicklung durch das allgemeine Persönlichkeitsrecht verfassungsrechtlich geschützt.[463] Der weite Schutzbereich und die unter ihn zu subsumierenden Konstellationen und Eingriffe sind aufgrund der enormen Diversität menschlicher Entwicklung folglich einem stetigen Wandel und einer ständigen Überprüfung unterzogen.[464]

Eine Fallgruppe, die das Bundesverfassungsgericht dem Schutzbereich des Art. 2 Abs. 1 i. V. m. Art. 1 Abs. 1 GG zuordnet, ist der Schutz der Grundbedingungen der engeren persönlichen Lebenssphäre,[465] die sich bei Kindern und Jugendlichen unter anderem durch die Entwicklung der eigenen Persönlichkeit auszeichnet.[466] Insofern wird teilweise auch von einem „Persönlichkeitswerdungsrecht“, bzw. einem „Menschwerdungsrecht“ gesprochen.[467] In dieser Phase des Lebens ist ein Mensch erhöhten Schutzes bedürftig, dem das allgemeine Persönlichkeitsrecht im Hinblick auf Minderjäh-

---

460 BVerfGE 24, 119 (144); siehe dazu auch oben B. III. 2. sowie B. IV. 1. in diesem Kapitel.

461 DI FABIO, in: MAUNZ/DÜRIG, Komm. z. GG, Art. 2 Abs. 1 Rn. 130.

462 KUNIG, in: V. MÜNCH/ders., GGK I, Art. 2 Rn. 11.

463 a. a. O.

464 HOFMANN, in: SCHMIDT-BLEIBTREU/ders./HOPFAUF, GG, Art. 2 Rn. 22.

465 BVerfGE 54, 148 (153); 72, 155 (170); 79, 256 (268).

466 DI FABIO, in: MAUNZ/DÜRIG, Komm. z. GG, Art. 2 Rn. 208.

467 JEAND'HEUR, Verfassungsrechtliche Schutzgebote zum Wohl des Kindes, S. 18 f. sowie DREIER, in: ders. (Hrsg.), GG I, Art. 2 Abs. 1 Rn. 85 und DI FABIO, in: MAUNZ/DÜRIG, Komm. z. GG, Art. 2 Abs. 1 Rn. 208, der Art. 2 Abs. 1 i. V. m. Art. 1 Abs. 1 GG das Recht des Kindes auf „Entwicklung zur Persönlichkeit, also auf ‚Person werden‘“ entnimmt.

rige Rechnung trägt.[468] Das allgemeine Persönlichkeitsrecht schützt damit neben der Privatsphäre des Kindes auch sein Recht auf Entwicklung seiner Persönlichkeit innerhalb der Gesellschaft.[469]

Darüber hinaus wirkt das allgemeine Persönlichkeitsrecht des Kindes auch als Regulativ hinsichtlich Maßnahmen im Sinne des Art. 6 Abs. 2 GG, bei denen die Rechtsposition des Kindes aus Art. 2 Abs. 1 i. V. m. Art. 1 Abs. 1 GG eine abzuwägende Größe darstellt.[470] Aber auch im umgekehrten Fall, namentlich zur Rechtfertigung eines Eingriffs in den Schutzbereich des Art. 6 Abs. 2 GG, kann das allgemeine Persönlichkeitsrecht des Kindes dienen.[471] Zudem führt auch eine Verletzung des Art. 6 Abs. 2 GG, beispielsweise eine Missachtung des Kindeswohls in Ausübung der Elternverantwortung, oftmals zugleich zu einer Verletzung des Persönlichkeitsrechtes des Kindes.[472] Die Eltern sind in Ausübung ihres Elternrechts an das allgemeine Persönlichkeitsrecht des Kindes gebunden.[473]

2. *Kinder als Grundrechtsträger vor dem Hintergrund des Art. 6 GG*

Neben dem allgemeinen Persönlichkeitsrecht könnte auch Art. 6 GG Kindern eine eigene subjektive Rechtsposition zuerkennen. In Art. 6 GG, der sich der Ehe und Familie annimmt, – genauer in Art. 6 Abs. 2 GG – könnte man eine verfassungsrechtliche Garantie kinderspezifischer Rechte vermuten. Dabei stellt sich die grundsätzliche Frage, welches Verständnis der Rolle des Kindes innerhalb der Verfassung zugrunde gelegt wurde. Zum einen könnten Kinder ausschließlich als Teil der Familie verstanden werden und damit uneingeschränkt unter der Regelungsgewalt der Eltern stehend. Zum anderen könnten Kinder im Sinne des Grundgesetzes eigene Rechtssubjekte mit eigenen Rechtspositionen sein. Danach richtet sich auch die Art der Rechte, die Kindern zugedacht werden.

---

468 LORENZ, in: DOLZER/KAHL/WALDHOFF (Hrsg.), BK, Art. 2 Rn. 382.

469 KUBE, in: ISENSEE/KIRCHHOF (Hrsg.), HdBStR VII, § 148 Rn. 48.

470 LORENZ, in: DOLZER/KAHL/WALDHOFF (Hrsg.), BK, Art. 2 Rn. 382; siehe dazu beispielsweise auch die Abwägung in BVerfGE 75, 201 (217 ff.), bei der das Elternrecht und die Rechtsposition des Kindes aus Art. 2 Abs. 1 i. V. m. Art. 1 Abs. 1 GG gegeneinander abgewogen werden.

471 DI FABIO, in: MAUNZ/DÜRIG, Komm. z. GG, Art. 2 Abs. 1 Rn. 208.

472 So auch STARCK, in: v. MANGOLDT/KLEIN/ders., GG I, Art. 2 Abs. 2 Rn. 185.

473 MAYWALD, IzKK-Nachrichten 2009/1, S. 18.

a) Der Normgehalt des Art. 6 GG

Art. 6 GG vereint mehrere Grundrechtspositionen in sich. Zunächst ist Art. 6 Abs. 1 GG als wertentscheidende Grundsatznorm für das Familien- und Eherecht zu verstehen, die Ehe und Familie unter den besonderen Schutz der staatlichen Ordnung stellt.[474] Die besondere Rolle der Familie und der ihr zugedachte Schutz ergeben sich aus dem Bild der Familie als Garant der Zukunft eines Staates, in der Eltern ihre Kinder mit den Werten der Gesellschaft vertraut machen und der Entwicklung einer eigenständigen und freiheitsbegabten Persönlichkeit Raum geben.[475] Weiterhin enthält Art. 6 GG neben Institutsgarantien Schutzpflichten und Abwehrrechte.[476] Art. 6 Abs. 5 GG normiert daneben einen speziellen Gleichheitssatz für uneheliche und eheliche Kinder.[477]

Art. 6 Abs. 2 und 3 GG haben die Pflege und Erziehung von Kindern zum Gegenstand. Gemäß Art. 6 Abs. 2 S. 1 GG sind „Pflege und Erziehung der Kinder [...] das natürliche Recht der Eltern und die zuvörderst ihnen obliegende Pflicht." Das Kind steht somit grundsätzlich unter der Obhut der natürlichen nächsten Bezugspersonen – der Eltern. Das Grundgesetz orientiert sich damit an der Abstammung des Kindes und verortet das Elternrecht entsprechend.[478] Die „Pflege" eines Kindes umfasst die Sorge für das körperliche Wohl, während die „Erziehung" sich auf die seelisch-geistige Entwicklung eines Kindes bezieht.[479] Wegen dieser nicht sinnvoll zu trennenden Komponenten wird „Pflege und Erziehung" mehrheitlich ganzheitlich, somit als ein Begriff aufgefasst.[480]

Nach Art. 6 Abs. 2 S. 2 GG wacht über die Ausübung des Elternrechts die staatliche Gemeinschaft. Vor dem Hintergrund der Rechtsprechung des Bun-

474 BVerfGE 6, 55 (71 f.); 24, 119 (135).
475 So ausführlich KIRCHHOF, AöR 129 (2004), S. 545.
476 COESTER-WALTJEN, in: V. MÜNCH/KUNIG, GGK I, Art. 6 Rn. 1.
477 V. COELLN, in: SACHS (Hrsg.), GG, Art. 6 Rn. 1.
478 So auch BADURA, in: MAUNZ/DÜRIG, GG, Art. 6 Rn. 24.
479 COESTER-WALTJEN, in: V. MÜNCH/KUNIG, GGK I, Art. 6 Rn. 63.
480 BADURA, in: MAUNZ/DÜRIG, Komm. z. GG, Art. 6 Rn. 107; COESTER-WALTJEN, in: V. MÜNCH/KUNIG, GGK I, Art. 6 Rn. 63; ROBBERS, in: V. MANGOLDT/KLEIN/STARCK, GG I, Art. 6 Abs. 2 Rn. 143; a. A. BROSIUS-GERSDORF, in: DREIER, GG I, Art. 6 Rn. 158 f., die eine Differenzierung zwischen „Erziehung" als geistigen und seelischen Teil und „Pflege" als vermehrt auf das körperliche Wohl des Kindes bezogenen Teil des Erziehungsrechts vornimmt.

desverfassungsgerichts, die das Kindeswohl als Maßstab für die Beurteilung der Erforderlichkeit zum Eingreifen bestimmt,[481] kann das Kindeswohl als ein im Rahmen des Art. 6 Abs. 2 S. 2 GG zu Verfassungsrang erhobenes Rechtsgut betrachtet werden.[482] Als Verfassungsbegriff vereint es die beiden Komponenten des Art. 6 Abs. 2 GG, also die Schutzbedürftigkeit des Kindes im Rahmen seiner Entwicklung ebenso wie die darauf bezogene Verantwortung der Eltern und subsidiär des Staates.[483] Damit der Staat von seiner subsidiären Eingriffsbefugnis nach Art. 6 Abs. 2 S. 2 GG Gebrauch machen kann, muss er Gefährdungen des Kindeswohls abwenden, nicht aber das Wohl des Kindes im individuellen Fall lediglich verbessern wollen.[484] Das Elternrecht dient gemäß Art. 6 Abs. 2 S. 1 GG vorrangig dem Interesse des Kindes, sodass dieses als „in das Elternrecht ein[ge]fügt" verstanden werden kann.[485]

Insgesamt umfasst Art. 6 Abs. 2 GG damit mehrere Funktionen. Er stellt zum einen ein Abwehrrecht der Eltern gegen den Staat bezogen auf die „Pflege und Erziehung" dar und zum anderen bindet er die Eltern durch die Pflicht zur „Pflege und Erziehung" vor dem Hintergrund des Kindeswohls.[486] Zudem beinhaltet Art. 6 Abs. 2 GG eine Institutsgarantie, die die Idee einer „Pflege und Erziehung" des Kindes durch die Eltern verfassungsrechtlich schützt.[487] Art. 6 Abs. 2 GG schützt sowohl das Kindeswohl als auch Bestand und Ausübung der elterlichen Erziehungsverantwortung.[488] Die untrennbare Verbindung von Rechten und Pflichten ist ein besonderes Merkmal des Art. 6 Abs. 2 GG und steht im Gegensatz zu anderen Grundrechten.[489]

---

481 Siehe dazu auch oben unter C. II.

482 So auch JEAND'HEUR, Verfassungsrechtliche Schutzgebote zum Wohl des Kindes, S. 18.

483 LORZ, Der Vorrang des Kindeswohls nach Art. 3 der UN-Kinderrechtskonvention in der deutschen Rechtsordnung, S. 44.

484 V. COELLN, in: SACHS (Hrsg.), GG, Art. 6 Rn. 57.

485 BVerfGE 59, 360 (382) sowie BVerfGE 75, 201 (218 f.); siehe dazu auch JEAND'HEUR, Verfassungsrechtliche Schutzgebote zum Wohl des Kindes, S. 20.

486 HÖFLING, in: ISENSEE/KIRCHHOF (Hrsg.), HdBStR VII , § 155 Rn. 34.

487 ROBBERS, in: V. MANGOLDT/KLEIN/STARCK, GG I, Art. 6 Abs. 2 Rn. 141.

488 So beispielsweise BURGI, in: MERTEN/PAPIER, HGR IV, § 109 Rn. 29 sowie COESTER-WALTJEN, in: V. MÜNCH/KUNIG, GGK I, Art. 6 Rn. 60.

489 ROBBERS, in: V. MANGOLDT/KLEIN/STARCK, GG I, Art. 6 Abs. 2 Rn. 145.

Ein eigenes Grundrecht für Kinder soll Art. 6 Abs. 2 GG hingegen nicht normieren.[490] So verneinte das Bundesverfassungsgericht in seiner Entscheidung vom 18. März 1970 die Beschwerdebefugnis der minderjährigen Beschwerdeführerin, die – vertreten von ihrer Mutter – eine Verletzung ihres Rechts aus Art. 6 Abs. 2 GG geltend machte.[491] Die Beschwerdeführerin könne nur die Verletzung eines eigenen Grundrechtes im Wege der Verfassungsbeschwerde rügen, ein solches stünde ihr aber aus Art. 6 Abs. 2 GG nicht zu. Gleichwohl hat sich die Rechtsprechung seitdem gewandelt. Diese Entwicklung soll Gegenstand der nächsten beiden Unterabschnitte sein. Dabei wird zunächst die verfassungsrechtliche Elternverantwortung und damit auch der Bezug zum Kindeswohl konkretisiert. Dann wird die Frage nach einem eigenen Recht des Kindes aus Art. 6 Abs. 2 GG ebenfalls vor der Rechtsprechung des Bundesverfassungsgerichts geprüft.

b) Die Elternverantwortung aus Art. 6 Abs. 2 GG

Die oben[492] bereits besprochene Entscheidung des Bundesverfassungsgerichts aus dem Jahre 1971[493] befasst sich neben dem Kindeswohl auch mit dem Elternrecht. Das Elternrecht im Sinne der Elternverantwortung steht danach beiden Eltern gemeinsam zu. Im Scheidungsfalle sind die Eltern unter Kindeswohlgesichtspunkten dazu angehalten, „(...) die regelmäßig mit der Scheidung für die Entwicklung des Kindes verbundene Schädigung nach Möglichkeit zu mildern und eine vernünftige, den Interessen des Kindes entsprechende Lösung für seine Pflege und Erziehung sowie seine weiteren persönlichen Beziehungen zu den nunmehr getrennten Eltern zu finden. (...)“[494] Gelingt dies nicht, so tritt die staatliche Regelung an die Stelle der elterlichen Vereinbarung.[495] Das Bundesverfassungsgericht stellt insoweit fest, dass sowohl das Umgangsrecht des nicht sorgeberechtigten Elternteils als auch die elterliche Gewalt des sorgeberechtigten Elternteils unter dem Schutz des Art. 6 Abs. 2 GG stehen, da beide „(...) aus dem natürlichen Elternrecht und

---

490 BVerfGE 28, 104 (112); so auch LORZ, Der Vorrang des Kindeswohls nach Art. 3 der UN-Kinderrechtskonvention in der deutschen Rechtsordnung, S. 41 m. w. N.

491 BVerfGE 28, 104 (112).

492 Siehe oben C. II.

493 BVerfGE 31, 194.

494 BVerfGE 31, 194 (204 f.).

495 Siehe oben C. II.

der damit verbundenen Elternverantwortung, die auch aufseiten des nichtsorgeberechtigten Elternteils fortbesteht, [erwachsen]".[496] Die elterliche Verantwortung für das Kind, die auch bei Trennung der Eltern erhalten bleibt, orientiert sich also auch in diesem Fall an Kindeswohlgesichtspunkten. Daneben trifft das Bundesverfassungsgericht jedoch keine Aussage über eine eventuelle eigene Berechtigung des Kindes aus Art. 6 Abs. 2 GG.

Unter einem anderen Gesichtspunkt, nämlich der Vereinbarkeit der Schweigepflicht von Schülerberatern gegenüber Erziehungsberechtigten und der Mitwirkungsmöglichkeiten der Erziehungsberechtigten in öffentlichen Schulen mit dem Elternrecht, widmete sich das Bundesverfassungsgericht dem Schutzgehalt des Art. 6 Abs. 2 GG in einer weiteren Entscheidung, die 1981 erging.[497] Etwas präziser gefasst, hatte sich das Bundesverfassungsgericht mit der Frage auseinanderzusetzen, „ (...) ob das Elternrecht des Art. 6 Abs. 2 Satz 1 GG ein reines Individualrecht ist oder ob es auch eine Garantie für eine – wie immer geartete – gemeinschaftliche elterliche Mitwirkung in schulischen Angelegenheiten (kollektives Elternrecht) umfaßt."[498] Ein individuelles Recht der Eltern wird vom Bundesverfassungsgericht im Ergebnis in Anlehnung an das sog. Förderstufenurteil[499] nur im Hinblick auf die Gewährung von Informationen bejaht, „(...) deren Verschweigen die ihnen obliegende individuelle Erziehung des Kindes beeinträchtigen könnte." [500]

Die Entscheidung des Bundesverfassungsgerichts enthält darüber hinaus allerdings noch weitere Bezüge zum Elternrecht, die dieses präzisieren. So wird das Elternrecht als im Wesentlichen dem Interesse des Kindes dienend verstanden, sodass das Kindeswohl „(...) schon per definitionem [...] in das Elternrecht eingefügt [ist]."[501] Das Elternrecht ist dabei kein vom Staat zuerkanntes, sondern ein „(...) von diesem als vorgegebenes Recht anerkannt[es]."[502] Aus der gleichzeitigen Gewährleistung eines Rechtes und der Auferlegung einer Pflicht, die in einem untrennbaren Zusammenhang zum Kind und seinen Interessen – dem Kindeswohl – stehen, wurde das Elternrecht zu Gunsten des betroffenen Kindes in dieser Entscheidung folgerichtig

496 BVerfGE 31, 194 (206).
497 BVerfGE 59, 360; siehe zu diesem Urteil auch die Ausführungen bezüglich des Begriffes des Kindeswohls, oben in diesem Kapitel, C. II.
498 BVerfGE 59, 360 (378).
499 BVerfGE 34, 165 (183).
500 BVerfGE 59, 360.
501 BVerfGE 59, 360 (382).
502 BVerfGE 59, 360 (376).

konkretisiert. Ein eigenes Recht wurde dem Kind aus Art. 6 Abs. 2 GG dadurch freilich nicht zuerkannt. Es wurde lediglich der Maßstab des Kindeswohls als vorrangiges Kriterium in der Ausübung der Elternverantwortung betont. Der Vorrang des Kindeswohls bei Ausübung der Elternverantwortung kommt auch bei einer direkten Kollision der Rechte des Kindes aus Art. 2 Abs. 1 i. V. m. Art. 1 Abs. 1 GG und dem Recht der Eltern aus Art. 6 Abs. 2 GG zum Tragen. Setzt man beide Grundrechtspositionen, also das Persönlichkeitsrecht des Kindes und das Elternrecht, in ein Verhältnis zueinander, so ergibt sich nach dem Bundesverfassungsgericht, dass „das Wohl des Kindes letztlich bestimmend sein muss“.[503]

Ferner legt das Bundesverfassungsgericht fest, dass das Elternrecht

> „(...) seinem Wesen und Zweck nach zurücktreten [muss], wenn das Kind ein Alter erreicht hat, in dem es eine genügende Reife zur selbständigen Beurteilung der Lebensverhältnisse und zum eigenverantwortlichen Auftreten im Rechtsverkehr erlangt hat. Als ein Recht, das um des Kindes willen besteht, liegt es in seiner Struktur begründet, daß es in dem Maße, in dem das Kind in die Mündigkeit hineinwächst, überflüssig und gegenstandslos wird (...). [..] Die geltende Rechtsordnung kennt deshalb Regelungen, die von der allgemeinen zivilrechtlichen Mündigkeit abweichen (...). Derartige Regelungen stellen keinen unzulässigen Eingriff in das Elternrecht dar, wenn sie unter Abwägung der dargelegten Gesichtspunkte sachlich gerechtfertigt sind. (...)“.[504]

Das Bundesverfassungsgericht stellt die Beschränkung des Rechtes des Kindes auf eigenständige Ausübung seiner Rechte somit unter den Vorbehalt der individuellen Reife des Kindes. Wie bereits oben festgestellt,[505] besteht in dem Reifedefizit von Kindern gegenüber Erwachsenen ein Grund der Rechtfertigung der beschränkten Rechtsausübungsbefugnis von Kindern. Das Bundesverfassungsgericht geht in der oben zitierten Entscheidung allerdings noch einen Schritt weiter und beantwortet die Frage, ob die zunehmenden Entscheidungsbefugnisse des Kindes – abhängig von dem Entwicklungsgrad des Kindes – einen Eingriff in das Elternrecht darstellen können. Das wäre dann der Fall, wenn der Zweck des Elternrechts kein fiduziarischer wäre. Das dies nicht der Konzeption des Art. 6 Abs. 2 Satz 1 GG entspricht, zeigt jedoch die Entscheidung des Bundesverfassungsgerichts. Neben der oben zi-

---

503 BVerfGE 59, 360 (382) sowie beispielsweise auch BVerfGE 75, 201 (218 f.).

504 BVerfGE 59, 360 (388).

505 Siehe dazu oben B. IV. in diesem Kapitel.

tierten Passage, die den Sinn des Elternrechts illustriert, definiert das Gericht in eben dieser Entscheidung das Recht aus Art. 6 Abs. 2 Satz 2 GG als „(...) ein dienendes Grundrecht, eine im echten Sinne anvertraute treuhänderische Freiheit (...)".[506] Entfällt das Treuhandverhältnis oder weicht es auf, je reifer das Kind wird, desto weniger kann die Berechtigung zur selbstbestimmten Wahrnehmung der Rechte durch das Kind selbst einen Eingriff in das elterliche Erziehungsrecht darstellen.

c) Art. 6 Abs. 2 GG als eigenes Recht des Kindes

Ein weitergehendes Verständnis der Gewährleistung aus Art. 6 Abs. 2 GG entwickelte das Bundesverfassungsgericht in seiner Entscheidung vom 1. April 2008.[507] Diese Entscheidung ist vor dem Hintergrund der bisherigen Verfassungsgerichtsrechtsprechung konsequent und konkretisiert schließlich die ursprüngliche Konzeption des Art. 6 Abs. 2 GG. Dem Kind wird darin ein eigenes Recht aus Art. 6 Abs. 2 GG zugesprochen. Unter Beachtung der besonderen Verbindung von Rechten und Pflichten innerhalb des Art. 6 Abs. 2 GG und dem subsidiären Schutzauftrag des Staates gegenüber dem Kind stellt das Bundesverfassungsgericht fest, dass mit der „(...) den Eltern durch Art. 6 Abs. 2 Satz 1 GG auferlegten Pflicht gegenüber dem Kind, es zu pflegen und zu erziehen, (...) das Recht des Kindes auf Pflege und Erziehung durch seine Eltern aus Art. 6 Abs. 2 Satz 1 GG [korrespondiert]."[508] Auch die dieser Feststellung folgenden Ausführungen des Bundesverfassungsgerichtes verdeutlichen, dass die Schlüsse des Gerichts der bis dahin entwickelten Dogmatik folgen. So begründet das Bundesverfassungsgericht unter Zuhilfenahme der oben bereits nachgezeichneten Auslegungsarten des Art. 6 Abs. 2 GG seine Entscheidung wie folgt:

> „(...) Wird jemandem eine Pflicht auferlegt, die sich auf eine andere Person bezieht und die zugleich mit dem Recht verbunden ist, auf diese Person einzuwirken, für sie Entscheidungen zu treffen, ihre Interessen zu vertreten und auf ihre Persönlichkeitsentfaltung maßgeblich und zuvörderst Einfluss zu nehmen, so berührt dies den Kern höchstpersönlicher Lebensentfaltung des Anderen und schränkt dessen freie Willensentscheidung ein. Den Eltern eine solch tiefgreifende Einflussnahme auf das Leben ihres Kindes einzuräumen, rechtfertigt sich allein

506 BVerfGE 59, 360 (376 f.).
507 BVerfGE 121, 69.
508 BVerfGE 121, 69 (93).

> aus dem Umstand, dass das Kind noch nicht selbst für sich Verantwortung tragen kann und zu Schaden käme, wenn es hierbei keine Hilfe erführe. Bedarf aber das Kind solcher Unterstützung durch seine Eltern und ist deshalb die Elternverantwortung allein dem Wohle des Kindes verpflichtet wie geschuldet, dann hat das Kind auch einen Anspruch darauf, dass zuvörderst seine Eltern Sorge für es tragen, und ein Recht darauf, dass seine Eltern der mit ihrem Elternrecht untrennbar verbundenen Pflicht auch nachkommen. Dieses Recht des Kindes findet insofern in der elterlichen Verantwortung seinen Grund und wird damit von Art. 6 Abs. 2 Satz 1 GG geschützt. Es steht in engem Zusammenhang mit dem Grundrecht des Kindes auf Schutz seiner Persönlichkeit aus Art. 2 Abs. 1 in Verbindung mit Art. 1 Abs. 1 GG, denn es sichert dem Kind den familiären Bezug, der für seine Persönlichkeitsentwicklung von Bedeutung ist. Die persönliche Beziehung zu seinen Eltern, ihre Pflege, Hilfe wie Zuwendung tragen wesentlich dazu bei, dass sich das Kind zu einer Persönlichkeit entwickeln kann, die sich um ihrer selbst geachtet weiß und sich selbst wie andere zu achten lernt."[509]

Diese Feststellung bestätigte das Bundesverfassungsgericht in einer weiteren Entscheidung im Februar 2013, in der das Gericht im Rahmen des allgemeinen Persönlichkeitsrechts des Kindes auf die „(...) vom Gesetzgeber näher auszugestaltende Schutzverantwortung für die Persönlichkeitsentwicklung des Kindes (...)" eingeht, die zwischen Eltern und Staat aufgeteilt ist und auf deren pflichtgemäße Ausübung das Kind einen Anspruch aus Art. 2 Abs. 1 i. V. m. Art. 6 Abs. 2 S. 1 GG hat.[510] Das Bundesverfassungsgericht nimmt in diesem Urteil eine Gesamtschau der dem Kind verbürgten spezifischen Grundrechte vor und verdeutlicht damit noch einmal die enge Verbindung des allgemeinen Persönlichkeitsrechts des Kindes mit der Elternverantwortung und dem Kindeswohl. Die oben beschriebene, auf der Würde des Kindes basierende Konzeption des Kindeswohls[511] hat einen Anspruch des Kindes, wie ihn das Bundesverfassungsgericht aufzeigt, logisch zur Folge. Das allgemeine Persönlichkeitsrecht des Kindes ist untrennbar mit der Verwirklichung der Schutzverantwortung und Hilfestellung bei der kindlichen Entwicklung im Rahmen des Art. 6 Abs. 2 GG verbunden.

---

509 BVerfGE 121, 69 (93 f.).

510 BVerfG, Urt. v. 19. Februar 2013 – 1 BvL 1/11, Rn. 42; abrufbar unter: http://www.bverfg.de/entscheidungen/ls20130219_1bvl000111.html (zuletzt abgerufen am 31.01.2014).

511 Siehe dazu oben C. IV. dieses Kapitels.

II. Zusammenfassende Bemerkungen zu der Stellung des Kindes in der Verfassung der Bundesrepublik Deutschland

Die angestellte Untersuchung hat gezeigt, dass die Geltung der Grundrechte für Kinder grundsätzlich uneingeschränkt ist. Kinder sind grundrechtsfähig und damit Grundrechtsträger. Die analysierte Rechtsprechung des Bundesverfassungsgerichts verdeutlicht, dass den spezifischen Interessen und Bedürfnissen von Kindern in den Artikeln des Grundgesetzes - insbesondere in Art. 2 Abs. 1 i.V. m. Art. 1 Abs. 1 GG sowie Art. 6 Abs. 2 GG – Rechnung getragen wird. Dem Kind stehen neben den sonstigen Grundrechten damit auch die Mittel zur Verfügung, seine eigenen, kinderspezifischen Bedürfnisse durchzusetzen. Die Rückbindung der Elternverantwortung an das Kindeswohl und der Anspruch des Kindes auf Pflege und Erziehung durch die Eltern und subsidiär die staatliche Gemeinschaft schützen das Kind und sind die Konsequenz aus der würdebezogenen Konzeption des Kindes in der Verfassung.

Die Rechte des Kindes scheinen in der Verfassung der Bundesrepublik Deutschland damit in ausreichendem Maße gewährleistet. Dennoch gibt es eine langanhaltende Debatte in Politik und Wissenschaft um die Verankerung von spezifischen Kinderrechten im Grundgesetz. Inwieweit die Rechtsprechung des Bundesverfassungsgerichts in dieser Diskussion Beachtung findet beziehungsweise ihr gefolgt wird, soll Gegenstand des folgenden Abschnitts sein. Dieser stellt die verschiedenen Positionen in der rechtspolitischen Debatte dar und schließt das Kapitel mit einer Abwägung der vertretenen Argumente.

F. Die rechtspolitische Debatte über eine Erweiterung des Grundgesetzes um Kinderrechte

Die Analyse des bereits bestehenden verfassungsrechtlichen Normbestandes hinsichtlich einer Berücksichtigung von Kindern und ihres erhöhten Schutzbedarfes muss bei der Diskussion über eine Verankerung von Kinderrechten aus Anlass der UN-Kinderrechtskonvention vor deren Art. 4 gesehen werden. So heißt es in Art. 4 S. 1 UN-KRK:

> „Die Vertragsstaaten treffen alle geeigneten Gesetzgebungs-, Verwaltungs- und sonstigen Maßnahmen zur Verwirklichung der in diesem Übereinkommen anerkannten Rechte."

Danach könnte man die Erweiterung des Grundgesetzes als Schritt zur Umsetzung der UN-Kinderrechtskonvention in Deutschland sehen, indem dadurch die Subjektstellung von Kindern stärker betont wird.[512] Einer solchen Form der Umsetzung bedarf es nach der Konvention jedoch nicht. Grundsätzlich ist es kaum möglich, einen Staat im Wege eines völkerrechtlichen Vertrages zu einer Verfassungsänderung zu verpflichten.[513] Eine solche Verpflichtung sieht die UN-Kinderrechtskonvention ebenfalls nicht vor. Das stellt auch der UN-Kinderrechtsausschuss in einem *General Comment* fest, in dem er allerdings bemerkt, dass eine verfassungsrechtliche Verankerung von Kinderrechten in den einzelnen Vertragsstaaten dennoch wünschenswert wäre.[514] So weist der Kinderrechtsausschuss darauf hin, dass eine Ausstattung von Kinderrechten mit Verfassungsrang dazu beitragen könne, „(...) to underline the key message of the Convention – that children alongside adults are holders of human rights. (...)".[515] In demselben Absatz mahnt der UN-Kinderrechtsausschuss jedoch, dass eine Verankerung von Kinderrechten nicht per se ausreichend sei, um den Schutz und die Beachtung von Kinderrechten zu gewährleisten. Dafür seien eventuell noch weitere gesetzgeberische und „(...) other measures (...)" notwendig.[516]

Darüber hinaus empfahl der UN-Kinderrechtsausschuss der Bundesrepublik Deutschland in seinen *Concluding Observations* unter Hinweis auf seinen *General Comment* noch einmal deutlich, die Aufnahme von Kinderrechten in die Verfassung erneut zu überdenken.[517]

Bis zum heutigen Zeitpunkt[518] ist die Bundesrepublik Deutschland dieser Empfehlung nicht gefolgt. Die Gründe und die Positionen des Widerstreits sollen nachfolgend zur Darstellung gelangen. Dabei wird übersichtlichkeitshalber zwischen der politischen und der wissenschaftlichen Debatte unter-

---

512 Cremer, Stellungnahme: Aufnahme von Kinderrechten ins Grundgesetz, S. 1.

513 Lorz, Der Vorrang des Kindeswohls nach Art. 3 der UN-Kinderrechtskonvention in der deutschen Rechtsordnung, S. 53 f.

514 CRC/GC/2003/5, Rn. 21.

515 a. a. O.

516 a. a. O.

517 CRC/C/15/Add.226, Rn. 10.

518 Stand: 31.01.2014.

schieden. Gleichwohl kommt es in den beiden Bereichen zu Überschneidungen der Argumente und es müssen bei einer Abwägung stets beide Disziplinen miteinbezogen werden.

I. Die verfassungsrechtliche Verankerung von Kinderrechten in der politischen Diskussion

Auf politischer Ebene wurde das Ansinnen eines kinderfreundlicheren Grundgesetzes bislang nicht erfolgreich umgesetzt. Nach verschiedenen, zeitlich weit auseinanderliegenden Versuchen, die Stellung des Kindes in der Verfassung zu stärken,[519] forderte die Bundestagsfraktion Bündnis 90/Die Grünen die Bundesregierung im April 2007 auf, eine Änderung des Grundgesetzes hinsichtlich der Stärkung von Kinderrechten zu prüfen.[520] Begründet wurde der Vorschlag vor allem mit der mangelnden Wahrnehmung von Kindern als eigenständige Rechtssubjekte.[521] Diese ergäbe sich zwar aus der Rechtsprechung des Bundesverfassungsgerichts, müsste aber zusätzlich auch dem Grundgesetz selbst zu entnehmen sein.[522]

Mehrere Jahre später, im September und November 2011, beantragte neben der Oppositionsfraktion Bündnis 90/Die Grünen[523] auch die Oppositionsfraktion Die Linke[524] die Aufnahme von Kinderrechten in die Verfassung. Bündnis 90/Die Grünen forderten in ihrem Antrag erneut, dass der Rechtsträgerstellung von Kindern im Zuge einer Grundgesetzänderung mehr Aufmerksamkeit zukommen solle.[525] Zudem sollte den spezifischen Bedürfnissen der Förderung der leiblichen und seelischen Entwicklung von Kindern Rechnung getragen sowie die Verantwortung der staatlichen Gemeinschaft ausdrücklich benannt werden.[526]

---

519 Siehe dazu ausführlich SCHULER-HARMS, in: FRANKENBERG, GÜNTER (Hrsg.), Verfassungsrecht und gesellschaftliche Realität, S. 138 f. m. w. N. sowie KIRCHHOF, ZRP 05/2007, S. 149 ff.

520 BT-Drucks. 16/5005 v. 12.04.2007.

521 BT-Drucks. 16/5005, S. 1 f.

522 BT-Drucks. 16/5005, S. 1.; siehe zu den weiteren Beratungen auch BT-Drucks. 16/8703 v. 03.04.2008.

523 BT-Drucks. 17/7187 v. 28.09.2011.

524 BT-Drucks. 17/7644 v. 09.11.2011.

525 BT-Drucks. 17/7187, S. 5 f.

526 BT-Drucks. 17/7187, S. 5 f.

Die Forderungen der Abgeordneten und der Bundestagsfraktion Die Linke ähnelten denen von Bündnis 90/Die Grünen. Auch Die Linke beklagte die mangelnde Wahrnehmung von Kindern als Träger eigener Rechte.[527] Daher solle der Gesetzentwurf zu einer Änderung des Grundgesetzes vorsehen, die Prinzipien der UN-Kinderrechtskonvention mit Verfassungsrang auszustatten. Ein Schwerpunkt solle hierbei auf dem Vorrang des Kindeswohls, der Subjektstellung des Kindes sowie den kindeseigenen Rechten auf Schutz, Förderung und Beteiligung liegen.[528] Bemängelt wurde weiterhin, dass der Menschenrechtscharakter der UN-Kinderrechtskonvention nicht grundlegend akzeptiert sei.[529]

Der Rechtsausschuss für Frauen und Jugend empfahl dem Bundesrat ebenfalls, bei der Bundesregierung auf eine Verankerung spezifischer Kinderrechte in der Verfassung hinzuwirken.[530] Dort ist beispielsweise das Recht auf gewaltfreie Erziehung sowie auf altersgemäße Anhörung genannt.[531] Der Bundesrat folgte der Empfehlung.[532] Erhofft wurde sich vor allem eine Stärkung der gesellschaftlichen Stellung von Kindern einhergehend mit einer Verbesserung des Bewusstseins von Kindern als Grundrechtsträgern.[533]

Am 19.01.2012 lehnte der Bundestag die entsprechenden Forderungen jedoch mit den Stimmen der Koalitionsfraktionen CDU/CSU und FDP mehrheitlich ab.[534]

Die Forderungen nach einer Aufnahme spezifischer Rechte von Kindern in das Grundgesetz der Bundesrepublik Deutschland blieben gleichwohl unverändert erhalten. Noch im selben Jahr und ersten Quartal des Jahres 2013 wurden erneut Gesetzesentwürfe zwecks Verankerung von Kinderrechten im Grundgesetz erarbeitet.[535] Diese waren Gegenstand einer Anhörung im

527 BT-Drucks. 17/7644, S. 2.
528 BT-Drucks. 17/7644, S. 2.
529 BT-Drucks. 17/7644, S. 1.
530 BR-Drucks. 386/1/11 v. 14.11.2011.
531 BR-Drucks. 386/1/11, S. 2.
532 BR-Drucks. 386/11, Beschluss v. 25.11.2011.
533 BR-Drucks. 386/11 (B), S. 2.
534 Amtliches Protokoll zur 152. Sitzung des Deutschen Bundestages am 19.01.2012, Tagesordnungspunkt 8, abrufbar unter: http://www.bundestag.de/dokumente/protokolle/amtlicheprotokolle/2012/ap17152.html (zuletzt abgerufen am 15.10.2013).
535 Zu nennen sind hier der Gesetzentwurf der Bundestagsfraktion Die Linke, BT-Drucks. 17/10118 v. 26. Juni 2012, der Entwurf der Bundestagsfraktion Bündnis

Rechtsausschuss des Deutschen Bundestages am 26. Juni 2013, bei der sich Sachverständige verschiedener Fachbereiche zu den Entwürfen und der allgemeinen Sinnhaftigkeit eines solchen Vorhabens äußerten.[536] In dieser Kombination aus politischer und wissenschaftlicher Debatte wurde eine eindeutig ablehnende Haltung in Bezug auf die angedachte Verfassungsänderung offenbar.

Die drei Entwürfe forderten allesamt eine Verankerung von Kinderrechten innerhalb des Art. 6 GG, wobei die jeweilige Verortung teilweise abwich.[537] Ungeachtet dessen ist den Gesetzesentwürfen gemein, dass – wie auch bereits in den vorangegangenen Entwürfen – die mangelnde Subjektstellung des Kindes innerhalb des Grundgesetzes bemängelt und eine explizite Anpassung der Verfassung an die Judikatur des Bundesverfassungsgerichts gefordert wurde.[538] Insbesondere sollte das Grundgesetz um das Recht des Kindes auf Förderung und Entwicklung seiner Persönlichkeit und einer staatlichen Schutzpflicht erweitert werden.[539] Auch das Recht auf Teilhabe sollte in die Verfassung aufgenommen werden.[540] Damit orientieren sich die Gesetzesentwürfe stark an den drei Grundprinzipien der UN-Kinderrechtskonvention, mithin Schutz, Förderung und Partizipation.[541] Die Gesetzesentwürfe weisen daneben auch leichte Unterschiede hinsichtlich der Reichweite der geplanten Rechtspositionen auf.[542] Besonders weitgehend in Bezug auf die Festlegung der Richtlinien des elterlichen Erziehungsrechtes erscheint

---

90/Die Grünen, BT-Drucks. 17/11650 v. 27. November 2012 sowie der Gesetzesentwurf der Bundestagsfraktion der SPD, BT-Drucks. 17/13223 v. 23. April 2013.

536 Siehe zu den einzelnen vertretenen Positionen sogleich im Folgenden.

537 Der Entwurf der Bundestagsfraktion Die Linke sah die Einfügung eines neuen Abs. 2 in Art. 6 GG vor, mit der Folge, dass sich die Nummerierung der anderen Absätze des Art. 6 GG jeweils um eine Aufzählungsnummer verschöben, BT-Drucks. 17/10118, S. 3, ebenso wie der Gesetzesentwurf der Bundestagsfraktion der SPD, BT-Drucks. 17/13223, S. 2; die Bundestagsfraktion Bündnis 90/Die Grünen hingegen wollte einen neuen Abs. 5 in Art. 6 GG einfügen, sodass der bisherige Abs. 5 zu Abs. 6 würde, BT-Drucks. 17/11650, S. 3.

538 BT-Drucks. 17/10118, S. 1; BT-Drucks. 17/11650, S. 1 f.; BT-Drucks. 17/13223, S. 1.

539 BT-Drucks. 17/10118, S. 1; BT-Drucks. 17/11650, S. 2; BT-Drucks. 17/13223, S. 1.

540 BT-Drucks. 17/10118, S. 1; BT-Drucks. 17/11650, S. 2; BT-Drucks. 17/13223, S. 1.

541 Siehe dazu oben Kapitel 1, Abschnitt B.

542 Zu den Unterschieden siehe beispielsweise auch die Zusammenstellung bei GRZESZICK, Stellungnahme zu den Gesetzesentwürfen zur Aufnahme von Kinderrechten in das Grundgesetz, S. 1.

beispielsweise der Entwurf von Bündnis 90/Die Grünen, der das Recht des Kindes auf „Förderung seiner Entwicklung zu einer eigenverantwortlichen und gemeinschaftsfähigen Persönlichkeit (...)" in Art. 6 GG einfügen möchte.[543]

Die Anhörung im Rechtsausschuss des Deutschen Bundestages, bei der sich vornehmlich Personen der juristischen Wissenschaft äußerten, brachte eine Vielzahl an Argumenten hervor, die sich gegen eine Ausstattung der Kinderrechte mit Verfassungsrang vorbringen lassen. Aber die Idee erhielt auch Fürsprache. Die im Folgenden dargestellten Aspekte lassen sich ebenso der wissenschaftlichen Debatte zuordnen, auf die weiter unten ausführlich eingegangen wird.

Die Forderung nach einer Anpassung des Grundgesetzes an die Judikatur des Bundesverfassungsgerichts zu Art. 6 Abs. 2 GG sowie zu Art. 2 Abs. 1 i. V. m. Art. 1 Abs. 1 GG wird aus mehreren Gründen als unnötig betrachtet. Der Kern dieser Forderungen liegt in einer ausdrücklichen Verankerung des Kindeswohlvorrangs und des allgemeinen Persönlichkeitsrechts, insbesondere im Hinblick auf die Ermöglichung einer Entwicklung zu einer selbstbestimmten Persönlichkeit.[544] Neben dem Umstand, dass das Grundgesetz den Maßstab für das Bundesverfassungsgericht darstellt und dessen Entscheidungen das Grundgesetz auslegen sollen, nicht jedoch mittelbar zu einer Änderung der Verfassung führen können, muss bei der Debatte um eine innerstaatliche Stärkung der UN-Kinderrechtskonvention zudem beachtet werden, dass auch diese normhierarchisch unter dem Grundgesetz steht und damit ebenfalls keine Eignung als Maßstab für die Verfassung aufweist.[545] Eine in diesem Zusammenhang ferner diskutierte Form der Beachtung der UN-Kinderrechtskonvention, die innerstaatlich den Rang eines einfachen Bundesgesetzes hat, ließe sich (ganz oder teilweise) im Wege der Völkerrechtsfreundlichkeit des Grundgesetzes konstruieren.[546] Danach sollen nicht nur die allgemeinen Regeln des Völkerrechts, sondern auch die des Völkerver-

---

543 BT-Drucks. 17/11650, S. 3; siehe näher dazu sogleich im Folgenden.

544 Zu den Entscheidungen des BVerfG siehe oben ausführlich Abschnitt E dieses Kapitels.

545 So JESTAEDT, Schriftliche Stellungnahme zu den Gesetzentwürfen zur Verankerung von Kindesrechten im Grundgesetz, S. 3 f.

546 Siehe zu dem Grundsatz der Völkerrechtsfreundlichkeit beispielsweise JARASS, in: ders./PIEROTH, GG, Art. 25 Rn. 4 f. m. w. N. sowie bezugnehmend auf die Kinderrechtskonvention HERDEGEN, FamRZ 4/1993, S. 378 ff.; siehe dazu überdies ausführlich in Bezug auf die UN-Kinderrechtskonvention, oben Kapitel 2, B. II.

tragsrechts bei der Auslegung des einfachen und des Verfassungsrechts Beachtung finden.[547] Zumindest für die als self-executive geltende Regelung des Kindeswohlvorrangs aus Art. 3 UN-KRK[548] wird insofern angenommen, sie setze sich gegen kollidierendes Gesetzesrecht durch, sodass es einer weiteren Normierung des Kindeswohlvorrangs zu dessen Verwirklichung nicht bedürfe.[549] Für die gesamte Konvention hingegen wird abseits der Frage nach der unmittelbaren Anwendbarkeit der Regelungen der UN-Kinderrechtskonvention eine Eignung zur völkerrechtsfreundlichen Auslegung teilweise auch deshalb verneint, da für sie – anders als für die Europäische Menschenrechtskonvention – kein Rechtsschutzregime errichtet wurde.[550]

Indes wird auch ein weiterer Umstand gegen eine Normierung spezieller Kindesgrundrechte angeführt, der ebenfalls in den Vorschlägen der Bundestagsfraktionen[551] anerkannt ist. Dabei handelt es sich um die Grundrechtsberechtigung von Kindern, die unstreitig wie bei jedem anderen Menschen für jedes Grundrecht gegeben ist.[552] Sie spiegelt einen entscheidenden Teil der Verfassungskonzeption wider, nach der kraft Art. 1 Abs. 1 GG die Würde jedes Menschen zu schützen und zu achten ist.[553] Die Verankerung spezieller Kindesgrundrechte wird in diesem Zusammenhang als dem umfassenden

547 JARASS, in: ders./PIEROTH, GG, Art. 25 Rn. 4 f.

548 Siehe dazu oben Kapitel 2, B.

549 So LORZ/SAUER, MRM 1/2011, S. 11 f.

550 So JESTAEDT, Schriftliche Stellungnahme zu den Gesetzentwürfen zur Verankerung von Kindesrechten im Grundgesetz, S. 4, der darauf hinweist, dass ein solches nur für die Europäische Menschenrechtskonvention existiere, sonst aber für kein Menschenrechtsübereinkommen. Es sei insofern davon auszugehen, dass die Entscheidungen des Bundesverfassungsgerichts hinsichtlich einer EMRK-konformen Auslegung der Grundrechte lediglich in Hinsicht auf die Entscheidungsgewalt des EGMR getroffen worden seien; siehe zu dem hier angesprochenen Problem hinsichtlich der innerstaatlichen Geltung der EGMR-Rechtsprechung auch ausführlich oben, Kapitel 2, B. II. mit dem Hinweis auf die neuere Rechtsprechung des Bundesverwaltungsgerichts hinsichtlich der UN-KRK als Auslegungshilfe der Verfassung; bezüglich der völkerrechtsfreundlichen Auslegung hinsichtlich der EMRK s. BVerfGE 74, 358 (370); BVerfGE 111, 307 (316 f.) sowie BVerfGE 128, 326 (366 ff.).

551 BT-Drucks. 17/10118, S. 1; BT-Drucks. 17/11650, S. 1 sowie BT-Drucks. 17/13223, S. 1.

552 So KIRCHHOF, Stellungnahme für den Rechtsausschuss des Deutschen Bundestages, S. 2 f.

553 a. a. O.

Schutzkonzept entgegenlaufend empfunden.[554] Hinsichtlich der Geltendmachung der Grundrechte und damit dem oben skizzierten Problem der Grundrechtsmündigkeit[555] soll die Verankerung von Kindergrundrechten ebenfalls keine tiefergehende Klarheit mit sich bringen, da auch bei den speziellen Grundrechten für Kinder wiederum eine Regelung bezüglich der Geltendmachung vonnöten wäre.[556]

Ein weiterer allgemeiner Einwand gegen eine Änderung des Grundgesetzes speist sich aus Art. 4 UN-KRK, der die Staaten zur Verwirklichung der Rechte der Kinderrechtskonvention zum Treffen „(...) alle[r] geeigneten Gesetzgebungs-, Verwaltungs- und sonstigen Maßnahmen (...)" auffordert. Eine Verpflichtung zur Ausstattung der Rechte der UN-Kinderrechtskonvention mit Verfassungsrang soll sich daraus nicht ergeben.[557] Bei der Anhörung wurde als Gegenargument allerdings die Aufforderung des UN-Kinderrechtsausschusses an Deutschland mit dem Auftrag zur Verfassungsanpassung genannt.[558]

Aber auch die Normierung spezieller Schutzpflichten in der Verfassung stößt auf Widerspruch. Die Verankerung von Schutzpflichten beziehungsweise von Rechtspositionen, aus denen sich eine staatliche Leistungspflicht ergibt, ist auf Verfassungsebene nicht vorgesehen.[559] Die Schutz- und Leistungspflichten sollen sich nicht aus der Verfassung selbst, sondern zum einen aus der Auslegung ihrer Normen und zum anderen dem einfachen Recht er-

---

554 a. a. O. sowie HARATSCH, Stellungnahme zu den Gesetzesentwürfen zur Verankerung von Kinderrechten im Grundgesetz, S. 4.

555 Siehe dazu oben B. III. 2. in diesem Kapitel.

556 HILLGRUBER, Schriftliche Stellungnahme für die öffentliche Anhörung des Deutschen Bundestages zur Aufnahme von Kinderrechten in das Grundgesetz, S. 2.

557 HILLGRUBER, Schriftliche Stellungnahme für die öffentliche Anhörung des Deutschen Bundestages zur Aufnahme von Kinderrechten in das Grundgesetz, S. 4; JESTAEDT, Schriftliche Stellungnahme zu den Gesetzentwürfen zur Verankerung von Kindesrechten im Grundgesetz, S. 4.

558 MAYWALD, Stellungnahme anlässlich der öffentlichen Anhörung des Rechtsausschusses des Deutschen Bundestages am 26. Juni 2013 in Berlin zur Verankerung der Kinderrechten im Grundgesetz, S. 2; siehe zu den *Concluding Observations* des UN-Kinderrechtsausschusses CRC/C/15/Add.226, Rn. 10.

559 HILLGRUBER, Schriftliche Stellungnahme für die öffentliche Anhörung des Deutschen Bundestages zur Aufnahme von Kinderrechten in das Grundgesetz, S. 4 f.; HILDEBRANDT, Stellungnahme zur Aufnahme von Kinderrechten ins Grundgesetz, S. 7 f.

geben.[560] Dagegen wird wiederum auf den *General Comment* des UN-Kinderrechtsausschusses hingewiesen, der ausdrücklich eine Stärkung der „general principles" in den einzelnen Staaten fordert.[561]

Unabhängig von diesen grundsätzlichen Bedenken stößt die Forderung einer Normierung des Kindeswohlvorrangs auf weitere Ablehnung. Verwiesen wird in diesem Zusammenhang auf Art. 6 GG und die dazu ergangene Rechtsprechung des Bundesverfassungsgerichts, die verdeutlicht, dass die Elternverantwortung nicht um ihrer selbst willen verbürgt ist, sondern sich bei allen Entscheidungen am Wohl des Kindes orientieren muss.[562] Das Kind wird darin nicht als Objekt der elterlichen Erziehung gesehen, sondern Art. 6 Abs. 2 GG soll dem Kind einen Anspruch auf eine, an seinem Wohl orientierte, Erziehung bieten.[563] Überdies ist der Kindeswohlvorrang neben der Verfassung auch über Art. 3 Abs. 1 UN-KRK in Deutschland unmittelbar anwendbares Recht und verpflichtet den Rechtsanwender zu dessen vorrangiger Berücksichtigung.[564] Die Befürworter einer Grundgesetzänderung monieren demgegenüber, dass Kinder nach Art. 6 Abs. 2 GG lediglich als Objekte der Pflege und Erziehung durch die Eltern, nicht aber als eigene Rechtssubjekte wahrgenommen würden, die ihre Rechtspositionen selbstständig geltend machen können.[565]

Eine eigene Normierung des Rechtes auf die Entwicklung der Persönlichkeit wird mit dem Hinweis auf das vom Bundesverfassungsgericht herausgearbeitete allgemeine Persönlichkeitsrecht ebenfalls als überflüssig er-

---

560 a. a. O.

561 MAYWALD, Stellungnahme anlässlich der öffentlichen Anhörung des Rechtsausschusses des Deutschen Bundestages am 26. Juni 2013 in Berlin zur Verankerung der Kinderrechten im Grundgesetz, S. 2; siehe zu dem *General Comment* des UN-Kinderrechtsausschusses, CRC/GC/2003/5, Rn. 22.

562 HILDEBRANDT, Stellungnahme zur Aufnahme von Kinderrechten ins Grundgesetz, S. 6; HARATSCH, Stellungnahme zu den Gesetzesentwürfen zur Verankerung von Kinderrechten im Grundgesetz, S. 3; zu der Rechtsprechung des Bundesverfassungsgerichts siehe zudem ausführlich oben E. I. in diesem Kapitel.

563 HILDEBRANDT, Stellungnahme zur Aufnahme von Kinderrechten ins Grundgesetz, S. 3 sowie HÖFLING, in: ISENSEE/KIRCHHOF (Hrsg.), HdBStR VII, § 155 Rn. 32.

564 HILDEBRANDT, Stellungnahme zur Aufnahme von Kinderrechten ins Grundgesetz, S. 9; siehe dazu ausführlich auch oben Kapitel 2, B und C.

565 MAYWALD, Stellungnahme anlässlich der öffentlichen Anhörung des Rechtsausschusses des Deutschen Bundestages am 26. Juni 2013 in Berlin zur Verankerung der Kinderrechten im Grundgesetz, S. 2 f.

achtet, weil es sich darin lediglich eine materielle Wiederholung des Normgehalts handeln soll.[566] Unklar soll zudem das Verhältnis des allgemeinen Persönlichkeitsrecht des Kindes zu dem des Erwachsenen geblieben sein, da aus den Entwürfen nicht hervorgeht, ob beide nebeneinander anwendbar bleiben oder je nach Alter über die Anwendbarkeit der einen oder der anderen Rechtsposition entschieden wird.[567] Im Rahmen des allgemeinen Persönlichkeitsrechts wird zudem betont, dass der Wille des Kindes stets einen Teil der ausgeübten Grundrechtsberechtigung darstellt, indem man es anhört und seinen Willen in allen Entscheidungen berücksichtigt, bis es endgültig in der Lage ist, selbstbestimmt und eigenständig zu handeln.[568] Damit wird nicht nur das Kindeswohl in den Vordergrund gerückt, sondern das Kind wird aufgefordert, selbst an den es betreffenden Entscheidungen mitzuwirken. Noch ein wenig eindeutiger und weitreichender als allein auf das Kindeswohl bezogen, soll das geforderte Recht auf Partizipation aus dem allgemeinen Persönlichkeitsrecht des Kindes in Verbindung mit dem Recht der freien Meinungsäußerung hergeleitet werden können.[569] Auch abgewandt von der Verfassung soll dem Partizipationsgedanken der UN-Kinderrechtskonvention bereits einfachgesetzlich durch die mit dem Alter fortschreitende Entscheidungsbefugnis ausreichend und mit der notwendigen Konkretisierung im Einzelfall Rechnung getragen sein.[570]

Ebenfalls als problematisch wird der bereits erwähnte Vorstoß des Gesetzesentwurfs von Bündnis 90/Die Grünen empfunden, der auf eine „(...) Entwicklung zu einer eigenverantwortlichen und gemeinschaftsfähigen Persönlichkeit (...)“ abzielt.[571] Zunächst mag dieses Postulat an die oben besprochene Entscheidung des Bundesverfassungsgerichts erinnern, in der die Elternverantwortung damit begründet wurde, „(...) daß das Kind des Schutzes und

566 So beispielsweise GRZESZICK, Stellungnahme zu den Gesetzesentwürfen zur Aufnahme von Kinderrechten in das Grundgesetz, S. 1 f.

567 HILLGRUBER, Schriftliche Stellungnahme für die öffentliche Anhörung des Deutschen Bundestages zur Aufnahme von Kinderrechten in das Grundgesetz, S. 3.

568 WAPLER, Gesetzentwürfe BT-Drs. 17/10118, 17/11650 und 17/13223 zur Aufnahme von Kinderrechten in das Grundgesetz, S. 2 f.

569 So HARATSCH, Stellungnahme zu den Gesetzesentwürfen zur Verankerung von Kinderrechten im Grundgesetz, S. 3.

570 HILLGRUBER, Schriftliche Stellungnahme für die öffentliche Anhörung des Deutschen Bundestages zur Aufnahme von Kinderrechten in das Grundgesetz, S. 4 m. w. N.

571 BT-Drucks. 17/11650, S. 3.

der Hilfe bedarf, um sich zu einer eigenverantwortlichen Persönlichkeit innerhalb der sozialen Gemeinschaft zu entwickeln, wie sie dem Menschenbilde des Grundgesetzes entspricht. (...)"[572] Jedoch geht es in der Entscheidung des Bundesverfassungsgerichts lediglich um die Gewährung der Möglichkeit, die Fähigkeit zur Vornahme autonomer Handlungen innerhalb des Sozialgefüges Gesellschaft zu erlernen. Eine Erziehung des Kindes mit der „Verpflichtung" des Sich-Einfügens in die Gesellschaft kann damit nicht gemeint sein.[573] Vielmehr böte die gewählte Formulierung dem Staat die Möglichkeit, bereits bei einer nicht mit dem Ziel der Gemeinschaftsfähigkeit übereinstimmenden Erziehung von seinem subsidiären Wächteramt Gebrauch zu machen und in das Erziehungsrecht der Eltern einzugreifen. Damit wäre die vorrangige Elternverantwortung hinsichtlich der Erziehung nicht nur nach dem Wohl des Kindes, sondern auch nach dem so verstanden – darin enthaltenen – Aspekt der Gemeinschaftsfähigkeit auszurichten und dahingehend überprüfbar. Dies vermag in Ansehung der oben genannten Rechtsprechung des Bundesverfassungsgerichts so jedoch nicht zu überzeugen.

In diesem Zusammenhang wird auch auf ein Problem bezüglich der geplanten Neuregelungen des momentan bestehenden Verhältnisses von Eltern, Kindern und Staat im Rahmen des Art. 6 GG gesehen. Die Gesetzesentwürfe betonen zwar, das dort normierte Verhältnis des Vorranges der Elternverantwortung zu der subsidiären Eintrittspflicht des Staates so weit wie möglich unangetastet zu lassen,[574] jedoch wurde bei der Anhörung im Rechtsausschuss des Deutschen Bundestages mancherlei Zweifel daran geäußert. So träte bei dem Entwurf der Bundestagsfraktion der SPD das staatliche Wächteramt durch die Normierung in einem neuen Absatz 2 vor das Recht der Eltern, was zwar nicht zu einer Aushöhlung des Elternrechts führen würde, zumindest aber das staatliche Wächteramt stärker als bisher hervorheben wür-

572 BVerfGE 24, 119 (144).

573 So auch WAPLER, Gesetzentwürfe BT-Drs. 17/10118, 17/11650 und 17/13223 zur Aufnahme von Kinderrechten in das Grundgesetz, S. 6 f.; anders insofern JESTAEDT, Schriftliche Stellungnahme zu den Gesetzentwürfen zur Verankerung von Kindesrechten im Grundgesetz, S. 7, der in der gewählten Formulierung „so etwas wie eine Legaldefinition des Kindeswohls" sieht; bezüglich der Gemeinschaftsfähigkeit ergeben sich sowohl aus der Verfassung als auch aus der Rechtsprechung des Bundesverfassungsgerichts keine dahingehenden Anhaltspunkte.

574 BT-Drucks. 17/11650, S. 4; BT-Drucks. 17/10118, S. 1 sowie BT-Drucks. 17/13223, S. 3.

de.[575] Ähnlich wird dies auch für den Vorschlag der Bundestagsfraktion Bündnis 90/Die Grünen empfunden, deren neuer Absatz 5 des Art. 6 GG die Pflichten des Staates zur Gewährung von Bildungs-, Schutz- und Partizipationsleistungen stärkt und damit auch die Rolle des Staates in der Erziehung des Kindes insgesamt.[576] Ebenso möchte auch die Bundestagsfraktion Die Linke durch einen neuen Absatz 2 in Art. 6 GG insbesondere den Staat in die Pflicht nehmen, für das Kindeswohl und kindgerechte Entwicklung Sorge zu tragen, anstatt die Elternverantwortung zu stärken, die nach der jetzigen Ausgestaltung der Verfassung und der Rechtsprechung den Vorrang vor dem staatlichen Wächteramt genießt.[577]

Wie noch zu zeigen sein wird, ist die Zahl der Befürworter einer Grundgesetzänderung trotz der zahlreichen Gegenargumente, die im Rechtsausschuss geäußert wurden, unvermindert groß und speist sich aus vielen Bereichen von Wissenschaft und Politik.[578] Dabei überschneiden sich die oben dargestellten Argumente notwendig vielfach mit denen, die in der wissenschaftlichen Debatte angeführt werden, sodass eine Bewertung und Prüfung der Aspekte erst insgesamt erfolgen soll.[579]

---

575 So auch HILLGRUBER, Schriftliche Stellungnahme für die öffentliche Anhörung des Deutschen Bundestages zur Aufnahme von Kinderrechten in das Grundgesetz, S. 3; zu dem Gesetzesentwurf siehe BT-Drucks. 17/13223, S. 2.

576 a. a. O.; zu dem Gesetzesentwurf siehe BT-Drucks. 17/11650, S. 3 f., bei dem zu beachten ist, dass durch die Einfügung des neuen Absatzes hinter den bereits bestehenden Abs. 2 und 3 des Art. 6 GG der Bezug zum Verhältnis von Eltern und Kind nicht so stark ist, wie bei den beiden anderen Gesetzesentwürfen; so auch beispielsweise JESTAEDT, Schriftliche Stellungnahme zu den Gesetzentwürfen zur Verankerung von Kindesrechten im Grundgesetz, S. 7.

577 HARATSCH, Stellungnahme zu den Gesetzesentwürfen zur Verankerung von Kinderrechten im Grundgesetz, S. 5 f., der zudem auf die kürzlich ergangene Entscheidung des Bundesverfassungsgerichts, BVerfG, Urt. v. 19. Februar 2013 – 1 BvL 1/11 hinweist, in deren Rn. 42 das Bundesverfassungsgericht den Vorrang des elterlichen Erziehungsrechts vor dem staatlichen Schutzauftrag noch einmal betont.

578 Siehe dazu sogleich unter F. II. 1.

579 Siehe unten F. III.

II. Die verfassungsrechtliche Verankerung von Kinderrechten in der wissenschaftlichen Diskussion

Neben der politischen Diskussion wird die Möglichkeit einer Erhöhung des Schutzes von Kindern mittels Einführung besonderer Grundrechte für Kinder auch innerhalb der verschiedenen Wissenschaftsdisziplinen besprochen. Dabei wird – wie auch in der politischen Diskussion – nicht nur über den Sinn einer Erweiterung generell, sondern auch über den konkreten Inhalt der Rechtspositionen und ihren möglichen Standort innerhalb der Systematik des Grundgesetzes debattiert. Die verschiedenen Positionen sind Gegenstand des folgenden Abschnitts.

1. Die Befürworter der Ausstattung von Kinderrechten mit Verfassungsrang

Der UN-Kinderrechtsausschuss greift in seinem *General Comment* ein oft genanntes Argument für eine Aufnahme von Kinderrechten in die Verfassung auf.[580] Neben einer Verankerung von Kinderrechten in der Verfassung eines jeweiligen Staates mahnt er an, dass auch bei einer scheinbar gegebenen Gewährung von Rechtspositionen für Kinder überprüft werden müsse, ob diese eine tatsächlichen Respektierung der Kinderrechte zur Folge hätte.[581] Die Gleichheit von Kindern und Erwachsenen als Träger von Menschenrechten müsse gewährleistet sein.[582] In der innerstaatlichen Debatte wird ebenfalls kritisiert, dass es im Bewusstsein der Bevölkerung und ebenso in dem des Rechtsanwenders keine Klarheit darüber gebe, dass Kinderrechte Menschenrechte darstellen.[583]

Ein anderer Aspekt, der auch in der politischen Diskussion stark im Vordergrund steht,[584] betrifft die Rechtsprechung des Bundesverfassungsgerichts, nach der ein Kind ein Grundrechtsträger „(...) mit eigener Menschenwürde und dem eigenen Recht auf Entfaltung seiner Persönlichkeit im Sinne der Art. 1 Abs. 1 und Art. 2 Abs. 1 GG [ist]“[585]. Diese soll sich so nicht ausdrücklich im Grundgesetz niedergeschlagen haben, wie sich an der fehlenden

580 CRC/GC/2003/5, Rn. 20 ff.
581 CRC/GC/2003/5, Rn. 21 f.
582 CRC/GC/2003/5, Rn. 21.
583 So beispielsweise CREMER, Die UN-Kinderrechtskonvention, S. 13.
584 Siehe zu der politischen Diskussion insgesamt oben, F. I.
585 BVerfGE 24, 119 (144).

Normierung des Kindeswohlvorranges, spezifisch dem Recht auf Selbstbestimmung und Teilhabe sowie auf Förderung, zeige.[586] Neben dem Kindeswohlvorrang und dem Recht auf Selbstbestimmung, Teilhabe sowie Förderung wird auch eine Stärkung der Rechtsposition des Kindes hinsichtlich der Schutzverantwortung der Eltern und des Staates ihm gegenüber gefordert.[587] Vor allem die Normierung des Kindeswohlvorranges soll dazu dienen, die Überprüfbarkeit von Handlungen des Gesetzgebers und die Ausführung dieser Gesetze auf ihre Vereinbarkeit mit dem Kindeswohl zu erhöhen.[588]

Ein nicht zu vernachlässigender Punkt wird auch darin gesehen, dass finanzielle Entscheidungen, beispielsweise über die Förderung spezieller Angebote für Kinder, sich nach einer Grundgesetzänderung an dem Vorrang des Kindeswohls ausrichten müssten, weswegen eine Umverteilung zum Vorteil der Kinder und Jugendlichen erwartet wird.[589]

Allein die Tatsache der Aufforderung des UN-Kinderrechtsausschusses gegenüber Deutschland, Kinderrechte mit Verfassungsrang auszustatten,[590] wird bei der hier in Rede stehenden Diskussion als belastbares Argument aufgeführt.[591] Neben dem Umstand, dass die Bundesrepublik Deutschland dadurch der Empfehlung des UN-Kinderrechtsausschusses nachkäme, werden noch weitere Gründe genannt, die für eine Aufnahme sprechen. So könnte das Kind seine Rechte bei einem Konflikt mit dem Staat oder den Eltern besser durchsetzen und auch in der politischen Debatte müsste Kinderrechten dadurch mehr Raum zugestanden werden.[592] Dem Kind würde so ein

586 LIEBEL, Antworten zu 1 und 2 im Rahmen des Öffentlichen Expertengespräches zum Thema „Kinderrechte ins Grundgesetz" am 20. Februar 2013, Kommissionsdrucks. 17/24 v. 18.02.2013.

587 WIESNER, Antwort zu 2 und 4 im Rahmen des Öffentlichen Expertengespräches zum Thema „Kinderrechte ins Grundgesetz" am 20. Februar 2013, Kommissionsdrucks. 17/25 v. 19.02.2013.

588 WIESNER, Antwort zu 8 und 10 im Rahmen des Öffentlichen Expertengespräches zum Thema „Kinderrechte ins Grundgesetz" am 20. Februar 2013, Kommissionsdrucks. 17/25 v. 19.02.2013.

589 LIEBEL, Antwort zu 7 im Rahmen des Öffentlichen Expertengespräches zum Thema „Kinderrechte ins Grundgesetz" am 20. Februar 2013, Kommissionsdrucks. 17/24 v. 18.02.2013 sowie KIRCHHOF, ZRP 05/2007, S. 152.

590 *Concluding Observations* des UN-Kinderrechtsausschusses CRC/C/15/Add.226, Rn. 10.

591 MAYWALD, APuZ 38/2010, S. 15.

592 a. a. O.

subjektives einklagbares Recht verliehen, was durch die UN-Kinderrechtskonvention so nicht gewährleistet wäre.[593] Eltern würde es erleichtert, für die Rechte ihrer Kinder einzustehen und ihnen zur Durchsetzung zu verhelfen und auch die internationale Signalwirkung für andere Staaten wird als Argument genannt.[594] Der grundsätzliche Bedarf an eigenen Kinderrechten wird vorrangig aus dem asymmetrischen Verhältnis zwischen Kindern und Erwachsenen hergeleitet.[595] Dies äußert sich darin, dass Kinder aufgrund ihrer Entwicklung zu Erwachsenen einen erhöhten Schutz- und Förderungsbedarf haben, den Erwachsene ihnen gegenüber erfüllen müssen.[596]

Weiterhin wird auch zu bedenken gegeben, dass es aus demokratietheoretischer Hinsicht nicht hinzunehmen sei, dass sich die Rechte des Kindes nicht im Grundgesetz widerspiegelten, sondern sich dem Rechtsanwender und Bürger erst durch zusätzliche Kenntnis der völkerrechtlichen Normen sowie der Urteile des Bundesverfassungsgerichts ergäben.[597] Das widerspräche dem Bild des Grundgesetzes als manifestiertes Rechtsdenken und – empfinden des Staatsvolkes.[598] Ein Rechtsdenken könne sich nur anhand klar formulierter normativer Vorgaben entwickeln.[599] Wären Kinderrechte ein ausdrücklicher Bestandteil der Verfassung, würde deutlich, dass Kindern Rechte nicht allein aufgrund der „Gnade" des Bundesverfassungsgerichts zustünden, sondern bereits auf Grundlage der Verfassung selbst.[600] Die Bewusstmachung der Rechtspositionen des Kindes mittels der Normierung in der Verfassung soll zudem dazu beitragen, dass die nach der Kinderrechtskonvention bereits geltenden Rechte verstärkt wahrgenommen und bei Ent-

---

593 Wiesner, Antwort zu 5 im Rahmen des Öffentlichen Expertengespräches zum Thema „Kinderrechte ins Grundgesetz" am 20. Februar 2013, Kommissionsdrucks. 17/25 v. 19.02.2013.

594 Maywald, APuZ 38/2010, S. 15.

595 Maywald, in: Geiger, Gunter (Hrsg.), Kinderrechte sind Menschenrechte, S. 48.

596 a. a. O.

597 Eichholz, Antwort zu 1 im Rahmen des Öffentlichen Expertengespräches zum Thema „Kinderrechte ins Grundgesetz" am 20. Februar 2013, Kommissionsdrucks. 17/21 v. 20.02.2013.

598 a. a. O.

599 Benassi, NDV 3/2012, S. 100.

600 So Hohmann-Dennhardt, FPR 2012, S. 187.

scheidungen berücksichtigt würden.[601] Daran knüpft auch die erwünschte Folge der Anpassung der einfachgesetzlichen Normen im Sinne des Grundgesetzes an.[602]

Zum Teil wird die Gewährleistung von Schutzrechten durch das Grundgesetz in Zusammenschau mit der Rechtsprechung des Bundesverfassungsgerichts zwar als annähernd gegeben, jedoch nicht in ausreichendem Maße gewährleistet angesehen.[603] Die von der Kinderrechtskonvention festgelegten Rechtspositionen zur Förderung des Kindes und seiner Persönlichkeit sollen hingegen im Grundgesetz fehlen.[604]

Hinsichtlich des Standortes innerhalb des Grundgesetzes werden verschiedene Alternativen in Betracht gezogen. Aufgrund des weiten Schutzbereiches von Art. 2 GG wird diesem teilweise der Vorzug vor Art. 6 GG gegeben, der aufgrund der enthaltenen Elternverantwortung allein für Erziehung und Pflege des Kindes den universellen Anspruch der Kinderrechte nicht ausreichend zu repräsentieren vermag.[605] Dadurch soll eine Verortung des Kindes ausschließlich innerhalb des Elternrechts und Familienkontextes vermieden werden.[606] Sieht man den Zweck eines eigenen Grundrechtes für Kinder vor allem in der Betonung seiner eigenständigen Subjektstellung und der Stärkung der Voraussetzungen einer ungestörten und geförderten Entwick-

---

601 Eichholz, Antwort zu 8 im Rahmen des Öffentlichen Expertengespräches zum Thema „Kinderrechte ins Grundgesetz" am 20. Februar 2013, Kommissionsdrucks. 17/21 v. 20.02.2013.

602 So beispielsweise auch Wiesner, Antwort zu 10 im Rahmen des Öffentlichen Expertengespräches zum Thema „Kinderrechte ins Grundgesetz" am 20. Februar 2013, Kommissionsdrucks. 17/25 v. 19.02.2013.

603 So Wiesner, Antwort zu 1 im Rahmen des Öffentlichen Expertengespräches zum Thema „Kinderrechte ins Grundgesetz" am 20. Februar 2013, Kommissionsdrucks. 17/25 v. 19.02.2013.

604 a. a. O.

605 So Eichholz, Antwort zu 2 und 3 im Rahmen des Öffentlichen Expertengespräches zum Thema „Kinderrechte ins Grundgesetz" am 20. Februar 2013, Kommissionsdrucks. 17/21 v. 20.02.2013, der die Einführung eines neuen Artikels 2 a GG befürwortet; diese Lösung favorisiert auch Sedlmayr, IzKK-Nachrichten 2009/1, S. 11.

606 Liebel, Antwort zu 3 im Rahmen des Öffentlichen Expertengespräches zum Thema „Kinderrechte ins Grundgesetz" am 20. Februar 2013, Kommissionsdrucks. 17/24 v. 18.02.2013.

lung, so wird ebenfalls mit Blick auf den Schutzbereich Art. 2 GG als passender Ort einer Verankerung gesehen.[607]

2. Die Gegner der Ausstattung von Kinderrechten mit Verfassungsrang

Es gibt allerdings auch zahlreiche Gegenstimmen, die eine Ausstattung von Kinderrechten mit Verfassungsrang ablehnen. Wie bei der Darstellung der politischen Diskussion über dieses Ansinnen und insbesondere der Stimmen bei der Anhörung des Rechtsausschusses des Deutschen Bundestages bereits deutlich geworden ist, gibt es zahlreiche rechtsdogmatische Argumente, die gegen eine Verankerung von besonderen Kindergrundrechten sprechen.[608]

Daneben wird sich aber auch außerhalb des Rechtsausschusses des Deutschen Bundestages kritisch zu Kinderrechten im Grundgesetz geäußert. Teilweise wird die Verankerung von Kinderrechten in der Verfassung mindestens als überflüssig, oder gar schädlich eingeschätzt.[609] Danach haben Kinder – bei dem auch in dieser Arbeit[610] und überwiegend zugrunde gelegten Verständnis von einer Grundrechtsberechtigung von Kindern – die Möglichkeit, die Verletzung sämtlicher eventuell betroffener Grundrechte geltend zu machen.[611] Ein weiterer Schutz von Kindern ergebe sich aus dem subsidiären Recht des Staates zum Eingreifen gemäß Art. 6 Abs. 2 GG.[612] Die Aufnahme von Kinderrechten in die Verfassung wird wegen der gegebenen Grundrechtsberechtigung von Kindern zudem als systemwidrig und im Rahmen des Art. 6 GG überflüssig beurteilt, da dort sowohl die Familienautonomie als auch der erhöhte Schutzbedarf des Kindes in ausreichendem Maße abgewogen würden.[613] Zudem stellte das Kindeswohl über die Rückbindung des Elternrechts an ebendieses eine mit Verfassungsrang ausgestattete und damit ausreichend geschützte Rechtsposition des Kindes dar.[614]

---

607 WIESNER, Antwort zu 3 im Rahmen des Öffentlichen Expertengespräches zum Thema „Kinderrechte ins Grundgesetz“ am 20. Februar 2013, Kommissionsdrucks. 17/25 v. 19.02.2013.

608 Siehe dazu ausführlich oben in diesem Kapitel, F. I.; auf eine erneute Nennung dieser Argumente soll hier daher verzichtet werden.

609 HUFEN, Staatsrecht II, § 6 Rn. 41.

610 Siehe dazu oben B. III. 2.

611 HUFEN, Staatsrecht II, § 6 Rn. 41.

612 a. a. O.

613 COESTER-WALTJEN, in: V. MÜNCH/KUNIG, GGK I, Art. 6 Rn. 1.

614 BORSCHE, Jugendhilfe 39 (2001), S. 174 f.

Ebenso wird die Gefahr einer Spaltung des grundsätzlich umfassenden und jeden miteinbeziehenden Schutzsystems der Verfassung gesehen, bei der die bestehenden Grundrechte nicht mehr als universell verstanden würden, sondern nur subsidiär zu den Kindergrundrechten auf Kinder Anwendung fänden.[615] Statt eigene Grundrechte der Kinder dem bereits normierten Grundrechtsschutz vorzuziehen, wird in diesem Zusammenhang vorgeschlagen, die Elternverantwortung sowie subsidiär die des Staates für das Kindeswohl zu stärken und vielmehr eine Umsetzung der gegebenen verfassungsrechtlichen Möglichkeiten zu fokussieren.[616]

Ein weiterer Einwand resultiert aus der Sorge, die Aufnahme spezieller Rechte für Kinder könne auch andere Bevölkerungsgruppen zu der Forderung einer Verrechtlichung bestimmter Partikularinteressen ermutigen, was jedoch mit dem Hinweis, Kinderrechte stellten keine Partikularinteressen dar, da jeder Mensch einmal ein Kind war, überzeugend zurückgewiesen wird.[617]

III. Abwägung des Für und Wider der Ausstattung von Kinderrechten mit Verfassungsrang

Unter Berücksichtigung sämtlicher oben dargestellter Argumente für und wider eine Verankerung von Kinderrechten im Grundgesetz vermögen insbesondere die ablehnenden Stimmen bei der Anhörung im Rechtsausschuss des Deutschen Bundestages zu überzeugen. Sowohl die Anhörung als auch die Gesetzesentwürfe der Bundestagsfraktionen komprimieren im besten Sinne die lang anhaltende Diskussion um den Schutzgehalt der Verfassung hinsichtlich der Kinder. Beide Seiten nehmen die oft bemühten Argumentationsstrukturen auf, zwischen denen eine einvernehmliche Lösung weiterhin fern scheint.

Allein im Hinblick auf eine Stärkung des Prinzips des Kindeswohlvorrangs bedarf es bereits keiner Erweiterung des Grundgesetzes. Dafür sprechen mehrere Gründe. Nimmt man an, das auf der Ebene der UN-Kinder-

---

615 Kirchhof, ZRP 05/2007, S. 150 f.

616 Kirchhof, ZRP 05/2007, S. 151 ff., der darauf hinweist, dass diese Umsetzung und vor allem die erforderlichen finanziellen Mittel eventuell mithilfe einer im Grundgesetz normierten Stärkung der Elternverantwortung einhergehen könnte, die in Art. 6 Abs. 2 GG zu verorten wäre.

617 So auch Adamski, GWP 3/2008, S. 429 m. w. N.

rechtskonvention normierte Prinzip des Kindeswohlvorrangs aus Art. 3 UN-KRK sei self – executive und bejaht man damit dessen unmittelbare Anwendbarkeit,[618] so ist das Kindeswohl bereits jetzt bei jeder innerstaatlichen Maßnahme vorrangig zu beachten.[619] Sollten innerstaatliche Normen gegen das Prinzip des Kindeswohlvorrangs, das durch das Umsetzungsgesetz einfaches Gesetzesrecht darstellt,[620] verstoßen, wird der völkervertraglichen Norm mittels der Völkerrechtsfreundlichkeit des Grundgesetzes weit überwiegend der Vorrang gewährt werden.[621] Aber auch auf der Ebene des Verfassungsrechts ist der Vorrang des Kindeswohls Art. 6 Abs. 2 GG und Art. 2 Abs. 1 i. V. m. Art. 1 Abs. 1 GG zu entnehmen, deren Konkretisierung durch die Rechtsprechung des Bundesverfassungsgerichts starkes Gewicht einzuräumen ist.[622] Eine verfassungsrechtliche Schutzlücke ist nicht ersichtlich.[623] Das wohl austarierte Verhältnis von Eltern- und Kindesinteressen, insbesondere die Rückbindung der elterlichen Sorge an das Kindeswohl,[624] bedarf damit keiner zusätzlichen, ausdrücklichen Normierung des Kindeswohlvorrangs. Die Kritik an der Notwendigkeit, die Verfassung und die Rechtsprechung des Bundesverfassungsgerichts gemeinsam rezipieren zu müssen, um den vollen Normgehalt des Verfassungsartikels zu erkennen, verkennt in gewissem Maße die grundsätzliche Befugnis und Aufgabe des Bundesverfassungsgerichts, das Grundgesetz auszulegen und so fortzuentwickeln.[625] Eine

---

618 Siehe zu dem Begriff der unmittelbaren Anwendbarkeit oben Kapitel 2, A. II. 1.

619 So auch LORZ, Rücknahme der deutschen Vorbehaltserklärung, S. 9 sowie HILDEBRANDT, Stellungnahme zur Aufnahme von Kinderrechten ins Grundgesetz, S. 9.

620 Siehe zu der Wirkung des Umsetzungsgesetzes oben Kapitel 2, A. II. 1.

621 LORZ, Rücknahme der deutschen Vorbehaltserklärung, S. 10 f.; BENASSI, NDV 3/2012, S. 98 f.; siehe zu diesem Punkt ebenfalls oben Kapitel 2, B. II.

622 So spricht auch SCHULER-HARMS, in: FRANKENBERG, GÜNTER (Hrsg.), Verfassungsrecht und gesellschaftliche Realität, S. 135, hinsichtlich des Verhältnisses von Eltern- und Kindesinteressen von der Schaffung „irreversib[ler Grundsätze]" durch das Bundesverfassungsgericht und die Gesetzgebung.

623 So auch HARATSCH, Stellungnahme zu den Gesetzesentwürfen zur Verankerung von Kinderrechten im Grundgesetz, S. 2.

624 Siehe dazu die ausführliche Herleitung oben in diesem Kapitel, C. II. sowie E. I. 2. b).

625 So auch MAUNZ, in: ders./DÜRIG, Komm. z. GG, Art. 94 Rn. 4, bezüglich der Aufgabe des Bundesverfassungsgerichts. Dort wird zudem darauf hingewiesen, dass es gerade der Funktion des Bundesverfassungsgerichts entspreche, Rechtsgüter gegeneinander abzuwägen und deren verfassungsrechtlich konstruiertes Verhältnis zu konkretisieren. Ebendieser Aufgabe widmete sich das Bundesverfassungsgericht in den in

ausdrückliche Normierung dessen, was ohnehin Geltung beansprucht, trüge damit nicht zu einer Stärkung der Rechte von Kindern bei. Außerdem bleibt zu bedenken, dass die Elternverantwortung und damit indirekt auch die Ausformung des Kindeswohlbegriffs zusätzlich auf eine einfachgesetzliche Ausgestaltung der konkreten, mit diesen Begriffen verbundenen Probleme und Sachverhalte, angelegt ist.[626] So liegt es nahe, dass eine tatsächliche Stärkung der Rechtspositionen von Kindern vielmehr durch Anpassung und eventuelle Neuschaffung auf dem Gebiet des einfachen Rechts zu erreichen ist, als auf Verfassungsebene.[627]

Da nicht die gesamte UN-Kinderrechtskonvention unmittelbare Anwendbarkeit in der deutschen Rechtsordnung erlangt hat,[628] müssen die verschiedenen Rechtspositionen der Konvention außerhalb des Art. 3 UN-KRK ebenfalls in der innerstaatlichen Rechtsordnung durch deren Anpassung Beachtung finden.[629] Wäre dies nicht der Fall, verstieße Deutschland gegen seine völkerrechtlichen Verpflichtungen aus der UN-Kinderrechtskonvention.[630] Besondere Beachtung kommt hierbei den drei Komponenten der UN-Kinderrechtskonvention zu, die neben dem Kindeswohlvorrang die Hauptpfeiler der Konvention bilden: Schutz, Förderung und Partizipation von Kindern.[631] Auch diese Rechtspositionen werden Kindern – wie bereits dargestellt[632] – durch das Grundgesetz garantiert.

Das Recht des Kindes auf Förderung ergibt sich sowohl aus dem allgemeinen Persönlichkeitsrecht des Kindes aus Art. 2 Abs. 1 GG i. V. m. Art. 1 Abs. 1 GG als auch aus Art. 6 Abs. 2 S. 1 i.V. m. Art. 2 Abs. 1 GG. Wie in

---

diesem Kapitel analysierten Urteilen; ebenso *SCHULER-HARMS*, in: FRANKENBERG, GÜNTER (Hrsg.), Verfassungsrecht und gesellschaftliche Realität, S. 141.

626 HÖFLING, in: ISENSEE/KIRCHHOF (Hrsg.), HdBStR VII, § 155 Rn. 33.

627 Dafür spricht sich beispielsweise auch WAPLER, Gesetzentwürfe BT-Drs. 17/10118, 17/11650 und 17/13223 zur Aufnahme von Kinderrechten in das Grundgesetz, S. 4 aus.

628 Siehe dazu ausführlich oben Kapitel 2, B. II.

629 GEIGER, Grundgesetz und Völkerrecht, § 34 I. 2.

630 So auch LORZ, Rücknahme der deutschen Vorbehaltserklärung, S. 9.

631 Siehe dazu auch Kapitel 1, B. sowie oben in diesem Kapitel, D.

632 Siehe dazu oben in diesem Kapitel, E. sowie HARATSCH, Stellungnahme zu den Gesetzesentwürfen zur Verankerung von Kinderrechten im Grundgesetz, S. 5 f. und WAPLER, Gesetzentwürfe BT-Drs. 17/10118, 17/11650 und 17/13223 zur Aufnahme von Kinderrechten in das Grundgesetz, S. 9 f., die vor allem auf die Notwendigkeit der einfachrechtlichen Ausgestaltung dieser Prinzipien hinweist.

diesem Kapitel bereits dargelegt, sind die Eltern verpflichtet, das Kind bei der Entwicklung seiner Persönlichkeit dem Kindeswohl entsprechend zu fördern und zu unterstützen.[633] So sollen die Voraussetzungen für ein selbstbestimmtes Leben des Kindes geschaffen werden. Auf Grundlage dieses Verfassungsauftrages kann die Förderung von Kindern, auch durch staatliche Maßnahmen, einfachgesetzlich konkretisiert werden. Das Bundesverfassungsgericht sieht den Gesetzgeber als berufen dazu an, die „(...) Schutzverantwortung für die Persönlichkeitsentwicklung des Kindes [näher auszugestalten[de]] (...)".[634] Eine erneute Festschreibung der Pflicht zur Förderung ist damit entbehrlich.

Bezüglich des Rechtes auf Teilhabe verlangt die gemäß Art. 6 Abs. 2 GG am Kindeswohl auszurichtende Erziehung immer eine Beteiligung des Kindes in den es betreffenden Angelegenheiten, um seine Interessen im konkreten Fall ermitteln zu können. Dieses Recht entspricht zugleich dem Recht des Kindes aus Art. 12 UN-KRK.[635] Der Kinderrechtsausschuss wies jedoch darauf hin, dass Deutschland seinen Verpflichtungen hinsichtlich der Umsetzung des Art. 12 UN-KRK nicht genügend nachkomme, da Kindern „(...) in the family, at school, within other institutions and bodies, and in society at large (...)" bislang noch keine ausreichende Möglichkeit zur Teilhabe geschaffen worden sei.[636] Eine Verbesserung der Situation von Kindern hinsichtlich ihrer Partizipationsmöglichkeiten im konkreten Fall kann – vor dem Hintergrund des verfassungsrechtlich zugesicherten Rechtes auf Partizipation – vor allem einfachgesetzlich erreicht werden. Eine zusätzliche Festschreibung des Rechtes zur Partizipation in den verschiedenen Situationen bedarf es daher nicht. Lediglich hinsichtlich des Wahlrechtes könnte eine Herabsetzung des Wahlalters, das gemäß Art. 38 Abs. 2 HS. 1 GG für Bundestagswahlen bei dem vollendeten achtzehnten Lebensjahr liegt, und damit eine Anpassung der Verfassung in Betracht gezogen werden.[637] Dabei gibt es

633 Siehe dazu ausführlich oben in diesem Kapitel, E.

634 BVerfG, Urt. v. 19. Februar 2013 – 1 BvL 1/11, Rn. 42.

635 So auch HILLGRUBER, Schriftliche Stellungnahme für die öffentliche Anhörung des Deutschen Bundestages zur Aufnahme von Kinderrechten in das Grundgesetz, S. 3; zu dem Gesetzesentwurf siehe BT-Drucks. 17/13223, S. 4.

636 CRC/C/15/Add.226, Rn. 29.

637 Hinsichtlich der Kommunalwahlen existiert in einigen Bundesländern bereits ein herabgesenktes Wahlalter von sechzehn Jahren, wie beispielsweise in Niedersachsen, § 48 Abs. 1 S. 1 Nr. 1 NKomVG, Nds. GVBl. S. 576. In wenigen Bundesländern können Jugendliche, die das sechzehnte Lebensjahr vollendet haben, auch an Land-

auch Stimmen, die sich für ein Wahlrecht ab der Geburt beziehungsweise ein sog. Familienwahlrecht einsetzen.[638] Wie sinnvoll ein solcher Vorstoß ist, kann allerdings vor dem Hintergrund der UN-Kinderrechtskonvention und der Umsetzung der darin enthaltenen Rechte dahinstehen, da die Konvention keinerlei Aussagen über politische Partizipation in Form von Wahlen enthält.[639]

Auch die dritte Säule der UN-Kinderrechtskonvention, das Recht des Kindes auf Schutz durch Eltern und die staatliche Gemeinschaft, ist im deutschen Verfassungsrecht ausreichend gewährleistet. Die Verpflichtung der genannten Verantwortungsträger auf das Wohlbefinden des Kindes, das sich aus der Gewährung der wesentlichen Rechtspositionen für Kinder herleitet und damit ebenfalls an das Kindeswohl zurückgebunden ist,[640] ist durch den Vorrang des Kindeswohls und die Ermöglichung einer kindgerechten Lebensweise gesichert.[641] Danach müssen Maßnahmen, die das Kind in der ihm im Rahmen des allgemeinen Persönlichkeitsrechts gewährten Entwicklung behindern, unterbleiben.

Ein weiteres erwähnenswertes Argument ist, dass die Verfassung nicht von einer starren Grenze der „Grundrechtsmündigkeit" ausgeht, sondern sie Kindern von Beginn an sämtliche Grundrechte gewährt und deren selbstständige Geltendmachung dem Reifegrad des jeweiligen Kindes anpasst.[642] Das

---

tagswahlen teilnehmen. Zu nennen ist beispielsweise Bremen, § 1 Abs. 1 Nr. 1 BremWahlG, Brem. GBl. S. 321.

638 Siehe zu der Diskussion überblicksartig und die Verfassungsmäßigkeit solcher Ansinnen prüfend PROKSCH, RdJB 4/1996, S. 489 f.; BETHKE, Das Übereinkommen, S. 166 f. äußert sich grundsätzlich positiv zu einem Kinderwahlrecht, ohne jedoch eine Altersgrenze zu nennen; RAUSCHENBACH, RdJB 2/2011, S. 138 spricht sich dafür aus, die Partizipation vor allem „an den alltäglichen Orten des Aufwachsens" zu fördern, wie etwa der Schule, sodass die Frage nach einer Herabsenkung des Wahlalters durch frühe Partizipationsmöglichkeiten in den Hintergrund rücken könnte; ablehnend etwa SCHULER-HARMS, in: FRANKENBERG, GÜNTER (Hrsg.), Verfassungsrecht und gesellschaftliche Realität, S. 144.

639 So auch SCHMAHL, Kinderrechtskonvention mit Zusatzprotokollen, Art. 12 Rn. 31.

640 Siehe dazu genauer oben in diesem Kapitel, Abschnitt E.

641 Siehe dazu beispielsweise auch das Urteil des Bundesverfassungsgerichts v. 19. Februar 2013 – 1 BvL 1/11, Rn. 42.

642 Siehe dazu oben in diesem Kapitel, B. III. 2. sowie KIRCHHOF, ZRP 05/2007, S. 150, der zu Recht darauf hinweist, dass die Frage der Möglichkeit der selbstständigen Geltendmachung durch die Einführung von Kindergrundrechten nicht beantwortet, sondern sich gleichfalls für diese Rechtspositionen stellen würde.

Kind wird nicht als Objekt innerhalb der Verfassung gesehen, sondern wie jeder andere Grundrechtsberechtigte. Bei der Normierung eigener Grundrechtspositionen müsste das Verhältnis dieser Rechte zu den bereits existierenden Grundrechten noch festgelegt werden. Dies kann große Schwierigkeiten bereiten, zumal sich die Schutzbereiche nicht nur überschneiden, sondern sich in verschiedenen Rechtspositionen gar gleichen würden. Dabei entstünde vielfach Unsicherheit darüber, ob denn die entsprechende Rechtsposition dem Kind nicht bereits durch die Verfassung gewährt sei – zumal Kinder bereits nach jetziger Verfassungslage umfassend grundrechtsberechtigt sind.[643] Die oftmals befürchtete Aufspaltung des Grundrechtsschutzes wäre die Folge.[644]

Es bliebe nach allem noch zu überlegen, ob die Normierung von Kinderrechten in der Verfassung mindestens aus symbolischen Gründen zu befürworten wäre. Dahinterstehen könnte die Hoffnung, dass Kinder durch die ausdrückliche Kennzeichnung als Rechtssubjekte innerhalb von Gesellschaft und Politik besser wahrgenommen würden und ihre Interessen so stärker zur Geltung kämen.[645] So erhofft man sich eine vermehrte Beachtung von Kindesinteressen auch in Bereichen, die bisher nur wenig oder gar nicht mit Kindesinteressen verbunden waren.[646] Ein weiterer Vorteil soll darin liegen, dass dem Rechtsanwender die Bedeutung des Kindeswohlvorrangs, der auch nach Art. 3 UN-KRK besteht, mehr ins Bewusstsein rückte, auch wenn er nicht so erfahren mit dem Umgang völkerrechtlicher Verträge im innerstaatlichen Recht sei.[647] Ein über den symbolischen Wert hinausgehendes Bedürfnis befriedigen diese Argumente nicht. Käme man der Unterstellung, die Rechtsanwender seien nicht ausreichend sensibilisiert und erfahren, nach, so wäre überdies jegliche Behandlung von Sachverhalten mit völkerrechtlichem und allgemein internationalem Bezug auf ihre rechtliche Stimmigkeit hin in der Folge anzuzweifeln. Da die UN-Kinderrechtskonvention keinen Einzelfall hinsichtlich eines Bezuges von innerstaatlichem und Völkerrecht darstellt,

643 So auch KIRCHHOF, ZRP 05/2007, S. 150.

644 HARATSCH, Stellungnahme zu den Gesetzesentwürfen zur Verankerung von Kinderrechten im Grundgesetz, S. 6; KIRCHHOF, Stellungnahme für den Rechtsausschuss des Deutschen Bundestages, S. 2 f.

645 So auch eine Überlegung von HILDEBRANDT, Stellungnahme zur Aufnahme von Kinderrechten ins Grundgesetz, S. 15 f., die vorschlägt, schlicht „und Kinder“ in Art. 6 Abs. 1 GG unter den Schutz der staatlichen Ordnung zu stellen.

646 SEDLMAYR, IzKK-Nachrichten 2009/1, S. 11.

647 LORZ/SAUER, MRM 1/2011, S. 12.

sollte diesem Problem vielmehr grundsätzlich, beispielsweise in der juristischen Ausbildung oder durch berufsbegleitende Schulungen abgeholfen werden – so es denn tatsächlich besteht.

Möglich wäre überdies die Einführung einer weiteren Staatszielbestimmung, die die Schaffung kindgerechter Lebensbedingungen zum Inhalt hätte.[648] Wie sich aus der Judikatur des Bundesverfassungsgerichts ergibt, sichert das Grundgesetz Kindern das Recht auf freie Entfaltung ihrer Persönlichkeit zu.[649] Aus diesem Recht leitet das Bundesverfassungsgericht auch die Gewähr solcher Lebensbedingungen her, die kindgerecht sind und dem Kind damit die gewährleistete Entwicklung ermöglichen.[650] Eine Staatszielbestimmung erhöhte den Schutz der Kinder damit nicht.[651] Zudem muss bedacht werden, dass eine Staatszielbestimmung, die lediglich objektiv-rechtlich wirkt, aber keine subjektiven Rechtspositionen beinhaltet, zu einer Relativierung des verfassungsrechtlichen Schutzes von Kindern führen könnte, da Kinder bereits grundrechtsberechtigt sind und über eigene subjektive Rechtspositionen verfügen.[652]

G. Abschließende Bemerkungen

Die Frage nach der Notwendigkeit einer Verankerung von Kinderrechten im Grundgesetz kann nur vor dem Hintergrund einiger, wesentlicher Begriffsbestimmungen beantwortet werden. So musste sich in diesem Kapitel dem Spezifischen von Kinderrechten genähert werden, insbesondere weshalb Kindern eigene Rechtspositionen zugesprochen werden müssen und wie sich Beschränkungen der Rechtsausübung rechtfertigen lassen. Wie sich gezeigt hat,

---

648 SCHULER-HARMS, in: FRANKENBERG, GÜNTER (Hrsg.), Verfassungsrecht und gesellschaftliche Realität, S. 145, die darin beispielsweise die Chance positiver Auswirkungen bei dem Ausgleich von Familien- und Finanz- und Sozialpolitik sieht.

649 Siehe dazu ausführlich oben, E. I. 1.

650 In seinem Urteil v. 19. Februar 2013 – 1 BvL 1/11, Rn. 42 bestätigte das Bundesverfassungsgericht diese Rechtsprechung erneut.

651 So auch HOHMANN-DENNHARDT, FPR 2012, S. 185 f.

652 KIRCHHOF, ZRP 05/2007, S. 151; HILDEBRANDT, Stellungnahme zur Aufnahme von Kinderrechten ins Grundgesetz, S. 11 sowie HILLGRUBER, Schriftliche Stellungnahme für die öffentliche Anhörung des Deutschen Bundestages zur Aufnahme von Kinderrechten in das Grundgesetz, S. 3; zu dem Gesetzesentwurf siehe BT-Drucks. 17/13223, S. 7.

ist der Hinweis auf das erhöhte Schutzbedürfnis allein nicht ausreichend, um der Rolle des Kindes im Recht gerecht zu werden. Sämtliche rechtlichen Beziehungen zu Kindern sind von dem Bild des Kindes als Menschen mit der ihm eigenen Würde geprägt. Das führt unmittelbar zu vielleicht dem wichtigsten, zu definierenden Begriff im Zusammenhang mit einer Erweiterung der Verfassung, dem Kindeswohl. Wie gezeigt, kann dieser Begriff nicht allgemeingültig definiert werden, sondern bedarf zu seiner konkreten Ausgestaltung einer Entscheidung im Einzelfall. Allen Entscheidungen gemein bleibt aber wiederum das Bild des Kindes mit der Verpflichtung zur Achtung seiner Würde – eine Auffassung des Kindes, die durch das Bundesverfassungsgericht in zahlreichen Entscheidungen konkretisiert wurde, und die ebenso durch das Kind selbst mittels Beteiligung am Entscheidungsprozess bestimmt wird. Die Rechtsprechung des Bundesverfassungsgerichts hat zudem das Elternrecht und die Elternverantwortung sowie die subsidiäre Pflicht des Staates zum Eingreifen zum Gegenstand seiner Entscheidungen gemacht. Unter der Berücksichtigung des sich daraus ergebenden Vorrangs des Kindeswohls übernimmt das Grundgesetz in ausreichendem Maße Verantwortung für die Gewährung wesentlicher Rechtspositionen von Kindern: Schutz, Förderung und Partizipation. Eventuelle Missstände sind daher nicht auf Verfassungs-, sondern auf einfachgesetzlicher Ebene auszugleichen.

Kapitel 4 – Das Mitteilungsverfahren

Das Fakultativprotokoll zum Übereinkommen über die Rechte des Kindes betreffend ein Mitteilungsverfahren[653] wurde am 19. Dezember 2011 von der Generalversammlung der Vereinten Nationen angenommen.[654] Seit dem 28. Februar 2012 liegt es zur Unterzeichnung auf.[655] Nach Art. 19 des Protokolls tritt es drei Monate nach Hinterlegung der zehnten Ratifikations- oder Beitrittsurkunde in Kraft. Bisher wurde das Fakultativprotokoll von 37 Staaten – darunter auch Deutschland – unterzeichnet und von sechs Staaten ratifiziert.[656]

Neben dem Fakultativprotokoll zum Übereinkommen über die Rechte des Kindes betreffend die Beteiligung von Kindern an bewaffneten Konflikten und dem Fakultativprotokoll zum Übereinkommen über die Rechte des Kindes betreffend den Verkauf von Kindern, die Kinderprostitution und die Kinderpornographie[657] ist das Zusatzprotokoll über das Individualbeschwerdeverfahren die bislang dritte Konkretisierung der UN-Kinderrechtskonvention.

In diesem Kapitel sollen zunächst die vorhandenen Durchsetzungsmechanismen der UN-Kinderrechtskonvention analysiert werden. Daran schließt sich die Darstellung des Entstehungsprozesses des Fakultativprotokolls an. In diesem Zusammenhang soll auch das Für und Wider eines Individualbeschwerdeverfahrens zur Darstellung gelangen – vor allem vor dem Hintergrund dessen, dass allein das Übereinkommen über die Rechte des Kindes als einziges Menschenrechtsabkommen nicht mit der Möglichkeit einer Individualbeschwerde ausgestattet war.[658] Auf das Verfahren einer Individualbeschwerde soll zudem ebenso eingegangen werden wie auf die Frage, ob die

---

653 Im Folgenden auch nur „Fakultativprotokoll“ oder „Zusatzprotokoll“ genannt.

654 A/RES/66/138; im Folgenden wird in diesem Zusammenhang auch der synonymisch verwandte Begriff der „Individualbeschwerde“ gebraucht.

655 Siehe dazu auch unter http://treaties.un.org/pages/ViewDetails.aspx?src=TREATY&mtdsg_no=IV-11-d&chapter=4&lang=en (zuletzt abgerufen am 31.01.2014).

656 Siehe zu dem aktuellen Stand der Anzahl an Vertragsstaaten a. a. O.

657 Siehe zu beiden oben Kapitel 1, C.

658 Siehe dazu unten in diesem Kapitel, B. IV.

von einem solchen Verfahren erhofften Vorteile für den Schutz von Kindern tatsächlich eingetreten sind oder noch eintreten werden.

A. Die Durchsetzungsmechanismen des Übereinkommens über die Rechte des Kindes

Die Frage nach einem Individualbeschwerdeverfahren für das Übereinkommen über die Rechte des Kindes ist im Kern die Frage nach der Durchsetzbarkeit der Konvention. Die große Akzeptanz der UN-Kinderrechtskonvention[659] wird zum Teil damit begründet, ihr fehlten wirksame Mittel zur Durchsetzung und Überwachung der Umsetzung.[660] Dabei beschreibt Durchsetzungsfähigkeit den Umstand, dass man sich zum einen vor Gericht auf das eingeräumte Recht berufen kann und zum anderen, dass Rechtsbehelfe und Sanktionsmechanismen zur Sicherung der Gewährung der eingeforderten Rechte bestehen.[661] Teilweise wird gar behauptet, die fehlende Einklagbarkeit der Rechte aus der Kinderrechtskonvention sei ihr größter Mangel.[662] Folgt man dieser Kritik, so verpflichtete die Konvention die Vertragsstaaten zwar zur Gewährung spezifischer Rechte für Kinder, jedoch wäre es letzteren unmöglich, diese Rechte konkret einzufordern oder deren Verletzung zu rügen. Es bleibt mithin zu prüfen, ob die Kinderrechtskonvention tatsächlich ein internationales Übereinkommen ist, das im Grunde genommen nur schwache Verbindlichkeit besitzt.

---

659 Siehe dazu oben Kapitel 1.

660 Dieser Frage geht auch GEIẞLER, HuV 3/2001, S. 148 ff. unter oben genannter These nach.

661 So umschreibt beispielsweise HALTERN, Europarecht, Rn. 788 den Begriff der Durchsetzung für das Europarecht und auch nach HOBE, Einführung in das Völkerrecht, S. 243 ff., bedarf es auf der Ebene des Völkerrechts neben der Erklärung der innerstaatlichen Verbindlichkeit verschiedener Möglichkeiten der Verwirklichung und Geltendmachung der eingegangenen Verpflichtungen im Vertragsstaat.

662 So FRÄDRICH/JERGER-BACHMANN, Kinder bestimmen mit, S. 23.

I. Das Berichtsverfahren des Übereinkommens über die Rechte des Kindes

1. Der Gang des Berichtsverfahrens des Übereinkommens über die Rechte des Kindes

Die UN-Kinderrechtskonvention sieht in ihrem Artikel 44 das Berichtsverfahren vor. Dieses soll der „internationalen Kontrolle [dienen], die ausgeübt wird, um die Fortschritte bei der Verwirklichung der von den Vertragsstaaten übernommenen Verpflichtungen zu prüfen."[663] Zu diesem Zweck verpflichtet Art. 44 Abs. 1 UN-KRK die Vertragsstaaten dazu, dem UN-Kinderrechtsausschuss nach jeweiligem Inkrafttreten des Übereinkommens innerhalb von zwei Jahren (Art. 44 Abs. 1 lit. a UN-KRK) und danach alle fünf Jahre (Art. 44 Abs. 1 lit. b UN-KRK) einen Bericht über den Stand der Verwirklichung der Rechte der UN-Kinderrechtskonvention im eigenen Land zu erstatten. Inhaltlich müssen die Berichte in ausreichendem Maße darüber informieren, in welchen Umfang und mit welchen Mitteln die UN-Kinderrechtskonvention national umgesetzt wird.[664] In diesem Rahmen müssen die Staaten auch zu den von ihnen eingelegten Vorbehalten Stellung nehmen.[665] Die vorgelegten Berichte müssen nach Art. 44 Abs. 6 UN-KRK von den Vertragsstaaten in dem jeweiligen Staat selbst bekanntgemacht und verbreitet werden. Die Zusammensetzung, Einsetzung und Arbeitsweise des die Berichte auswertenden Kinderrechtsausschusses regelt Art. 43 UN-KRK.[666]

Nach Art. 43 Abs. 2 UN-KRK besteht der Kinderrechtsausschuss aus zehn Sachverständigen, die von den Vertragsstaaten selbst gewählt werden,

---

663 *Denkschrift der Bundesregierung zu dem Übereinkommen*, abgedr. in: BT-Drucks. 12/42 v. 24.01.1991, S. 53.

664 Siehe insofern den Wortlaut des Art. 44 Abs. 2 UN-KRK sowie die detaillierten Anforderungen des Kinderrechtsausschusses für die Erstberichte, niedergelegt in den *General guidelines regarding the form and content of initial reports to be submitted by States parties under Article 44, paragraph 1 (a), of the Convention*, CRC/C/5 v. 30. Oktober 1991 sowie die Anforderungen für die Folgeberichte, niedergelegt in den *Treaty-specific guidelines regarding the form and content of periodic reports to be submitted by States parties under Article 44, paragraph 1 (b), of the Convention on the Rights of the Child*, CRC/C/58/Rev.2 v. 23. November 2010.

665 v. SCHORLEMER, in: dies. (Hrsg.), Die Vereinten Nationen und die Entwicklung der Rechte des Kindes, S. 13.

666 Siehe zu der Arbeitsweise auch CRC/C/4/Rev.2, Rules of procedure. Dort wird der Ablauf der Beratungen des Kinderrechtsausschusses detailliert beschrieben.

„(...) wobei auf eine gerechte geographische Verteilung zu achten ist sowie die hauptsächlichen Rechtssysteme zu berücksichtigen sind." Die Sachverständigen müssen „(...) von hohem sittlichen Ansehen und anerkannter Sachkenntnis auf dem von diesem Übereinkommen erfassten Gebiet sein."[667] Nachträglich musste die Anzahl der Mitglieder des Ausschusses 2002 auf 18 erhöht werden, da die Arbeitsbelastung der einzelnen Teilnehmer sowie des Ausschusses insgesamt nicht mehr bewältigt werden konnte.[668] Eine weitere Regelung der Ausschusstätigkeit musste ebenfalls an die tatsächliche Arbeitsbelastung des Ausschusses angepasst werden. So bestimmt Art. 43 Abs. 10 S. 2 UN-KRK, dass der Ausschuss sich „in der Regel" einmal im Jahr zusammenfinden soll. Da der Kinderrechtsausschuss seine Arbeit jedoch nicht innerhalb einer jährlichen Sitzung abschließen konnte, wurde die Zahl der jährlichen Treffen erst auf zwei, dann 1994 auf drei Sitzungen erhöht.[669] Gemäß Art. 43 Abs. 6 UN-KRK werden die Mitglieder des Ausschusses grundsätzlich für eine Amtszeit von vier Jahren gewählt, wobei die Hälfte der Mitglieder nur für zwei Jahre dem Ausschuss angehört. Es wird nach der Wahl durch Los entschieden, welche Mitglieder früher aus dem Amt scheiden müssen.[670] Diese Regelung gilt ausweislich der Norm nur für den ersten gewählten Kinderrechtsausschuss, jedoch wurde diese Form der Besetzung auch für die späteren Wahlperioden und auch für die erhöhte Anzahl an Mitgliedern, bei denen folglich neun Mitglieder eine verkürzte Amtszeit haben, übernommen.[671] Dahinter steht die Idee, dass eine komplette Neubesetzung des Gremiums zu den jeweiligen Wahlen im Hinblick auf eine kontinuierliche Arbeit des Ausschusses, die umfangreiche Einarbeitungszeiten unmöglich macht, vermieden werden sollte.[672]

Art. 45 UN-KRK ergänzt die Regelung des Art. 43 UN-KRK, indem er die Möglichkeiten der Zusammenarbeit des Kinderrechtsausschusses mit

---

667 Siehe Art. 43 Abs. 1 Satz 1 UN-KRK.

668 Siehe die zustimmende Entscheidung des Kinderrechtsausschusses zu der *Recommendation: Committee to work in two chambers* unter http://www2.ohchr.org/english/bodies/crc/decisions.htm#6 (zuletzt abgerufen am 15.10.2013).

669 Siehe hierzu CURTIUS/BOIE, in: VON SCHORLEMER, SABINE (Hrsg.), Die Vereinten Nationen und die Entwicklung der Rechte des Kindes, S. 108; SCHMAHL, Kinderrechtskonvention mit Zusatzprotokollen, Art. 43 Rn. 13 ff. m. w. N. sowie CRC/C/4/Rev.2, Rule 2 Abs. 1, S. 5.

670 Siehe Art. 43 Abs. 6 S. 2, HS. 2 UN-KRK.

671 HRI/MC/2003/2, S. 13 Rn. 59.

672 a. a. O.

Sonderorganisationen der Vereinten Nationen und anderen zuständigen Stellen festlegt. Unter die letzte Kategorie fallen überwiegend die Non – Governmental Organisations.[673] Dabei handelt es sich um Nichtregierungsorganisationen, denen durch völkerrechtliche Verträge beispielhaft Implementierungs- oder auch Überwachungsaufgaben zugesprochen werden können.[674] Diesen wird im Rahmen der Kontrolle der Staaten eine besonders wichtige Rolle zugewiesen, da sie dem Ausschuss neben den Berichten aktuelle und unmittelbare Einsichten in den Stand der Umsetzung der Kinderrechte im konkreten Staat und an konkreten Beispielen bieten können.[675] Zudem unterstützen sie mit ihrer Arbeit die Verbreitung der verbürgten Rechte in den einzelnen Staaten und erhöhen somit die Kenntnis und den Bekanntheitsgrad der Konvention.[676] Der Zweck, den Art. 45 UN-KRK verfolgt, liegt damit in der Verwirklichung eines möglichst umfassenden Austausches von Informationen und Erfahrungen sowie der Förderung der internationalen Zusammenarbeit.[677] Dabei werden – insbesondere durch die Beteiligung von NGOs – praktische Erkenntnisse theoretischen gegenübergestellt, damit die zu findende Lösung im besten Fall von sämtlichen Seiten betrachtet wird. Nach Art. 45 lit. a UN-KRK kann der Kinderrechtsausschuss die genannten Stellen zu seinen Beratungen hinzuziehen oder Stellungnahmen von ihnen einfordern. Er kann gemäß Art. 45 lit. b UN-KRK jedoch auch die Vertragsstaaten, aus deren Berichten hervorgeht, dass sie Unterstützung bei der Umsetzung der Konvention benötigen, direkt an die Sonderorganisationen der Vereinten Nationen, das Kinderhilfswerk oder die NGOs verweisen. Die vorlegenden Vertragsstaaten selbst können den Beratungen des Ausschusses ebenso beiwohnen und werden von dem Kinderrechtsausschuss in der Regel zu einer Aussprache über den vorgelegten Bericht geladen.[678] Bei dem Vorliegen schwerer Menschenrechtsverletzungen ist der Kinderrechtsausschuss zudem

673 Kurz: NGOs; siehe dazu ausführlich beispielsweise MAYWALD, Kinder haben Rechte!, S. 66 ff sowie KRAPPMANN, RdJB 2/2006, S. 160 f.

674 KEMPEN/HILLGRUBER, Völkerrecht, S. 41 f., die zutreffend auch weitere Rechte und Aufgaben nennen, die NGOs verliehen bzw. aufgetragen werden können.

675 So auch LUX, in: VON SCHORLEMER, SABINE (Hrsg.), Die Vereinten Nationen und die Entwicklung der Rechte des Kindes, S. 92 ff.

676 So auch GERSTEIN, ZfJ 12/1995, S. 530.

677 DORSCH, Die Konvention der Vereinten Nationen über die Rechte des Kindes, S. 287, 294.

678 So CRC/C/4/Rev.2, Rule 72, S. 20 sowie auch die Erläuterungen von KRAPPMANN, in: PENKA, SABINE/FEHRENBACHER, ROLAND (Hrsg.), Kinderrechte umgesetzt, S. 14.

befugt, im Rahmen sog. „urgent actions“ auch ohne einen Staatenbericht die Situation in dem betroffenen Vertragsstaat zu untersuchen – auch mittels einer Überprüfung der Vorgänge vor Ort.[679]

Die vielfältigen Möglichkeiten des Kinderrechtsauschusses über die vorgelegten Berichte in Diskurs mit verschiedenen Beteiligten zu treten, verdeutlichen, dass die Überwachung der Einhaltung der Konvention verstärkt auf ein gleichgeordnetes Zusammenwirken ausgerichtet ist, mehr als auf eine einseitige Kontrolle der Staaten seitens des Kinderrechtsauschusses.[680] Als bevorzugtes Mittel der Durchsetzung der verbürgten Rechte wurde somit der Dialog gewählt.[681] Kritisch wird daran oftmals bemerkt, dass dem Kinderrechtsausschuss neben einem Dialog keine weiteren Sanktionen oder mindestens schärfere Mittel zur Verfügung stehen, um Vertragsverletzungen zu rügen.[682] Zudem wird die große Arbeitsbelastung des Ausschusses als Hindernis einer sinnvoll und gründlich ausgeführten Ausschussarbeit gesehen.[683]

Hat der Kinderrechtsausschuss seine Beratungen abgeschlossen und eine Bewertung der vorgelegten Berichte vorgenommen, kann er den Vertragsstaaten gemäß Art. 45 lit. d UN-KRK „Vorschläge und allgemeine Empfehlungen unterbreiten“. Diese trifft der Kinderrechtsauschuss anhand der Umsetzungsdefizite, die er in den Staatenberichten vorgefunden hat.[684] Die *Concluding Observations* dienen zusätzlich den NGOs im weiteren Umsetzungsprozess als Grundlage, auf der sie Forderungen an Staaten stellen oder Kon-

---

679 CRC/C/10, Rn. 54-58 sowie SCHMAHL, Kinderrechtskonvention mit Zusatzprotokollen, Art. 44/45 Rn. 22.

680 So spricht auch DORSCH, Die Konvention der Vereinten Nationen über die Rechte des Kindes, S. 293 von dem Ziel einer „fruchtbaren[n] Zusammenarbeit mit den Staaten (...)“.

681 So merkt auch GERSTEIN, ZfJ 12/1995, S. 530 an, die UN-Kinderrechtskonvention „(...) leb[e] von der diskursiven Einlösung ihrer Geltungsansprüche.“; siehe dazu auch KRAPPMANN, RdJB 2/2006, S. 162 ff.

682 Siehe beispielsweise MAYWALD, Kinder haben Rechte!, S. 64 ff.; KRAPPMANN, in: V. SCHORLEMER, SABINE/SCHULTE-HERBRÜGGEN, ELENA (Hrsg.), 1989 – 2009: 20 Jahre UN-Kinderrechtskonvention, S. 15 f.

683 VERSCHRAEGEN, Die Kinderrechtekonvention, S. 68 ff.; DORSCH, Die Konvention der Vereinten Nationen über die Rechte des Kindes, S. 294.

684 Siehe zu den sog. *Concluding Observations* auch *Schmahl,* Kinderrechtskonvention mit Zusatzprotokollen, Art. 44/45 Rn. 21.

zepte zur Förderung der Kinderrechte in dem jeweiligen Land entwickeln.[685] Die Erkenntnisse der Auswertung der Staatenberichte führen zudem zu den „*General Comments*" des Kinderrechtsauschusses.[686] Dabei handelt es sich um eine Zusammenfassung der Erfahrungen und Feststellungen des Ausschusses zu bestimmten Themengebieten der UN-Kinderrechtskonvention, die der Kinderrechtsausschuss allen Staaten gegenüber bekanntgibt und die – wie die *Concluding Observations* – unverbindlicher Rechtsnatur sind.[687] Das Ziel der *General Comments* ist es „(...) to promot[e] its[688] further implementation and assisting States parties in fulfilling their reporting obligations."[689]

2. Rechtliche Bewertung des Berichtsverfahrens des Übereinkommens über die Rechte des Kindes

Das Berichtsverfahren des Übereinkommens über die Rechte des Kindes weist sowohl positive als auch negative Seiten auf.

Die Verpflichtung der Vertragsstaaten, Berichte über die Umsetzung der Kinderrechtskonvention einzureichen und diese national bekannt zu machen, bringt indirekt einen positiven Effekt mit sich: Die Staaten versuchen zumeist international sowie national den Eindruck zu erwecken, sie setzten sich für die Kinderrechte ein und achteten somit ihre eingegangenen Vertragspflichten.[690] Dies mag auch in vielen Fällen zutreffen, jedoch birgt das Berichtsverfahren dadurch zugleich die Gefahr, dass die Berichte geschönt an den Kinderrechtsausschuss und das jeweilige Staatsvolk gelangen.[691]

Als positiv wird auch die Regelung des Art. 45 lit. b UN-KRK bewertet, da das Berichtsverfahren durch die Möglichkeit der Vermittlung von Hilfestellung bei Umsetzung der UN-Kinderrechtskonvention um den Aspekt des

685 DÜNNWELLER, in: KAUFFMANN, HEIKO/RIEDELSHEIMER, ALBERT (Hrsg.), Kindeswohl oder Ausgrenzung? Flüchtlingskinder in Deutschland nach der Rücknahme der Vorbehalte, S. 86.
686 CRC/C/4/Rev.2, S. 21.
687 SCHMAHL, Kinderrechtskonvention mit Zusatzprotokollen, Art. 44/45 Rn. 24.
688 Gemeint ist das Übereinkommen über die Rechte des Kindes.
689 CRC/C/4/Rev.2, Rule 77 Abs. 1, S. 21.
690 So auch die Ansicht von KRAPPMANN, IzKK-Nachrichten 2009/1, S. 48.
691 Siehe zu dieser Befürchtung auch GEIßLER, HuV 3/2001, S. 150.

aktiven Beitrags zur Verwirklichung der Kinderrechte erweitert wird und nicht als reines Kontrollinstrument verstanden werden muss.[692]

Jedoch ist die hohe Arbeitsbelastung des Kinderrechtsausschusses kritikwürdig.[693] Wie bereits dargestellt, musste die Anzahl der Ausschussmitglieder aufgrund der starken Beanspruchung des Ausschusses von 10 auf 18 erhöht werden. Es hat sich jedoch gezeigt, dass auch trotz dieser Maßnahme nicht alle Berichte in angemessener Zeit ausgewertet werden können und die Staaten zum Teil bis zu zwei Jahre darauf warten müssen, dass ihre Berichte geprüft werden.[694] Eventuelle Umsetzungsdefizite bleiben dadurch länger erhalten, als es bei der zeitlich vorgesehenen Prüfung vermeidbar wäre.

Ein weiterer möglicher Nachteil des Berichtsverfahrens wurde in dem Schwerpunkt der Konvention im Dialog und im Besonderen der Stärkung der internationalen Zusammenarbeit[695] gesehen: Man befürchtete, der Ausschuss lasse sich in Ausübung dieser Aufgabe von den besonders hilfsbedürftigen Ländern beeinflussen, um international auf eine stärkere Förderung dieser Länder hinzuwirken, sodass die eigentliche Aufgabe des Ausschusses – die Prüfung der Staatenberichte – hinter die der internationalen Zusammenarbeit mehr und mehr zurücktrete.[696] Als Abhilfe wurde die Einrichtung eines Individualbeschwerdeverfahrens vorgeschlagen, das eine Konzentration auf die Rechte der Kinder und ihre Durchsetzung wieder priorisieren sollte.[697]

Ein besonderer Mangel des Berichtsverfahrens wird allerdings darin gesehen, dass der Kinderrechtsausschuss neben der Prüfung der Staatenberichte und dem Aussprechen von rechtlich unverbindlichen Empfehlungen an die Vertragsstaaten über keine weitergehenden Kompetenzen verfügt.[698] Seine Rolle bezüglich der Förderung der Durchsetzung der Kinderrechte wird als

---

692 VERHELLEN, in: FILLER, EWALD u. a. (Hrsg.), Kinder, Kinderrechte und Kinderpolitik, S. 65 f.

693 Siehe dazu auch die Ausführungen bei VERSCHRAEGEN, Die Kinderrechtekonvention, S. 68 f. sowie KRAPPMANN, RdJB 2/2006, S. 158.

694 KRAPPMANN, IzKK-Nachrichten 2009/1, S. 50.

695 Siehe dazu den Wortlaut des Art. 45 UN-KRK sowie die Ausführungen oben in diesem Kapitel unter A. I. 1.

696 Diese Vermutung äußerte DORSCH, Die Konvention der Vereinten Nationen über die Rechte des Kindes, S. 294 f.

697 a. a. O.

698 So beispielsweise FRÜH, Die UNO-Kinderrechtskonvention, S. 44 f.; GEIßLER, HuV 3/2001, S. 150.

schwach und ineffizient beurteilt wird.[699] Zudem gibt es für den Kinderrechtsausschuss neben einer erneuten Mahnung zur Einreichung eines Staatenberichtes keine wirksame Möglichkeit, einen Staatenbericht tatsächlich einzufordern.[700]

3. Das Berichtsverfahren des Übereinkommens über die Rechte des Kindes in der Staatenpraxis

Die Vertragsstaaten der UN-Kinderrechtskonvention kamen ihrer Verpflichtung zur Erstberichterstattung gemäß Art. 44 UN-KRK zwar überwiegend nach, jedoch musste bei mehreren Staaten eine jahrelange Verzögerung der Vorlage des Berichts bei dem Kinderrechtsausschuss in Kauf genommen werden.[701] Bis zum 13. Januar 2012 haben den Kinderrechtsausschuss 196 Erstberichte erreicht.[702] Bezüglich des Fakultativprotokolls zum Übereinkommen über die Rechte des Kindes betreffend die Beteiligung von Kindern an bewaffneten Konflikten waren es 90 Erstberichte und bezüglich des Fakultativprotokolls zum Übereinkommen über die Rechte des Kindes betreffend den Verkauf von Kindern, die Kinderprostitution und die Kinderpornographie 75.[703] Der Erstbericht Deutschlands[704] zu dem Übereinkommen über die Rechte des Kindes wurde mit einer viermonatigen Verzögerung eingereicht.[705] Der Erstbericht Deutschlands zu dem Fakultativprotokoll zum Übereinkommen über die Rechte des Kindes betreffend die Beteiligung von Kindern an bewaffneten Konflikten[706] ging dem Kinderrechtsausschuss hingegen ein paar Tage früher als gefordert zu.[707] Der Erstbericht zu dem Fakultativprotokoll zum Übereinkommen über die Rechte des Kindes betref-

---

699 Ebd.

700 SCHMAHL, Kinderrechtskonvention mit Zusatzprotokollen, Art. 44/45 Rn. 30.

701 Siehe dazu im Einzelnen die Auflistung in dem Bericht des Kinderrechtsausschusses, CRC/C/53/2, S. 4 ff.

702 CRC/C/59/2, S. 1.

703 CRC/C/59/2, S. 2.

704 CRC/C/11/Add.5.

705 CRC/C/59/2, S. 5.

706 CRC/C/OPAC/DEU/1.

707 CRC/C/59/2, S. 71.

fend den Verkauf von Kindern, die Kinderprostitution und die Kinderpornographie steht trotz Überschreitung der Frist noch aus.[708]

Die Bilanz der Folgeberichte fällt ernüchternd aus. Bis zum 13. Januar 2012 haben den Kinderrechtsausschuss 150 Zweitberichte, 100 Drittberichte zu dem Übereinkommen über die Rechte des Kindes erreicht.[709] Deutschland übersandte den Folgebericht[710] mehr als zwei Jahre verspätet.[711] Der deutsche Drittbericht[712], der zugleich den Viertbericht enthielt,[713] verzögerte sich um sechs Jahre.[714] Am 4. April 2014 wird Deutschland den Folgebericht einreichen müssen.[715]

Zu den beiden Fakultativprotokollen ist bis zum 13. Januar 2012 nur jeweils ein Folgebericht eingegangen.[716]

II. Weitere Durchsetzungs- und Prüfmöglichkeiten der Rechte aus dem Übereinkommens über die Rechte des Kindes und die Frage nach deren Notwendigkeit

Eine zusätzliche Möglichkeit der Staatengemeinschaft beziehungsweise des Kontrollgremiums in Form des Kinderrechtsausschusses, die Umsetzung der Konventionsrechte zu überprüfen, existiert ebenso nicht wie Formen verbindlicher Sanktionen. Daher wurde nach weiteren Mechanismen gesucht, mithilfe derer die Umsetzung des Übereinkommens über die Rechte des Kindes durch die Staaten zusätzlich überprüft werden kann.[717] Ähnlich den ande-

---

708 CRC/C/59/2, S. 77.

709 CRC/C/59/2, S. 1.

710 CRC/C/83/Add.7.

711 CRC/C/59/2, S. 15.

712 CRC/C/DEU/3-4.

713 CRC/C/59/2, S. 35.

714 CRC/C/59/2, S. 24.

715 CRC/C/59/2, S. 46.

716 CRC/C/59/2, S. 2; die Folgeberichte stammen beide von den Vereinigten Staaten von Amerika, s. ebd., S. 74 und 80.

717 Siehe dazu auch V. SCHORLEMER, in: dies. (Hrsg.), Die Vereinten Nationen und dic Entwicklung der Rechte des Kindes, S. 33 ff. m. w. N.; SCHMAHL, Kinderrechtskonvention mit Zusatzprotokollen, Art. 44/45 Rn. 27 ff. m. w. N.

ren internationalen Menschenrechtsabkommen[718] wurde die Schaffung eines Individualbeschwerdeverfahrens auch für die UN-Kinderrechtskonvention diskutiert.[719]

B. Das Fakultativprotokoll zum Übereinkommen über die Rechte des Kindes betreffend ein Mitteilungsverfahren

I. Vorüberlegungen

Vor einem Blick auf das Resultat der Beratungen eines Fakultativprotokolls über die Individualbeschwerde ist es notwendig, den Wunsch nach einem solchen Verfahren in Ansehung der Entstehungsgeschichte des Protokolls auf zweierlei Weise zu konkretisieren. Dadurch gewinnen die Probleme und Aufgaben, die das Protokoll zu lösen hatte, an Kontur und erlauben eine fundierte Bewertung des Ergebnisses.

Auf der einen Seite bedarf es einer konkreten Vorstellung von den grundsätzlichen Inhalten des Verfahrens. Es stellen sich beispielsweise die Fragen, welche Rechte einklagbar sein sollen und vom wem, oder welche zusätzlichen Voraussetzungen vor Beginn eines Verfahrens erfüllt sein müssen. Ebenso ist die grundsätzliche Möglichkeit von Sanktionen, deren Ausmaß sowie ihre Durchsetzbarkeit zu bestimmen. Auf der anderen Seite muss überprüft werden, ob es eines solchen (internationalen) Verfahrens überhaupt be-

---

718 Zu nennen wären unter anderem die Möglichkeit eines Staaten- und auch Individualbeschwerdeverfahrens zu dem Internationalen Pakt über bürgerliche und politische Rechte. Ersteres richtet sich nach Art. 41 IPbpR, letzteres nach dem ersten Fakultativprotokoll zu dem IPbpR (BGBl. II 1992, 1247); siehe dazu ausführlich SCHÄFER, Die Individualbeschwerde nach dem Fakultativprotokoll zum Zivilpakt; auch der Internationale Pakt über wirtschaftliche, soziale und kulturelle Rechte verfügt seit dem 05. Mai 2013 über die Möglichkeit eines Individual- und Staatenbeschwerdeverfahrens (A/RES/63/117; siehe zudem http://treaties.un.org/Pages/ViewDetails.aspx?src=TREATY&mtdsg_no=IV-3-a&chapter=4&lang=en [zuletzt abgerufen am 31.01.2014]); beide Verfahren sind zudem beispielsweise auch in der Konvention gegen die Folter und andere grausame, unmenschliche oder erniedrigende Behandlung oder Strafe (BGBl. II 1990, 246) in deren Art. 21 (Staatenbeschwerde) und Art. 22 (Individualbeschwerde) vorgesehen; siehe insgesamt auch WEIß, MRM 2/2001, S. 85-97.

719 Siehe zu dieser Diskussion, den vorgebrachten Argumenten und ihren Beteiligten sogleich ausführlich unter B. I. und II. in diesem Kapitel.

darf, oder ob nicht etwa die nationalen Rechtsschutzmöglichkeiten – soweit vorhanden – ausreichend sein könnten. Das Benennen konkreter Zweck- und Zielvorstellungen eines Individualbeschwerdeverfahrens muss daher ebenfalls Bestandteil einer Gesamtwürdigung des Fakultativprotokolls sein. Eine Beantwortung der oben aufgeworfenen Fragen soll im Folgenden mithilfe der wissenschaftlichen Diskussion um Zweck und Ausgestaltung des Fakultativprotokolls sowie der Dokumente der Vereinten Nationen, die bei Beratung eines Entwurfs des Zusatzprotokolls entstanden, unternommen werden.

II. Die Entstehung des Fakultativprotokolls zum Übereinkommen über die Rechte des Kindes betreffend ein Mitteilungsverfahren

Als ursächlich dafür, dass die UN-Kinderrechtskonvention ursprünglich ohne Möglichkeit einer Individualbeschwerde ausgestattet wurde, wird der stark in der Konvention verankerte Gedanke des Dialogs und der Zusammenarbeit gesehen.[720] Wie schon die Ausgestaltung des Berichtsverfahrens verdeutlicht, sollen die Staaten, der Kinderrechtsausschuss und die NGOs in einen unvermittelten Austausch über ihre Schwierigkeiten und entwickelten Lösungsansätze in Bezug auf die Umsetzung der Konvention treten.[721] Bei funktionierendem Dialog könnte eine Verletzung von Konventionsrechten dieser Konzeption folgend unmittelbar beseitigt oder gar von Beginn an vermieden werden. Ein solcher andauernder Austausch über Defizite, Erfahrungen und konkrete Lösungsvorschläge soll sämtliche Parteien, die zur Umsetzung der Kinderrechtskonvention beitragen können – Staaten, nichtstaatliche Organisationen, die Gesellschaft eines jeden Staates, Eltern und auch Kinder – dazu anhalten, die Rechte der Kinder unermüdlich einzufordern und durchzusetzen.[722]

Zudem muss bedacht werden, dass die Idee eines Mitteilungsverfahrens zwar auch bereits zum Zeitpunkt der Arbeit an der UN-Kinderrechtskonvention selbst existierte, nach dem langwierigen Entstehungsprozess voller

720 GEIßLER, HuV 3/2001, S. 150.

721 Siehe dazu auch ausführlich oben in diesem Kapitel, A. I. 1.

722 So sieht auch GERSTEIN, ZfJ 12/1995, S. 531 eine umfassende Durchsetzung der Rechte der UN-Kinderkonvention in sämtlichen Vertragsstaaten für möglich an.

Zugeständnisse von allen Seiten[723] aber kein weiterer derart kontroverser Punkt[724] mehr Unterstützung fand.[725]

1. Die Vorzüge eines Mitteilungsverfahrens

Um die Wahrnehmung der Konvention als verbindlichen Vertragstext zu verstärken, wurde die Schaffung eines Individualbeschwerdeverfahrens als sinnvoll erachtet, da eines ihrer Zulässigkeitskriterien in der Erschöpfung des innerstaatlichen Rechtsweges liegt.[726] Damit werden zwei Kriterien vorausgesetzt, die der Umsetzung der Kinderrechte und ihrer innerstaatlichen Berücksichtigung dienlich sind: Auf der einen Seite muss national ein Rechtsweg gegeben sein oder geschaffen werden, der eine Geltendmachung der Rechte der Kinderrechtskonvention ermöglicht und auf der anderen Seite müssen sich die nationalen Gerichte in diesen Verfahren konkret mit den Kinderrechten und ihrer Rolle im innerstaatlichen Recht auseinandersetzen.[727] Dabei wird davon ausgegangen, dass die Staaten zur Vorbeugung einer Verurteilung durch eine internationale Kommission wie dem UN-Kinderrechtsausschuss ihre nationalen Beschwerdewege konkreter und kindgerechter ausgestalten.[728] Eine Rechtsverletzung würde dadurch nicht auf internationaler Ebene angemahnt, sondern vielmehr innerstaatlich behoben. Neben dem Vorteil der Wahrung des eigenen menschenrechtlichen Gesichtes bliebe so auch die Souveränität eines Staates weitgehend unangetastet.

Kinder erhielten auch innerstaatlich einen komplexeren Rechtsweg zur Einforderung ihrer Rechte[729] und parallel dazu könnten die Gerichte eine Kasuistik zur Auslegung und Geltung der einzelnen Kinderrechte entwickeln. Auch der Kinderrechtsausschuss selbst könnte durch die Bescheidung der Individualbeschwerden eine eigene Kasuistik schaffen, die wiederum zur Kon-

---

723 Siehe dazu oben, Kapitel 1, A.

724 Zu den zahlreichen offenen Fragen eines Individualbeschwerdeverfahrens siehe sogleich in den sich anschließenden Abschnitten.

725 LEE, International Journal of Children's Rights 18 (2010), S. 568.

726 So beispielsweise KRAPPMANN, in: BIELEFELDT, HEINER/DEILE, VOLKMER/HAMM, BRIGITTE (Hrsg.), Kinder und Jugendliche. Jahrbuch Menschenrechte 2010, S. 18.

727 a. a. O.

728 Diese Hoffnung wird beispielsweise bei ŠAHOVIĆ, NEVENA VUČKOVIĆ/DOEK, JAAP E./ZERMATTEN, JEAN, The Rights of the Child in International Law, S. 64 benannt.

729 Diesen Vorteil sehen auch MAYWALD, Kinder haben Rechte!, S. 64 sowie LEE, International Journal of Children's Rights 18 (2010), S. 575 f.

kretisierung der einzelnen Kinderrechte beitragen würde.[730] Dadurch würden zudem die Wahrnehmung und die Rolle des Kinderrechtsausschusses als Organ zur Überwachung der Umsetzung der Kinderrechte sowie zu deren konkreter Ausgestaltung gefestigt.[731] Ein positiver Effekt ergibt sich auch daraus, dass sich der Kinderrechtsausschuss aus Experten auf dem Gebiet der Kinderrechte zusammensetzt und er als besonders berufen gelten kann, sich in der Auslegung der Kodifikationsrechte mit kinderspezifischen Belangen in der notwendigen Art auseinanderzusetzen – gerade, weil er sich ausschließlich Kinderrechten befasst und nicht generell mit menschenrechtlichen Verbürgungen, die universelle Geltung beanspruchen.[732]

Ein weiteres Argument[733] für die Einführung eines Individualbeschwerdeverfahrens war die Angleichung des Schutzstandards der UN-Kinderrechtskonvention an andere menschenrechtliche Verträge, die zumeist ein solches Verfahren vorsehen.[734] Dadurch erhoffte man sich zugleich auch die Aufwertung der von der Konvention geschützten Kinder und ihrer spezifischen Menschenrechte.[735] Das von der UN-Kinderrechtskonvention bestätigte Bild des Kindes als Rechtsträger sollte stärker ins Bewusstsein der Vertragsstaaten gelangen.[736]

---

730 So auch BENEDEK, Understanding Human Rights. Manual on human rights education, S. 287 f.

731 WEIß, MRM 2/2001, S. 95.

732 So auch LÖHR, MRM 2/2011, S. 117 f.; KRAPPMANN, IzKK-Nachrichten 2009/1, S. 50 weist in diesem Zusammenhang darauf hin, dass man annahm, der Kinderrechtsausschuss müsse sich aufgrund der zusätzlichen Aufgabe der Entscheidungen im Rahmen eines Mitteilungsverfahrens eventuell zu einem rein juristischen Gremium umstrukturieren. An der Zusammensetzung des Kinderrechtsausschusses hat das Fakultativprotokoll jedoch nichts geändert, da davon ausgegangen wurde, dass ein interdisziplinär besetzter Kinderrechtsausschuss die Fallkonstellationen besser interpretieren und bewerten könne; so auch LEE, International Journal of Children's Rights 18 (2010), S. 574.

733 LÖHR, MRM 2/2011, S. 117 m. w. N.; auch DÜNNWELLER, in: KAUFFMANN, HEIKO/RIEDELSHEIMER, ALBERT (Hrsg.), Kindeswohl oder Ausgrenzung? Flüchtlingskinder in Deutschland nach der Rücknahme der Vorbehalte, S. 86 ff. hängt die Diskussion um die Notwendigkeit eines eigenen Mitteilungsverfahrens für die UN-Kinderrechtskonvention an den Durchsetzungsmechanismen der anderen Menschenrechtspakte auf.

734 Siehe dazu oben in diesem Kapitel unter A. II.

735 So auch WEIß, MRM 2/2001, S. 95.

736 LEE, International Journal of Children's Rights 18 (2010), S. 568.

Vielfach wurde mit einem solchen Verfahren auch die Erwartung verbunden, der Vertragsstaat, der nachweislich eine Rechtsverletzung begangen hat, könnte nicht nur zur Wiederherstellung des rechtmäßigen Zustandes, sondern unter Umständen verbindlich zu Sanktionen und damit zu möglichen Schadenersatzleistungen verpflichtet werden.[737]

2. Die Erarbeitung eines Entwurfes

In Anbetracht der Kritik an dem Berichtsverfahren und vor dem Hintergrund der oftmals genannten Vorteile eines Mitteilungsverfahrens setzte der UN Menschenrechtsrat 2009 eine Arbeitsgruppe ein, die die Möglichkeiten zur Schaffung eines Fakultativprotokolls bezüglich eines Mitteilungsverfahrens zur UN-Kinderrechtskonvention ausloten sollte.[738] Diese sollte noch innerhalb desselben Jahres für fünf Tage zusammentreten und dem UN-Menschenrechtsrat dann Bericht über die Ergebnisse erstatten.[739] Einen direkten Auftrag zur Ausarbeitung eines Protokolls konnte der UN-Menschenrechtsrat zu diesem Zeitpunkt aufgrund der fehlenden durchgängigen Überzeugung der Vertragsstaaten von der Sinnhaftigkeit und Notwendigkeit eines Mitteilungsverfahrens nicht erteilen.[740]

Die Arbeitsgruppe traf sich im Dezember 2009 und legte dem Ausschuss im Anschluss ihren Bericht vor.[741] In diesem äußerte sich zwar kein Staat grundsätzlich ablehnend gengenüber einem Mitteilungsverfahren, jedoch konnte die Arbeitsgruppe auch keine uneingeschränkte oder von den Staaten zumindest überwiegend getragene Empfehlung zu dessen Einführung aus-

737 Genannt seien hier beispielsweise v. SCHORLEMER, in: dies. (Hrsg.), Die Vereinten Nationen und die Entwicklung der Rechte des Kindes, S. 34 sowie MAYWALD, Kinder haben Rechte!, S. 64; ob sich diese Hoffnung derart erfüllt hat, siehe unten unter A. IV.

738 A/HRC/RES/11/1; siehe zu den vorangegangenen informellen Bemühungen um dieses Mandat auch DÜNNWELLER, in: KAUFFMANN, HEIKO/RIEDELSHEIMER, ALBERT (Hrsg.), Kindeswohl oder Ausgrenzung? Flüchtlingskinder in Deutschland nach der Rücknahme der Vorbehalte, S. 90 f. sowie LEE, International Journal of Children's Rights 18 (2010), S. 569 ff.

739 A/HRC/RES/11/1.

740 LEE, International Journal of Children's Rights 18 (2010), S. 571.

741 A/HRC/13/43.

sprechen.[742] Nach der ersten Sitzung blieben noch viele Fragen offen, wie etwa die der Bewältigung der Gefahr einer überlangen Verfahrensdauer, die dazu führen könnte, dass das Kind bei Bescheiden seiner Beschwerde schon nicht mehr minderjährig sei.[743] Aber auch die verschiedenen oben aufgeführten grundlegenden Fragen bei der Konzeption eines Mitteilungsverfahrens konnten nicht konsensfähig gelöst werden.[744]

2010, nachdem der UN-Menschenrechtsrat den Bericht der Arbeitsgruppe zur Kenntnis genommen hatte, beschloss er, deren Mandat zu erweitern.[745] Die Arbeitsgruppe wurde damit beauftragt, einen Entwurf für ein Zusatzprotokoll zu entwickeln, das als Grundlage der weiteren Diskussionen dienen sollte.[746] Dabei sollten die in der ersten Sitzung diskutierten Fragestellungen und Ansichten sowie die Beiträge des Kinderrechtsausschusses miteinbezogen werden.[747] Die zweite Sitzung der Arbeitsgruppe fand zweigeteilt Ende Dezember 2010 und Mitte Februar 2011 statt.[748] Dort wurden sämtliche aufgeworfenen Fragen noch einmal diskutiert und Lösungsmöglichkeiten abgewogen.[749]

Der verfasste Bericht[750] der Arbeitsgruppe wurde an den UN-Menschenrechtsrat weitergeleitet.[751] Dieser nahm den darin enthaltenen Entwurf eines Fakultativprotokolls am 17. Juni 2011 an und empfahl der Generalversammlung der Vereinten Nationen dies ebenfalls zu tun.[752] Am 19. Dezember 2011 entsprach die Generalversammlung dieser Empfehlung.[753]

---

742 DÜNNWELLER, in: KAUFFMANN, HEIKO/RIEDELSHEIMER, ALBERT (Hrsg.), Kindeswohl oder Ausgrenzung? Flüchtlingskinder in Deutschland nach der Rücknahme der Vorbehalte, S. 92.

743 A/HRC/13/43, § 75 lit. a; siehe zu diesem Problem auch die Ausführungen von KRAPPMANN, IzKK-Nachrichten 2009/1, S. 49.

744 Siehe zu den sich stellenden Fragen oben in diesem Kapitel unter B. II. 1. und zu den Debatten über ihre Lösungen im Folgenden.

745 Siehe dazu die Resolution des Menschenrechtsrates der Vereinten Nationen A/HRC/RES/13/3.

746 A/HRC/RES/13/3, § 3.

747 a. a. O.

748 A/HRC/17/36, § 3.

749 Siehe dazu sämtliche Ausführungen in dem Dokument A/HRC/17/36 sowie die Ausführungen dieses Kapitels.

750 A/HRC/17/36.

751 Siehe dazu auch den Bericht des UN-Menschenrechtsrates A/66/53, S. 14 f.

752 a. a. O.

753 A/RES/66/138.

3. *Die Diskussion grundsätzlicher Fragestellungen betreffend eines Mitteilungsverfahrens zum Übereinkommen über die Rechte des Kindes innerhalb der Arbeitsgruppe*

Vor Entstehung des Fakultativprotokolls zum Übereinkommen über die Rechte des Kindes betreffend ein Mitteilungsverfahren mussten – wie oben[754] bereits angedeutet – verschiedene Fragen beantwortet werden. Im Folgenden sollen einige grundlegende Kontroversen beispielhaft dargestellt werden.

a) Bedarf eines Mitteilungsverfahrens zum Übereinkommen über die Rechte des Kindes

Zunächst musste die Notwendigkeit eines solchen Verfahrens vor dem Hintergrund des bereits vorhandenen Systems des Menschenrechtsschutzes überprüft werden.[755] Dieses ermöglicht es neben Erwachsenen auch Kindern, eine Individualbeschwerde wegen Verletzung der Rechte aus dem Internationalen Pakt über bürgerliche und politische Rechte,[756] dem Internationalen Pakt über wirtschaftliche, soziale und kulturelle Rechte,[757] dem Internationalen Übereinkommen zur Beseitigung jeder Form von Rassendiskriminierung[758] und dem Übereinkommen gegen Folter und andere grausame, unmenschliche oder erniedrigende Behandlung oder Strafe[759] einzureichen. Mädchen haben zusätzlich die Möglichkeit, Individualbeschwerde wegen einer Verletzung eines Rechtes aus dem Übereinkommen der Vereinten Nationen zur Beseiti-

754 Siehe oben unter B. I. 1.

755 LEE, International Journal of Children's Rights 18 (2010), S. 573 weist darauf hin, dass dieser Punkt am meisten diskutiert wurde, da Kindern auch die Mitteilungsverfahren der anderen Pakte offenstehen; siehe dazu auch die Ausführungen in diesem Kapitel.

756 Siehe insofern das erste Fakultativprotokoll zu dem IPbpR, BGBl. II 1992, 1247.

757 A/RES/63/117 v. 10. Dezember 2008; in Kraft getreten am 05. Mai 2013; siehe zu dem aktuellen Stand der Ratifikationen unter http://treaties.un.org/Pages/ViewDetails.aspx?src=TREATY&mtdsg_no=IV-3-a&chapter=4&lang=en (zuletzt abgerufen am 31.01.2014).

758 BGBl. II 1969, 961; dabei richtet sich die Individualbeschwerdemöglichkeit nach Art. 14 der Konvention.

759 BGBl. II 1990, 246; die Individualbeschwerde ist gemäß Art. 22 der Konvention vorgesehen.

gung jeder Form von Diskriminierung der Frau[760] einzulegen. Diese Übereinkommen enthalten in ihrem personellen Anwendungsbereich keine Beschränkung im Sinne eines Mindestalters und damit ist es grundsätzlich auch Kindern möglich, die darin enthaltenen Rechte einzufordern.[761]

Dabei ist jedoch zu beachten, dass die Kinderrechtskonvention nicht nur aus Rechten besteht, die aus diesen menschenrechtlichen Verträgen zusammengetragen sind, sondern dass die Kinderrechtskonvention vor allem kinderspezifische Rechtspositionen enthält, die nach den oben genannten Verträgen in diesem Umfang nicht einklagbar wären.[762] Das hat sich bereits bei der Beschäftigung mit der Frage nach dem Spezifischen an Kinderrechten gezeigt.[763] Die UN-Kinderrechtskonvention vereint sowohl bürgerliche und politische als auch wirtschaftliche, soziale und kulturelle Rechte, die den Schutzgehalt des IPbpR und des IPwirtR hinsichtlich der besonderen Bedürfnisse von Kindern verfeinern.[764] Überdies führt der in Art. 3 UN-KRK normierte Kindeswohlvorrang dazu, dass jede Maßnahme, die die Belange von Kindern berührt, sich am Kindeswohl messen lassen und sich an ihm orientieren muss.[765] Der Kindeswohlvorrang und das Bild des Kindes als eigenständige Persönlichkeit, deren Rechte zu achten sind und deren Meinung wahrgenommen werden muss, sind Errungenschaften der UN-Kinderrechtskonvention.[766] Insbesondere eine Verpflichtung der Staaten, spezifische Kinderrechte zu achten, ist ein Verdienst der Konvention.[767] Die universellen Gewährleistungen der internationalen Menschenrechtsverträge beinhalten oftmals keine auf die Belange von Kindern spezifisch zugeschnittenen Schutzbereiche.[768] Die in der UN-Kinderrechtskonvention garantierten Rechte müssen, auch wenn sie bereits in anderen menschenrechtlichen Verträgen kodifiziert sind, zudem nach den „general principles" der Konvention ausgelegt

---

760 BGBl. II 1985, 647; das Verfahren der Individualbeschwerde richtet sich nach dem Fakultativprotokoll zu dem Übereinkommen, A/Res/54/4; BGBl. II 2001, 1237.

761 So beispielsweise auch WEIß, MRM 2/2001, S. 94 f.; LÖHR, MRM 2/2011, S. 117.

762 So auch LÖHR, MRM 2/2011, S. 117 m. w. N.

763 Siehe dazu oben ausführlich Kapitel 3, B.

764 Siehe dazu oben ausführlich in Kapitel 1, B.

765 Siehe dazu oben Kapitel 3, C. III.

766 Siehe dazu oben ausführlich in Kapitel 1, A. und B.

767 STEINDORFF-CLASSEN, in: ELSEN, SUSANNE/WEBER, KLAUS/Hochschule München (Hrsg.), Aktiv für Kinderrechte, S. 14.

768 SCHWEITZER, in: LILLICH, RICHARD B. (Hrsg.), The family in international law: some ermerging problems, S. 122.

werden.[769] Bei der Rechtsanwendung und Interpretation der Konventionsrechte müssen also Art. 2 UN-KRK (Achtung der Kindesrechte; Diskriminierungsverbot), Art. 3 Abs. 1 KRK (Wohl des Kindes), Art. 6 UN-KRK (Recht auf Leben) und Art. 12 UN-KRK (Berücksichtigung des Kindeswillens) besonders berücksichtigt werden. Neben dem Bedürfnis kinderspezifischer Rechte, das die Kinderrechtskonvention erfüllt, erhalten somit auch die weiteren Menschenrechte in der Konvention einen kinderspezifischen Kern. Die Rechtspositionen, die Kindern durch die Kinderrechtskonvention garantiert werden, sind zwar vielfach deckungsgleich mit denen der anderen menschenrechtlichen Pakte, jedoch führt die kinderspezifische Auslegung weit überwiegend zu einem anderen Normgehalt oder es werden Rechtspositionen vermittelt, die in den weiteren Pakten so keine Entsprechung finden.[770]

Ebenso wie die Frage nach der Notwendigkeit einer Konvention zum Schutze von Kindern und zur Stärkung ihrer Rechte damit positiv zu beantworten ist, muss auch bei der Prüfung eines Mechanismus' zur Stärkung ihrer Durchsetzung dessen Bedarf erkannt und erfüllt werden.

b) Rechtsnatur der einklagbaren Rechte

Weiterhin musste festgelegt werden, welche Rechte konkret mittels einer Individualbeschwerde geschützt werden sollten. Die zentrale Fragestellung betraf insbesondere die Einklagbarkeit der wirtschaftlichen, sozialen und kulturellen Rechte.[771] Gemäß Art. 4 S. 2 i. V. m. S. 1 UN-KRK verpflichten sich die Vertragsstaaten hinsichtlich der Verwirklichung dieser Gruppe von

---

769 So auch die Anmerkung von ZERMATTEN in der ersten Sitzung der Arbeitsgruppe, A/HRC/13/43, § 65; siehe zu den „general principles" oben Kapitel 1, B. sowie Kapitel 3, C. III.

770 Das stellt auch KRAPPMANN, IzKK-Nachrichten 2009/1, S. 49 f. fest, der die Frage nach der grundsätzlichen Notwendigkeit einer Kinderrechtskonvention der nach einem gesonderten Beschwerdeverfahren für ebendiese gleichsetzt. In diesem Rahmen betont er nochmals, dass einige Rechte für Kinder gesondert an ihren Bedürfnissen ausgerichtet werden müssen oder einige, wie der Vorrang des Kindeswohls oder das Recht auf eine Jugendgerichtsbarkeit gerade nur in der Kinderrechtskonvention differenziert normiert sind.

771 Siehe dazu auch DÜNNWELLER, in: KAUFFMANN, HEIKO/RIEDELSHEIMER, ALBERT (Hrsg.), Kindeswohl oder Ausgrenzung? Flüchtlingskinder in Deutschland nach der Rücknahme der Vorbehalte, S. 88 sowie CREMER, Die UN-Kinderrechtskonvention, S. 10 m. w. N.

Rechten dazu, alle geeigneten Gesetzgebungs-, Verwaltungs- und sonstigen Maßnahmen „(...) unter Ausschöpfung ihrer verfügbaren Mittel und erforderlichenfalls im Rahmen der internationalen Zusammenarbeit (...)“ zu treffen. Eine derartige Einschränkung auf die tatsächliche Durchführbarkeit der Umsetzung normiert die UN-Kinderrechtskonvention ausschließlich hinsichtlich der wirtschaftlichen, sozialen und kulturellen Rechte.[772] Aufgrund der stetigen Beschränktheit der finanziellen Mittel und damit auch der Staatenbemühungen zur Umsetzung dieser Rechte wurde vielfach davon ausgegangen, die wirtschaftlichen, sozialen und kulturellen Rechte stünden in ihrer rechtlichen Verbindlichkeit den bürgerlichen und politischen nach und normierten reine Staatszielbestimmungen.[773] Daneben führte auch der Umstand, dass die normative Ausgestaltung dieser Rechte und ihrer Überprüfungsmechanismen stets weiter ausfällt als die der bürgerlichen und politischen, dazu, dass ihre Justiziabilität weitestgehend verneint wurde.[774]

Der Kinderrechtsausschuss hingegen stellt die wirtschaftlichen, sozialen und kulturellen den bürgerlichen und politischen Rechten vor dem Hintergrund der Unteilbarkeit der Menschenrechte gleich und hält sie damit auch für gleichermaßen justiziabel.[775] Die Verwirklichung der Rechte der Kinder kann danach nicht von einer Gruppe von Menschenrechten allein abhängen, sondern bedarf sämtlicher, eng miteinander verwobener menschenrechtlicher Gewährleistungen.[776] So drücke die Formulierung des Art. 4 S. 2 UN-KRK lediglich die „(...) realistic acceptance that lack of resources – financial and

---

772 SCHMAHL, Kinderrechtskonvention mit Zusatzprotokollen, Art. 4 Rn. 11 erklärt diese Einschränkung des Vorbehaltes damit, dass eine Schmälerung des Schutzstandards der Kinderrechtskonvention gegenüber anderen Menschenrechtsverträgen, die ohne einen solchen Vorbehalt konzipiert wurden, vermieden werden sollte.

773 Siehe dazu auch WEIß, MRM 2/2001, S. 96 m. w. N. zu der grundsätzlichen Diskussion der Justiziabilität der wirtschaftlichen, sozialen und kulturellen Rechte; zudem resümiert auch SCHNEIDER, Die Justiziabilität wirtschaftlicher, sozialer und kultureller Menschenrechte, S. 9 f. diese Ansicht ebenso und setzt sich in seiner Studie am Beispiel des IPwirtR mit der Verbindlichkeit der wirtschaftlichen, sozialen und kulturellen Rechte detailliert auseinander.

774 So auch BROWNLIE, Principles of Public International Law, S. 566, der diesen Unterschied anhand der Gegenüberstellung des IPbpR und des IPwirtR erläutert.

775 CRC/GC/2003/5, Rn. 6, 25; siehe zu dem *General Comment* zudem SCHMAHL, Kinderrechtskonvention mit Zusatzprotokollen, Art. 4 Rn. 11 ff.

776 So auch der Kinderrechtsausschuss in seinem *General Comment*, CRC/GC/2003/5, Rn. 6.

other resources – can hamper the full implementation of economic, social and cultural rights in some States (...)" aus, mindere aber keineswegs die Verpflichtungen der Vertragsstaaten.[777] Vielmehr sollen die Vertragsstaaten der Idee der „progressive realization" folgen, bei der sie den Nachweis darüber erbringen müssen, die Verwirklichung der Rechte aus der UN-Kinderrechtskonvention „(...) ‚to the maximum extent of their available resources' (...)" forciert zu haben.[778]

Eine Stütze der Konzeption des Kinderrechtsausschusses bildet auch die Schaffung des Individualbeschwerdeverfahrens zu dem Internationalen Pakt über wirtschaftliche, soziale und kulturelle Rechte.[779] Die Beweggründe für die Forcierung eines solchen Verfahrens deckten sich weitestgehend mit denen zur UN-Kinderrechtskonvention.[780] Ein erheblicher Vorteil wurde beispielsweise in der Konkretisierung der Normen gesehen, die durch die Spruchtätigkeit des Ausschusses erreicht werden könnte und die zugleich die Rechtsanwendung nationaler Gerichte bereichern könnte.[781] Ebendiese Prozesse waren wie gezeigt auch für die Kinderrechtskonvention gewünscht.[782] Das Fakultativprotokoll zu dem Internationalen Pakt über wirtschaftliche, soziale und kulturelle Rechte erhöht das Schutzniveau hinsichtlich der wirtschaftlichen, sozialen und kulturellen Rechte und ist zugleich ein Zeugnis für deren Justiziabilität.[783] Spätestens mit Inkrafttreten des Zusatzprotokolls zu dem Internationalen Pakt über wirtschaftliche, soziale und kulturelle Rechte[784] kann die Herleitbarkeit individualrechtlicher Ansprüche auch aus wirt-

---

777 CRC/GC/2003/5, Rn. 7.

778 a. a. O.

779 A/RES/63/117 v. 10. Dezember 2008; in Kraft getreten am 05. Mai 2013; siehe zu dem aktuellen Stand der Ratifikationen unter http://treaties.un.org/Pages/ViewDetails.aspx?src=TREATY&mtdsg_no=IV-3-a&chapter=4&lang=en (zuletzt abgerufen am 31.01.2014).

780 Siehe zu den Erwägungsgründen eines Mitteilungsverfahrens zum Internationalen Pakt über wirtschaftliche, soziale und kulturelle Rechte SCHNEIDER, Die Justiziabilität wirtschaftlicher, sozialer und kultureller Menschenrechte, S. 13 ff.

781 Ebd., S. 14.

782 Siehe dazu oben unter A. I. 1. dieses Kapitels; WEIß, MRM 2/2001, S. 95 f. regt zudem an, der Kinderrechtsausschuss könne auf der Spruchtätigkeit des Ausschusses über wirtschaftliche, soziale und kulturelle Rechte bezüglich vergleichbarer Verbürgungen in der Kinderrechtskonvention aufbauen.

783 AICHELE, VN 2/2009, S. 72.

784 A/RES/63/117 v. 10. Dezember 2008; in Kraft getreten am 05. Mai 2013; siehe zu dem aktuellen Stand der Ratifikationen unter http://treaties.un.org/Pages/View

schaftlichen, sozialen und kulturellen Rechten nicht mehr bezweifelt werden.[785]

c) Die Rolle der beiden Fakultativprotokolle zum Übereinkommen über die Rechte des Kindes

Eine Frage, die mit der nach den einklagbaren Rechten verbunden ist, befasst sich mit den beiden anderen Fakultativprotokollen zu der UN-Kinderrechtskonvention.[786] Zu Beginn der Verhandlungen über ein Mitteilungsverfahren stand noch nicht fest, ob lediglich die Rechte aus dem Übereinkommen selbst, oder ob auch die Rechte aus den beiden Zusatzprotokollen Gegenstand einer Individualbeschwerde sein sollten.[787] So könnte man Staaten die Wahl lassen, ob sie die Zuständigkeit des Kinderrechtsausschusses insgesamt oder nur für die Kinderrechtskonvention anerkennen.[788] Jedoch wäre die Möglichkeit der einschränkbaren Überwachungstätigkeit durch den Kinderrechtsausschuss für Staaten, die sowohl die UN-Kinderrechtskonvention als auch die beiden Zusatzprotokolle ratifiziert haben, inkonsequent.[789] Innerhalb der Arbeitsgruppe wurde sich vielfach für eine umfassende Konzeption der Beschwerde ausgesprochen.[790] So könne man die Entwicklung einer Hierarchie der verschiedenen Normen und eine weit auseinanderfallende Implementationsstruktur der Vertragsstaaten vermeiden.[791] Andere Mitglieder der Arbeitsgruppe sahen hingegen einen Vorzug in der Flexibilität, die den Staaten

---

Details.aspx?src=TREATY&mtdsg_no=IV-3-a&chapter=4&lang=en (zuletzt abgerufen am 31.01.2014).

785 So auch CREMER, Die UN-Kinderrechtskonvention, S. 10.

786 Siehe zu dem Fakultativprotokoll zum Übereinkommen über die Rechte des Kindes betreffend die Beteiligung von Kindern an bewaffneten Konflikten und dem Fakultativprotokoll zum Übereinkommen über die Rechte des Kindes betreffend den Verkauf von Kindern, die Kinderprostitution und die Kinderpornographie oben Kapitel 1, C.

787 A/HRC/17/36, § 36.

788 a. a. O.

789 Etwas deutlicher noch LÖHR, MRM 2/2011, S. 122, der diese Möglichkeit als *illegitim* bezeichnet.

790 So beispielsweise LEE, International Journal of Children's Rights 18 (2010), S. 574 f., 580; A/HRC/17/36, § 36.

791 A/HRC/17/36, § 36.

durch eine Wahl der jeweiligen Verpflichtungsstufe geboten würde.[792] In den Verhandlungen zu dem Entwurf eines Mitteilungsverfahrens einigte man sich schließlich darauf, die entsprechenden Textpassagen, die eine Wahlmöglichkeit statuierten, zu streichen.[793] In der von der Generalversammlung der Vereinten Nationen angenommenen Version des Zusatzprotokolls fehlt ebenfalls eine Wahlmöglichkeit, wie dessen Art. 5 belegt. Voraussetzung einer Beschwerde ist jedoch, dass der betreffende Staat Vertragsstaat des Übereinkommens oder des Fakultativprotokolls ist, dem das verletzte Recht entstammt.[794]

d) Beschwerdefähigkeit des Kindes

Innerhalb der Arbeitsgruppe wurde zudem die Beschwerdefähigkeit des Kindes kontrovers diskutiert.[795] Dabei musste entschieden werden, ob Kinder selbst ein Mitteilungsverfahren anstrengen können sollten, oder ob sie stets der Vertretung eines Erwachsenen bzw. der Eltern bedürften.[796] In Rückbezug zu dem nationalen Recht, das oftmals eine rechtliche Vertretung von Kindern in gerichtlichen Prozessen vorsieht und versucht, Kinder nicht zu sehr an diesen Verhandlungen zu beteiligen, sprachen sich viele Delegationen für eine obligatorische Vertretung von Kindern aus.[797] Andere Mitglieder der Arbeitsgruppe wiesen indes darauf hin, dass gerade die gesetzlichen Vertreter der Kinder teilweise selbst zu den Verantwortlichen einer Rechtsverletzung zählen würden.[798] Eine Vertretung in solchen Fällen könnte gerade nicht den erwünschten Effekt einer Interessenvertretung erfüllen. Auch die Grenze von 16 Jahren für den Eintritt der Beschwerdefähigkeit wurde vorgeschlagen.[799]

Das Zusatzprotokoll in der von der Generalversammlung der Vereinten Nationen angenommen Fassung enthält keine Regelung einer obligatorischen

792 a. a. O.

793 Siehe dazu A/HRC/17/36, § 98 ff. sowie Art. 6 des Entwurfes zu dem Mitteilungsverfahren, A/HRC/WG.7/2/4.

794 Siehe insofern den Wortlaut des Art. 5 Abs. 1 des Fakultativprotokolls zum Übereinkommen über die Rechte des Kindes betreffend ein Mitteilungsverfahren.

795 A/HRC/17/36, § 39 ff.

796 A/HRC/17/36, § 39.

797 a. a. O.

798 a. a. O.

799 a. a. O.

Vertretung von Kindern bei Einlegen einer Beschwerde.[800] Während der Tagung der Arbeitsgruppe wurden auch Mitglieder des Kinderrechtsausschusses sowie Vertreter von Nichtregierungsorganisationen angehört, die sich gegen die Normierung einer obligatorischen Vertretungsregel aussprachen.[801] Es sollten international nicht die gleichen Hürden für Kinder aufgestellt werden, die national oftmals existierten.[802] Zudem sei die Idee einer durchgängigen Übereinstimmung von Kindes- und Elterninteressen nicht anzunehmen.[803] Angesichts dieser Argumente und der Konzeption des Kindes innerhalb der Kinderrechtskonvention als eigenständige Rechtsträger entschied man sich schließlich für eine Beschwerdefähigkeit von Kindern.[804]

e) Untersuchungsverfahren und Kollektivbeschwerde

Aber auch ein mögliches Untersuchungsverfahren oder die Einführung einer Kollektivbeschwerde wurden thematisiert.[805] Letztere erlaubt es auch nicht unmittelbar von der eventuellen Rechtsverletzung betroffenen Verbänden und Gruppen ein Mitteilungsverfahren in Gang zu setzen.[806] Mehrere Staaten sprachen sich hinsichtlich der Kodifizierung einer Kollektivbeschwerde in dieser Sitzung dafür aus, zunächst deren Voraussetzungen zu konkretisieren und zwischen Verfahren zu unterscheiden, in denen das verletzte Individuum grundsätzlich nicht zu identifizieren sei und solchen, in denen dies durchaus möglich sei.[807] In der zweiten Sitzung der Arbeitsgruppe wurde das Thema einer Kollektivbeschwerde wieder aufgenommen.[808] Dabei lehnten zahlreiche Delegationen eine Kollektivbeschwerde ab, da sie keine Lücke des menschenrechtlichen Schutzes fülle, sondern vielmehr bereits die Individualbe-

800 Siehe den Wortlaut des Art. 5 Abs. 1 des Fakultativprotokolls zum Übereinkommen über die Rechte des Kindes betreffend ein Mitteilungsverfahren.

801 A/HRC/17/36, § 41 f.

802 a. a. O.

803 A/HRC/17/36, § 41; dazu auch allgemein bezogen auf Kindesinteressen RAUSCHENBACH, RdJB 2/2011, S. 139.

804 So auch auch LÖHR, MRM 2/2011, S. 120.

805 A/HRC/13/43, § 22.

806 So auch die Beschreibung des Verfahrens bei DÜNNWELLER, in: KAUFFMANN, HEIKO/ RIEDELSHEIMER, ALBERT (Hrsg.), Kindeswohl oder Ausgrenzung? Flüchtlingskinder in Deutschland nach der Rücknahme der Vorbehalte, S. 92.

807 A/HRC/13/43, § 47 f.

808 A/HRC/17/36, § 47 ff.

schwerde und das Untersuchungsverfahren die Aufgabe der Überwachung des Menschenrechtsschutzes in ausreichendem Maße übernähmen.[809] Neben der Arbeitsüberlastung wurde auch die Gefahr zu abstrakter Prozesse gesehen, die in dieser Form die Staatenverantwortlichkeit unterlaufen könnten.[810] Andere Delegationen und Mitglieder der Arbeitsgruppe, wie beispielsweise Nichtregierungsorganisationen, sprachen sich für die Normierung einer Kollektivbeschwerde aus.[811] So sahen sie den Vorteil darin, dass die Möglichkeit der Kollektivbeschwerde den Kinderrechtsausschuss gerade entlasten würde, da er nicht mehr mehrere gleich- und nachgelagerte Fälle bewerten müsste, sondern vielmehr verallgemeinerbare Fälle ohne identifizierbaren Verletzten.[812] Zudem würden Kinder durch die Anonymität besser vor einer Reviktimisierung und erneuten Repressalien bewahrt.[813] Umstritten war auch, ob man die Kollektivbeschwerde als verpflichtend normiert, aber die Einlegung eines Vorbehaltes erlaubt, oder ob der Staat sich ausdrücklich auch der Möglichkeit einer Kollektivbeschwerde unterwerfen muss.[814] Schließlich überwogen die ablehnenden Stimmen und die Kollektivbeschwerde fand keine Berücksichtigung der von der Generalversammlung der Vereinten Nationen angenommen Version des Zusatzprotokolls.

Das Untersuchungsverfahren hingegen ist Teil des Zusatzprotokolls.[815] Die meisten Mitglieder der Arbeitsgruppe betonten die Wichtigkeit eines solchen Verfahrens.[816] Gleichwohl ist in Art. 13 Abs. 7 des Fakultativprotokolls die Möglichkeit des jeweiligen Staates normiert, die Zuständigkeit des Ausschusses hinsichtlich dieses Verfahrens nicht anzuerkennen. Der dahinterstehende Gedanke betraf das Erreichen möglichst großer Akzeptanz des Fakultativprotokolls.[817]

---

809 A/HRC/17/36, § 48.

810 a. a. O.; siehe zu dem Aspekt der Staatenverantwortlichkeit auch unten in diesem Kapitel unter B. IV. 3.

811 A/HRC/17/36, § 49.

812 a. a. O.

813 a. a. O.

814 A/HRC/17/36, § 50.

815 Siehe insofern den Wortlaut der Art. 13 und 14 des Fakultativprotokolls zum Übereinkommen über die Rechte des Kindes betreffend ein Mitteilungsverfahren sowie die Ausführungen sogleich unter B. III.

816 A/HRC/17/36, § 81.

817 A/HRC/17/36, § 86.

III. Der Gang eines Mitteilungsverfahrens

Das Fakultativprotokoll zum Übereinkommen über die Rechte des Kindes betreffend ein Mitteilungsverfahren besteht insgesamt aus 24 Artikeln.[818] Es ist in vier Abschnitte untergliedert. Daneben ist der Kinderrechtsausschuss nach Art. 3 Abs. 1 des Zusatzprotokolls dazu ermächtigt, sich eine Verfahrensordnung zu geben.

Im ersten Teil des Protokolls (Art. 1 bis Art. 4) finden sich allgemeine Bestimmungen zu dem Mitteilungsverfahren. Art. 1 legt die generelle Zuständigkeit des Ausschusses für die Rechte des Kindes fest. Nach Art. 2 ist das Wohl des Kindes das leitende Motiv der Ausschussarbeit, das nach Art. 3 auch durch die Verfahrensordnung des Kinderrechtsausschusses zu dem Mitteilungsverfahren vorrangig beachtet wird. Zusätzlich soll gemäß Art. 2 S. 2 des Zusatzprotokolls neben den Rechten des Kindes vor allem im Hinblick auf die Ermöglichung eines kindgerechten Verfahrens auch seine Meinung berücksichtigt werden.[819] Dass die kindgerechte Ausgestaltung des Verfahrens ein wesentlicher Punkt des Mitteilungsverfahrens ist, unterstreicht die Möglichkeit des Kinderrechtsausschusses die Prüfung einer Mitteilung abzulehnen, wenn sie dem Wohl des Kindes widersprechen würde.[820] Art. 4 Abs. 1 des Zusatzprotokolls fordert die Vertragsstaaten dazu auf, den betroffenen Personen geeignete Schutzmaßnahmen während des Verfahrens zukommen zu lassen, um diese vor „(...) Menschenrechtsverletzung[en], Misshandlung[en] oder Einschüchterung[en] (...)" zu bewahren, die eine Zusammenarbeit mit dem Ausschuss verhindern sollen.

Teil II des Fakultativprotokolls (Art. 5 bis Art. 12) befasst sich mit dem Mitteilungsverfahren selbst. Beschwerdegegenstand ist nach Art. 5 Abs. 1 des Protokolls die Verletzung eines Rechts aus dem Übereinkommen über die Rechte des Kindes oder den beiden dazu ergangenen Fakultativprotokollen[821] durch einen Vertragsstaat des Übereinkommens. Beschwerdeführer können gemäß Art. 5 Einzelpersonen oder Personengruppen sein, die eine Verletzung

---

818 Siehe zum Wortlaut A/RES/66/138.

819 LÖHR, MRM 2/2011, S. 118 f., der darauf hinweist, dass die Berücksichtigung der Meinung des Kindes in dem Entwurf des Fakultativprotokolls noch nicht vorhanden, dann aber auch wegen Art. 12 UN-KRK gefordert wurde.

820 Siehe Art. 3 Abs. 2 HS. 2 des Fakultativprotokolls zum Übereinkommen über die Rechte des Kindes betreffend ein Mitteilungsverfahren.

821 Siehe zu den beiden Fakultativprotokollen oben Kapitel 1, C.

in den ihnen gewährten Rechten behaupten. Vorausgesetzt ein Vertragsstaat erklärt sich grundsätzlich damit einverstanden, ist es nach Art. 12 Abs. 1 des Zusatzprotokolls jedoch auch möglich, dass ein Vertragsstaat dem Kinderrechtsausschuss Mitteilung darüber gibt, dass ein anderer Vertragsstaat vermeintlich die Rechte der genannten Verträge verletzt hat. Nach Art. 12 Abs. 3 des Protokolls ist es dann die Aufgabe des Kinderrechtsausschusses, auf eine gütliche Einigung der beiden Staaten hinzuwirken, die mit den verletzten Rechten sowie mit der Konvention insgesamt in Einklang steht.

Ist eine Mitteilung beim Kinderrechtsausschuss eingegangen – sei es von einer Einzelperson, einer Personengruppe oder einem Vertragsstaat – prüft dieser zunächst die Zulässigkeit der Beschwerde. Nach Art. 7 des Zusatzprotokolls ergibt sich eine Unzulässigkeit beispielsweise bei nicht schriftlichem Einreichen der Mitteilung (Art. 7 lit. b), oder wenn der innerstaatliche Rechtsweg im Vorhinein nicht erschöpft wurde (Art. 7 lit. e). Ist die Zulässigkeit der Mitteilung jedoch gegeben, so wird der von der Mitteilung betroffene Vertragsstaat von sämtlichen Anschuldigungen in Kenntnis gesetzt.[822] Nach Art. 8 Abs. 2 des Protokolls ist der Vertragsstaat gehalten, dem Kinderrechtsausschuss binnen sechs Monaten schriftlich auf die ihm vorgeworfene Rechtsverletzung einzugehen und sich zu verteidigen beziehungsweise seine Sicht darzulegen. Falls der Staat bereits Maßnahmen ergriffen hat, um die Rechtsverletzung zu beseitigen, so kann er den Kinderrechtsausschuss darüber ebenso informieren.[823] Sobald dem Kinderrechtsausschuss die Sicht beider Seiten vorliegt, prüft er die Mitteilungen. Die Prüfung ist in Art. 10 des Protokolls festgelegt und erfolgt nach Absatz 1 schnellstmöglich und nach Maßgabe des Absatzes 2 in nichtöffentlicher Sitzung.

Daneben hat der Ausschuss nach Art. 6 des Protokolls jederzeit die Möglichkeit, dem betroffenen Vertragsstaat die Prüfung der Notwendigkeit vorläufiger Maßnahmen anzuempfehlen, die ergriffen werden sollten, sofern diese „(...) unter außergewöhnlichen Umständen [...] erforderlich sind, um einen möglichen nicht wiedergutzumachenden Schaden für das oder die Opfer der behaupteten Verletzung abzuwenden."[824] Zudem kann er im Laufe der Prü-

---

822 Siehe Art. 8 Abs. 1 des Fakultativprotokolls zum Übereinkommen über die Rechte des Kindes betreffend ein Mitteilungsverfahren.

823 Siehe insofern den Wortlaut des Art. 8 Abs. 2 des Fakultativprotokolls zum Übereinkommen über die Rechte des Kindes betreffend ein Mitteilungsverfahren.

824 Siehe insofern den Wortlaut des Art. 6 Abs. 1 des Fakultativprotokolls zum Übereinkommen über die Rechte des Kindes betreffend ein Mitteilungsverfahren.

fung der Beschwerde gemäß Art. 9 des Protokolls eine gütliche Einigung der Konfliktparteien anstreben, indem er beiden nach Abs. 1 „seine guten Dienste zur Verfügung [stellt]". Gelingt dies nicht, so teilt der Kinderrechtsausschuss nach Art. 10 Abs. 5 des Protokolls den Parteien das Ergebnis der Prüfung und eventuelle Empfehlungen mit.

Unter Beachtung des Beratungsergebnisses und etwaiger Empfehlungen ist der Vertragsstaat, der die Verletzung mutmaßlich begangen hat, nach Art. 11 des Protokolls dazu angehalten, Maßnahmen zur Umsetzung der Anregungen des Ausschusses zu ergreifen und so die Rechtsverletzung zu beseitigen. Über Art und Umfang der Maßnahmen muss der Vertragsstaat dem Kinderrechtsausschuss innerhalb von sechs Monaten schriftlich Bericht erstatten.[825]

Der Darstellung des Verfahrens nach Eingang einer Mitteilung über eine eventuelle Rechtsverletzung schließt sich Teil III (Art. 13 und 14) des Zusatzprotokolls an, der sich mit dem Untersuchungsverfahren befasst. Dieses Verfahren wird nach Art. 13 Abs. 1 des Fakultativprotokolls in den Fällen eingeleitet, in denen der Kinderrechtsausschuss von „(...) schwerwiegende[n] oder systematische[n] Verletzungen der in dem Übereinkommen oder den dazugehörigen Fakultativprotokollen betreffend den Verkauf von Kindern, die Kinderprostitution und die Kinderpornographie oder betreffend die Beteiligung von Kindern an bewaffneten Konflikten niedergelegten Rechte (...)" ausgehen muss. Ist ein solcher Verdacht gegeben, wird der betroffene Vertragsstaat zur Prüfung der Sache und Abgabe einer Stellungnahme aufgefordert.[826] Das Untersuchungsverfahren kann überdies eine vertrauliche Untersuchung der Sache durch eines oder mehrere Ausschussmitglieder – auch in dem Hoheitsgebiet des Vertragsstaates – umfassen. Dabei ist nach Art. 13 Abs. 2 S. 2 des Zusatzprotokolls jedoch dessen Zustimmung erforderlich. Die Kooperation des Vertragsstaates ist gemäß Art. 13 Abs. 3 des Protokolls überdies beständig wünschenswert.

Hat eine Untersuchung abschließend stattgefunden, so lässt der Kinderrechtsausschuss dem Vertragsstaat, wie schon in dem „einfachen" Mitteilungsverfahren, sein Ergebnis der Prüfung sowie mögliche Empfehlungen

825 Siehe insofern den Wortlaut des Art. 11 Abs. 1 des Fakultativprotokolls zum Übereinkommen über die Rechte des Kindes betreffend ein Mitteilungsverfahren.

826 Siehe Art. 13 Abs. 1 des Fakultativprotokolls zum Übereinkommen über die Rechte des Kindes betreffend ein Mitteilungsverfahren.

zukommen, auf die der Vertragsstaat binnen sechs Monaten reagieren soll.[827] Darüber hinaus kann der Kinderrechtsausschuss noch weitere Stellungnahmen des Vertragsstaates zu eventuell vorgenommen Abhilfemaßnahmen einfordern, wenn er dies für einen längeren Zeitraum als sechs Monate für notwendig erachtet (Art. 14 Abs. 1 des Zusatzprotokolls). Insgesamt bleibt es jedem Vertragsstaat jedoch unbenommen, die Möglichkeit eines Untersuchungsverfahrens gemäß Art. 13 Abs. 7 des Zusatzprotokolls auszuschließen, indem er die Zuständigkeit des Ausschusses hinsichtlich dieses Verfahrens nicht anerkennt.

Teil IV des Fakultativprotokolls zum Übereinkommen über die Rechte des Kindes betreffend ein Mitteilungsverfahren (Art. 15 bis Art. 24) beinhaltet die Schlussbestimmungen. Neben den Regelungen zur Unterzeichnung, Ratifikation und zum Beitritt (Art. 18) sowie Inkrafttreten (Art. 19) wird in Art. 15 Abs. 1 des Protokolls die Möglichkeit des Kinderrechtsausschusses normiert, bei gegebenem Bedarf an fachlicher Beratung mit Zustimmung des jeweiligen Vertragsstaates „(...) Sonderorganisationen, Fonds und Programmen der Vereinten Nationen und anderen zuständigen Stellen seine Auffassungen oder Empfehlungen zu Mitteilungen und Untersuchungen [...] [zu] übermitteln (...)“. So können Staaten bei der Ausräumung eventueller Rechtsverletzungen im konkreten Fall fachkundig unterstützt werden. Das sich aus dem Mitteilungsverfahren ergebende Wissen um Umsetzungsdefizite sollen die genannten Stellen nach Art. 15 Abs. 2 des Protokolls ebenfalls nutzen können, um den Rechten aus dem Übereinkommen und seinen Zusatzprotokollen zur besseren Durchsetzung zu verhelfen. Auch diese Unterstützung und Weitergabe der Erkenntnisse bedarf der Zustimmung des betreffenden Staates. Den beiden anderen Fakultativprotokollen vergleichbar kann auch dieses Protokoll von dem jeweiligen Vertragsstaat jederzeit schriftlich gekündigt werden (Art. 22).

IV. Rechtliche Bewertung des Fakultativprotokolls zum Übereinkommen über die Rechte des Kindes betreffend ein Mitteilungsverfahren

Vor dem Hintergrund der oben aufgeführten Fragestellungen im Zusammenhang mit dem Entwurf eines Fakultativprotokolls und dem Resultat der Be-

827 Siehe Art. 13 Abs. 4 und 5 des Fakultativprotokolls zum Übereinkommen über die Rechte des Kindes betreffend ein Mitteilungsverfahren.

mühungen soll nun überprüft werden, ob das Mitteilungsverfahren den damit verbundenen Erwartungen gerecht wurde, und ob es den menschenrechtlichen Schutzstandard für Kinder tatsächlich anheben konnte. Bei der rechtlichen Bewertung des Protokolls muss gleichwohl bedacht werden, dass – wie gezeigt – verschiedene Regelungsmodelle innerhalb der Arbeitsgruppe intensiv diskutiert wurden und es sich bei der angenommenen Fassung notwendigerweise um eine Kompromisslösung handelt. Auch deshalb dürfen schon die bloße Signalwirkung eines zustande gekommenen Zusatzprotokolls und die dahinterstehende Absicht der Verbesserung der rechtlichen Lage von Kindern nicht unterschätzt werden.

1. Positive Aspekte des Fakultativprotokolls zum Übereinkommen über die Rechte des Kindes betreffend ein Mitteilungsverfahren

Eine weitere, neben der Signalwirkung zu nennende Errungenschaft des Zusatzprotokolls kann darin gesehen werden, dass die Rechte von Kindern hinsichtlich ihrer Einklagbarkeit den anderen menschenrechtlichen Verträgen gleichgestellt wurden.[828] Auch das Ziel, dass Kinder als Rechtsträger wahrgenommen werden sollten[829], wurde vor allem dadurch verwirklicht, dass Kinder sich für ihre Rechte selbst einsetzen können.[830] Das kindgerechte Verfahren und die damit verbundene durchgängige Orientierung am Kindeswohl sind so nicht in den Verfahren der anderen Menschenrechtsverträge vorgesehen[831] und stellen damit eine wesentliche Neuerung zu dem bereits gewährleisteten Schutz des Kindes dar. Auch die oben bereits erwähnte Stärkung des Kinderrechtsausschusses, die auch mit der Möglichkeit der Entwicklung einer eigenen Kasuistik einhergeht, ist unzweifelhaft vorteilhaft.[832] Nicht zuletzt wäre der erhoffte Ausbau des nationalen Rechtsweges für Kinder – soweit noch nicht vorhanden – eine begrüßenswerte und wichtige Ent-

---

828 So auch LÖHR, MRM 2/2011, S. 127 und die Auffassung der Bundesregierung in der *Denkschrift zu dem Fakultativprotokoll zum Übereinkommen über die Rechte des Kindes betreffend ein Mitteilungsverfahren*, abgedr. in: BT-Drucks. 17/10916 v. 02.10.2012, S. 19.

829 WEIß, MRM 2/2001, S. 97.

830 Das verdeutlicht auch die oben unter B. II. 3. d) dieses Kapitels dargestellte Entscheidung der Arbeitsgruppe gegen eine obligatorische Vertretung von Kindern.

831 LUX, VN 6/2012, S. 274.

832 Siehe oben in diesem Kapitel Abschnitt B. II. 1.

wicklung.[833] Dabei kommt es jedoch vielmehr auf die Bereitschaft der Staaten zur Ratifikation und innerstaatlichen Umsetzung des Fakultativprotokolls an als auf dessen Bestimmungen selbst. Letztere können nur den Anstoß zu der Verbesserung der innerstaatlichen Rechtslage von Kindern geben, die tatsächliche Umsetzung liegt in den Händen der (Vertrags-)staaten.

2. *Negative Aspekte des Fakultativprotokolls zum Übereinkommen über die Rechte des Kindes betreffend ein Mitteilungsverfahren*

Trotz der skizzierten Vorteile kann das Fakultativprotokoll zum Übereinkommen über die Rechte des Kindes betreffend ein Mitteilungsverfahren in mehreren Punkten nicht überzeugen. Ein wesentlicher Nachteil wird in der Nichtaufnahme eines Kollektivbeschwerdeverfahrens gesehen.[834] Neben den bereits von Teilen der Arbeitsgruppe vorgebrachten Vorzügen[835] hätte der Fall, dass die Identität des Opfers nicht festgestellt werden kann, so auch die Möglichkeit der rechtlichen Verfolgbarkeit erhalten.[836] Dadurch wäre der Menschenrechtsschutz um eine wichtige Fallkonstellation erweitert worden, doch diese weitreichende Klagemöglichkeit konnte sich letztlich nicht durchsetzen.[837]

3. *Die Hoffnung auf eine Etablierung verbindlicher Sanktionen*

Eine weitere Verbesserung des Kinderschutzes sollte das Mitteilungsverfahren hinsichtlich der Sanktionierung von Kinderrechtsverletzungen mit sich bringen.[838] Ob eine solche Verbesserung erreicht werden konnte, ist in Anbetracht des Fakultativprotokolls fraglich. Eine mögliche Sanktionierung käme einzig als Folge der Empfehlungen des Ausschusses in Betracht, die nach Prüfung der Sachlage ergehen. Wie bereits dargestellt, richten sich die Folgemaßnahmen nach Art. 11 des Zusatzprotokolls und erschöpfen sich darin, dass der Vertragsstaat die Auffassungen und Empfehlungen des Kinder-

833 a. a. O.

834 So beispielsweise LÖHR, MRM 2/2011, S. 127; aA SCHMAHL, Kinderrechtskonvention mit Zusatzprotokollen, Art. 44/45 Rn. 28.

835 Siehe dazu oben Abschnitt B. II. 3. e) dieses Kapitels.

836 LÖHR, MRM 2/2011, S. 127.

837 Siehe dazu oben die Darstellung der Diskussion in der Arbeitsgruppe in diesem Kapitel unter B. II. 3. e).

838 Siehe dazu oben in diesem Kapitel unter B. II. 1.

rechtsausschusses prüft und diesem einen Bericht mit seiner Antwort und der Schilderung etwaiger Abhilfemaßnahmen übersendet. Die Ergebnisse des Kinderrechtsausschusses bei einem Individualbeschwerdeverfahren entfalten damit keine rechtliche Wirksamkeit hinsichtlich einer konkreten Verpflichtung zur Wiedergutmachung,[839] jedoch ist es eventuell möglich, die Restitutionspflicht auf zweierlei Weise zu konstruieren.[840]

Zum einen könnte man auf den Beitritt der Staaten zu dem Zusatzprotokoll abstellen und von der damit erklärten Anerkennung des Individualbeschwerdeverfahrens auf eine Verpflichtung zur Befolgung der Empfehlungen des Kinderrechtsausschusses schließen.[841] Aufgrund der Einsetzung des Kinderrechtsausschusses durch die Staaten selbst könnte sich diese Verpflichtung aus dem Grundsatz von Treu und Glauben ergeben.[842] Zu bedenken bliebe bei dieser Variante, dass die Staaten weiterhin Vorbehalte einlegen könnten, die eventuelle Verpflichtungen einer Wiedergutmachung zu negieren in der Lage wären. Zudem kann aus der bloßen freiwilligen Anerkennung der Zuständigkeit eines Kontrollgremiums[843] nicht zwangsläufig auch die Befolgung seiner Ergebnisse und Empfehlungen hergeleitet werden. Dagegen sprechen vor allem der stets weit gehaltene Wortlaut, der eine derartige Verpflichtung an keiner Stelle positiv feststellt und die Intention des Zusatzprotokolls, bei dem der Gedanke der Zusammenarbeit von Ausschuss und Staaten sowie des Dialogs im Vordergrund steht. In den von der Idee der Kooperation getragenen Vorschriften findet sich für eine verbindliche Rechtspflicht keine Stütze.

Zum anderen könnte man über die Regeln des völkerrechtlichen Delikts zu einer Wiedergutmachungspflicht der Staaten gelangen, wenn eine Völker-

839 Siehe so auch die Auffassung der Bundesregierung in der *Denkschrift zu dem Fakultativprotokoll zum Übereinkommen über die Rechte des Kindes betreffend ein Mitteilungsverfahren*, abgedr. in: BT-Drucks. 17/10916 v. 02.10.2012, S. 18.

840 Siehe insofern bezüglich der beiden Möglichkeiten der Konstruktion einer verbindlichen Rechtspflicht zur Wiedergutmachung die Ausführungen von WEIẞ, MRM 2/2001, S. 93.

841 So auch die Idee von WEIẞ, MRM 2/2001, S. 93.

842 So SCHMAHL, Kinderrechtskonvention mit Zusatzprotokollen, Art. 44/45 Rn. 8 hinsichtlich des Staatenberichtsverfahrens; allerdings soll sich aus dem Grundsatz von Treu und Glauben lediglich eine Verpflichtung zur inhaltlichen Auseinandersetzung mit den Empfehlungen des Kinderrechtsausschusses ergeben.

843 Siehe den Wortlaut des Art. 1 Abs. 1 des Fakultativprotokolls zum Übereinkommen über die Rechte des Kindes betreffend ein Mitteilungsverfahren.

rechtsverletzung im konkreten Fall tatsächlich festgestellt werden konnte.[844] Dabei muss jedoch von vornherein bedacht werden, dass es sich bei einer Sanktionierung der Handlung eines Staates auf Grundlage der Regelungen des völkerrechtlichen Delikts nicht um eine Folge des Individualbeschwerdeverfahrens handelt. Vielmehr kann die Wiedergutmachung als Ausfluss der völkerrechtlichen Verantwortlichkeit als zwischenstaatlicher Anspruch zunächst nur von dem Staat, dem die natürliche Person im Verletzungszeitpunkt angehörte, gegenüber dem Verletzerstaat in einem von der Individualbeschwerde vollkommen unabhängigen Verfahren geltend gemacht werden.[845] Es handelte sich bei Bejahung einer Sanktionspflicht aufgrund der Verwirklichung eines völkerrechtlichen Delikts damit nicht um eine Folge des Individualbeschwerdeverfahrens. Lediglich die dort ergangene Entscheidung, die einen eventuellen Völkerrechtsverstoß positiv feststellt, könnte als Indiz für die Verwirklichung eines völkerrechtlichen Delikts dienen.[846]

Die Materie des völkerrechtlichen Delikts ist nicht normiert, sondern es handelt sich um ungeschriebenes Völkergewohnheitsrecht, das jedoch durch die Draft Articles on Responsibility of States for Internationally Wrongful Acts[847] der International Law Commission, die größtenteils die völkergewohnheitsrechtlichen Regelungen enthalten, ergänzt wird.[848] Die Staatenverantwortung soll unter Wahrung der Gleichheit der einzelnen Staaten vor dem Recht die Durchsetzbarkeit des Völkerrechts sichern und fördern, wozu es eines verbindlichen Systems der Verantwortlichkeit zwingend bedarf.[849] Art. 2 des ILC-Entwurfes legt die Merkmale eines völkerrechtlichen Deliktes fest, das danach vorliegt, wenn ein Staat in zurechenbarer Weise eine völkerrechtliche Pflicht verletzt. Eine solche Verletzung kann beispielsweise in der Missachtung völkervertraglicher Pflichten liegen.[850] Ginge man nun davon

844 Weiß, MRM 2/2001, S. 93.

845 Schröder, in: Graf Vitzthum, Wolfgang (Hrsg.), Völkerrecht, S. 597 Rn. 31 ff.

846 So auch Weiß, MRM 2/2001, S. 93.

847 GA/Res. 56/83; der Entwurf der International Law Commission von 2001 ist zudem unter http://legal.un.org/ilc/texts/instruments/english/commentaries/9_6_2001.pdf abrufbar (zuletzt abgerufen am 31.01.2014); im Folgenden als ILC-Entwurf abkürzend bezeichnet.

848 Hobe, Einführung in das Völkerrecht, S. 249 f.; Kempen/Hillgruber, Völkerrecht, § 34 Rn. 58 ff.

849 Stein/v. Buttlar, Völkerrecht, § 68 Rn. 1102 f.

850 Siehe dazu den Wortlaut des Art. 12 des ILC-Entwurfes sowie Kempen/Hillgruber, Völkerrecht, § 34 Rn. 64.

aus, es läge eine dem Vertragsstaat zurechenbare Verletzung seiner Verpflichtungen aus der UN-Kinderrechtskonvention vor, so würde dieses völkerrechtliche Delikt Rechtsfolgen nach sich ziehen. Diese richten sich nach Artt. 28 ff. des ILC-Entwurfes. Nach Art. 30 des ILC-Entwurfes ist der Verletzerstaat dazu angehalten, die verletzende Handlung zu beenden (lit. a) und Maßnahmen zu ergreifen, um eine erneute Verletzung zu verhindern (lit. b). Art. 31 des ILC-Entwurfes normiert die Obliegenheit des Staates, den begangenen Schaden zu beheben. Die Formen der Wiedergutmachung sind in den Art. 34 ff. des ILC-Entwurfes normiert und reichen von Naturalrestitution (Art. 35) bis zu Genugtuung (Art. 37).

Jedoch sind auch hier wiederum verschiedene Aspekte zu beachten, die der direkten Sanktionierung der konkreten Vertragsverletzung gegenüber einem Individuum entgegenstehen. So vermittelt die Möglichkeit der Sanktion nach der völkerrechtlichen Verantwortlichkeit, wie bereits bemerkt, nur einen Anspruch des Staates gegen den Staat.[851] Dem Individuum selbst ist der Weg der Sanktionierung seiner erlittenen Rechtsverletzung mittels der Regelungen zur Staatenverantwortlichkeit auf direktem Weg versperrt.[852] Zudem ist die Erfüllung der auferlegten Sanktionen auch bei dem völkerrechtlichen Delikt nicht zentral durchsetzbar.[853] In diesem Zusammenhang darf jedoch die sich ausweitende Tendenz des internationalen Menschenrechtsschutzes, die sich hinter dem Begriff der „erga omnes" – Pflichten verbirgt, nicht vergessen werden.[854] Verletzt danach ein Staat seine völkervertraglichen Pflichten, so gilt nicht nur der jeweils betroffene Unterzeichnerstaat als verletzt, sondern sämtliche Signatarstaaten können die Verletzung rügen.[855] Der dem zugrun-

---

851 So auch HOBE, Einführung in das Völkerrecht, S. 254; KEMPEN/HILLGRUBER, Völkerrecht, § 34 Rn. 75.

852 Gleichwohl muss der innerstaatliche Rechtsweg wie bei der Individualbeschwerde auch vor Erhebung eines Anspruchs gemäß der Staatenverantwortlichkeit durch das Individuum ausgeschöpft sein; siehe insofern auch SCHRÖDER, in: GRAF VITZTHUM, WOLFGANG (Hrsg.), Völkerrecht, S. 597 Rn. 32.

853 So auch KEMPEN/HILLGRUBER, Völkerrecht, § 34 Rn. 75, die zudem auf die Artt. 49 ff. des ILC-Entwurfes verweisen, die es einem Staat erlauben, Gegenmaßnahmen zu ergreifen, für den Fall, dass der Verletzerstaat keine Wiedergutmachung leistet. In einer solchen Konstellation ist es jedoch im Einzelfall fraglich, inwiefern dem einzelnen verletzten Individuum dadurch geholfen werden kann.

854 Siehe dazu beispielsweise HOBE, Einführung in das Völkerrecht, S. 438 ff.; SCHRÖDER, in: GRAF VITZTHUM, WOLFGANG (Hrsg.), Völkerrecht, S. 635 Rn. 114.

855 KEMPEN/HILLGRUBER, Völkerrecht, § 14 Rn. 131.

deliegende Gedanke lässt sich wiederum auf die Universalität der Menschenrechte zurückführen, da sich eine derartige universelle Wirkung der Unterzeichnung zwischen allen Vertragspartnern im Völkerrecht vorerst nur bei den Menschenrechten herausbildet.[856] Das Konzept der Verpflichtung „erga omnes“ ist daher nicht nur für den Schutz von Kindern von unschätzbarem Wert, erweitert sie doch den Kreis der möglichen Sanktionsberechtigten.[857]

Abgesehen von der Prüfung, ob das Mitteilungsverfahren die Rechte der Kinder unter dem Aspekt der Durchsetzbarkeit eventueller Sanktionen ausreichend schützt, und ob eventuell die Regelungen der völkerrechtlichen Verantwortlichkeit eine effektivere Sanktionierung von Verletzungen der UN-Kinderrechtskonvention herbeiführen können, müsste vorab einer grundsätzlichen Frage nachgegangen werden. Es müsste bestimmt werden, ob nicht die Regelungen der Kinderrechtskonvention und ihres Fakultativprotokolls vorrangig vor denen der völkerrechtlichen Verantwortlichkeit, oder ob erstere gar abschließend sind.[858] So bliebe zu erwägen, ob man die UN-Kinderrechtskonvention mit ihren Fakultativprotokollen als menschenrechtlichen Vertrag als self-contained régime auffasst, sodass nur die Sanktionen zulässig sind, die auch in ebendiesem vereinbart wurden.[859] Dafür spricht zunächst, dass eine Reaktion auf eine Vertragsverletzung nach allgemeinem Völkerrecht, wie zum Beispiel die Vornahme von Repressalien, aufgrund des spezifischen Charakters von Menschenrechtsverträgen[860] als nicht möglich und

856 Siehe dazu auch ausführlich HOBE, Einführung in das Völkerrecht, S. 438 ff. sowie HERDEGEN, Völkerrecht, § 59 Rn. 8.

857 Hinsichtlich der Sanktionsberechtigung auch SCHRÖDER, in: GRAF VITZTHUM, WOLFGANG (Hrsg.), Völkerrecht, S. 635 Rn. 114.

858 So allgemein auf menschenrechtliche Schutzmechanismen bezogen auch die Fragestellung ebd., S. 597 Rn. 32 m. w. N.

859 So auch hinsichtlich der beiden menschenrechtlichen Verträge, dem IPbpR und dem IPwirtR, HOBE, Einführung in das Völkerrecht, S. 437 ff. m. w. N.; siehe allgemein zu einem self-contained régime im Zusammenhang mit dem ILC-Entwurf CRAWFORD, The International Law Commission's Articles on State Responsibility, Art. 55, S. 306 ff. Davon zu unterscheiden ist das Problem, ob die Verletzung von Menschenrechten grundsätzlich zu einer Staatenverantwortlichkeit führen kann, so auch SIMMA, NYIL 16 (1985), S. 130 sowie ausführlich zu dieser Frage HOBE, ebd., S. 439 ff., SCHRÖDER, in: GRAF VITZTHUM, WOLFGANG (Hrsg.), Völkerrecht, S. 590 Rn. 16 m. w. N. sowie ERMACORA, in: MIEHSLER, HERBERT/MOCK, ERHARD/SIMMA, BRUNO/TAMMELO, ILMAR (Hrsg.), Ius humanitatis. Festschrift zum 90. Geburtstag von Alfred Verdross, S. 372 f.

860 Siehe dazu auch ausführlich oben, Kapitel 2, A. II. 2.

hinsichtlich verschiedener Formen der Repressalie auch nicht sinnvoll erscheint.[861] Dagegen wird einschränkend vertreten, dass man zwar im Falle der Europäischen Menschenrechtskonvention, die sowohl Staaten- als auch Individualbeschwerden (Art. 33 und 34 EMRK) vor dem Europäischen Gerichtshof für Menschenrechte zulässt, eine abschließende Regelung der Staatenverantwortlichkeit annehmen könne, diese Annahme aber für andere Menschenrechtsverträge, die auf nicht rechtlich bindende Ausschussarbeit angewiesen sind, nicht übertragbar sei.[862] Für letztere Ansicht spricht auch, dass das vorrangige Ziel des Menschenrechtsschutzes gefährdet wäre, wenn ein Staat durch das Eingehen einer völkerrechtlichen Verpflichtung mit einem geringeren Schutzstandard den Regeln des allgemeinen Völkerrechts, die in diesem Fall einen höheren Schutz gewähren, ausweichen könnte.[863] Insofern wird davon ausgegangen, dass es in diesem Fall einer eindeutigen Aussage der Vertragsstaaten bedürfe, aus der sich schließen lasse, dass eine abschließende Regelung – insbesondere hinsichtlich der Durchsetzbarkeit gewollt war.[864]

Betrachtet man der allgemeinen Auslegungsregel des Art. 31 WVK folgend zunächst die Präambeln des Übereinkommens über die Rechte des Kindes und des Fakultativprotokolls zum Übereinkommen über die Rechte des Kindes betreffend ein Mitteilungsverfahren, so lässt sich ein solcher Staatenwille nicht herauslesen. Vielmehr erhoffen sich die Vertragsstaaten eine

861 HOBE, Einführung in das Völkerrecht, S. 438 f. sowie weit unentschlossener hinsichtlich eines Repressalienverbotes im Bereich des Menschenrechtsschutzes SCHRÖDER, in: GRAF VITZTHUM, WOLFGANG (Hrsg.), Völkerrecht, S. 634 Rn. 113.

862 So auch SIMMA, in: V. MÜNCH, INGO (Hrsg.), Staatsrecht – Völkerrecht – Europarecht. Festschrift für HANS-JÜRGEN SCHLOCHAUER zum 75. Geburtstag, S. 639 f. sowie ders., NYIL 16 (1985), S. 133 f.

863 ERMACORA, in: MIEHSLER, HERBERT/MOCK, ERHARD/SIMMA, BRUNO/TAMMELO, ILMAR (Hrsg.), Ius humanitatis. Festschrift zum 90. Geburtstag von Alfred Verdross, S. 369 f., der davon ausgeht, dass sich die völkerrechtliche Schutzpflicht und die des allgemeinen Völkerrechts ergänzen.

864 SIMMA, NYIL 16 (1985), S. 133 f., der zudem als Beleg der gleichlautenden Staatenpraxis eine Antwort der Bundesregierung auf eine Anfrage im Bundestag zu der Geltung des IPbpR nachzeichnet, bei der die Bundesregierung auf die Möglichkeit der Gebrauchs der allgemeinen Regeln des Völkerrechts gegenüber den Staaten hinweist, die sich Art. 41 IPbpR nicht unterworfen haben, ebd., S. 134 m. w. N.

Stärkung des nationalen und regionalen Rechtsschutzes für Kinder.[865] In der Denkschrift der Bundesregierung zu dem Fakultativprotokoll stellt sie fest, dass „[d]ie im Fakultativprotokoll vorgesehenen Beschwerdemechanismen [...] alle relevanten Konstellationen ab[decken], in denen ein Beschwerdemechanismus notwendig ist."[866] Hinsichtlich etwaiger Durchsetzungsmechanismen werden allerdings keine Aussagen bezüglich ihrer Lückenlosigkeit getroffen. Die These, dass das Fakultativprotokoll als Ergänzung zu dem menschenrechtlichen Übereinkommen über die Rechte des Kindes als self-contained régime konzipiert wurde, findet zumindest in dem ausgedrückten Staatenwillen vorerst keine Stütze. Eine Staatenverantwortlichkeit nach den Regeln des Entwurfes der International Law Commission ist daher nicht von vornherein ausgeschlossen. Wie bereits angemerkt, muss diese Möglichkeit bei der Beurteilung der Stärkung der Sanktionsmechanismen bei Vertragsverstößen durch das Mitteilungsverfahren dennoch außer Betracht bleiben, da die Regeln der Staatenverantwortlichkeit unabhängig von denen des Fakultativprotokolls zu sehen sind.

Mangels rechtlicher Verbindlichkeit der Ergebnisse des Kinderrechtsausschusses bei einem Individualbeschwerdeverfahren sieht sich die Hoffnung auf verbindliche Sanktionen durch das Fakultativprotokoll mithin enttäuscht. Daneben bleiben jedoch die Regeln der Staatenverantwortlichkeit anwendbar, die ihrerseits dem Individuum jedoch auch keine unmittelbare Sanktionsmöglichkeit einräumen und deren Durchsetzbarkeit ebenfalls nicht zentral erfolgen kann.

C. Das Mitteilungsverfahren im nationalen Kontext

Die Bundesrepublik Deutschland unterstützte die Idee eines Mitteilungsverfahrens für die UN-Kinderrechtskonvention bereits früh. Im Jahre 2001 äußerte sich die Bundesregierung auf eine Anfrage eines CDU/CSU-Abgeord-

865 Siehe insofern den Wortlaut der Präambel des Fakultativprotokolls zum Übereinkommen über die Rechte des Kindes betreffend ein Mitteilungsverfahren, A/RES/66/138.

866 *Denkschrift zu dem Fakultativprotokoll zum Übereinkommen über die Rechte des Kindes betreffend ein Mitteilungsverfahren*, abgedr. in: BT-Drucks. 17/10916 v. 02.10. 2012, S. 19.

neten positiv hinsichtlich eines Individualbeschwerdeverfahrens für die UN-Kinderrechtskonvention.[867] So antwortete die Bundesregierung wie folgt:

> „Die Bundesregierung befürwortet eine Stärkung der Rechte der Kinder. Sie ist außerdem der Auffassung, dass die Verfügbarkeit von Individualbeschwerdemöglichkeiten und anderen Kontrollinstrumenten gegen Menschenrechtsverletzungen grundsätzlich dazu geeignet ist, Rechtsstellung und Rechtsbewusstsein der Betroffenen zu stärken und die Bereitschaft der Vertragsstaaten zur Implementierung ihrer Verpflichtungen zu fördern.
> Das internationale Übereinkommen über die Rechte des Kindes formuliert die Rechte von Kindern als Staatenverpflichtungen, wonach die Vertragsstaaten das Übereinkommen und die in ihm anerkannten Kinderrechte in ihrem innerstaatlichen Recht umsetzen müssen (s. Denkschrift zu dem Übereinkommen, Bundestagsdrucksache 12/42, B.). Vor diesem Hintergrund bedarf die Einführung eines Individualbeschwerderechts zur Kinderrechtskonvention allerdings noch eingehender rechtlicher Prüfung.“[868]

Vorbehaltlich einer Einschätzung der innerstaatlichen Folgen eines Individualbeschwerdeverfahrens stand die Bundesregierung der Einführung eines solchen somit grundsätzlich offen gegenüber. Zudem stellte sie heraus, dass ein zusätzlicher Kontrollmechanismus der Akzeptanz und Umsetzung der Konvention nützen könnte.

In dem nationalen Aktionsplan der Bundesregierung,[869] der auf Grundlage der Resolution der Generalversammlung der Vereinten Nationen vom 11. Oktober 2002[870] entstand, setzte es sich die Bundesregierung als Aufgabe, die Einführung einer Individualbeschwerde national als zentrales Thema in der gesamtgesellschaftlichen Diskussion zu etablieren.[871] Die Schlussbetrachtung bezüglich des nationalen Aktionsplanes der Bundesregierung[872]

---

867 BT-Drucks. 14/6226 v. 01.06.2001, S. 37.

868 a. a. O.

869 Nationaler Aktionsplan. Für ein kindergerechtes Deutschland 2005-2010, online abrufbar unter http://www.bmfsfj.de/RedaktionBMFSFJ/Broschuerenstelle/Pdf-Anlagen/nap-nationaler-aktionsplan,property=pdf,bereich=bmfsfj,sprache=de,rwb=true.pdf (zuletzt abgerufen am 31.01.2014).

870 A/RES/S-27/2; die Resolution trägt den Titel *„A world fit for children“* und beabsichtigt eine weltweite Stärkung der Kinderrechte, die auch die Erstellung konkreter Pläne der Staaten zur Umsetzung der UN-Kinderrechtskonvention voraussetzt.

871 Nationaler Aktionsplan. Für ein kindergerechtes Deutschland 2005-2010, S. 78.

872 Perspektiven für ein kindgerechtes Deutschland. Abschlussbericht des Nationalen Aktionsplans „Für ein kindgerechtes Deutschland 2005–2010“, online abrufbar unter

bekräftigte noch einmal die Bemühungen und den Willen der Bundesregierung, ein Mitteilungsverfahren als Teil der Überwachung der Umsetzung der Kinderrechtskonvention international einzuführen.[873]

An diese Willensbekundung knüpfte auch der Antrag der FDP-Fraktion[874] an, der die Bundesregierung dazu aufforderte, international und auf europäischer Ebene für das Mitteilungsverfahren zu werben und dieses in besonderer Weise kindgerecht auszugestalten.[875] Die in dem Antrag genannten Vorteile werden auch hier in der Stärkung der Kinder als eigenständige Rechtspersönlichkeiten und der verbesserten Umsetzung als Folge der gesteigerten Rechenschaftspflicht der Staaten gesehen.[876] Wenig später richtete die FDP-Fraktion eine Kleine Anfrage an die Bundesregierung, [877] in deren Punkt 8 sich die Fraktion nach der Bereitschaft der Bundesregierung zur Aushandlung eines Fakultativprotokolls bezüglich eines Mitteilungsverfahrens erkundigt. Anlässlich dieser Anfrage gab die Bundesregierung an, die Diskussion um ein solches Protokoll mit Interesse zu verfolgen.[878] Außerdem berichtete die Bundesregierung, sie nähme an „(...) informellen Beratungen über die Einsetzung einer formellen Arbeitsgruppe des VN-Menschenrechtsrats zur Schaffung eines Individualbeschwerdeverfahrens (...)“ teil.[879] Solange jedoch einige grundlegende Fragen zu der Verwirklichung eines solchen Verfahrens, wie beispielsweise „(...) mögliche Überlappungen mit existierenden Beschwerdeverfahren (...)“, nicht beantwortet seien, wolle sie sich nicht endgültig zu der Sinnhaftigkeit eines Fakultativprotokolls äußern.[880] Die Bundesregierung trug damit aktiv zu der Schaffung eines Mitteilungsverfah-

---

http://www.bmfsfj.de/RedaktionBMFSFJ/Broschuerenstelle/Pdf-Anlagen/kindergerechtes-deutschland-abschlussbericht,property=pdf,bereich=bmfsfj,sprache=de,rwb=true.pdf (zuletzt abgerufen am 31.01.2014).

873 Perspektiven für ein kindgerechtes Deutschland. Abschlussbericht des Nationalen Aktionsplans „Für ein kindgerechtes Deutschland 2005–2010“, S. 19.

874 BT-Drucks. 16/9096 v. 07.05.2008.

875 BT-Drucks. 16/9096 v. 07.05.2008, S. 3.

876 BT-Drucks. 16/9096 v. 07.05.2008, S. 2.

877 BT-Drucks. 16/11469 v. 17.12.2008.

878 BT-Drucks. 16/11603 v. 14.01.2009, S. 3 f.

879 BT-Drucks. 16/11603 v. 14.01.2009, S. 4.

880 a. a. O.

rens zu der UN-Kinderrechtkonvention sowie zur Beantwortung der oben beschriebenen Fragen[881] bei.[882]

Nachdem das Fakultativprotokoll zum Übereinkommen über die Rechte des Kindes betreffend ein Mitteilungsverfahren am 19. Dezember 2011 von der Generalversammlung der Vereinten Nationen angenommen wurde,[883] gehörte Deutschland am 28. Februar 2012 zu den ersten Unterzeichnerstaaten.[884] Kurz darauf begannen in Deutschland die Vorbereitungen der Ratifikation des Protokolls. Am 10. August 2012 wurde ein Gesetzentwurf der Bundesregierung und des Bundesministeriums für Familie, Senioren, Frauen und Jugend dem Bundesrat zugeleitet.[885] Mangels entgegenstehender Einwendungen des Bundesrates[886] wurde der Gesetzesentwurf am 02. Oktober 2012 dem Bundestag zugeleitet,[887] der die Gesetzesvorlage am 08. November 2012 annahm.[888] Dieser Gesetzesbeschluss passierte in der Folge auch den Bundesrat ohne Einberufung des Vermittlungsausschusses[889] und wurde sodann im Bundesgesetzblatt veröffentlicht.[890] Das Gesetz zu dem Fakultativprotokoll vom 19. Dezember 2011 zum Übereinkommen über die Rechte des Kindes betreffend ein Mitteilungsverfahren trat am 29. Dezember 2012 in Kraft.[891]

Genau ein Jahr nach der Unterzeichnung des Zusatzprotokolls, somit am 28. Februar 2013, hinterlegte die Bundesregierung die Ratifikationsurkunde bei der Generalversammlung der Vereinten Nationen.[892] Der Ratifikationsprozess verlief damit sehr zügig und gemäß Art. 19 des Fakultativprotokolls

---

881 Siehe dazu oben in diesem Kapitel, B. I. und II.

882 So auch DÜNNWELLER, in: KAUFFMANN, HEIKO/RIEDELSHEIMER, ALBERT (Hrsg.), Kindeswohl oder Ausgrenzung? Flüchtlingskinder in Deutschland nach der Rücknahme der Vorbehalte, S. 92.

883 A/RES/66/138.

884 Siehe dazu auch http://treaties.un.org/pages/ViewDetails.aspx?src=TREATY& mtdsg_no=IV-11-d&chapter=4&lang=en (zuletzt abgerufen am 31.01.2014).

885 BR-Drucks. 477/12 v. 10.08.2012.

886 BR-Drucks. 477/12 (Beschluss) v. 21.09.2012.

887 BT-Drucks. 17/10916 v. 02.10.2012.

888 BT-Plenarprotokoll 17/204 v. 08.11.2012, S. 24830D-24831A.

889 BR-Drucks. 711/12 v. 23.11.2012 sowie BR-Drucks. 711/12 (Beschluss) v. 14.12. 2012.

890 BGBl. II 2012, 1546.

891 a. a. O.

892 Siehe dazu auch http://treaties.un.org/pages/ViewDetails.aspx?src=TREATY&mtdsg_no=IV-11-d&chapter=4&lang=en (zuletzt abgerufen am 31.01.2014).

ist die erforderliche Zahl an Ratifikationserklärungen nunmehr erreicht, sodass das Fakultativprotokoll voraussichtlich am 14. April 2014 in Kraft treten wird.[893]

D. Zusätzliche Durchsetzungsmechanismen auf nationaler Ebene

Nachdem die UN-Kinderrechtskonvention mit einem Mitteilungsverfahren ausgestattet ist beziehungsweise nach Hinterlegung der zehnten Ratifikationsurkunde sein wird,[894] bleibt zu überlegen, ob dieses neben dem Berichtsverfahren zur Umsetzung der UN-Kinderrechtskonvention ausreicht, oder ob darüber hinausgehend einzelne Fallkonstellationen besonderer Regelung bedürfen. Dabei ist hier insbesondere die Situation in Deutschland von Interesse. Den Ausgangspunkt der Überlegung soll ein Zulässigkeitserfordernis des Mitteilungsverfahrens bilden: Die Rechtswegerschöpfung auf nationaler Ebene. Kindern muss zur Verwirklichung ihrer Rechte ein gegebener nationaler Rechtsweg offenstehen.

Diese Maßgabe ist in Deutschland erfüllt: Kinder können sich – in den meisten Fällen mithilfe ihres gesetzlichen Vertreters – vor den deutschen Gerichten bis hin zum Bundesverfassungsgericht für ihre Rechte einsetzen und eine Verletzung derselben rügen.[895] Die Notwendigkeit einer Vertretung ergibt sich im Rahmen der Verfassungsbeschwerde nicht starr, sondern wird im Einzelfall von der Reife des Kindes im Verhältnis zu dem verfassungsprozessual geltend gemachten Grundrecht abhängig gemacht.[896]

Die Erschöpfung des Rechtsweges setzt neben seiner Existenz auch voraus, dass diejenigen, die ihn beschreiten sollen, in ausreichendem Maße über ihre Rechte informiert sind und ihnen keine tatsächlichen Hindernisse entgegenstehen. Die Kinderrechtskonvention verpflichtet die Vertragsstaaten in Art. 42 dazu, die „(...) Grundsätze und Bestimmungen dieses Übereinkom-

---

893 Stand: 31.01.2014.

894 Siehe insofern den Wortlaut von Art. 19 des Fakultativprotokolls zum Übereinkommen über die Rechte des Kindes betreffend ein Mitteilungsverfahren.

895 Siehe dazu auch oben Kapitel 3, B. III.

896 DREIER, in: ders. (Hrsg.), GG I, Vorb. Art. 1 GG Rn. 114; in Zivil- und sonstigen öffentlich-rechtlichen Prozessen bestimmt sich der Eintritt der Prozessfähigkeit jedoch nach den Regeln des Zivilrechts, die eine Prozessfähigkeit mit Vollendung des 18. Lebensjahres festlegen, § 51 ZPO i. V. m. §§ 2, 106 ff. BGB; siehe dazu ausführlich oben Kapitel 3, B.

mens durch geeignete und wirksame Maßnahmen bei Erwachsenen und auch Kindern allgemein bekannt zu machen." Um dieser Forderung gerecht zu werden, hat die Bundesrepublik Deutschland beispielsweise schon sehr früh eine deutschsprachige Fassung der Konventionsartikel veröffentlicht.[897] Das Kinderhilfswerk der Vereinten Nationen UNICEF hat zudem eine kinderfreundliche, besonders gut verständliche, deutschsprachige Version der UN-Kinderrechtskonvention erarbeitet und publiziert.[898]

I. Die Idee einer nationalen Ombudsstelle

Trotz des positiven Anscheins wird angemahnt, dass Kinder und Jugendliche in vielen Fällen nicht auf konkretes Wissen über ihre Rechte und Ansprüche zurückgreifen könnten und den zuständigen Stellen und Behörden vielfach strukturell unterlegen seien.[899] Eine aus diesem Grund häufig angestellte Überlegung befasst sich mit der Einsetzung einer nationalen Ombudsstelle für Kinder.[900] Dabei handelt es sich allgemein um eine Beschwerdestelle, die zwar überwachend und beratend tätig wird, nicht jedoch zu rechtsverbindli-

897 *Denkschrift der Bundesregierung zu dem Übereinkommen*, abgedr. in: BT-Drucks. 12/42 v. 24.01.1991, S. 53.

898 Konvention über die Rechte des Kindes. Für Kinder erklärt, online abrufbar unter https://www.unicef.de/informieren/infothek/-/kinderfreundliche-version-un-kinderrechtskonvention/29608 (zuletzt abgerufen am 31.01.2014).

899 SCHRUTH, in: PENKA, SABINE/FEHRENBACHER, ROLAND (Hrsg.), Kinderrechte umgesetzt, S. 85 f., der speziell die Situation von Kindern und Jugendlichen im Rahmen der Jugendhilfe und somit einer Ombudschaft im Rahmen des SGB VIII analysiert.

900 So zum Beispiel JEAND'HEUR, Verfassungsrechtliche Schutzgebote zum Wohl des Kindes, S. 244 ff.; BORGEN, in: FILLER, EWALD u. a. (Hrsg.), Kinder, Kinderrechte und Kinderpolitik, S. 75 ff.; SCHRUTH, in: PENKA, SABINE/FEHRENBACHER, ROLAND (Hrsg.), Kinderrechte umgesetzt, S. 85 ff.; FRÄDRICH/JERGER-BACHMANN, Kinder bestimmen mit, S. 56 ff sowie VERSCHRAEGEN, Die Kinderrechtekonvention, S. 71 f., die eine *internationale* Ombudsstelle aufgrund der mangelnden Entscheidungsbefugnisse und der Vielzahl internationaler Organe im Übrigen jedoch für unnötig hält. Aktuell wurde die Einstellung einer Ombudsperson auch in dem Gesetzesentwurf der Bundestagsfraktion der SPD, BT-Drucks. 17/13223 v. 23. April 2013, S. 3 gefordert; dieser Idee wurde im Rahmen der Anhörung des Rechtsausschusses des Deutschen Bundestages allerdings keine weitere Beachtung geschenkt; siehe dazu auch oben Kapitel 3, F.

chen Entscheidungen ermächtigt ist.[901] Eine Ombudsperson könnte etwa durch Informationsarbeit und konkrete sachkundige Unterstützung bei der Geltendmachung von Ansprüchen bei Behörden oder Gerichten mittelbar zu der Umsetzung der Kinderrechtskonvention beitragen.

Als Beispiel und auch Orientierungshilfe bei der Konzeption eines solchen Amtes und den spezifischen Aufgabenfeldern wird zum Teil auf den ersten nationalen Ombudsmann und seine Erfahrungen zurückgegriffen.[902] Norwegen war das erste Land, das 1981 die Stelle eines Kinderbeauftragten einrichtete, der als neutrale Person die Aufgaben der Mediation zwischen Eltern und Kindern, der Interessenvertretung von Kindern und Jugendlichen sowie der kritischen Begleitung der Arbeit von öffentlichen und privaten Einrichtungen hinsichtlich der Berücksichtigung von Kindesinteressen übernehmen sollte.[903] Dafür wurden einige Voraussetzungen als unerlässlich erkannt:[904] Dem Kinderbeauftragten muss Zugang zu allen öffentlichen und privaten Einrichtungen sowie zu benötigten Akten und Vorgängen eingeräumt werden, damit er sich umfassend informieren kann. Außerdem bedarf es einer gesetzlichen Festlegung seiner Aufgaben und Befugnisse und zuletzt muss seine politische Neutralität gewährleistet sein.[905] Diese Unabhängigkeit bedingt zugleich freie Presse- und Öffentlichkeitsarbeit, mithilfe derer ein Kinderbeauftragter sämtliche Missstände ohne Rücksicht auf Parteipolitik oder sonstige Einflüsse von außen aufzeigen kann.[906]

II. Die Kommission zur Wahrnehmung der Belange der Kinder

In Deutschland entschied man sich allerdings gegen die Einsetzung eines Kinderbeauftragten auf Bundesebene, sondern erschuf 1988 mit der *Kommission zur Wahrnehmung der Belange der Kinder*[907] ein neues Parlamentsgre-

901 VERSCHRAEGEN, Die Kinderrechtekonvention, S. 72.

902 Siehe beispielsweise BORGEN, in: FILLER, EWALD u. a. (Hrsg.), Kinder, Kinderrechte und Kinderpolitik, S. 75 ff. sowie FRÄDRICH/JERGER-BACHMANN, Kinder bestimmen mit, S. 56 ff.

903 BORGEN, in: FILLER, EWALD u. a. (Hrsg.), Kinder, Kinderrechte und Kinderpolitik, S. 75 ff.

904 Siehe zu den im Folgenden aufgeführten Voraussetzungen ausführlich ebd., S. 77 ff.

905 a. a. O.

906 FRÄDRICH/JERGER-BACHMANN, Kinder bestimmen mit, S. 57 ff.

907 Im Folgenden auch als *Kinderkommission* bezeichnet.

mium.[908] Eingesetzt wurde die Kinderkommission von dem Ältestenrat des Deutschen Bundestages.[909] Sie wurde als Ausschuss sui generis[910] zunächst keinem Ministerium zugeordnet oder in der Geschäftsordnung des Bundestages eingegliedert und besaß weder Beschlussrechte noch eine klar definierte Aufgabenbeschreibung.[911] Seit der 12. Wahlperiode wurde die Kinderkommission dann als gemeinsamer Unterausschuss der Ausschüsse für Familie und Senioren sowie für Frauen und Jugend geführt.[912] Ab der 13. Wahlperiode ist er als Unterausschuss dem Ausschuss für Familie, Senioren, Frauen und Jugend zugeordnet.[913] Damit sind nun die Vorschriften der Geschäftsordnung des Bundestages auf die Kinderkommission anwendbar.[914] Als Unterausschuss übernimmt die Kinderkommission einen Teil der Arbeit des Bundestages und nimmt bestimmte Informations- und Kontrollaufgaben wahr.[915] Gemäß § 55 Abs. 1 S. 1 GO BT hat der Unterausschuss die Aufgabe der Vorbereitung der Arbeit des Ausschusses. Gemäß § 55 Abs. 2 S. 1 GO BT i. V. m. § 12 GO BT soll die Mitgliederzahl und Zusammensetzung des Unterausschusses die Mehrheitsverhältnisse der Bundestagsfraktionen widerspiegeln. Bei der Kinderkommission entschied man sich jedoch für eine kleine Anzahl an Mitgliedern, die sich aus jeweils einem Mitglied jeder im Bundestag vertretenen Fraktion zusammensetzt.[916] Um die Gleichberechtigung der Bundestagsfraktionen weiter zu unterstreichen und zugleich auch die überparteiliche Arbeit im Hinblick auf mehrheitlich tragfähige Entscheidungen zu stärken, wurde das Konsensprinzip für Abstimmungen innerhalb der Kommission zur Wahrnehmung der Belange der Kinder eingeführt.[917] Die

---

908 FRÄDRICH/JERGER-BACHMANN, Kinder bestimmen mit, S. 60 f. nennen dies auch die „kleine Lösung".

909 JEAND'HEUR, Verfassungsrechtliche Schutzgebote zum Wohl des Kindes, S. 246.

910 So benannt in Kommissionsdrucks. 17/09, S. 7.

911 FRÄDRICH/JERGER-BACHMANN, Kinder bestimmen mit, S. 60 f.

912 Kommissionsdrucks. 17/09, S. 7.

913 a. a. O.

914 §§ 55 ff. GO BT.

915 Siehe zu diesen Aufgaben der Unterausschüsse ZIPPELIUS/WÜRTENBERGER, Deutsches Staatsrecht, § 38 Rn. 61 ff.

916 Siehe dazu § 55 Abs. 3 S. 1 GO BT; GERLOF/SURREY, Die Kinderkommission im Deutschen Bundestag, S. 7.

917 FRÄDRICH/JERGER-BACHMANN, Kinder bestimmen mit, S. 61 ff. sowie allein hinsichtlich des Einstimmigkeitsprinzips GERLOF/SURREY, Die Kinderkommission im Deutschen Bundestag, S. 7.

Aufgabe der Kinderkommission ist es, sich für die Interessen der Kinder sowohl in der Parlamentsarbeit als auch in der Öffentlichkeit mithilfe mahnender Kontrolle einzusetzen.[918] Das bedeutet beispielsweise, dass die Kinderkommission Bundesrecht auf die Vereinbarkeit mit dem Kindeswohl und damit den Kindesinteressen überprüft.[919]

III. Kritische Bewertung des Konzepts einer Kommission zur Wahrnehmung der Belange der Kinder und der Idee einer nationalen Ombudsstelle

Die Konzeption der Kommission zur Wahrnehmung der Belange der Kinder als Unterausschuss des Ausschusses für Familie, Senioren, Frauen und Jugend wird – vor allem vor dem Hintergrund der ursprünglichen Forderung der Einführung eines Kinderbeauftragten auf Bundesebene – teilweise kritisch gesehen. Insbesondere die mangelnde Eigenständigkeit in der Wahl der Aufgaben und des Prüfprogrammes, die auf den Status als Unterausschuss zurückzuführen ist, wird aufgrund des sehr eng gefassten Aufgabenbereichs als negativ empfunden.[920] Zudem wurde erfolglos versucht, ein eigenes Antragsrecht der Kinderkommission durchzusetzen.[921] In der Begründung zu einem Gesetzentwurf der SPD zur Einführung eines Kinderbeauftragten[922] wird bemerkt, die Kinderkommission könne die Gesetzgebung nicht systematisch auf ihre Kinderfreundlichkeit hin kontrollieren und aufgrund ihrer hohen Arbeitsbelastung Einzelfälle nicht konkret bearbeiten.[923] Ein Bundeskinderbeauftragter hingegen könne sich gezielter Einzelfällen widmen und aufgrund einer jährlichen Berichtspflicht mehr Öffentlichkeit für kinderfreundliche Politik schaffen.[924]

Über die unmittelbare Anwendbarkeit des Kindeswohlvorrangs nach Art. 3 UN-KRK[925] muss grundsätzlich in allen Bereichen – also unabhängig davon, ob es sich etwa um Behördenhandeln, Gerichtsverfahren oder Gesetzgebung handelt – das Wohl des Kindes priorisiert beachtet werden. Rein for-

---

918 SCHMIDT, International Journal of Children's Rights 1 (1993), S. 99.

919 GERLOF/SURREY, Die Kinderkommission im Deutschen Bundestag, S. 11.

920 JEAND'HEUR, Verfassungsrechtliche Schutzgebote zum Wohl des Kindes, S. 253 ff.

921 BT-Drucks. 15/5527 v. 18.05.2005.

922 BT-Drucks. 13/10880 v. 28.05.1998.

923 BT-Drucks. 13/10880 v. 28.05.1998, S. 5.

924 a. a. O.

925 Siehe dazu ausführlich oben Kapitel 2, B. II.

mal gesehen bedürfte es daher keiner kritischen Begleitung dieser Prozesse durch einen Kinderbeauftragten. Jedoch sprechen neben den aufgezeigten Kritikpunkten mehrere Aspekte für die Einrichtung eines nationalen Ombudsmannes für Kinder und Jugendliche auch auf Bundesebene: Zunächst sind die Abwägungsentscheidungen zwischen verschiedenen Interessen, bei denen das Kindeswohl stets Vorrang genießen soll, oftmals nur schwer umfassend begutachtet zu treffen. Eine auf Kinderrechte spezialisierte und für Kindesinteressen sensibilisierte Person kann diese Entscheidungen unterstützend begleiten. Entscheidungen, die nicht mit dem Kindeswohl übereinstimmen, könnten bereits früh vermieden oder auch nachträglich korrigiert werden. Gesetzgebung, Rechtsprechung und Exekutive könnten hinsichtlich der Berücksichtigung des Kindeswohls einen höheren Grad an Homogenität erlangen und damit zugleich die Rechtssicherheit steigern. Um das zu erreichen, bedarf es eines Beauftragten, der nicht nur parlamentarische Vorgänge begutachten kann, wie es bei der Kinderkommission vorgesehen ist, sondern für den auch Exekutiv- und Verwaltungshandeln in dem Sinne überprüfbar sind, dass er von einem umfassenden Informationsrecht in den einzelnen Angelegenheiten Gebrauch machen kann.[926] Hinsichtlich der Legislative könnten einem Kinderbeauftragten eine Initiativbefugnis sowie umfassende Informationsrechte zugestanden werden.[927] Bei der Einsetzung eines Kinderbeauftragten auf Landesebene bliebe jedoch zu bedenken, dass seine Befugnisse nicht die des Parlamentes überschreiten könnten, seine Kontrollbefugnis mithin bis zu der Gesetzgebungs- und Verwaltungsbefugnis der Länder begrenzt ist.[928]

Ein zusätzlicher Vorteil, den die „Personalisierung“ des Kinderschutzes in Form eines Kinderbeauftragten mit sich brächte, wäre die damit einhergehende Signalwirkung, die ein mit umfassenden Rechten ausgestatteter und sich beständig in alle Vorgänge einbringender Ombudsmann hätte. Um den Effekt der Bewusst- und Bekanntmachung von Kinderrechten zu verstärken, wurde in Norwegen beispielsweise eine sehr bekannte Persönlichkeit als

926 So auch JEAND'HEUR, Verfassungsrechtliche Schutzgebote zum Wohl des Kindes, S. 277 ff., der auf den Seiten 244-295 ausführlich sämtliche rechtlich relevanten Aspekte bezüglich der Einsetzung eines Bundeskinderbeauftragten prüft.

927 Ebd., S. 274 ff.

928 Darauf weist richtigerwiese JEAND'HEUR, Verfassungsrechtliche Schutzgebote zum Wohl des Kindes, S. 273 f. hin, der vorschlägt, die Kontrollfunktion auf Landesebene durch einen Landeskinderbeauftragten wahrnehmen zu lassen.

Ombudsmann eingesetzt, die durch ihre Bekanntheit und Beliebtheit großes Gehör bei Bürgern und Politikern fand und sich dadurch sehr effektiv für Kinderrechte und ihre Verwirklichung einsetzen konnte.[929]

Ein weiteres nicht zu unterschätzendes Problem für die Umsetzung der UN-Kinderrechtskonvention kann wie gezeigt in dem Mangel an Information bei der Zielgruppe der Konvention liegen.[930] Um diesem im Einzelfall entgegenwirken zu können, bedarf es jedoch nicht zwangsläufig eines Kinderbeauftragten auf Bundesebene. Sowohl die Kinderbeauftragten auf Landes- und Kommunalebene sowie die Kinderkommission des Deutschen Bundestages können Kinder und ihre Eltern über die ihnen zustehenden Rechte informieren. Die Arbeit der Beratung kann auf Kommunalebene individuell geleistet werden. Abträglich wäre ein Kinderbeauftragter auf Bundesebene den Bemühungen um bessere Aufklärung jedoch nicht.

Nicht zuletzt käme die Bundesrepublik Deutschland mit der Einführung eines Kinderbeauftragten auf Bundesebene auch einer Maßgabe der UN-Kinderrechtskonvention nach. Neben dem Kindeswohlvorrang nach Art. 3 UN-KRK ist in diesem Zusammenhang auch Art. 4 UN-KRK relevant, der die Vertragsstaaten dazu auffordert, „(...) alle geeigneten Gesetzgebungs-, Verwaltungs- und sonstigen Maßnahmen zur Verwirklichung der in diesem Übereinkommen anerkannten Rechte (...)“ zu treffen. Wie der Kinderrechtsausschuss in einem seiner General Comments bemerkt,[931] stellt die Ernennung von Kinderbeauftragten im Rahmen des Art. 4 UN-KRK eine geeignete Maßnahme zur Förderung der Wahrnehmung der Rechtspositionen von Kindern sowie der Implementierung der Kinderrechte dar.[932]

Im Gegensatz zu den Schwierigkeiten hinsichtlich der Einführung eines Kinderbeauftragten auf Bundesebene existieren auf Landes- und Kommunalebene bereits Ombusdpersonen und öffentliche Beratungsstellen für Kinder und Jugendliche.[933] Spiegelbildlich zu den Diskussionspunkten auf Bundesebene sind jedoch auch auf Landes- und Kommunalebene Probleme der Zuordnung des Kinderbeauftragten als unabhängige und kritische Stelle sowie

---

929 Gemeint ist TROND VIGGO TORGERSEN; siehe dazu BORGEN, in: FILLER, EWALD u. a. (Hrsg.), Kinder, Kinderrechte und Kinderpolitik, S. 81 f.

930 Siehe dazu auch Kapitel 1, B.

931 CRC/GC/2002/2.

932 CRC/GC/2002/2, Rn. 1.

933 Siehe dazu beispielsweise FRÄDRICH/JERGER BACHMANN, Kinder bestimmen mit, S. 65 ff.

eine definierte Aufgabenzuteilung zu bewältigen.[934] Dabei sind die grundlegenden Anforderungen an die Einrichtung eines Landeskinderbeauftragten, die aus den Erfahrungen der bisherigen Ombudspersonen auf Landesebene folgen, nahezu identisch mit denen des ersten nationalen Kinderbeauftragten aus Norwegen: Es bedarf einer gesetzlichen Grundlage zur Einsetzung, einer konkreten Aufgabenbeschreibung, Neutralität in der Aufgabenwahrnehmung und der Möglichkeit der freien Informationsbeschaffung.[935]

---

934 Dazu auch ausführlich JEAND'HEUR, Verfassungsrechtliche Schutzgebote zum Wohl des Kindes, S. 247 ff.

935 FRÄDRICH/JERGER-BACHMANN, Kinder bestimmen mit, S. 68 f.

Kapitel 5 – Die Rechte behinderter Kinder oder Das Übereinkommen über die Rechte von Menschen mit Behinderungen und das Verhältnis zum Übereinkommen über die Rechte des Kindes

A. Einleitung

Das Übereinkommen über die Rechte des Kindes normiert in Art. 23 die Pflicht der Vertragsstaaten, die speziellen Bedürfnisse geistig oder körperlich behinderter Kinder anzuerkennen und diese bei allem staatlichen Handeln soweit wie möglich zu berücksichtigen. Art. 23 Abs. 1 UN-KRK spricht insofern davon, dass „(...) geistig oder körperlich behindert[e] Kind[er] ein erfülltes und menschenwürdiges Leben unter Bedingungen führen soll[en], welche die Würde des Kindes wahren, seine Selbstständigkeit fördern und seine aktive Teilnahme am Leben der Gemeinschaft erleichtern." Diese Bedingungen zu schaffen, ist damit Aufgabe der Vertragsstaaten.

Neben der Erkenntnis, dass Kinder besonders des Schutzes der Gesellschaft und der staatlichen Gemeinschaft bedürfen,[936] schlägt sich in der UN-Kinderrechtskonvention somit auch das Bewusstsein für die spezifische Situation behinderter Kinder nieder. Zwar können auch geistig oder körperlich behinderte Kinder nach der UN-Kinderrechtskonvention alle dort enthaltenen Rechte geltend machen.[937] Jedoch tritt bei der Schutzgruppe der geistig oder körperlich behinderten Kinder ein Charakteristikum hinzu, das anderen Kindern meist erspart bleibt, nämlich das der vermehrten Diskriminierung, die an die Behinderung des Kindes anknüpft und in sämtliche Lebensbereiche hineinragt.[938] Unter Zugrundelegung der verbürgten Rechtspositionen der UN-Kinderrechtskonvention erscheint die Normierung eines zusätzlichen Integrationsgebotes innerhalb der Konvention daher folgerichtig und erforderlich. Es handelt sich bei Art. 23 UN-KRK insofern um eine Erweiterung des

936 Siehe dazu ausführlich oben Kapitel 3, B. IV.

937 Siehe insofern den Wortlaut des Art. 2 Abs. 1 UN-KRK, der die Vertragsstaaten verpflichtet, „(...) die in diesem Übereinkommen festgelegten Rechte [...] jedem ihrer Hoheitsgewalt unterstehenden Kind ohne jede Diskriminierung unabhängig von einer Behinderung (...) [zu gewährleisten]".

938 So auch der Kinderrechtsausschuss in seinem *General Comment*, CRC/C/GC/2007/9, Rn. 8.

Schutz- und Leistungsgehaltes der UN-Kinderrechtskonvention für behinderte Kinder. Dadurch sollen nicht nur das Diskriminierungsverbot aus Art. 2 UN-KRK sowie die übrigen Rechte von Kindern aus der Konvention ihre Geltung entfalten, sondern es soll zusätzlich die Integration behinderter Kinder in sämtlichen gesellschaftlichen Bereichen mittels Art. 23 UN-KRK forciert werden.[939] Auf die Ausgestaltung der beiden Normen wird in diesem Kapitel näher einzugehen sein.[940]

Ein weiterer völkerrechtlicher Vertrag, der in diesem Abschnitt Beachtung finden soll, ist das Übereinkommen über die Rechte von Menschen mit Behinderungen[941]. Es handelt sich dabei um ein völkerrechtliches Abkommen, das sich – wie der Name bereits vermuten lässt – ausschließlich der Rechte behinderter Menschen annimmt. Auch dieses Übereinkommen enthält mit Art. 7 UN-BRK eine Norm, die sich mit den Rechten von Kindern mit Behinderung befasst. Daneben ist mit Art. 24 UN-BRK ein weiterer Artikel der UN-Behindertenrechtskonvention in den Blickpunkt der (rechts-)politischen Debatte geraten,[942] der sich im Rahmen des Themas Bildung mit behinderten Kindern auseinandersetzt.[943]

Die Untersuchung der rechtlichen Situation behinderter Kinder kann sich daher nicht auf die Aussagen der UN-Kinderrechtskonvention allein beschränken, sondern der Schutzauftrag der UN-Behindertenrechtskonvention muss ebenfalls miteinbezogen werden. Inwieweit sich die Inhalte der Konventionen überschneiden oder ergänzen, welche begrifflichen Unterschiede bestehen und welches rechtliche Verhältnis beide Konventionen zueinander haben, soll daher Gegenstand dieses Kapitels sein. Einer kurzen Erläuterung der einschlägigen Normen der UN-Kinderrechtskonvention folgt eine überblicksartige Vorstellung der UN-Behindertenrechtskonvention sowie ihrer kinderspezifischen Vorschriften. In einem dritten Schritt werden die beiden Menschenrechtsübereinkommen einander gegenübergestellt, sodass in einem

---

939 So auch SCHMAHL, Kinderrechtskonvention mit Zusatzprotokollen, Art. 23 Rn. 1 f.

940 Siehe dazu unten in diesem Kapitel, B.

941 BGBl. II 2008, 1419.

942 Genannt seien neben vielen EICHHOLZ, FPR 2012, S. 228 ff. sowie GRÄF, in: PENKA, SABINE/FEHRENBACHER, ROLAND (Hrsg.), Kinderrechte umgesetzt, S. 42 ff.; auf politischer Ebene sei beispielsweise der Beschluss der Kultusministerkonferenz v. 18. November 2010 genannt, abrufbar unter http://www.kmk.org/fileadmin/veroeffentlichungen_beschluesse/2010/2010_11_18-Behindertenrechtkonven-tion.pdf (zuletzt abgerufen am 31.01.2014).

943 Siehe hierzu den Wortlaut des Art. 24 UN-BRK.

vierten Teil das Verhältnis der beiden Übereinkommen zueinander bestimmt werden kann. Zuletzt werden anhand der gefundenen Ergebnisse die Konsequenzen für den Schutz behinderter Kinder umrissen.

B. Art. 2 und Art. 23 des Übereinkommens über die Rechte des Kindes

Die in diesem Kapitel besonders in den Blick zu nehmenden Vorschriften der UN-Kinderrechtskonvention im Bezug auf den Schutz behinderter Kinder sind Art. 2 und Art. 23 UN-KRK. Beide nehmen eine zentrale Rolle im Kinderschutz ein. Art. 2 UN-KRK ist die erste Vorschrift innerhalb völkerrechtlicher Verträge, die ein Verbot der Diskriminierung aufgrund von Behinderung ausspricht.[944] Das Diskriminierungsverbot des Art. 2 UN-KRK, das neben der Behinderung auch an andere Merkmale, wie Hautfarbe oder Geschlecht anknüpft, gilt ausweislich des Wortlauts der Norm nicht nur für eine Diskriminierung des Kindes selbst, sondern auch die „seiner Eltern oder seines Vormunds". Der Grund liegt in der nur schwer bis nicht zu trennenden Wirkung von Maßnahmen gegenüber den Eltern oder dem Vormund und dem Kind.[945] Hinsichtlich des Art. 2 UN-KRK ist ferner die Möglichkeit der Mehrfachdiskriminierung zu bedenken, wie sie beispielsweise bei Mädchen mit Behinderung auftreten kann.[946] Diese weisen zusätzlich zu dem Merkmal des Kindseins noch die Merkmale der Behinderung und des Weiblichen, mithin des Geschlechts, auf, an die eine Diskriminierung anknüpfen kann.

Art. 23 UN-KRK tritt neben die weiteren Rechte der Konvention und beschränkt weder deren Anwendbarkeit auf behinderte Kinder noch erweitert er diese. Die Zielrichtung des Art. 23 UN-KRK liegt – wie bereits oben angesprochen – vielmehr darin, die Notwendigkeit einer Integration behinderter Kinder in die Gesellschaft zu betonen und deren rechtlichen Voraussetzungen zu schaffen.[947] Diese bestimmt Art. 23 Abs. 2 UN-KRK als Anerkennung „(...) [des] Recht[es] des behinderten Kindes auf besondere Betreuung (...)" und Bereitstellung einer angemessenen Unterstützung „(...) im Rahmen der verfügbaren Mittel (...)".[948] Neben dem Vorbehalt der Leistungsfähigkeit des

944 CRC/C/GC/2007/9, Rn. 2.

945 SCHMAHL, Kinderrechtskonvention mit Zusatzprotokollen, Art. 2 Rn. 15.

946 CRC/C/GC/2007/9, Rn. 10.

947 SCHMAHL, Kinderrechtskonvention mit Zusatzprotokollen, Art. 23 Rn. 1 f.

948 Siehe insofern den Wortlaut des Art. 23 Abs. 2 UN-KRK.

Staates bedarf es nach Art. 23 Abs. 2 UN-KRK zudem eines Antrages auf Unterstützung.[949] Gemäß Art. 23 Abs. 3 UN-KRK sollen die Unterstützungsleistungen, die nach Abs. 2 zu gewähren sind, zudem „(...) soweit irgend möglich (...)“ unentgeltlich geleistet werden.[950] Als Maßstab für die Untergrenze der staatlichen Bemühungen zur Leistung kann insoweit Art. 4 S. 2 UN-KRK herangezogen werden, der von der „Ausschöpfung [der] verfügbaren Mittel“ spricht.[951] Eine Verpflichtung im Sinne eines subjektiven Rechtes vermittelt diese Norm damit nicht, sondern sie stellt lediglich eine Bemühensverpflichtung dar.[952]

---

949 So auch ROTHFRITZ, Die Konvention der Vereinten Nationen zum Schutz der Rechte von Menschen mit Behinderungen, S. 86, der diesen Umstand als negativ bewertet und zudem die mangelnde Konkretisierung des Rechtes auf Betreuung kritisiert. Dagegen kann jedoch mit DORSCH, Die Konvention der Vereinten Nationen über die Rechte des Kindes, S. 211 f. eingewandt werden, dass das Antragserfordernis einer Verschiebung des Grundsatzes der vorrangigen Elternverantwortung hin zu einer übermäßigen Befugnis des Staates vorbeugen sollte, um staatliche Zwangsbetreuung möglichst zu unterbinden.

950 Siehe insofern den Wortlaut des Art. 23 Abs. 3 UN-KRK.

951 SCHMAHL, Kinderrechtskonvention mit Zusatzprotokollen, Art. 23 Rn. 8, die darauf hinweist, dass in dem Bereich der Leistungserbringung für behinderte Kinder aufgrund der doppelten Schutzbedürftigkeit von vornherein „stärkere Bemühungen“ zu verlangen seien. Dies mag im Hinblick auf den Wortlaut, der zur Verwirklichung der „wirtschaftlichen, sozialen und kulturellen Rechte“ eine „Ausschöpfung [der] verfügbaren Mittel“ fordert allerdings etwas zweifelhaft erscheinen, da die „Ausschöpfung [der] verfügbaren Mittel“ für jede Konstellation konkret geprüft werden muss und stets einen erschöpfenden Charakter aufweisen sollte. Eine „Abstufung“ der Ausschöpfung in Ansehung der Schwere der Hilfsbedürftigkeit kann kaum gewollt sein. Vielmehr sollte dem ermittelten Bedarf, der bei behinderten Kindern gleichwohl in der Regel höher sein kann, in jedem Einzelfall so gut wie möglich Rechnung getragen werden.

952 So auch SCHMAHL, Kinderrechtskonvention mit Zusatzprotokollen, Art. 23 Rn. 8 sowie ROTHFRITZ, Die Konvention der Vereinten Nationen zum Schutz der Rechte von Menschen mit Behinderungen, S. 86, der Art. 23 UN-KRK als einen „bloßen Programmsatz“ bezeichnet.

C. Das Übereinkommen über die Rechte von Menschen mit Behinderungen

I. Allgemeine Bemerkungen

Das Übereinkommen über die Rechte von Menschen mit Behinderungen wurde am 13. Dezember 2006 von der Generalversammlung der Vereinten Nationen angenommen.[953] Es ist das Ergebnis der Arbeit des Ad-Hoc-Komitees, das die Generalversammlung im Jahre 2001 eingesetzt hat.[954]

Die Bundesrepublik Deutschland unterzeichnete die Konvention am 30. März 2007. Am 3. Mai 2008 trat sie gemäß ihres Artikels 45 Abs. 1 nach Hinterlegung der 20. Ratifikations- oder Beitrittsurkunde beim Generalsekretär der Vereinten Nationen in Kraft.[955] Dem folgte das Zustimmungsgesetz von Bundestag und Bundesrat vom 21. Dezember 2008.[956] Am 24. Februar 2009 wurde die deutsche Ratifikationsurkunde bei den Vereinten Nationen hinterlegt und am 26. März 2009 trat die UN-Behindertenrechtskonvention schließlich für Deutschland in Kraft.[957] Auch die Europäische Union ist ein Vertragsstaat der UN-Behindertenrechtskonvention und damit erstmals Vertragspartner eines Menschenrechtsabkommens.[958]

Die UN-Behindertenrechtskonvention normiert sowohl politische und bürgerliche als auch wirtschaftliche, soziale und kulturelle Rechte.[959] Insofern weist sie hinsichtlich der Umfänglichkeit der gewährleisteten Rechte Pa-

---

953 A/RES/61/106 v. 13.12.2006.

954 A/RES/56/168 v. 19.12.2001; zu den Verhandlungen siehe ausführlich V. BERNSTORFF, ZaöRV 67 (2007), S. 1052 ff.

955 Siehe dazu sowie zu dem aktuellen Stand der Zahl der Vertragsstaaten http://treaties.un.org/Pages/ViewDetails.aspx?src=TREATY&mtdsg_no=IV-15&chapter=4&lang=en (zuletzt abgerufen am 31.01.2014).

956 BGBl. II 2008, 1419.

957 BGBl. II 2009, 812.

958 Siehe dazu unter http://treaties.un.org/Pages/ViewDetails.aspx?src=TREATY&mtdsg_no=IV-15&chapter=4&lang=en (zuletzt abgerufen am 31.01.2014) sowie den Vorschlag für einen Beschluss des Rates, KOM [2007] 77 endg. und Art. 43 UN-BRK, der auch „Organisationen der regionalen Integration" den Beitritt ermöglicht; zudem beispielsweise RUDOLF, AnwBl. 3/2011, S. 156 und SUELMANN, Bildung in der Frauenrechtskonvention, der Kinderrechtskonvention und der Behindertenrechtskonvention der Vereinten Nationen, S. 40.

959 WEIß, MRM 3/2006, S. 298.

rallelen zur UN-Kinderrechtskonvention auf.[960] Das Ziel der UN-BRK ist in deren Art. 1 UAbs. 1 beschrieben. Dort heißt es:[961]

> „Zweck dieses Übereinkommens ist es, den vollen und gleichberechtigten Genuss aller Menschenrechte und Grundfreiheiten durch alle Menschen mit Behinderungen zu fördern, zu schützen und zu gewährleisten und die Achtung der ihnen innewohnenden Würde zu fördern."

Die UN-Behindertenrechtskonvention enthält somit keine neuen oder ausschließlich für behinderte Menschen geltenden Rechtspositionen, sondern fordert die uneingeschränkte Anwendung der Menschenrechte und Grundfreiheiten, die grundsätzlich ohnehin universell gelten, auf behinderte Menschen.[962] Eine weitere Richtlinie zur Verwirklichung der Behindertenrechtskonvention ergibt sich ebenfalls aus Art. 1 UAbs. 1 UN-BRK: Die Achtung der dem Einzelnen innewohnenden Würde. Dabei geht die Behindertenrechtskonvention in zweierlei Hinsicht über den bloßen Anspruch auf Achtung der Würde des einzelnen hinaus. Einerseits wird der Würdebegriff in einen gesellschaftlichen Kontext gestellt, in dem der einzelne die Möglichkeit der ungestörten, das heißt vor allem diskriminierungsfreien Entfaltung seiner selbst zugestanden bekommen soll.[963] Andererseits soll dem einzelnen auch der Freiraum für die Bildung eines Selbstbewusstseins in Form der Selbstreflexion und freiwilliger Interaktion mit anderen ermöglicht werden.[964]

Beide Komponenten, die nach der Art. 1 UAbs. 1 UN-BRK zu einem würdevollen Leben beitragen, spiegeln sich auch in dem Begriff der Behinderung wider, der der Konvention zugrunde liegt. So lautet Art. 1 UAbs. 2 UN-BRK:

> „Zu den Menschen mit Behinderungen zählen Menschen, die langfristige körperliche, seelische, geistige oder Sinnesbeeinträchtigungen haben, welche sie in Wech-

960 Siehe dazu die Ausführungen oben Kapitel 1, B.

961 Die Übersetzung orientiert sich an der amtlichen deutschen Übersetzung, veröffentlicht im BGBl. II 2008, 1419.

962 So auch PENKA, in: FINK, FRANZ/HINZ, THORSTEN (Hrsg.), Inklusion in Behindertenhilfe und Psychiatrie, S. 69.

963 BIELEFELDT, Zum Innovationspotential der UN-Behindertenrechtskonvention, S. 5 f.

964 Ebd., S. 10 ff., der richtigerweise darauf hinweist, dass behinderte Menschen oft nicht nur ausgeschlossen, sondern im Gegenteil in Gemeinschaften zwingend eingegliedert werden, was ebenfalls einer der Menschenwürde widersprechenden Weise in die Autonomie des Einzelnen eingreift.

selwirkung mit verschiedenen Barrieren an der vollen, wirksamen und gleichberechtigten Teilhabe an der Gesellschaft hindern können."

Bis zu dieser Einordnung des Begriffes der Behinderung existierte keine einheitliche und rechtsverbindliche Definition im Völkerrecht.[965] Als Anhaltspunkt kann jedoch die von der Weltgesundheitsorganisation[966] 2001 veröffentlichte *International Classification of Functioning, Disability and Health*[967] dienen, die sich auf internationaler Ebene mit dem Begriffsverständnis der Behinderung auseinandersetzt. Diese Auflistung zahlreicher Definitionen und Faktoren des Gesundheitswesens soll unter anderem den internationalen Expertenaustausch erleichtern und begrifflich präzisieren.[968] Die Beurteilung des Vorliegens einer Behinderung ergibt sich nach der WHO aus einer „biopsychosozialen" Sicht.[969] Diese vereint in sich sowohl das medizinische Verständnis von Behinderung als individuelles behandlungsbedürftiges Gesundheitsproblem als auch das soziale Verständnis von Behinderung als Mangel gesellschaftlicher Partizipation(smöglichkeiten).[970] Ob eine Behinderung vorliegt, bestimmt sich nach diesem Ansatzpunkt daher nicht starr nach medizinischen Gesichtspunkten, sondern sie begründet sich einzelfallbezogen aus dem Zusammenwirken individueller Faktoren mit der jeweiligen gesellschaftlichen Realität.[971]

Auch im deutschen Recht gibt es verschiedene Ansätze einer Begriffskonkretisierung, denen jedoch überwiegend eine medizinisch-biologisch verortete Perspektive gemein ist.[972] So wurde eine Behinderung nach dem

965 Siehe dazu genauer WEIß, MRM 3/2006, S. 293 f.

966 Nachfolgend auch in Übernahme der englischsprachigen Bezeichnung *World Health Orgnization* auch verkürzt als „WHO" bezeichnet.

967 WHA54.21 v. 22. Mai 2001.

968 HIRSCHBERG, Positionen Nr. 4, S. 3.

969 So die WHO selbst in der *International Classification of Functioning, Disability and Health* v. 2001 in der hier zugrunde gelegten Übersetzung ICF. Internationale Klassifikation der Funktionsfähigkeit, Behinderung und Gesundheit, Deutsches Institut für Medizinische Dokumentation und Information (2005), abrufbar unter: http://www.dimdi.de/dynamic/de/klassi/downloadcenter/icf/endfassung/icf_endfassung-2005-10-01.pdf (zuletzt abgerufen am 31.01.2014), S. 24 f.

970 a. a. O.

971 HIRSCHBERG, Positionen Nr. 4, S. 3.

972 Siehe dazu ausführlich DEGENER, KJ 3/2000, S. 425 ff.

Schwerbehindertengesetz[973] beispielsweise dann angenommen, wenn sich „(...) eine[] nicht nur vorübergehende[n] Funktionsbeeinträchtigung, die auf einem regelwidrigen körperlichen, geistigen oder seelischen Zustand beruht [, auswirkt]. Regelwidrig ist der Zustand, der von dem für das Lebensalter typischen abweicht. (...)“.[974] Die Behinderung ergibt sich somit aus den Voraussetzungen der jeweiligen Person und deren individuellen Abweichung von der als gewöhnlich geltenden Entwicklung.[975] Der Maßstab des Gewöhnlichen resultiert in diesem Zusammenhang ausschließlich aus medizinischen Erkenntnissen.[976]

Eine reformierte Definition des Behinderungsbegriffes bietet § 2 Abs. 1 S. 1 SGB IX. Das Neunte Buch des Sozialgesetzbuches[977] enthält Regelungen für behinderte und von Behinderung bedrohte Menschen (§§ 1-67) sowie Regelungen zum Schwerbehindertenrecht (§§ 68-160) und ersetzt mithin die Normierung des Schwerbehindertengesetzes.[978] Danach sind Menschen als behindert anzusehen, „(...) wenn ihre körperliche Funktion, geistige Fähigkeit oder seelische Gesundheit mit hoher Wahrscheinlichkeit länger als sechs Monate von dem für das Lebensalter typischen Zustand abweichen und daher ihre Teilhabe am Leben in der Gesellschaft beeinträchtigt ist.“[979] Diese Definition findet sich ebenfalls in § 3 des Gesetzes zur Gleichstellung behinderter Menschen (BGG). Im Gegensatz zu der älteren Definition im Schwerbehindertengesetz entspricht das Begriffsverständnis des SGB IX den Vorgaben der WHO durch die Erweiterung um das Merkmal der gesellschaftlichen Teilhabe in vermehrtem Maße.[980] Die Definition der UN-BRK ist jedoch, wie noch zu zeigen sein wird, weiter gefasst, da sie die Möglichkeit zur ungehin-

---

973 Gesetz zur Sicherung und Eingliederung Schwerbehinderter in Arbeit, Beruf und Gesellschaft, BGBl. I 1986, 1421.

974 Siehe insofern den Wortlaut des § 3 Abs. 1 S. 1, 2 SchwbG; dazu auch DEGENER, KJ 3/2000, S. 426.

975 So auch GRÄF, in: PENKA, SABINE/FEHRENBACHER, ROLAND (Hrsg.), Kinderrechte umgesetzt, S. 37.

976 V. BERNSTORFF, ZaöRV 67 (2007), S. 1047 f.

977 Sozialgesetzbuch (SGB), Neuntes Buch (IX) – Rehabilitation und Teilhabe behinderter Menschen, BGBl. I 2001, 1046.

978 Siehe dazu auch beispielsweise NEUMANN, NVwZ 2003, S. 897 ff.

979 So der Wortlaut des § 2 Abs. 1 S. 1 SGB IX.

980 So auch BOYSEN, in: V. MÜNCH/KUNIG, GGK I, Art.3 Rn. 193.

derten gesellschaftlichen Teilhabe und nicht die individuellen Voraussetzungen in den Mittelpunkt rückt.[981]

Verfassungsrechtlich existiert ebenfalls ein Begriffsverständnis der Behinderung. Es knüpft an Art. 3 Abs. 3 S. 2 GG an.[982] Dieses Gleichheitsrecht soll die rechtliche und gesellschaftliche Stellung behinderter Menschen stärken und zugleich den Staat zur Bereitstellung entsprechender Umsetzungsmechanismen verpflichten.[983] Die Erforderlichkeit staatlicher Handlungen zur Unterbindung von Benachteiligung bedingt die Verbindung des Grundrechtsgehalts aus Art. 3 Abs. 3 S. 2 GG mit dem Sozialstaatsprinzip aus Art. 20 Abs. 1 GG.[984] Prägend für das verfassungsrechtliche Begriffsverständnis der Behinderung ist eine Entscheidung des Bundesverfassungsgerichtes aus dem Jahr 1996.[985] Dort definierte das Gericht Behinderung als „Auswirkung einer nicht nur vorübergehenden Funktionsbeeinträchtigung, die auf einem regelwidrigen körperlichen, geistigen oder seelischen Zustand beruht."[986] Damit orientierte sich das Bundesverfassungsgericht an dem „(...) im Zeitpunkt der Verfassungsänderung gebräuchlich[en] [Begriffsverständnis]", das es mangels weiterer Konkretisierung in den Materialien zu der Verfassungsänderung insbesondere dem Schwerbehindertengesetz entnommen hat.[987] Gleichwohl ist dieser Begriff, dem einfachen Recht entstammend,

981 HIRSCHBERG, Positionen Nr. 4, S. 3.

982 Art. 3 Abs. 3 S. 2 GG wurde 1994 im Wege der Verfassungsänderung eingeführt; siehe dazu BGBl. I 1994, 3146 sowie ausführlich und kritisch SACHS, RdJB 2/1996, S. 154 ff.

983 JARASS, in: ders./PIEROTH, GG, Art. 3 Rn. 142; siehe zu den umstrittenen Problemen bezüglich der konkreten Gewährleistung des Art. 3 Abs. 3 S. 2 GG im Sinne eines originären subjektiven Leistungsanspruches oder derivativen Leistungsrechtes beispielsweise OSTERLOH, in: SACHS (Hrsg.), GG, Art. 3 Rn. 305 ff.; HEUN, in: DREIER, GG I, Art. 3 Rn. 139; SACHS, in: ISENSEE/KIRCHHOF (Hrsg.), HdBStR VIII, § 182 Rn. 124 ff. sowie BEAUCAMP, DVBl. 2002, S. 999 ff.

984 BOYSEN, in: V. MÜNCH/KUNIG, GGK I, Art.3 Rn. 196 f.; DEGENER, KJ 3/2000, S. 427 kritisiert daran, dass behinderte Menschen durch diese systematische Zuordnung „(...) in die Rolle der Fürsorgeobjekte [gedrängt]" würden.

985 BVerfGE 96, 288.

986 BVerfGE 96, 288 (301).

987 So ausdrücklich das Bundesverfassungsgericht selbst, BVerfGE 96, 288 (301); zu den Gesetzesmaterialien siehe BT-Drucks. 12/6000, S. 52 f.; 12/6323, S. 11 f.; 12/8165, S. 28 f.

nicht abschließend zu verstehen, sondern bedarf weiterer Konkretisierung.[988] Eine Beschränkung des Anwendungsbereiches auf Schwerbehinderte wird mit dem Bezug auf das Schwerbehindertengesetz nicht verbunden sein.[989] Weiter führt das Bundesverfassungsgericht in seiner Entscheidung aus, dass der Begriff der Behinderung „(...) nicht nur ein bloßes Anderssein [bezeichnet], das sich für den Betroffenen häufig erst im Zusammenwirken mit entsprechenden Einstellungen und Vorurteilen im gesellschaftlichen Umfeld nachteilig auswirkt, bei einer Veränderung dieser Einstellungen die Nachteilswirkung aber auch wieder verlieren kann. Behinderung ist vielmehr eine Eigenschaft, die die Lebensführung für den Betroffenen im Verhältnis zum Nichtbehinderten unabhängig von einem solchem Auffassungswandel grundsätzlich schwieriger macht."[990] Die Verbindung von Behinderung und gesellschaftlichen Barrieren wird vom Bundesverfassungsgericht damit zwar gesehen, aber letztlich soll eine Behinderung davon losgelöst als eine individuell erschwerte Lebensführung verstanden werden.[991]

Die UN-Behindertenrechtskonvention schlägt hingegen einen anderen Weg ein. Wie bereits der Wortlaut des Art. 1 UAbs. 2 UN-BRK erahnen lässt, wird eine Behinderung nicht als individuelle Fehlentwicklung verstanden, sondern sie entsteht bei Vorliegen einer „langfristige[n] körperliche[n], seelische[n], geistige[n] oder Sinnesbeeinträchtigung[]" erst „in Wechselwirkung mit verschiedenen Barrieren", die eine gesellschaftliche Gleichberechtigung behinderter Menschen erschweren oder gar unmöglich machen. Darin besteht ein grundsätzlicher Wandel des Verständnisses einer Behinderung, der zugleich den Schwerpunkt der Verantwortung jedes einzelnen gegenüber seinen (behinderten) Mitmenschen in dem Sinne verschiebt, dass Behinderungen durch gesellschaftliche Barrierefreiheit abgeholfen werden kann.[992] Damit

---

988 Boysen, in: v. Münch/Kunig, GGK I, Art.3 Rn. 191; Sachs, in: Isensee/Kirchhof (Hrsg.), HdBStR VIII, § 182 Rn. 121; Osterloh, in: Sachs (Hrsg.), GG, Art. 3 Rn. 308 ff.

989 Heun, in: Dreier, GG I, Art. 3 Rn. 136; Osterloh, in: Sachs (Hrsg.), GG, Art. 3 Rn. 310; Spranger, DVBl. 1998, S. 1061; Beaucamp, DVBl. 2002, S. 998.

990 BVerfGE 96, 288 (302).

991 Siehe zu dem verfassungsrechtlichen Begriff der Behinderung aber auch unten in diesem Kapitel, E. II. 1.

992 Siehe dazu auch Abschnitt e) der Präambel des Übereinkommens der Vereinten Nationen über die Rechte von Menschen mit Behinderungen, BGBl. II 2008, 1419 sowie Krajewski, JZ 3/2010, S. 121.

wurde der Begriff der Behinderung von einer medizinisch-biologischen Sichtweise zu einer sozialen verkehrt.[993]

Art. 3 UN-BRK listet die allgemeinen Grundsätze des Übereinkommens auf. Als zentral sind danach beispielsweise die Achtung der Würde des Menschen (Art. 3 lit. a UN-BRK) und die Nichtdiskriminierung (Art. 3 lit. b UN-BRK) einzustufen. Auch der Zusammenhang zu Art. 3 lit. c UN-BRK, der „die volle und wirksame Teilhabe an der Gesellschaft und Einbeziehung in die Gesellschaft" zu einem Grundanliegen der Konvention erklärt, zeigt die Verwobenheit von ausgeübter Teilhabe mit dem Schutz und der Gewährleistung von Würde und Selbstbestimmtheit innerhalb des Konzeptes der Konvention.[994] Unter den allgemeinen Grundsätzen ist ein kinderspezifischer zudem besonders hervorgehoben. Art. 3 lit. h UN-BRK normiert, dass „die Achtung vor den sich entwickelnden Fähigkeiten von Kindern mit Behinderungen und die Achtung ihres Rechts auf Wahrung ihrer Identität" von grundlegender Bedeutung für die Umsetzung der Behindertenrechtskonvention sind.[995]

Diese Kerngedanken finden sich in den einzelnen Vorschriften der UN-Behindertenrechtskonvention wieder und erfahren für die einzelnen Regelungsbereiche eine Konkretisierung. Das in Art. 3 lit.b UN-BRK normierte Diskriminierungsverbot wirkt so auch in dem in Art. 5 UN-BRK geregelten Gebot der Gleichberechtigung und Nichtdiskriminierung.[996] Ebenso betroffen ist Art. 13 UN-BRK, der den freien Zugang zur Justiz regelt sowie zahlreiche andere Vorschriften der Konvention, die vor allem eine gleichberechtigte Teilhabe behinderter Menschen an gesellschaftlichen Ereignissen und Notwendigkeiten ermöglichen wollen.[997]

II. Kinderspezifische Vorschriften

Die Schutzwirkung des Übereinkommens über die Rechte von Menschen mit Behinderungen erstreckt sich grundsätzlich auf alle Menschen unabhängig

993 v. BERNSTORFF, ZaöRV 67 (2007), S. 1047 f.

994 So auch SCHMAHL, AvR 45 (2007), S. 527.

995 Zu der Auslegung dieses Grundsatzes sowie der weiteren kinderspezifischen Vorschriften der UN-BRK siehe unter C.II. in diesem Kapitel.

996 Siehe dazu den Wortlaut der Abs. 1 und 2 des Art. 5 UN-BRK.

997 Siehe allgemein zu den Zielen und Grundsätzen der UN-Behindertenrechtskonvention auch ROTHFRITZ, Die Konvention der Vereinten Nationen zum Schutz der Rechte von Menschen mit Behinderungen, S. 116 ff.

ihres Alters.[998] Dennoch enthält die UN-Behindertenrechtskonvention verschiedene Artikel, die sich speziell mit den Rechten behinderter Kinder auseinandersetzen. Neben dem kinderspezifischen Grundsatz aus Art. 3 lit. h UN-BRK sind hier vor allem Art. 7 UN-BRK und Art. 24 UN-BRK zu nennen. Der Normtext des Art. 7 UN-BRK lautet:

> „(1) Die Vertragsstaaten treffen alle erforderlichen Maßnahmen, um zu gewährleisten, dass Kinder mit Behinderungen gleichberechtigt mit anderen Kindern alle Menschenrechte und Grundfreiheiten genießen können.
> (2) Bei allen Maßnahmen, die Kinder mit Behinderungen betreffen, ist das Wohl des Kindes ein Gesichtspunkt, der vorrangig zu berücksichtigen ist.
> (3) Die Vertragsstaaten gewährleisten, dass Kinder mit Behinderungen das Recht haben, ihre Meinung in allen sie berührenden Angelegenheiten gleichberechtigt mit anderen Kindern frei zu äußern, wobei ihre Meinung angemessen und entsprechend ihrem Alter und ihrer Reife berücksichtigt wird, und behinderungsgerechte sowie altersgemäße Hilfe zu erhalten, damit sie dieses Recht verwirklichen können.“

Der Schutzgehalt des Art. 7 UN-BRK ähnelt in seiner Zielrichtung und Ausgestaltung sehr der UN-Kinderrechtskonvention. So lassen sich allein in Art. 7 UN-BRK beinahe sämtliche der „general principles“ der UN-Kinderrechtskonvention[999] wiederfinden. Wie in Art. 3 Abs. 1 UN-KRK wird auch in der Behindertenrechtskonvention der Kindeswohlvorrang (Art. 7 Abs. 2) normiert.

Art. 7 Abs. 3 UN-BRK entspricht weitestgehend Art. 12 Abs. 1 UN-KRK und regelt damit das grundlegende Gebot der Berücksichtigung des Kindeswillens.[1000] Allerdings ist die Staatenverpflichtung, die in der Behindertenrechtskonvention vorgesehen ist, eine stärkere als die der Kinderrechtskonvention. Das wird daran deutlich, dass die Behindertenrechtskonvention zusätzlich zu der Berücksichtigung des Kindeswillens zur deren Verwirklichung in Art. 7 Abs. 3 UN-BRK noch die Gewährung „behindertengerechte[r] sowie altersgemäße[r] Hilfe“ vorsieht. Art. 12 UN-KRK enthält einen solchen Zusatz nicht. Zu beachten ist jedoch, dass Art. 23 UN-KRK, der innerhalb der Kinderrechtskonvention als speziellere Integrationsnorm Art. 12

998 Siehe dazu nur Art. 1 UN-BRK, der als Zweck des Übereinkommens „ (...) den vollen und gleichberechtigten Genuss aller Menschenrechte und Grundfreiheiten durch alle Menschen mit Behinderungen (...)“ angibt.

999 Zu den „general principles“ siehe oben, Kapitel 1, B. sowie Kapitel 3, C. III.

1000 Siehe zu dem Schutzgehalt des Art. 12 UN-KRK auch ausführlich oben Kapitel 1, B.

UN-KRK in Bezug auf behinderte Kinder vorgeht,[1001] wie oben gezeigt[1002] eine Bemühensverpflichtung für Staaten enthält, behinderte Kinder hinsichtlich der Betreuung (finanziell) zu unterstützen.

Ob dies dem Schutzgehalt und der Verpflichtung aus Art. 7 UN-BRK gleichkommt, muss bezweifelt werden. Zwar steht Art. 23 Abs. 2 UN-KRK in engem Zusammenhang mit Art. 23 Abs. 1 UN-KRK, der die Integration behinderter Kinder und die Wahrung der ihnen innewohnenden Würde fordert.[1003] Aber Abs. 2 der Norm verortet die Unterstützung durch die Staaten innerhalb der Betreuung und damit eher in dem Bereich der Fürsorge.[1004] Wie sich aus Art. 23 Abs. 3 UN-KRK ergibt, sollen die Unterstützungsleistungen aber nicht nur zur Betreuung dienen.[1005] Mittelbar sollen sie ebenso die Integration behinderter Kinder durch ein geeignetes Betreuungsangebot sichern.[1006] Sieht man daher den Schwerpunkt der Leistung, die Art. 23 UN-KRK gewährt, auf der Förderung der Integration behinderter Kinder und nicht lediglich auf der Unterstützung der Betreuung im Sinne der Fürsorge, so ist das Schutzniveau der Kinder- und der Behindertenrechtskonvention in diesem Punkt zumindest ähnlich. Da der Behindertenrechtskonvention der Leistungsvorbehalt des Art. 23 Abs. 3 UN-KRK fehlt, gewährt sie behinderten Kindern allerdings einen stärkeren Anspruch.

Auch das Diskriminierungsverbot aus Art. 2 UN-KRK, ebenfalls eines der „general principles", spiegelt sich in Art. 7 UN-BRK wider. Art. 7 UAbs. 1 UN-BRK stellt eine kinderspezifische Konkretisierung der Zweckbestimmung nach Art. 1 UN-BRK und des allgemeinen Diskriminierungsverbotes gemäß Art. 5 Abs. 2 UN-BRK dar und bezweckt die gleichberechtigte Teilhabe an „alle[n] Menschenrechte[n] und Grundfreiheiten".[1007] Das Diskriminierungsverbot des Art. 2 UN-KRK bezweckt hingegen lediglich die uneingeschränkte Geltung der Konventionsnormen für jedes Kind.[1008] Das in der

1001 SCHMAHL, Kinderrechtskonvention mit Zusatzprotokollen, Art. 12 Rn. 25.

1002 Siehe oben in diesem Kapitel, Abschnitt B.

1003 Siehe insofern den Wortlaut des Art. 23 Abs. 1 UN-KRK.

1004 So klassifiziert auch die Bundesregierung das „Recht auf Behindertenhilfe" in ihrer Denkschrift zu dem Übereinkommen als „soziales Recht", *Denkschrift der Bundesregierung zu dem Übereinkommen*, abgedr. in: BT-Drucks. 12/42 v. 24.01.1991, S. 47.

1005 Siehe insofern den Wortlaut des Art. 23 Abs. 3 UN-KRK.

1006 a. a. O.

1007 Siehe insofern den Wortlaut des Art. 1 UAbs. 1 UN-BRK sowie des Art. 7 Abs. 1 UN-BRK

1008 Siehe insofern den Wortlaut des Art. 2 Abs. 1 UN-KRK.

UN-Behindertenrechtskonvention normierte Diskriminierungsverbot ist damit von genereller Natur und grundsätzlich weiter zu verstehen.[1009] Art. 2 UN-KRK geht insofern über den Schutzgehalt der Behindertenrechtskonvention hinaus, als in Art. 2 UN-KRK auch eine Diskriminierung aufgrund einer Eigenschaft der Eltern oder des Vormunds, mithin eine mittelbare Diskriminierung, verhindert werden soll – ein Verbot, das sich in keinem anderen, auf Kinder anwendbaren Menschenrechtsvertrag findet.[1010]

Ein viertes Grundprinzip der UN-Kinderrechtskonvention, das Recht auf Leben gemäß Art. 6 UN-KRK, findet sich in Art. 10 UN-BRK wieder. Die Kinderrechtskonvention garantiert das Recht auf Leben ausdrücklich Kindern.[1011] Die UN-BRK wendet es allgemeiner formuliert auf alle behinderten Menschen, also auch Kinder, an.[1012] Die Kinderrechtskonvention schützt in Art. 6 Abs. 2 UN-KRK zudem ausdrücklich das Recht auf die Entwicklung eines Kindes. Art. 6 UN-KRK zielt damit auf einen weiten Schutzbereich ab. Dieser sieht das Leben als Gesamtheit einer Entwicklung von „physical, mental, spiritual, moral, psychological and social“ Aspekten, die für das Kind in bestmöglichem Maße erreichbar sein sollen.[1013] Eine vergleichbare Wirkung entfaltet auch eines der Grundprinzipien der UN-Behindertenrechtskonvention, indem es „die Achtung vor den sich entwickelnden Fähigkeiten von Kindern mit Behinderungen (...)“ normiert.[1014]

Art. 24 UN-BRK befasst sich ebenfalls im Schwerpunkt mit den Rechten behinderter Kinder. Zwar regelt Art. 24 UN-BRK allgemein das Recht auf Bildung behinderter Menschen, umfasst mithin auch die Erwachsenenbildung,[1015] aber naturgemäß betrifft Kinder das Thema (Schul-)bildung in ausgeprägter Weise. Die UN-Behindertenrechtskonvention fordert die Anerkennung des Rechtes auf Bildung behinderter Menschen und die diskriminierungsfreie und die Chancengleichheit berücksichtigende Verwirklichung eines integrativen Bildungssystems.[1016] Die Ziele, deren Erreichen durch ein

---

1009 Zu dem Diskriminierungsverbot siehe auch unten D. I.

1010 SCHMAHL, Kinderrechtskonvention mit Zusatzprotokollen, Art. 2 Rn. 8.

1011 Siehe insofern den Wortlaut des Art. 6 Abs. 1 UN-KRK.

1012 Siehe insofern den Wortlaut des Art. 10 UN-BRK.

1013 So der Kinderrechtsausschuss in CRC/C/GC/2003/5, Rn. 12.

1014 Siehe insofern den Wortlaut des Art. 3 lit. h UN-BRK.

1015 Siehe insofern auch den Wortlaut des Art. 24 Abs. 5 UN-BRK.

1016 Siehe insofern den Wortlaut des Art. 24 Abs. 1 UN-BRK, der in der Originalfassung allerdings von einem „inclusive education system“ spricht. Auf den Unterschied zu der deutschen Sprachfassung siehe in diesem Kapitel auch unter E. II. 1.

solches System angestrebt werden soll, gibt die UN-BRK in Art. 24 Abs. 1 lit. a bis c an. Danach sollen das Bewusstsein der Würde sowie das Selbstwertgefühl zur Entfaltung gelangen und auch die Achtung der Menschenrechte, der Grundfreiheiten und der menschlichen Vielfalt soll gestärkt werden.[1017] Außerdem soll behinderten Menschen die Möglichkeit zur vollen Entfaltung ihrer Persönlichkeit, ihrer Begabungen und Kreativität gegeben[1018] sowie eine ausgeübte Teilhabe an der Gesellschaft[1019] ermöglicht werden. Art. 24 Abs. 2 UN-BRK konkretisiert die zu ergreifenden Maßnahmen zur Verwirklichung eines Bildungssystems im Sinne des Abs. 1.[1020] Art. 24 Abs. 3 UN-BRK fordert die Ermöglichung des Erwerbs „lebenspraktische[r] Fertigkeiten und soziale[r] Kompetenzen“ [1021] und erläutert die dafür notwendigen Voraussetzungen in Abs. 4. Art. 24 Abs. 5 UN-BRK normiert schließlich den diskriminierungsfreien Zugang „zu allgemeiner Hochschulbildung, Berufsausbildung, Erwachsenenbildung und lebenslangem Lernen“.[1022] Die Formulierung des „lebenslangen Lernens“ verdeutlicht noch einmal den umfassenden Bildungsbegriff der UN-Behindertenkonvention, der nicht nur die Schul-, sondern auch die Erwachsenenbildung miteinschließt.[1023]

Auch die Kinderrechtskonvention enthält Vorschriften, die sich mit Bildung befassen.[1024] Art. 28 UN-KRK, der das Recht auf Bildung normiert, muss mit Art. 29 UN-KRK, der die Bildungsziele festlegt, zusammengelesen werden. Das Recht auf Bildung ist auch in der Kinderrechtskonvention umfassend zu verstehen, jedoch kann – anders als in der Behindertenrechtskonvention – nicht davon ausgegangen werden, dass auch die Frühförderung um-

1017 Siehe insofern den Wortlaut des Art. 24 Abs. 1 lit. a UN-BRK.

1018 Siehe insofern den Wortlaut des Art. 24 Abs. 1 lit. b UN-BRK.

1019 Siehe insofern den Wortlaut des Art. 24 Abs. 1 lit. c UN-BRK.

1020 Siehe insofern den Wortlaut des Art. 24 Abs. 2 UN-BRK.

1021 Art. 24 Abs. 3 UN-BRK.

1022 Art. 24 Abs. 5 UN-BRK.

1023 So auch KRAJEWSKI/BERNHARD, in: WELKE, ANTJE (Hrsg.), UN-Behindertenkonvention mit rechtlichen Erläuterungen, S. 166, die auch den Bereich der Frühförderung in den umfassenden Bildungsbegriff reinlesen. Zudem weisen sie richtigerweise darauf hin, dass sich Förderaufgaben des Staates im Bereich der Früherziehung auch aus Art. 7 UN-BRK i. V. m. Art. 24 UN-BRK herleiten lassen.

1024 Siehe dazu ausführlich auch unten in diesem Kapitel, E. II.

fasst ist.[1025] Art. 28 Abs. 1 UN-KRK normiert die Pflicht der Vertragsstaaten, das auf der Chancengleichheit basierende Recht auf Bildung anzuerkennen und verschiedene Maßnahmen zu dessen Verwirklichung zu ergreifen.[1026] Art. 28 Abs. 2 UN-KRK verbietet schulische Disziplinarmaßnahmen, die gegen die Würde des Kindes sowie die in der Kinderrechtskonvention verbürgten Rechte verstoßen.[1027] Abs. 3 der Norm möchte die internationale Zusammenarbeit zur Förderung der Verbreitung von Bildungsinhalten stärken. Die Ziele, die mit Art. 28 UN-KRK verfolgt werden sollen, sind Art. 29 UN-KRK zu entnehmen.[1028] Wie auch in der Behindertenrechtskonvention soll das Recht auf Bildung dazu beitragen, dass „die Persönlichkeit, die Begabung und die geistigen und körperlichen Fähigkeiten des Kindes voll zur Entfaltung [gebracht werden].“[1029] Zudem sollen dem Kind die „Menschenrechte[] und Grundfreiheiten und [die] in der Charta der Vereinten Nationen verankerten Grundsätze[]“ erläutert und nähergebracht werden.[1030] Diese beiden Zielvorstellungen von Bildung stimmen weitgehend mit denen der UN-BRK überein. Der zusätzliche Hinweis auf die Charta der Vereinten Nationen ist dabei als Aufgreifen des Gedankens der Friedensschaffung und -sicherung zu verstehen.[1031]

Daneben sollen dem Kind durch die Verwirklichung des Rechtes auf Bildung auch die Achtung vor den Eltern, seiner eigenen Kultur und der anderer Menschen sowie der Umwelt vermittelt werden.[1032] Als weiteres Ziel wird die Ermöglichung eines „verantwortungsbewusste[n] Leben[s] in einer freien Gesellschaft im Geist der Verständigung, des Friedens, der Toleranz, der Gleichberechtigung der Geschlechter und der Freundschaft zwischen allen Völkern und ethnischen, nationalen und religiösen Gruppen sowie zu Ureinwohnern“ genannt.[1033] Diese Ziele sind in der UN-BRK im Rahmen des

---

1025 SCHMAHL, Kinderrechtskonvention mit Zusatzprotokollen, Art. 28/29 Rn. 2 ff., die darauf hinweist, dass ebenfalls kein Alter für das Ende des Anspruchs auf Bildung in der Konvention zu finden ist.

1026 Siehe insofern den Wortlaut des Art. 28 Abs. 1 UN-KRK.

1027 Siehe insofern den Wortlaut des Art. 28 Abs. 2 UN-KRK.

1028 Siehe dazu auch den *General Comment* des UN-Kinderrechtsausschusses CRC/GC/2001/1 v. 17.04.2001.

1029 So der Wortlaut des Art. 29 Abs. 1 lit. a UN-KRK.

1030 So der Wortlaut des Art. 29 Abs. 1 lit. b UN-KRK.

1031 SCHMAHL, Kinderrechtskonvention mit Zusatzprotokollen, Art. 28/29 Rn. 21.

1032 Siehe insofern den Wortlaut des Art. 29 Abs. 1 lit. c und e UN-KRK.

1033 Siehe insofern den Wortlaut des Art. 29 Abs. 1 lit. d UN-KRK.

Art. 24 UN-BRK derart nicht normiert und beziehen sich vor allem auf die Entwicklung des Kindes innerhalb der Gesellschaft. Allerdings ist die von der UN-BRK angestrebte Form und Verwirklichung des Rechtes auf Bildung eine der gelebten Teilhabe. Letztere basiert nicht unwesentlich auf den in der UN-Kinderrechtskonvention niedergelegten Grundsätzen eines Rechtes auf Bildung, das wie die gesamte Konvention das Kind und die ihm eigene Würde respektiert und zur Entfaltung zu bringen sucht.[1034] Der Gewährleistungsumfang im Rahmen des Rechtes auf Bildung der UN-Behindertenrechtskonvention ist bezüglich der mit der Bildung verfolgten Ziele damit nicht geringer als der der UN-Kinderrechtskonvention.[1035]

Die in der UN-Kinderrechtskonvention normierten Aufgaben und Zielvorstellungen bezüglich des Rechtes auf Bildung und die in der UN-Behindertenrechtskonvention geforderte Ermöglichung der ausgeübten Teilhabe erinnern damit im Kern an die oben[1036] dargestellte Rechtsprechung des Bundesverfassungsgerichts zum Normgehalt des Art. 6 Abs. 2 GG sowie zum allgemeinen Persönlichkeitsrecht des Kindes aus Art. 2 Abs. 1 GG i. V. m. Art. 1 Abs. 1 GG. Dort wurde die Entwicklung des Kindes zu einer innerhalb der Gesellschaft selbstbestimmt handelnden Person als schützenswert und der dem Kinde innewohnenden Würde entsprechend betrachtet. Die dort beschriebene Entwicklung des Kindes, die es befähigt innerhalb der Gesellschaft autonom zu handeln und an ihr teilzuhaben, soll nach Art. 29 Abs. 1 lit. d UN-KRK vor allem durch Bildung gefördert werden. Nicht nur bezogen auf Kinder ist es auch das mit Art. 24 Abs. 1 lit. c UN-BRK verfolgte Ziel.[1037]

1034 Siehe zu der Rolle der Würde des Kindes in dem Komplex der Kinderrechte oben ausführlich Kapitel 3.

1035 Siehe hierzu unten in diesem Kapitel ausführlich unter E. II.

1036 Siehe dazu Kapitel 3, E.

1037 Anders insofern SUELMANN, Bildung in der Frauenrechtskonvention, der Kinderrechtskonvention und der Behindertenrechtskonvention der Vereinten Nationen, S. 117, die in dem Recht auf Bildung der Kinderrechtskonvention den Aspekt der Würde als nicht enthalten sieht.

D. Einige vergleichende Bemerkungen zu dem Übereinkommen über die Rechte von Menschen mit Behinderungen und dem Übereinkommen über die Rechte des Kindes

Bereits im Rahmen der soeben erfolgten Gegenüberstellung der Normen mit Kindesbezug der UN-BRK und der Regelungen der UN-KRK zu den Rechten behinderter Kinder werden verschiedene Parallelen beider Übereinkommen sichtbar. Diese können dazu dienen, beide noch verhältnismäßig jungen Übereinkommen im Bereich des Menschenrechtsschutzes zu charakterisieren und ihre Zielvorstellungen herauszuarbeiten.

I. Rechtliche Qualifizierung der UN-Kinderrechtskonvention und der UN-Behindertenrechtskonvention

Bei beiden völkerrechtlichen Verträgen handelt es sich im Kern um Antidiskriminierungsabkommen.[1038] Zum Teil beugen sie nicht nur der einfachen Diskriminierung besonders gefährdeter Gruppen vor, sondern auch der Mehrfachdiskriminierung, wie beispielsweise der behinderter Mädchen.[1039] Der Vergleich der Wortlaute beider Diskriminierungsverbote offenbart – wie oben[1040] bereits angedeutet – einen Unterschied in der Reichweite: Während die Kinderrechtskonvention lediglich eine diskriminierungsfreie Gewährung der Konventionsrechte vorsieht, enthält das Diskriminierungsverbot der Behindertenrechtskonvention keine solche Einschränkung.[1041] Anders als in der Behindertenrechtskonvention soll im Rahmen der Kinderrechtskonvention daher kein generelles Diskriminierungsverbot aufgestellt werden.[1042] Wie sich auch aus der Denkschrift der Bundesregierung zu dem Übereinkommen ergibt, handelt es sich bei Art. 2 UN-KRK um einen „üblichen Bestandteil[] internationaler Übereinkommen zum Schutz der Menschenrechte. Artikel 2

1038 Für die UN-BRK siehe beispielsweise KRAJEWSKI, JZ 3/2010, S. 121 sowie DEGENER, RdJB 2/2009, S. 204; für die UN-KRK und die UN-BRK beispielsweise V. BERNSTORFF, ZaöRV 67 (2007), S. 1048.

1039 So ausdrücklich in Art. 6 Abs. 1 UN-BRK; einen anderen Fall der Mehrfachdiskriminierung enthält Art. 2 Abs. 1 UN-KRK.

1040 Siehe dazu oben in diesem Kapitel, C. II.

1041 Siehe dazu den Wortlaut des Art. 2 UN-KRK und des Art. 5 UN-BRK.

1042 So auch SUELMANN, Bildung in der Frauenrechtskonvention, der Kinderrechtskonvention und der Behindertenrechtskonvention der Vereinten Nationen, S. 36.

entspricht darum ähnlichen Bestimmungen in anderen Vertragswerken, insbesondere dem Artikel 2 Abs. 1 des Internationalen Paktes über bürgerliche und politische Rechte und dem Artikel 2 Abs. 2 des Internationalen Paktes über wirtschaftliche, soziale und kulturelle Rechte."[1043] Über die in der UN-Kinderrechtskonvention gewählte Form des gewöhnlich gebräuchlichen Diskriminierungsverbotes geht die UN-Behindertenrechtskonvention deutlich hinaus und strebt damit eine extensivere Wirkung an.

Zudem enthalten beide Übereinkommen sowohl politische und bürgerliche als auch wirtschaftliche, soziale und kulturelle Rechte.[1044] Bei sämtlichen normierten Rechten handelt es sich nicht um neu geschaffene Rechte für die Gruppe der Kinder oder der behinderter Menschen, sondern die bereits vorhandenen Menschenrechte, die auch für die genannten Gruppen uneingeschränkte Geltung beanspruchen, werden in den Konventionen konkretisiert und an den spezifischen Bedarf angepasst.[1045] So wird der gewährte Schutz jeweils effektuiert. Zahlreiche Normen beider Übereinkommen beruhen beispielsweise auf den entsprechenden Vorschriften des Internationalen Paktes über bürgerliche und politische Rechte oder des Internationalen Paktes über wirtschaftliche, soziale und kulturelle Rechte.[1046] Unter anderem aus diesem

---

1043 *Denkschrift der Bundesregierung zu dem Übereinkommen*, abgedr. in: BT-Drucks. 12/42 v. 24.01.1991, S. 34.

1044 Für die Kinderrechtskonvention siehe oben, Kapitel 1, B.; für die Behindertenrechtskonvention siehe beispielsweise WEIß, MRM 3/2006, S. 298.

1045 Für die Kinderrechtskonvention siehe oben, Kapitel 1, B.; für die Behindertenrechtskonvention siehe beispielsweise ENNUSCHAT, in: SACHS, MICHAEL/SIEKMANN, HELMUT (Hrsg.), Der grundrechtsgeprägte Verfassungsstaat. Festschrift für Klaus Stern, S. 717; anders beurteilt SUELMANN, Bildung in der Frauenrechtskonvention, der Kinderrechtskonvention und der Behindertenrechtskonvention der Vereinten Nationen, S. 35 diesen Umstand hinsichtlich der UN-KRK. Als Beispiel nennt sie Art. 8 UN-KRK, der mit dem Recht auf die eigene Identität eine neue Rechtsposition des Kindes erschaffen haben soll. Dies überzeugt indes nicht, da die Inhalte des Art. 8 UN-KRK sich auch Art. 8 EMRK entnehmen lassen und es sich damit nicht um eine neu geschaffene Rechtsposition des Kindes handelt; so auch SCHMAHL, Kinderrechtskonvention mit Zusatzprotokollen, Art. 7/8 Rn. 16.

1046 Siehe zu der UN-KRK oben, Kapitel 1, B.; bezüglich der UN-BRK sei zum Beispiel verwiesen auf Art. 10 UN-BRK, der auf Art. 6 IPbpR basiert sowie auf Art. 24 UN-BRK, der eine Nähe zu Art. 13 IPwirtR aufweist.

Grund wurde die Notwendigkeit der speziellen Festschreibung der konkretisierten Rechte bezweifelt.[1047]

II. Die Durchsetzungsmechanismen der UN-Kinderrechtskonvention und der UN-Behindertenrechtskonvention

1. Das Staatenberichtsverfahren

Die Fragen der Überwachung der Umsetzung der Konvention und der Durchsetzbarkeit der Konventionsrechte haben beide Konventionen überwiegend gleich gelöst. So ist jeweils ein Staatenberichtsverfahren vorgesehen.[1048] Die Staatenberichte werden in beiden Fällen von einem dazu eingesetzten Ausschuss entgegengenommen und geprüft.[1049] Dabei unterscheiden sich die beiden Berichtsverfahren darin, dass Art. 36 Abs. 2 UN-BRK den Ausschuss für die Rechte von Menschen mit Behinderungen ausdrücklich dazu ermächtigt, den tatsächlichen Stand der Umsetzung der Konvention ohne Staatenbericht, aber „(...) auf der Grundlage der dem Ausschuss zur Verfügung stehenden zuverlässigen Informationen (...)“ zu überprüfen.[1050] Voraussetzung ist gemäß Art. 36 Abs. 2 UN-BRK, dass der Vertragsstaat „(...) mit der Vorlage eines Berichts in erhebliche[n] Rückstand (...)“ geraten ist.[1051] Die Quellen, die der Ausschuss anstelle des Staatenberichtes prüfen kann, sind zumeist die Berichte der Nichtregierungsorganisationen.[1052] Die Arbeit der Nichtregierungsorganisationen ist auch im Rahmen der UN-Kinderrechtskonvention von entscheidender Bedeutung wie Art. 45 UN-KRK zeigt.[1053] Die dort ermöglichte enge Zusammenarbeit des Kinderrechtsausschusses mit den NGOs soll zu einem möglichst konkreten und unverfälschten Bild der Situation in

---

1047 Bezüglich der UN-Kinderrechtskonvention siehe beispielsweise VERSCHRAEGEN, Die Kinderrechtekonvention, S. 3.

1048 Bei der Kinderrechtskonvention richtet sich das Verfahren nach Art. 44, 45 UN-KRK; siehe ausführlich dazu und zu den weiteren Durchsetzungsmechanismen der UN-KRK oben, Kapitel 4, Abschnitt A. I.; das Staatenberichtsverfahren der Behindertenrechtskonvention ist in Art. 35, 36 UN-BRK geregelt.

1049 Siehe dazu Art. 43 UN-KRK sowie Art. 34 und 36 UN-BRK.

1050 Siehe dazu den Wortlaut des Art. 36 Abs. 2 UN-BRK.

1051 a. a. O.

1052 SCHMAHL, AvR 45 (2007), S. 531 f.

1053 Siehe dazu ausführlich oben Kapitel 4, A. I. 1.

den jeweiligen Vertragsstaaten führen und die Umsetzung der Konvention vereinfachen und fördern.[1054] Dazu hat der Kinderrechtsausschuss nach Art. 45 lit. b UN-KRK zusätzlich die Möglichkeit, die Vertragsstaaten an die Sonderorganisationen der Vereinten Nationen, das Kinderhilfswerk oder die NGOs zu übermitteln, falls aus den Staatenberichten hervorgeht, dass die Staaten bei der Umsetzung der Konvention Hilfe benötigen. Eine solche Befugnis steht auch dem Ausschuss für die Rechte von Menschen mit Behinderungen nach Art. 36 Abs. 5 UN-BRK zu. Die starke Betonung der Zusammenarbeit des Kinderrechtsausschusses sowohl mit den Staaten als auch mit den NGOs war bis zum Entstehen der UN-Behindertenrechtskonvention bei der UN-Kinderrechtskonvention einmalig unter den Menschenrechtspakten.[1055] Die UN-Behindertenrechtskonvention hat diesen Gedanken nicht nur aufgenommen, sondern erweitert ihn durch Art. 38 lit. b UN-BRK sogar, indem der Ausschuss dazu angehalten wird, „(...) bei der Wahrnehmung seines Mandats, soweit angebracht, andere einschlägige Organe, die durch internationale Menschenrechtsverträge geschaffen wurden, [zu konsultieren,] mit dem Ziel, die Kohärenz ihrer jeweiligen Berichterstattungsleitlinien, Vorschläge und allgemeinen Empfehlungen zu gewährleisten sowie Doppelungen und Überschneidungen bei der Durchführung ihrer Aufgaben zu vermeiden.“ Dadurch wird der Wunsch nach einem Gleichlauf des internationalen Menschenrechtsschutzes offenbar und seine Grundlagen geschaffen.

2. *Das Mitteilungsverfahren*

Zusätzlich zu dem Berichtsverfahren existiert zu beiden Konventionen ein Fakultativprotokoll, das die Durchführung eines Mitteilungsverfahrens ermöglicht.[1056] Das Zusatzprotokoll der UN-Kinderrechtskonvention ist noch nicht in Kraft getreten.[1057] Das Fakultativprotokoll der UN-Behindertenrechtskonvention trat hingegen am 26. März 2009 nach Hinterlegung der zehnten Ratifikationsurkunde gemäß Art. 13 Abs. 1 des Fakultativprotokolls

---

1054 Siehe dazu ausführlich a. a. O.

1055 SCHMAHL, Kinderrechtskonvention mit Zusatzprotokollen, Art. 44/45 Rn. 19.

1056 Siehe zu der UN-Kinderrechtskonvention A/RES/66/138 sowie BGBl. II 2012, 1546; zu der UN-Behindertenrechtskonvention siehe A/RES/61/106, Annex II sowie BGBl. II 2008, 1419 [1453].

1057 http://treaties.un.org/Pages/ViewDetails.aspx?src=TREATY&mtdsg_no=IV-11-d&chapter=4&lang=en (zuletzt abgerufen am 31.01.2014).

zum Übereinkommen über die Rechte des Kindes betreffend ein Mitteilungsverfahren für Deutschland in Kraft.[1058] Die beiden Fakultativprotokolle gleichen sich in wesentlichen Punkten,[1059] wie zum Beispiel in der Möglichkeit der Anordnung vorläufiger Maßnahmen[1060] oder der Befugnis zur Einleitung eines Untersuchungsverfahrens.[1061] Letzteres kann jedoch in beiden Zusatzprotokollen durch die Vertragsstaaten jederzeit abbedungen werden.[1062] Insgesamt enthält das Fakultativprotokoll zu der UN-BRK einige Artikel weniger als das zu der UN-KRK. Das liegt zum einen daran, dass bei dem Fakultativprotokoll zu der UN-Behindertenrechtskonvention kinderspezifische Schutznormen fehlen. Zu nennen wäre beispielsweise Art. 2 des Fakultativprotokolls zum Übereinkommen über die Rechte des Kindes betreffend ein Mitteilungsverfahren, der den Vorrang des Kindeswohls und den Gedanken der Partizipation des Kindes unterstreicht.[1063] Zum anderen kennt das Fakultativprotokoll zu der UN-BRK das Mitteilungsverfahren nach Art. 12 des Fakultativprotokolls zum Übereinkommen über die Rechte des Kindes betreffend ein Mitteilungsverfahren nicht.[1064] Die Mitteilung eines Vertragsstaates an den Ausschuss für die Rechte von Menschen mit Behinderungen über die Vertragsverletzung eines anderen Vertragsstaates ist mithin ausgeschlossen.

1058 BGBl. II 2009, 818.

1059 Siehe zu dem Fakultativprotokoll der UN-Kinderrechtskonvention ausführlich oben Kapitel 4, B.

1060 Siehe Art. 6 des Fakultativprotokolls zum Übereinkommen über die Rechte des Kindes betreffend ein Mitteilungsverfahren sowie Art. 4 des Fakultativprotokolls zum Übereinkommen über die Rechte von Menschen mit Behinderungen.

1061 Siehe Art. 13 des Fakultativprotokolls zum Übereinkommen über die Rechte des Kindes betreffend ein Mitteilungsverfahren sowie Art. 6 des Fakultativprotokolls zum Übereinkommen über die Rechte von Menschen mit Behinderungen; zu dem Untersuchungsverfahren siehe zudem oben ausführlich Kapitel 4, B. II. 3. e).

1062 Siehe Art. 13 Abs. 7 des Fakultativprotokolls zum Übereinkommen über die Rechte des Kindes betreffend ein Mitteilungsverfahren sowie Art. 8 des Fakultativprotokolls zum Übereinkommen über die Rechte von Menschen mit Behinderungen.

1063 Zudem finden auch die – eher unabhängig von der spezifischen Gruppe der Kinder zu verstehenden – Art. 4 und 9 des Fakultativprotokolls zum Übereinkommen über die Rechte des Kindes betreffend ein Mitteilungsverfahren keine Entsprechung in dem Zusatzprotokoll zu der UN-Behindertenrechtskonvention.

1064 Siehe zu diesem Verfahren ausführlich oben Kapitel 4, B. III.

3. Die Etablierung verbindlicher Sanktionen

Den Mitteilungsverfahren beider Übereinkommen ist ferner gemein, dass die Empfehlungen des Ausschusses keine rechtliche Bindung entfalten.[1065] Dabei stellen sich für das Übereinkommen über die Rechte von Menschen mit Behinderungen dieselben Fragen hinsichtlich der Konstruktion einer Abhilfepflicht der Vertragsstaaten und einer Sanktionierung nach allgemeinem Völkerrecht wie für das Übereinkommen über die Rechte des Kindes.[1066] Demnach wird eine Verpflichtung der Staaten zur Befolgung der Empfehlungen des Ausschusses für die Rechte von Menschen mit Behinderungen wohl abzulehnen und mehr als eine inhaltliche Befassung mit den Empfehlungen nach dem Grundsatz von Treu und Glauben nicht einzufordern sein.[1067] Zu bedenken bleibt jedoch – wie auch bei der UN-Kinderrechtskonvention – der politische Druck, den die Empfehlungen des Ausschusses in der Öffentlichkeit erzeugen können und denen sich Staaten ihres internationalen Ansehens wegen möglicherweise zu beugen bereit sind.[1068] Hinsichtlich einer Wiedergutmachungspflicht der Staaten nach den Regeln des völkerrechtlichen Delikts wird auch bei der UN-Behindertenrechtskonvention auf den Willen der Vertragsstaaten abzustellen sein, ob die Konvention als abschließend konzipiert aufzufassen ist, oder ob der Rückgriff auf das allgemeine Völkerrecht zulässig sein soll.[1069] Der Präambel zu dem Übereinkommen ist ein Staatenwille zur abschließenden Regelung der Sanktionsmechanismen nicht zu entnehmen.[1070] Auf einen *General Comment* des Ausschusses für die Rechte

1065 Siehe dazu für die UN-Kinderrechtskonvention ausführlich oben Kapitel 4, B. IV. 3 und bezüglich der UN-Behindertenrechtskonvention ROTHFRITZ, Die Konvention der Vereinten Nationen zum Schutz der Rechte von Menschen mit Behinderungen, S. 143.

1066 Siehe dazu ausführlich oben Kapitel 4, B. IV. 3.

1067 Siehe zu der – auch hier anwendbaren Argumentation – ausführlich oben Kapitel 4, B. IV. 3 sowie bezüglich der UN-BRK auch SCHMAHL, AvR 45 (2007), S. 533.

1068 So auch KOTZUR/RICHTER, in: WELKE, ANTJE (Hrsg.), UN-Behindertenrechtskonvention mit rechtlichen Erläuterungen, S. 90.

1069 Siehe zu den Regeln des völkerrechtlichen Delikts und den Kriterien seiner Anwendbarkeit bei Menschenrechtsverträgen ausführlich oben Kapitel 4, B. IV. 3

1070 Siehe dazu den Wortlaut der Präambel zu dem Übereinkommen über die Rechte von Menschen mit Behinderungen, BGBl. II 2008, 1419.

von Menschen mit Behinderungen ist noch nicht zurückzugreifen.[1071] Daher wird vorerst von einer parallelen Anwendbarkeit auszugehen sein.

4. Zusätzliche Durchsetzungsmechanismen auf nationaler Ebene

Hinsichtlich zusätzlicher Durchsetzungsmechanismen auf nationaler Ebene kann für die UN-Kinderrechtskonvention auf die Kommission zur Wahrnehmung der Belange der Kinder verwiesen werden, die die Umsetzung der Kinderrechte und Beachtung der Interessen von Kindern sowohl auf Parlamentsebene als auch in sämtlichen öffentlichen Belangen überwacht.[1072] Zusätzlich existiert gleichwohl die begründete Forderung zur Schaffung einer nationalen Ombudsstelle.[1073] Eine tatsächliche Verpflichtung zur Einrichtung einer Kinderkommission oder einer Ombudsstelle ergibt sich aus der UN-Kinderrechtskonvention direkt nicht. Dies ist bei der UN-Behindertenrechtskonvention abweichend. In Art. 33 UN-BRK ist die „(...) Schaffung oder Bestimmung eines staatlichen Koordinierungsmechanismus, der die Durchführung der entsprechenden Maßnahmen in verschiedenen Bereichen und auf verschiedenen Ebenen erleichtern soll (...)“ vorgesehen. Daneben sollen „(...) eine oder mehrere staatliche Anlaufstellen für Angelegenheiten im Zusammenhang mit der Durchführung dieses Übereinkommens (...)“ bestimmt werden.[1074] Nach Art. 33 Abs. 3 UN-BRK sind die Gesellschaft und behinderte Menschen umfassend in den Überwachungsprozess miteinzubeziehen. Deutschland kommt der Verpflichtung des Art. 33 UN-BRK insoweit nach, als dass es einen Beauftragten der Bundesregierung für die Belange von Menschen mit Behinderungen sowie einen Inklusionsbeirat gibt.[1075] Daneben ist das Bundesministerium für Arbeit und Soziales auf Bundesebene mit der

---

1071 Stand: 31.01.2014.

1072 Siehe dazu ausführlich oben Kapitel 4, D. II.

1073 Siehe dazu und zu den abzuwägenden Gesichtspunkten ausführlich oben Kapitel 4, D.

1074 Siehe dazu den Wortlaut des Art. 33 Abs. 1 UN-BRK.

1075 Siehe dazu ausführlich bei KOTZUR/RICHTER, in: WELKE, ANTJE (Hrsg.), UN-Behindertenrechtskonvention mit rechtlichen Erläuterungen, S. 90 f.; siehe zu dem Beauftragten der Bundesregierung für die Belange von Menschen mit Behinderungen insbesondere §§ 14, 15 BGG sowie zu der Arbeit des Beauftragten und des Inklusionsbeirates http://www.behindertenbeauftragter.de/SharedDocs/Publikationen/DE/StaatlicheKoordinierungsstelle.pdf?__blob=publicationFile (zuletzt abgerufen am 31.01.2014).

Überwachung der Umsetzung befasst sowie mit der Erstellung nationaler Aktionspläne zur Umsetzung der Konvention.[1076]

III. Die Geltung der UN-Kinderrechtskonvention und der UN-Behindertenrechtskonvention in Deutschland

Wie auch bei der UN-Kinderrechtskonvention richtet sich die innerstaatliche Geltung des völkerrechtlichen Vertrages nach den in Kapitel 2, A. II. 1. dargelegten Grundsätzen. Das bedeutet für die UN-Behindertenrechtskonvention, dass sie mit dem Zustimmungsgesetz gemäß Art. 59 Abs. 2 S. 1 GG innerstaatliche Geltung erlangt hat.[1077] Ein Vorbehalt wurde von deutscher Seite nicht eingelegt.[1078] Die UN-Behindertenrechtskonvention hat damit den Rang eines einfachen Bundesgesetzes, sodass es auch hier zu den oben angesprochenen Problemen im Zusammenhang mit nachträglich erlassenem, der Konvention widersprechendem Bundesrecht kommt.[1079] Dabei ist jedoch wiederum der Grundsatz der Völkerrechtsfreundlichkeit zu beachten, der eine Auslegung der innerstaatlichen Normen im Einklang mit den völkerrechtlichen bezweckt.[1080] Darüber hinaus entschied das Bundesverfassungsgericht, dass angelehnt an seine Rechtsprechung zur innerstaatlichen Wirkung der EMRK, ebenso die UN-BRK aufgrund ihres menschenrechtlichen Charakters als Auslegungshilfe auch für das Grundgesetz heranzuziehen sei.[1081] Das bedeutet mithin konkret in Bezug auf Art. 3 Abs. 3 S. 2 GG, dass der dort zu-

---

1076 KOTZUR/RICHTER, in: WELKE, ANTJE (Hrsg.), UN-Behindertenrechtskonvention mit rechtlichen Erläuterungen, S. 90 f. sowie den Nationalen Aktionsplan zur Umsetzung der UN-Behindertenrechtskonvention „Unser Weg in eine inklusive Gesellschaft", abrufbar unter http://www.bmas.de/SharedDocs/Downloads/DE/PDF-Publikationen/a740-nationaler-aktionsplan-barrierefrei.pdf?__blob=publicationFile (zuletzt abgerufen am 31.01.2014).

1077 BGBl. II 2008, 1419.

1078 Siehe dazu und zu der Liste der eingelegten Vorbehalte unter http://treaties.un.org/pages/ViewDetails.aspx?src=TREATY&mtdsg_no=IV-15&chapter=4&lang=en (zuletzt abgerufen am 31.01.2014).

1079 KOTZUR/RICHTER, in: WELKE, ANTJE (Hrsg.), UN-Behindertenrechtskonvention mit rechtlichen Erläuterungen, S. 83; siehe dazu ausführlich auch oben Kapitel 2, B. II.

1080 ROJAHN, in: V. MÜNCH/KUNIG, GGK I, Art. 59 Rn. 45.

1081 Siehe zu der Rechtsprechung des BVerfG hinsichtlich der EMRK und der UN-BRK oben ausführlich in Kapitel 2, B. II. sowie BVerfGE 128, 282 (306).

grunde gelegte Begriff der Behinderung, der von dem Verständnis der UN-BRK insofern abweicht, als dass er die individuelle Situation nicht in einem Zusammenhang mit gesellschaftlichen Barrieren sieht, anhand der UN-BRK erweiternd ausgelegt werden muss.[1082] Selbstverständlich ist die Ausstrahlung der Wertungen der UN-Behindertenrechtskonvention nicht auf die Einzelnorm des Art. 3 Abs. 3 S. 2 GG beschränkt, sondern bezieht sich auf das gesamte Grundgesetz. Von der innerstaatlichen Geltung zu unterscheiden ist die unmittelbare Anwendbarkeit der Konventionsnormen. Diese richtet sich nach dem Charakter der einzelnen Norm selbst.[1083] Eine Uneinigkeit, die aufgrund des Bezuges zu den Rechten des Kindes hier noch näher darzustellen ist, besteht beispielsweise hinsichtlich der unmittelbaren Anwendbarkeit des Art. 24 UN-BRK.[1084]

E. Das Verhältnis der beiden Übereinkommen zueinander

Das Übereinkommen über die Rechte von Menschen mit Behinderungen und das Übereinkommen über die Rechte des Kindes sind beide völkerrechtliche Verträge, die von einer Großzahl identischer Vertragsstaaten unterzeichnet und ratifiziert wurden.[1085] Beide Übereinkommen sind dadurch für eine Vielzahl gleicher Signatarstaaten verbindlich. Überschneiden sich die Regelungsbereiche zweier Verträge nicht, so entsteht die Frage nach der parallelen Geltung der Verträge erst gar nicht. In den Fällen der sich überschneidenden Normen muss die Frage nach einem eventuellen Anwendungsvorrang jedoch beantwortet werden – insbesondere, wenn sich die Normen widersprechen sollten.

1082 So auch KOTZUR/RICHTER, in: WELKE, ANTJE (Hrsg.), UN-Behindertenrechtskonvention mit rechtlichen Erläuterungen, S. 86; siehe zu Art. 3 Abs. 3 S. 2 GG oben in diesem Kapitel, C. I.

1083 Siehe dazu oben ausführlich Kapitel 2, A. II. 1.

1084 Siehe dazu sogleich in diesem Kapitel, E. II.

1085 Siehe zu dem aktuellen Stand der Anzahl der Vertragsstaaten für die UN-KRK http://treaties.un.org/Pages/ViewDetails.aspx?src=TREATY&mtdsg_no=IV-11&chapter=4&lang=en (zuletzt abgerufen am 31.01.2014); für die UN-BRK siehe zu dem aktuellen Stand der Anzahl an Vertragsstaaten http://treaties.un.org/pages/ViewDetails.aspx?src=TREATY&mtdsg_no=IV-15&chapter=4&lang=en (zuletzt abgerufen am 31.01.2014).

Grundsätzlich ist dabei zu bedenken, dass beide Übereinkommen mit ihrem gesamten Normgehalt gleichermaßen für behinderte Kinder gelten, da – wie gezeigt – die UN-Kinderrechtskonvention ausdrücklich behinderte Kinder miteinbezieht[1086] und die UN-Behindertenrechtskonvention keine Altersgrenze hinsichtlich der Anwendbarkeit festlegt[1087]. Dennoch handelt es sich bei beiden Übereinkommen um Konkretisierungen der Menschenrechte hinsichtlich einer besonders schutzbedürftigen Gruppe – der der Kinder und der behinderter Menschen.[1088] Für den Rechtsanwender kann es daher im konkreten Fall schwierig sein, zu entscheiden, nach welchen Vorgaben er sich zu richten hat, mithin, welches Übereinkommen vorrangig anzuwenden ist.

Zunächst ist dabei die völkerrechtliche Lösung eines solchen Konflikts zu betrachten. Wie noch zu zeigen sein wird, leitet diese sodann auch auf die innerstaatliche Geltung der konkreten Übereinkommen und die unmittelbare Anwendbarkeit ihrer Normen über.

I. Völkerrechtliche Behandlung sich inhaltlich überschneidender völkerrechtlicher Verträge

Auf völkerrechtliche Verträge und damit auch Situationen wie der gegebenen finden grundsätzlich die Regeln des Wiener Übereinkommens über das Recht der Verträge Anwendung. Art. 30 WVK bestimmt die Handhabung verschiedener Fälle, in denen aufeinander folgende Verträge über denselben Gegenstand abgeschlossen wurden. Sind beispielsweise nicht sämtliche Signatarstaaten eines Vertrages auch Vertragsstaaten des späteren Vertrages, so findet zwischen den Vertragsstaaten beider Übereinkommen gemäß Art. 30 Abs. 4 lit. a i. V. m. Abs. 3 WVK der frühere Vertrag nur Anwendung, soweit er nicht mit dem späteren Vertrag unvereinbar ist. Die dort normierte lex posterior-Regel ist allerdings nur einschlägig, wenn die sich überschneidenden Verträge selbst keine Bestimmungen über Kollisionsfälle enthalten.[1089]

1086 Siehe dazu den Wortlaut des Art. 2 Abs. 1 UN-KRK.

1087 Siehe dazu den Wortlaut des Art. 1 UAbs. 1 UN-BRK, der ausdrücklich „alle Menschen mit Behinderungen" in den Schutzbereich miteinbezieht.

1088 Siehe dazu auch bereits oben in diesem Kapitel, C. I.

1089 ODENDAHL, in: DÖRR/SCHMALENBACH (Hrsg.), Vienna Convention on the Law of Treaties, Art. 30 Rn. 21.

Sowohl das Übereinkommen über die Rechte von Menschen mit Behinderungen als auch das Übereinkommen über die Rechte des Kindes enthalten Bestimmungen über das Verhältnis der eigenen Vorschriften zu anderen nationalen und internationalen Regelungen. Die Anwendung der damit subsidiären Regeln des Wiener Übereinkommens über das Recht der Verträge bleibt ausgeschlossen. Art. 41 UN-KRK bestimmt, dass „(...) zur Verwirklichung der Rechte des Kindes besser geeignete Bestimmungen unberührt [bleiben], die enthalten sind a) im Recht eines Vertragsstaats oder b) in dem für diesen Staat geltenden Völkerrecht." Diese Vorschrift zielt darauf ab, den einmal normierten Schutzstandard im Hinblick auf weitere und verbesserte Vertragsbestimmungen möglichst variabel zu halten.[1090] Gemäß Art. 41 lit. b UN-KRK sollen demnach völkervertragsrechtliche Normen,[1091] die Kindern innerstaatlich ein höheres Schutzniveau garantieren als es die UN-Kinderrechtskonvention könnte, Vorrang genießen. Eine ähnliche Vorschrift findet sich in der UN-Behindertenrechtskonvention. In Art. 4 Abs. 4 S. 1 UN-BRK heißt es: „Dieses Übereinkommen lässt zur Verwirklichung der Rechte von Menschen mit Behinderungen besser geeignete Bestimmungen, die im Recht eines Vertragsstaats oder in dem für diesen Staat geltenden Völkerrecht enthalten sind, unberührt. (...)".

Um im konkreten Fall den höchsten möglichen Schutzstandard für ein Kind mit Behinderungen zu erreichen, muss sich die Wahl der Konvention, auf die sich die Geltendmachung eines Rechtes stützt, auf zwei Kriterien gründen: Zum einen muss auf der Ebene der völkerrechtlichen Verträge ermittelt werden, welches Übereinkommen im konkreten Fall den höheren Schutzrahmen aufweist. Die Auslegung des völkerrechtlichen Vertrages richtet sich dabei nach den Artt. 31 ff. WVK. Zum anderen ist es von Bedeutung, wie die streitbefangene Norm innerstaatlich wirkt, insbesondere ob ihr unmittelbare Anwendbarkeit zukommt oder sie der weiteren Konkretisierung bedarf.[1092]

1090 So auch die Bundesregierung in der *Denkschrift der Bundesregierung zu dem Übereinkommen*, abgedr. in: BT-Drucks. 12/42 v. 24.01.1991, S. 53.

1091 So auch SCHMAHL, Kinderrechtskonvention mit Zusatzprotokollen, Art. 41 Rn. 3, die zudem auf die Unsicherheit aufmerksam macht, ob neben dem Vorrang des Völkervertragsrechts auch der des Völkergewohnheitsrechts von der Norm umfasst ist, wovon sie mit Blick auf die wachsende Kinderfreundlichkeit in vielen Bereichen jedoch nachvollziehbar ausgeht.

1092 Siehe zu den verschiedenen Kategorien auch oben Kapitel 2, A. II. 1.

II. Das Verhältnis des Übereinkommens über die Rechte von Menschen mit Behinderungen und des Übereinkommens über die Rechte des Kindes am Beispiel des Rechtes auf Bildung

1. Schutzniveau der beiden Übereinkommen hinsichtlich des Rechtes auf Bildung

Nach der oben angestellten Gegenüberstellung der Art. 24 UN-BRK und Art. 28, 29 UN-KRK muss ein differenziertes Ergebnis aus dem Vergleich des Schutzbereiches und des Leistungsumfanges beider Übereinkommen im Bereich der Gewährung von Bildung gezogen werden.[1093] Von der Vorschrift der Behindertenrechtskonvention gilt auch das Recht auf Frühförderung als umfasst. Der Schutzumfang hinsichtlich der Frühförderung behinderter Kinder ist in diesem Bereich somit höher als der der Kinderrechtskonvention. Beide Konventionen garantieren dagegen beispielsweise einen unentgeltlichen, obligatorischen Grundschulunterricht sowie einen auf weiterführenden Schulen.[1094] Die Ziele, die von beiden Konventionen mit der Gewährung des Rechtes auf Bildung verfolgt werden, gleichen sich – wie aufgezeigt – in vielen Bereichen. Insbesondere die Entwicklung der eigenen Persönlichkeit und die Teilnahme an einem toleranten, gesellschaftlichen Leben sollen durch Bildung ermöglicht werden.[1095] Ebenso ist die Verhinderung der Diskriminierung einzelner bei der Gewährung von Bildung beiden Konventionen gemein.[1096]

Jedoch sehen die Konventionen verschiedene Maßnahmen der Umsetzung des Rechtes auf Bildung vor. Zum einen sind die Vertragsstaaten nach Art. 28 Abs. 1 UN-KRK dazu verpflichtet, die Verwirklichung des Rechtes auf Bildung lediglich „fortschreitend zu erreichen". Das bedeutet eine Staatenverpflichtung, die sich an Art. 4 S. 2 UN-KRK orientiert und damit unter

---

1093 Zu dem Folgenden sei verwiesen auf C. II. dieses Kapitels und die darin angegebenen Fundstellen.

1094 Siehe Art. 28 Abs. 1 lit. a, b UN-KRK sowie Art. 24 Abs. 2 lit. a, b UN-BRK.

1095 Siehe dazu neben dem genannten Abschnitt in diesem Kapitel auch Art. 29 Abs. 1 lit. a und d UN-KRK sowie Art. 24 Abs. 1 UN-BRK.

1096 Siehe dazu den Wortlaut insbesondere des Art. 28 Abs. 1 lit. a und c UN-KRK sowie Art. 24 Abs. 1 sowie beispielsweise Abs. 2 lit. a und b UN-BRK; insgesamt dazu siehe auch SUELMANN, Bildung in der Frauenrechtskonvention, der Kinderrechtskonvention und der Behindertenrechtskonvention der Vereinten Nationen, S. 77 ff. sowie S. 93 ff.

dem Vorbehalt der wirtschaftlichen Leistungsfähigkeit eines Staates steht.[1097] Eine solche Einschränkung der Umsetzungsverpflichtung findet sich in der UN-Behindertenrechtskonvention für die wirtschaftlichen, sozialen und kulturellen Rechte in Art. 4 Abs. 2. Der Vorbehalt der wirtschaftlichen Leistungsfähigkeit kann gemäß Art. 4 Abs. 2 UN-BRK bei dieser Gruppe von Rechten jedoch nicht bei der Umsetzung sofort anwendbarer Rechte geltend gemacht werden. Teilweise wird in diesem Zusammenhang angenommen, Art. 24 Abs. 1 S. 2 i. V. m. Abs. 2 lit. a und b UN-BRK, die eine Verpflichtung zur Einrichtung eines inklusiven Schulsystems enthalten, seien wegen ihres Charakters als Konkretisierung des allgemeinen Diskriminierungsverbotes aus Art. 5 UN-BRK so wie dieses, mithin ohne Leistungsvorbehalt, umzusetzen.[1098] Dagegen wird eingewandt, dass das Recht auf Bildung zwar eine enge Verbindung zu dem Diskriminierungsverbot des Art. 5 UN-BRK aufweise, der Charakter als kulturelles Recht jedoch überwiege.[1099] Die Einführung eines inklusiven Schulsystems sei mit einer Vielzahl verschiedener Reformen verbunden und könne daher nur schrittweise im Sinne des Art. 4 S. 2 UN-BRK umgesetzt werden.[1100]

Teilweise wird überdies das gesamte Recht auf Bildung in der UN-BRK in engem Zusammenhang mit dem allgemeinen völkerrechtlichen Diskriminierungsverbot und damit den bürgerlichen und politischen Rechten gesehen.[1101] Dies soll seine Einklagbarkeit gegenüber dem ursprünglich als wirtschaftlich, sozial und kulturell konzipiertem Recht auf Bildung erhöhen.[1102] Dem ist mit dem Kinderrechtsausschuss die Unteilbarkeit der Menschenrechte entgegenzuhalten, die eine unterschiedliche Justiziabilität der bürgerlichen und politischen sowie der wirtschaftlichen, sozialen und kulturellen Rechte ablehnen lässt.[1103]

1097 SCHMAHL, Kinderrechtskonvention mit Zusatzprotokollen, Art. 28/29 Rn. 5 sowie Art. 4 Rn. 11.

1098 ROTHFRITZ, Die Konvention der Vereinten Nationen zum Schutz der Rechte von Menschen mit Behinderungen, S. 388.

1099 So POSCHER/RUX/LANGER, Von der Integration zur Inklusion, S. 37 ff.

1100 a. a. O.

1101 So EICHHOLZ, in: V. SCHORLEMER, SABINE/SCHULTE-HERBRÜGGEN, ELENA (Hrsg.), 1989 – 2009: 20 Jahre UN-Kinderrechtskonvention, S. 206.

1102 a. a. O.

1103 CRC/GC/2003/5 Rn. 6, 25 sowie zur Unteilbarkeit der Menschenrechte oben ausführlich Kapitel 1, B., Kapitel 3, D. sowie Kapitel 4, B. II. 3. b).

Zum anderen fordert die UN-Behindertenrechtskonvention in Art. 24 Abs. 1 ein „integratives Bildungssystem auf allen Ebenen". In der englischen Sprachfassung der UN-Behindertenrechtskonvention wird hingegen der Begriff des „inclusive education system" verwandt.[1104] Dabei unterscheidet sich der Begriff der „Inklusion" von dem der „Integration". Erster fordert eine allumfassende und grundlegende Ausrichtung sämtlicher, insbesondere auch gesellschaftlicher Bereiche, die eine gelebte Teilhabe behinderter und nicht behinderter Menschen ermöglicht, während der engere Begriff der „Integration" lediglich eine erleichterte Eingliederung behinderter Menschen in die bereits bestehenden Gesellschaftsstrukturen vorsieht.[1105] Bezogen auf den Bildungssektor bedeutet die Forderung eines inklusiven Bildungssystems folglich, dass alle Kinder, ob behindert oder nicht, in allen Ebenen der Schulbildung zusammen unterrichtet werden.[1106] Somit müssen der gesamte Unterricht und die Organisation auf das gemeinsame Lernen hin umgestaltet werden.[1107] Bei einem integrativen Bildungssystem könnten Schüler mit und ohne Behinderung ebenfalls zusammen lernen, jedoch müssten sich die Schüler mit Behinderung an die bereits gegebenen Lern- und Organisationsstrukturen, die überwiegend auf nicht behinderte Schüler ausgerichtet sind, anpassen.[1108]

Die beiden unterschiedlichen Sprachfassungen erzeugen aufgrund der Abweichung ihrer Bedeutungen damit Probleme in Bezug auf den für Deutschland umzusetzenden Gewährleistungsumfang. Grundsätzlich sind jedoch nur die Sprachfassungen verbindlich, die in der UN-Behindertenrechtskonvention in Art. 50 festgelegt sind, mithin die arabische, chinesische, englische, französische, russische und spanische. Eine Reduzierung der durch die Konvention entstandenen Verpflichtung allein mithilfe einer abweichenden Übersetzung ist damit nicht möglich.[1109] Für die Annahme einer die Inklusion favorisierenden Lesart spricht aber auch die Konvention selbst:[1110]

1104 Siehe den Wortlaut der englischen Fassung des Art. 24 Abs. 1 UN-BRK, BGBl. II 2008, 1419 [1436].

1105 So auch AICHELE, Die UN-Behindertenrechtskonvention und ihr Fakultativprotokoll, S. 12.

1106 POSCHER/RUX/LANGER, Von der Integration zur Inklusion, S. 24 f.

1107 a. a. O.

1108 POSCHER/RUX/LANGER, Von der Integration zur Inklusion, S. 24.

1109 AICHELE, Die UN-Behindertenrechtskonvention und ihr Fakultativprotokoll, S. 12.

1110 So auch ausführlich POSCHER/RUX/LANGER, Von der Integration zur Inklusion, S. 27 ff.

Schon in den Grundsätzen der UN-Behindertenrechtskonvention wird eine „[f]ull and effective participation and inclusion in society“ gefordert[1111] wie auch beispielsweise in Art. 19 UN-BRK.[1112] Zudem entspricht die Inklusion dem Begriff der Behinderung, wie er in der Konvention gebraucht wird, mehr als der der Integration. Auch der Charakter der UN-Behindertenrechtskonvention als Antidiskriminierungsabkommen kommt in dem Begriff der Inklusion stärker zum Tragen. Überdies verdeutlich eine genaue Betrachtung der Abs. 2 bis 5 des Art. 24 UN-BRK, dass ein inklusives und nicht ein integratives Lernsystem umgesetzt werden soll.[1113] Es wird in diesem Zusammenhang teilweise davon ausgegangen, dass der in Art. 7 UN-BRK garantierte Kindeswohlvorrang durch eine systematische Auslegung im Rahmen einer Anwendung der UN-BRK eine Entscheidung immer zugunsten eines inklusives Bildungssystems ausfallen ließe.[1114] So soll das Kindeswohl durch das Konzept der inklusiven Bildung durch die Ermöglichung des uneingeschränkten Zugangs zu allen Bildungseinrichtungen und -angeboten gerade verwirklicht sein.[1115]

Einen Anspruch auf ein inklusives Schulsystem normiert die UN-KRK hingegen nicht.[1116] Der Kinderrechtsausschuss spricht sich in einem *General Comment* allerdings ausdrücklich für die Verwirklichung eines inklusiven Bildungssystems aus.[1117] Der Schutzumfang der UN-Behindertenrechtskonvention ist damit für behinderte Kinder gegenüber dem der UN-Kinderrechtskonvention erhöht. Ein unmittelbar anwendbarer Anspruch auf inklusives Lernen könnte sich für behinderte Schüler daher lediglich aus der UN-Behindertenrechtskonvention ergeben.

1111 Siehe den Wortlaut des Art. 3 lit. c UN-BRK.

1112 Siehe insofern den Wortlaut des Art. 19 UN-BRK, der die Vertragsstaaten auffordert „(...) [to] recognize the equal right of all persons with disabilities to live in the community, with choices equal to others, and [to] take effective and appropriate measures to facilitate full enjoyment by persons with disabilities of this right and their full inclusion and participation in the community (...)“.

1113 POSCHER/RUX/LANGER, Von der Integration zur Inklusion, S. 27, die beispielsweise auf Abs. 4 hinweisen, der die Einstellung geeigneten Lehrpersonals fordert, um das Recht auf Bildung umsetzen zu können.

1114 EICHHOLZ, FPR 2012, S. 231.

1115 RIEDEL, Gutachten zur Wirkung der internationalen Konvention, S. 23 f., 51.

1116 SCHMAHL, Kinderrechtskonvention mit Zusatzprotokollen, Art. 28/29 Rn. 8.

1117 CRC/GC/2007/9 Rn. 66.

2. *Innerstaatliche Wirkung der Garantien des Rechtes auf Bildung in Deutschland*

Nachdem das Schutzniveau der in Frage stehenden völkerrechtlichen Normen bestimmt und eventuelle Unterschiede herausgearbeitet wurden, soll sich nun mit der unmittelbaren Anwendbarkeit der Normen befasst werden. Zuvor soll nach einer kurzen Vorbemerkung jedoch noch die Rolle der Bundesländer bei Umsetzung des Rechtes auf Bildung beleuchtet werden.

a) Vorbemerkung

Nach den in diesem Kapitel getroffenen Feststellungen[1118] haben beide hier untersuchten Übereinkommen in Deutschland den Rang eines einfachen Bundesgesetzes, müssen jedoch im Wege der völkerrechtsfreundlichen Auslegung mit ihren Wertungen berücksichtigt werden. Das gilt sowohl für unmittelbar anwendbare als auch für nicht unmittelbar anwendbare Normen. Darüber hinaus können die Vorschriften der Konventionen aufgrund ihres menschenrechtlichen Charakters der Rechtsprechung des Bundesverfassungsgerichts folgend als Auslegungshilfe für die verfassungsrechtlichen Normen herangezogen werden. Bei der Entscheidung eines konkreten Falles müssten damit die Wertungen beider Übereinkommen miteinfließen, unabhängig davon, ob es sich bei den streitentscheidenden Normen um self-executive – Vorschriften handelt. Der Rechtsanwender würde – sofern sich keine inhaltliche Widersprüchlichkeit ergibt – zu einer parallelen Berücksichtigung der Übereinkommen gelangen.

Rechtsklarheit im Sinne des Anwendungsvorranges einer Norm vor dem Hintergrund der Vorrangregelungen der beiden Übereinkommen ergäbe sich dann, wenn die Norm nur eines Vertrages unmittelbare Anwendbarkeit besäße. In diesem Fall könnte sich der Rechtsanwender direkt auf diese Norm berufen, die so eine Anspruchsgrundlage böte. Auch hierbei muss wieder die Ausstrahlungswirkung der Konventionsnormen in die deutsche Rechtsordnung bedacht werden. Daher kann zwar der Anspruch bei der unmittelbaren Anwendbarkeit einer Norm aufgrund des stärkeren Rechts, das sie vermittelt, nach den Vorrangregeln der Konventionen nur von ihr ausgehen, aber bei der

1118 Siehe zu den folgenden Ausführungen im Rahmen der Vorbemerkung die obigen Ausführungen in diesem Kapitel, D. III.

Entscheidung eines konkreten Falles müssten auch die nicht unmittelbar anwendbaren Normen beider Konventionen Beachtung finden.

b) Umsetzungsverpflichtung der Bundesländer

Bevor die unmittelbare Anwendbarkeit der Art. 28, 29 UN-KRK und des Art. 24 UN-BRK untersucht wird, bedarf es eines kurzen Blickes auf die Rolle und Rechtsstellung der Bundesländer im Hinblick auf die innerstaatliche Wirkung des Art. 24 UN-BRK. Wie bereits oben gezeigt, wird die innerstaatliche Geltung einer Konvention überwiegend als Voraussetzung einer unmittelbaren Anwendbarkeit ihrer Normen gesehen.[1119] Vor dem Hintergrund dessen, dass den Bundesländern gemäß Artt. 70 Abs. 1, 73, 74 GG die alleinige Gesetzgebungskompetenz hinsichtlich des Rechtes auf Bildung zukommt, ist jedoch fraglich, inwiefern die Bundesländer von einer Bindungswirkung des Art. 24 UN-BRK ausgehen müssen und sie eine Umsetzungsverpflichtung des völkerrechtlichen Vertrages im Bereich der Bildung trifft.

Die Möglichkeit des Bundes auch die Bundesländer durch einen völkerrechtlichen Vertrag binden zu können, selbst wenn der Vertrag Bestimmungen enthält, die in den ausschließlichen Kompetenzbereich der Länder fallen, war im Rahmen des Art. 32 Abs. 1 GG lange Zeit umstritten, ist seit dem sog. Lindauer Abkommen vom 14. November 1957 aber grundsätzlich anerkannt.[1120] Voraussetzung ist nur, dass die Bundesländer Stellung nehmen und eine eventuelle, ablehnende Haltung äußern können.[1121] Die Bundesländer hatten jedoch keine Einwände gegen eine Unterzeichnung, sodass die UN-Behindertenrechtskonvention innerstaatliche Geltung erlangt hat.[1122]

Jedoch ist in einer Konstellation wie der vorliegenden weiterhin zu fragen, ob die Vollzugswirkung des Zustimmungsgesetzes nach Art. 59 Abs. 2 GG auch auf die Bundesländer ausstrahlt. Wäre dies nicht der Fall, so bedürfte es eines Landesgesetzes, um die Norm des Art. 24 UN-BRK in inner-

---

1119 Siehe dazu ausführlich oben, Kapitel 2, A. II. 1.

1120 Siehe dazu sowie zu den weiteren vertretenen Ansichten ausführlich KEMPEN, in: V. MANGOLDT/KLEIN/STARK, GG II, Art. 32 Abs. 1 Rn. 48 ff.; GEIGER, Grundgesetz und Völkerrecht, § 29 II. 1. c) und 2. sowie NETTESHEIM, in: MAUNZ/DÜRIG, Komm. z. GG, Art. 32 Rn. 61 ff.

1121 GEIGER, Grundgesetz und Völkerrecht, § 29 II. 2.

1122 KRAJEWSKI/BERNHARD, in: WELKE, ANTJE (Hrsg.), UN-Behindertenkonvention mit rechtlichen Erläuterungen, S. 166.

staatliches Recht zu transformieren.[1123] Die mit dem Zustimmungsgesetz erfolgte Eingliederung der UN-Behindertenrechtskonvention wäre bisher in den Ländern ohne ein solches Gesetz lückenhaft.[1124] Die Bundesländer erklärten, keine Einwendungen gegen das Zustimmungsgesetz zu der UN-Behindertenrechtskonvention und ihrem Fakultativprotokoll erheben zu wollen.[1125] Die Äußerung der Bundesländer wird zum Teil so gedeutet, als wollten sie dem Zustimmungsgesetz nur für die Reichweite der Bundeskompetenz uneingeschränkt zustimmen.[1126] Auch die Rechtsprechung steht einer Geltung des Rechtes auf Bildung aus der UN-Behindertenrechtskonvention auf Landesebene ablehnend gegenüber.[1127] Dagegen wird mit dem Hinweis auf die Staatenpraxis eine die Bundesländer miteinbeziehende Wirkung des Zustimmungsgesetzes überwiegend bejaht, sodass die UN-Behindertenrechtskonvention auch im Hinblick auf das Recht auf Bildung insgesamt innerstaatliche Geltung erlangt hätte.[1128] Dadurch soll auch eine Aufspaltung des Zustimmungsgesetzes, die so nicht vorgesehen ist, vermieden werden.[1129] Die innerstaatliche Kompetenzverteilung soll nur Aufschluss über eine Verpflichtung der Wahrnehmung von Umsetzungsmaßnahmen bieten und nicht über die innerstaatliche Geltung eines völkerrechtlichen Vertrages.[1130]

Bezüglich der konkreten Umsetzungsverpflichtung ergäbe sich dieser Argumentation folgend nach der innerstaatlichen Kompetenzverteilung gemäß Artt. 70 Abs. 1, 73, 74 GG eine Zuständigkeit der Länder. Gestützt wird die Pflicht zur innerstaatlichen Umsetzung der Konvention auf Länderebene

1123 Ennuschat, in: Sachs, Michael/Siekmann, Helmut (Hrsg.), Der grundrechtsgeprägte Verfassungsstaat. Festschrift für Klaus Stern, S. 721.

1124 a. a. O.

1125 BT-Drucks. 16/11197 v. 03.12.2008.

1126 Riedel, Gutachten zur Wirkung der internationalen Konvention, S. 35.

1127 So beispielsweise VGH Kassel, Urt. v. 12.11.2009 - 7 B 2763/09 = NVwZ-RR 2010, S. 602 ff.; siehe entschieden kritisch dazu die Stellungnahme des Deutschen Instituts für Menschenrechte, abrufbar unter: http://www.institut-fuer-menschenrechte.de/uploads/tx_commerce/stellungnahme_der_monitoring_stelle_z_un_behindertenrechtskonvention_zur_stellung_der_behindertenrechtskonvention_innerhalb_der_dt_rechtsordnung.pdf (zuletzt abgerufen am 31.01.2014); siehe allgemein zu Gerichtsentscheidungen im Zusammenhang mit der UN-BRK Aichele, AnwBl. 10/2011, S. 727 ff.

1128 Siehe dazu ausführlich auch Höfling, Rechtsfragen zur Umsetzung der Inklusion im Schulbereich, S. 25 ff. m. w. N.

1129 Krajewski/Bernhard, in: Welke, Antje (Hrsg.), UN-Behindertenkonvention mit rechtlichen Erläuterungen, S. 166.

1130 Aichele, AnwBl. 10/2011, S. 727 f.

durch den Grundsatz der Bundestreue, der aus der erteilten Zustimmung der Länder zur Ratifikation des Vertrages die Verpflichtung herleitet, sich dieser Zustimmung gemäß zu verhalten.[1131] Die Bundesländer haben ihrerseits die Umsetzungsverpflichtung anerkannt und setzen sich für eine Umsetzung der Ziele des Art. 24 UN-BRK ein.[1132]

c) Unmittelbare Anwendbarkeit der Art. 28, 29 UN-KRK und des Art. 24 UN-BRK

Nach den oben gemachten Ausführungen[1133] bestimmt sich die Frage nach der unmittelbaren Anwendbarkeit der Konvention nach dem Charakter der Normen. Es muss damit bei jeder Norm geprüft werden, ob sie als self-executive – Vorschrift angelegt ist. Das bedeutet, dass die Völkerrechtsnorm inhaltlich präzise und konkret sein sowie keines weiteren innerstaatlichen Rechtsakts zu ihrer Anwendung bedürfen und darüber hinaus ihren Adressaten berechtigen oder verpflichten muss.[1134]

Betrachtet man die Artt. 28 und 29 UN-KRK, so erkennen die Vertragsstaaten in Art. 28 Abs. 1 HS. 1 UN-KRK das Recht des Kindes auf Bildung an. Dieses Anerkenntnis ist an Art. 13 Abs. 1 IPwirtR angelehnt. Um dieses Recht umzusetzen, sind die Vertragsstaaten nach Art. 28 Abs. 1 UN-KRK dazu angehalten, verschiedene Maßnahmen, wie einen unentgeltlichen Grundschulbesuch umzusetzen. Die in Art. 28 Abs. 1 UN-KRK aufgeführten Maßnahmen stellen dabei, wie der Zusatz „insbesondere" in Art. 28 Abs. 1 UN-KRK verdeutlicht, die anzustrebende Mindestanforderung dar.[1135] Bei den Beratungen zu Art. 28 UN-KRK wurde hauptsächlich die Befreiung von Schulgeld kontrovers diskutiert und man konnte sich nur auf eine schrittwei-

---

1131 Siehe zu dem Grundsatz der Bundestreue HERZOG/GRZESZICK, in: MAUNZ/DÜRIG, Komm. z. GG, Art. 20 Rn. 129 sowie speziell bezogen auf die UN-Behindertenrechtskonvention KRAJEWSKI, JZ 3/2010, S. 124.

1132 Siehe dazu beispielsweise auch den Beschluss der Kultusministerkonferenz v. 18.11.2010, abrufbar unter http://www.kmk.org/fileadmin/veroeffentlichungen_beschluesse/2010/2010_11_18-Behindertenrechtkonvention.pdf (zuletzt abgerufen am 31.01.2014); siehe beispielsweise für Schleswig-Holstein PLUHAR, RdJB 2/2011, S. 18 ff. sowie bezogen auf sämtliche Bundesländer RUX, RdJB 2/2009, S. 220 ff.

1133 Siehe dazu ausführlich oben Kapitel 2, A. II. 1.

1134 Zu den Kriterien siehe ebenfalls oben im Kapitel 2, A. II. 1.

1135 DORSCH, Die Konvention der Vereinten Nationen über die Rechte des Kindes, S. 179.

se Umsetzung dieses Ziels einigen.[1136] Die Verpflichtung der Vertragsstaaten zur Umsetzung der Maßnahmen wurde somit als „fortschreitend“ konzipiert[1137] und richtet sich damit, wie oben bereits kurz angesprochen, nach Art. 4 S. 2 UN-KRK.[1138] Die Tatsache, dass die Vertragsstaaten mit Art. 28 Abs. 1 HS. 1 UN-KRK zwar das Recht auf Bildung anerkennen, die Maßnahmen zur Umsetzung dieses Rechts und die mit damit verbundenen Ziele aus Art. 29 UN-KRK jedoch nur unbestimmt und beispielhaft aufgeführt sind, spricht gegen eine unmittelbare Anwendbarkeit der Artt. 28 und 29 UN-KRK. Einzig Art. 28 Abs. 1 lit. a UN-KRK, der eine unentgeltliche Grundschulpflicht normiert, könnte aufgrund der Bestimmtheit der Maßnahme für eine unmittelbare Anwendbarkeit sprechen. Hierbei muss jedoch beachtet werden, dass den Staaten bei der Wahl der Maßnahmen lediglich verschiedene vorgeschlagen wurden, die letztendliche Wahl der konkreten Maßnahmen aber im Ermessen des jeweiligen Vertragsstaates liegt. Unabhängig davon ist aber festzustellen, dass die von Art. 28 UN-KRK geforderten Maßnahmen zur Umsetzung des Rechtes auf Bildung in Deutschland fast sämtlich Beachtung gefunden haben und verwirklicht wurden.[1139]

Wie auch die UN-Kinderrechtskonvention erkennt auch die UN-Behindertenrechtskonvention das Recht auf Bildung an.[1140] Um dieses Recht umzusetzen, fordert Art. 24 UN-BRK die Vertragsstaaten dazu auf, „geeignete Maßnahmen“ zu ergreifen.[1141] Art. 24 Abs. 2 lit. c UN-BRK sieht das Treffen „angemessener Vorkehrungen für die Bedürfnisse des Einzelnen“ vor. Diese richten sich nach Art. 2 UAbs. 4 UN-BRK, wonach angemessene Vorkehrungen als „notwendige und geeignete Änderungen und Anpassungen, die keine unverhältnismäßige oder unbillige Belastung darstellen und die, wenn sie in einem bestimmten Fall erforderlich sind, vorgenommen werden, um zu gewährleisten, dass Menschen mit Behinderungen gleichberechtigt mit anderen alle Menschenrechte und Grundfreiheiten genießen oder ausüben können“ definiert werden. Den Begriff der angemessenen Vorkehrungen enthält auch Art. 24 Abs. 5 UN-BRK, der den diskriminierungsfreien und gleichberech-

---

1136 Ebd., S. 180 f.

1137 Siehe den Wortlaut des Art. 28 Abs. 1 UN-KRK.

1138 Siehe dazu auch oben in diesem Kapitel, E. II. 1.

1139 Siehe dazu ausführlich SCHMAHL, Kinderrechtskonvention mit Zusatzprotokollen, Art. 28/29 Rn. 28 ff.

1140 Siehe den Wortlaut des Art. 24 Abs. 1 S. 1 UN-BRK.

1141 Siehe beispielsweise den Wortlaut des Art. 24 Abs. 3 und Abs. 4 UN-BRK.

tigten Zugang „zu allgemeiner Hochschulbildung, Berufsausbildung, Erwachsenenbildung und lebenslangem Lernen (...)“ fordert. Den Vertragsstaaten werden wie bei der UN-Kinderrechtskonvention verschiedene Maßnahmen vorgeschlagen, die für die Umsetzung des Rechtes auf Bildung in besonderem Maße geeignet sind.[1142] Eine tatsächliche Verpflichtung im Sinne einer unmittelbaren Anwendbarkeit kann sich aus einem derart vagen Wortlaut wohl nicht ergeben.

Im Hinblick auf Art. 24 UN-BRK kann überdies die oben bereits dargestellte Diskussion um die Nähe des Rechtes auf Bildung, insbesondere des Rechtes auf ein inklusives Bildungssystem, zu dem in Art. 5 UN-BRK normierten Diskriminierungsverbot nochmals fruchtbar gemacht werden.[1143] Wie dort gezeigt, kann eine eventuelle Verbindung des Rechtes auf Bildung und des Diskriminierungsverbotes Aufschluss darüber geben, ob das Recht eher als politisches und bürgerliches oder als wirtschaftliches, soziales und kulturelles Recht einzuordnen ist und damit verbunden auch darüber, ob die Maßnahmen unter dem Leistungsvorbehalt des Art. 4 Abs. 2 UN-BRK stehen. Aufgrund der Unteilbarkeit der Menschenrechte hilft diese Einteilung aber nicht bei der Frage der Justiziabilität.[1144] So spricht die Ausrichtung des inklusiven Bildungssystems, die eine grundlegende Veränderung des bestehenden Systems erfordert,[1145] in Übereinstimmung mit der oben vertretenen Ansicht[1146] eher dafür, das Recht auf Bildung als wirtschaftliches, soziales und kulturelles Recht zu qualifizieren und den Leistungsvorbehalt nach Art. 4 Abs. 2 UN-BRK als gegeben zu sehen. Dieser verpflichtet die Vertragsstaaten dazu, „(...) Maßnahmen zu treffen, um nach und nach die volle Verwirklichung dieser Rechte zu erreichen (...)“. Den Staaten werden danach keine verbindlichen Maßnahmenkataloge vorgegeben. Auch Art. 24 UN-BRK enthält keine spezifischen Maßnahmen, sondern spricht beispielsweise in Abs. 4 von „(...) geeignete[n] Maßnahmen zur Einstellung von Lehrkräften (...)“. Den Staaten steht somit ein weiter Spielraum bei der Umsetzung zu, was gegen eine unmittelbare Anwendbarkeit spricht.[1147]

1142 Siehe beispielsweise Art. 24 Abs. 3 und 4 UN-BRK.

1143 Siehe dazu oben in diesem Kapitel, E. II. 1.

1144 Siehe dazu ebenfalls oben in diesem Kapitel, E. II. 1.

1145 Siehe dazu oben in diesem Kapitel, ebenfalls Abschnitt E. II. 1.

1146 So POSCHER/RUX/LANGER, Von der Integration zur Inklusion, S. 37 ff.

1147 So auch HÖFLING, Rechtsfragen zur Umsetzung der Inklusion im Schulbereich, S. 38 sowie KRAJEWSKI, JZ 3/2010, S. 123 f.

Hingegen könnte sich aus dem allgemeinen Diskriminierungsverbot des Art. 5 UN-BRK in Verbindung mit Art. 24 UN-BRK dann eine unmittelbare Anwendbarkeit ergeben, wenn im Kern das Diskriminierungsverbot tangiert ist und zwar durch eine Maßnahme, die in den Bereich des Rechtes auf inklusive Bildung fällt – wenn also einem behinderten Schüler der Zugang zu einer bereits bestehenden Möglichkeit des inklusiven Lernens verweigert wird.[1148] Die unmittelbare Anwendbarkeit ergäbe sich mithin nicht aus Art. 24 UN-KRK selbst und könnte nur konstruiert werden, wenn bereits inklusive Bildungsmöglichkeiten bestünden, die Art. 24 Abs. 1 S. 2 UN-BRK fordert und die diskriminierungsfrei zuzuerkennen sind.[1149]

III. Zusammenfassendes Ergebnis zu dem Verhältnis des Übereinkommens über die Rechte von Menschen mit Behinderungen und des Übereinkommens über die Rechte des Kindes am Beispiel des Rechtes auf Bildung

Wie die Untersuchung der Artt. 28 und 29 UN-KRK und des Art. 24 UN-BRK verdeutlicht, kann das Verhältnis der beiden Übereinkommen mangels unmittelbarer Anwendbarkeit der Regelungen beider Konventionen nicht über das „stärkere" und so besser geeignete Recht gelöst werden. Es bleibt daher – zumindest in Bezug auf das Recht auf Bildung – innerstaatlich bei dem in der Vorbemerkung[1150] beschriebenem Verhältnis der beiden Konventionen: Aufgrund ihres Ranges als einfaches Bundesgesetz werden beide Konventionen zur Auslegung des innerstaatlichen Rechtes herangezogen und aufgrund der Rechtsprechung des Bundesverfassungsgerichtes ebenfalls zur Auslegung des Grundgesetzes.

Dennoch kann sich im Einzelfall ergeben, dass eine der Normen aufgrund ihrer spezifischen Ausrichtung auf Kinder oder auf die Bedürfnisse behinderter Kinder im Rahmen der Auslegung des innerstaatlichen Rechtes besser

1148 So KRAJEWSKI, JZ 3/2010, S. 123, der allerdings zu Recht darauf hinweist, dass dann bereits ein Verstoß gegen Art. 3 Abs. 3 S. 2 GG vorläge.

1149 Siehe dazu auch ausführlich KRAJEWSKI/BERNHARD, in: WELKE, ANTJE (Hrsg.), UN-Behindertenkonvention mit rechtlichen Erläuterungen, S. 172; dem entgegen beispielsweise MARWEGE, Legasthenie und Dyskalkulie in der Schule, S. 231 f., die eine unmittelbare Anwendbarkeit des Art. 24 Abs. 1 UN-BRK aufgrund des in ihm selbst enthaltenen Diskriminierungsverbotes bejaht.

1150 Siehe dazu oben in diesem Kapitel, E. II. 2. a) m. w. N.

geeignet erscheint als die der anderen Konvention. Wie gezeigt, unterscheiden sich die Konventionen insbesondere im Bereich der Ausrichtung des Bildungssystems. So wäre die UN-Behindertenrechtskonvention im Hinblick auf die Einrichtung eines inklusiven Bildungssystems besser geeignet, Auskunft über den erforderlichen Schutzbedarf und die besonderen Bedürfnisse behinderter Kinder zu geben, als die UN-Kinderrechtskonvention. Abseits des Rechtes auf Bildung könnte hingegen die UN-Kinderrechtskonvention zum Beispiel in einem Fall der rechtswidrigen Verbringung eines Kindes ins Ausland durch die spezifische, auf die Bedürfnisse aller Kinder zugeschnittene Regelung des Art. 11 UN-KRK, vorrangig zur Anwendung berufen sein.

Neben der grundsätzlich zu fordernden parallelen Anwendung des Übereinkommens über die Rechte von Menschen mit Behinderungen und des Übereinkommens über die Rechte des Kindes[1151] kann demnach eine der Konventionen entweder durch eine nur ihr gegebene unmittelbare Anwendbarkeit einer Norm, deren Schutzumfang und Regelungscharakter der anderen Konvention in etwa gleicht, Vorrang zugesprochen werden oder ihre Spezifität erfordert eine besondere Berücksichtigung. Der letzte Fall vermittelt jedoch keinen echten Anwendungsvorrang.

1151 So auch PENKA, in: FINK, FRANZ/HINZ, THORSTEN (Hrsg.), Inklusion in Behindertenhilfe und Psychiatrie, S. 75.

Schlussbetrachtung

Die Beschäftigung mit dem Übereinkommen über die Rechte des Kindes und den damit verbundenen Kontroversen ermöglicht es, ein differenziertes Bild des Kindes als Rechtssubjekt zu zeichnen. Dabei wird deutlich, dass die Konvention über das ursprüngliche und vorrangige Ziel, das Schutzniveau für Kinder international zu erhöhen, weit hinausgeht. Abweichend von vorherigen Versuchen, Rechte von Kindern zu kodifizieren, wird das Kind in der UN-Kinderrechtskonvention nicht mehr nur als Schutzobjekt, sondern vielmehr als Berechtigter gesehen. Es sollen Kindern Rechte vermittelt werden, die sie selbst wahrnehmen und deren Verletzung sie selbst – beispielsweise im Rahmen eines Mitteilungsverfahrens – rügen können. Die Weiterentwicklung von der Auffassung, dass Kinder lediglich eines erhöhten Schutzes bedürfen, zu der, dass Kinder daneben selbst als Rechtssubjekte anzusehen sind, vollzog sich nicht nur international, sondern mit Blick auf Deutschland gleichwohl auch national. Der Schlüssel zum Verständnis der UN-Kinderrechtskonvention wie auch innerstaatlich der Rechtsprechung des Bundesverfassungsgerichts liegt dabei – wie im Rahmen dieser Arbeit immer wieder deutlich wurde – in der Konzeption des Kindeswohlbegriffes sowie des dahinterstehenden Würdebegriffes des Kindes.

Das Kindeswohl ist nach Art. 3 Abs. 1 UN-KRK bei allen Maßnahmen, die in einem Bezug zu den Interessen des Kindes stehen, vorrangig zu berücksichtigen. Die Verortung des Kindeswohlvorranges innerhalb der Konvention spricht dafür, dass jedes Recht der UN-Kinderrechtskonvention im Einklang mit dem Kindeswohlvorrang auszulegen und an diesen zurückgebunden ist. Nähert man sich diesem unbestimmten Rechtsbegriff, so ergibt sich, dass er nur in einer Betrachtung des Einzelfalles zu konkretisieren ist. Nicht nur die unterschiedlichen Situationen, in denen Interessen des Kindes betroffen sein können, sind mannigfach, auch die Interessen der jeweils betroffenen Kinder sind nicht verallgemeinerbar. Der allerdings dem Begriff des Kindeswohls unverrückbar zugrundeliegende Abwägungsbelang ist die Würde des Kindes. Dabei ist es die Aufgabe der einzelnen Vertragsstaaten, die Voraussetzungen dafür zu schaffen, dass die Menschenwürde, die jedem bereits als Kind zukommt, zur vollen Entfaltung gelangen kann. Die UN-Kinderrechtskonvention beinhaltet insofern zahlreiche Rechtspositionen des Kindes, die für eine Entwicklung entsprechend der Würde des einzelnen als unverzichtbar gelten und zugleich bietet sie Anhaltspunkte für zu ergreifende Maßnahmen im Rahmen der innerstaatlichen Umsetzung.

In diesem Zusammenhang hat der Ausschuss für die Rechte des Kindes vier „general principles" benannt, die für die Gewährleistung einer effektiven Umsetzung der zentralen Rechtspositionen der UN-Kinderrechtskonvention am geeignetsten erscheinen. Dazu zählen Art. 2 UN-KRK (Achtung der Kindesrechte; Diskriminierungsverbot), Art. 3 Abs. 1 KRK (Wohl des Kindes), Art. 6 UN-KRK (Recht auf Leben) und Art. 12 UN-KRK (Berücksichtigung des Kindeswillens). Neben dem Kindeswohlvorrang veranschaulicht vor allem Art. 12 UN-KRK den gewandelten Blick auf Kinder und ihre rechtliche Situation. Die Berücksichtigung des Kindeswillens eröffnet dem Kind weitreichende Möglichkeiten der Partizipation und ist zugleich notwendig zur Ermittlung der Interessen des Kindes und somit der Verwirklichung des Kindeswohls.

In Bezug auf Deutschland hat sich das Bundesverfassungsgericht in seiner Rechtsprechung der inhaltlichen Ausgestaltung sowohl des Würde- als auch des Kindeswohlbegriffes angenommen. Zentral sind dabei insbesondere Art. 2 Abs. 1 i. V. m. Art. 1 Abs. 1 GG, mithin das allgemeine Persönlichkeitsrecht des Kindes, und Art. 6 Abs. 2 GG, in dessen Rahmen auch die Elternverantwortung thematisiert wurde. Das Bundesverfassungsgericht stellte dabei heraus, dass „(...) das Kind des Schutzes und der Hilfe bedarf, um sich zu einer eigenverantwortlichen Persönlichkeit innerhalb der sozialen Gemeinschaft zu entwickeln, wie sie dem Menschenbilde des Grundgesetzes entspricht. (...)"[1152] Darin wird zugleich auch die Rechtfertigung der Elternverantwortung und der damit verbundenen Rechte gesehen, die zu einer Beschränkung der Ausübung eines Rechtes durch das Kind führen können. Dabei wird das Recht der Eltern als dienendes Grundrecht verstanden, das „(...) seinem Wesen und Zweck nach zurücktreten [muss], wenn das Kind ein Alter erreicht hat, in dem es eine genügende Reife zur selbständigen Beurteilung der Lebensverhältnisse und zum eigenverantwortlichen Auftreten im Rechtsverkehr erlangt hat. (...)"[1153] Das Elternrecht ist durch den Bezug zu der Würde des Kindes, die es zu bewahren und zu entwickeln gilt, an das Wohl

1152 BVerfGE 24, 119 (144).
1153 BVerfGE 59, 360 (388).

des Kindes rückgebunden. Die Entfaltung der dem Kind innewohnenden Würde wird als dem Kindeswohl entsprechende Entwicklung verstanden. Ist das Kind aufgrund mangelnder Reife zu einer selbstständigen Ausübung seiner Rechte (noch) nicht befähigt, so vertreten es nach Art. 6 Abs. 2 GG die Eltern oder subsidiär der Staat, falls die Eltern ihrer Elternverantwortung nicht ausreichend nachkommen können. Das Bundesverfassungsgericht hat dem Kind insofern ein eigenes Recht im Rahmen des Art. 2 Abs. 1 i. V. m. Art. 6 Abs. 2 S. 1 GG auf die pflichtgemäße Ausübung der „(...) vom Gesetzgeber näher auszugestaltende[n] Schutzverantwortung für die Persönlichkeitsentwicklung des Kindes (...)“ zugesprochen.[1154] Das Bundesverfassungsgericht hat mit seiner Rechtsprechung zu Art. 2 Abs. 1 i. V. m. Art. 1 Abs. 1 GG sowie Art. 6 Abs. 2 GG damit auch innerstaatlich die international durch die UN-Kinderrechtskonvention vollzogene Wandlung der Rolle des Kindes im Recht hervorgehoben.

Eine von dieser Entwicklung unabhängige Frage ist die der innerstaatlichen Wirkung der UN-Kinderrechtskonvention in Deutschland. Diese war lange Zeit wegen der von Deutschland abgegebenen Ratifikationserklärung, in deren Abschnitt I eine unmittelbare Anwendbarkeit der UN-Kinderrechtskonvention ausgeschlossen wurde, umstritten. Dabei bezog sich die Unsicherheit nicht auf die innerstaatliche Geltung der Kinderrechtskonvention, die mit dem Zustimmungsgesetz gemäß Art. 59 Abs. 2 S. 1 GG eingetreten ist, sondern nur auf die unmittelbare Anwendbarkeit des Übereinkommens. Bereits die rechtliche Qualifikation der Ratifikationserklärung als Vorbehalt oder interpretative Erklärung verursachte Schwierigkeiten und ist für die Bestimmung der Rechtsfolgen nicht unerheblich. Bei einem Vorbehalt, so wie die Ratifikationserklärung in dieser Arbeit aufgefasst wird, ist der Staat in dem Umfang des Vorbehaltes nicht an die Konvention gebunden. Voraussetzung für das Eintreten der Rechtsfolgen ist jedoch die Wirksamkeit der Einlegung des Vorbehaltes. Auch diese wurde vielfach verneint, insbesondere aufgrund der Tatsache, dass es sich bei der UN-Kinderrechtskonvention um einen menschenrechtlichen Vertrag handelt. Die Ratifikationserklärung der Bundesregierung ist wegen des Charakters der UN-Kinderrechtskonvention als Menschenrechtsübereinkommen nicht nur an Art. 51 Abs. 2 UN-KRK zu messen, der eine Zulässigkeit dann bejaht, wenn der Vorbehalt mit Ziel und Zweck der Konvention vereinbar ist, sondern auch an den Kriterien, die die Zulässigkeit von Vorbehalten zu Menschenrechtsverträgen bestimmen – so-

1154 BVerfG, Urt. v. 19. Februar 2013 – 1 BvL 1/11, Rn. 42.

weit Vorbehalte in diesem Zusammenhang überhaupt als zulässig erachtet werden. Die hier vorgenommene Prüfung des Vorbehaltes ergab seine Zulässigkeit. Insbesondere sind die völkerrechtliche und die nationale Ebene voneinander zu trennen und der Ausschluss einer unmittelbaren Anwendbarkeit der Konvention im innerstaatlichen Bereich berührt die völkerrechtliche Bindung des Vertragsstaates nicht. Seine Pflicht zur Herstellung einer Kohärenz beider Ebenen wird überdies nicht aufgehoben. So müssen auch nicht unmittelbar anwendbare Konventionsbestimmungen von den Vertragsstaaten beachtet und im Wege konkretisierender Rechtsprechung für das innerstaatliche Recht fruchtbar gemacht werden. Ein Verstoß gegen Art. 51 Abs. 2 UN-KRK ist damit nicht gegeben. Mangels eines Einspruches vonseiten eines anderen Staates kam es auf die Wirksamkeit der Einlegung des Vorbehaltes aber ohnehin nicht an.

Die Rücknahme der Ratifikationserklärung am 15. Juli 2010 änderte die innerstaatliche Rechtslage insofern, als dass die Normen der Konvention, die als self-executive galten, nun bedingungslos unmittelbare Anwendung finden konnten. In diesem Zusammenhang ist jedoch weiterhin offen, welche Normen als unmittelbar anwendbar angesehen werden können. Schon vor Rücknahme der Ratifikationserklärung wurde eine unmittelbare Anwendbarkeit des Art. 3 UN-KRK diskutiert. Dieser soll die Voraussetzungen einer self-executive-Vorschrift erfüllen, also keines weiteren innerstaatlichen Rechtsaktes zur Anwendung bedürfen sowie inhaltlich präzise und konkret sein. Als drittes Kriterium müsste Art. 3 UN-KRK seinen Adressaten berechtigen oder verpflichten. Diese Voraussetzungen wurden in dieser Arbeit als erfüllt angesehen, eine unmittelbare Anwendbarkeit vor der Rücknahme des Vorbehaltes konsequenterweise jedoch verneint.

Seit der Rücknahme der Erklärung gilt die UN-Kinderrechtskonvention weiterhin mit dem Rang eines einfachen Bundesgesetzes in Deutschland. Die Normen, deren Charakter self-executive ist, sind unmittelbar anwendbar, während die übrigen durch den Rechtsanwender zu berücksichtigen sind. Dem Umstand, dass die UN-Kinderrechtskonvention durch nachfolgend erlassenes einfaches Bundesrecht nach der lex-posterior Regel verdrängt werden könnte, wirkt der Grundsatz der Völkerrechtsfreundlichkeit entgegen. Das innerstaatliche Recht muss danach möglichst in Übereinstimmung mit den völkerrechtlichen Verpflichtungen des Staates ausgelegt werden. Nach der Rechtsprechung des Bundesverfassungsgerichts soll sich die Ausstrahlungswirkung menschenrechtlicher Verträge selbst auf eine Auslegung des

Grundgesetzes erstrecken. Die Wertungen der UN-Kinderrechtskonvention sind damit unabhängig von der unmittelbaren Anwendbarkeit ihrer Normen im deutschen Rechtsraum bei jeder zu treffenden Maßnahme, die den Regelungsbereich der Konvention erfasst, zu berücksichtigen. Nimmt man darüber hinaus eine unmittelbare Anwendbarkeit des Art. 3 UN-KRK an, dann ist der Vorrang des Kindeswohls nicht nur über die Vorschriften des Grundgesetzes, sondern auch über die Wirkung der UN-Kinderrechtskonvention im innerstaatlichen Recht bindend und verleiht dem Kind einen Anspruch.

Eine Verankerung von Kinderrechten in der deutschen Verfassung, wie sie seit langem immer wieder gefordert wird, ist im Hinblick auf den Vorrang des Kindeswohls wie gezeigt nicht notwendig, da sich aus den verfassungsrechtlichen Normen, der Judikatur des Bundesverfassungsgerichts und auch der UN-Kinderrechtskonvention der Kindeswohlvorrang im nationalen Recht ergibt. Aufgrund der umfassenden Geltung dieses Grundsatzes müssen sich alle auf Kinder bezogenen Maßnahmen daran ausrichten. Eine Umsetzungsverpflichtung der UN-Kinderrechtskonvention, die eine Verankerung der Kinderrechte im Grundgesetz erfordert, existiert zudem nicht. In der Debatte über eine Erweiterung des Grundgesetzes um Kinderrechte wird jedoch nicht nur das Kindeswohl als zu verankernde Rechtsposition genannt, sondern ebenfalls die Rechte auf Schutz, Förderung und Partizipation. Darüber hinaus soll die Ausstattung des Grundgesetzes mit Kinderrechten die Wahrnehmung von Kindern als Rechtssubjekte stärken. Die Untersuchung des verfassungsrechtlichen Normgehaltes hat zu der Erkenntnis geführt, dass die Rechte auf Schutz, Förderung und Partizipation durch Art. 2 Abs. 1 i. V. m. Art. 1 Abs. 1 GG sowie Art. 6 Abs. 2 GG und den darin normierten Vorrang des Kindeswohls bereits Teil der Verfassung sind. Das oben beschriebene, verfassungsrechtliche Ziel der Gewährleistung einer der Würde des Kindes entsprechenden Entwicklung beinhaltet notwendigerweise auch die Rechte auf Schutz, Förderung und Partizipation. Darüber hinaus erfuhr die Stellung des Kindes als selbstständiges Rechtssubjekt bereits über die oben dargestellte Rechtsprechung des Bundesverfassungsgerichts, in der dem Kind ausdrücklich ein eigenes Recht aus Art. 2 Abs. 1 i. V. m. Art. 6 Abs. 2 S. 1 GG gewährt wird, eine erhebliche Stärkung. Eine Verankerung von Kinderrechten in der Verfassung könnte daher lediglich aus symbolischen Gründen zu befürworten sein. Allerdings liefe man dabei Gefahr, die Rechte von Kindern durch die Einräumung einer nicht notwendigen Sonderstellung und viele ungelöste Detailfragen noch zu schwächen. Vielmehr ist das einfache Recht berufen, die Rechte von Kindern in den verschiedenen rechtlichen Situationen, die sie betreffen, auszulegen, sie zu festigen und in kindgerechter Weise auszugestalten.

Die Beteiligungsrechte des Kindes und die Durchsetzung seiner Rechte soll auch das dritte Fakultativprotokoll zu der UN-Kinderrechtskonvention, das Fakultativprotokoll zum Übereinkommen über die Rechte des Kindes betreffend ein Mitteilungsverfahren, mit sich bringen. Es ist bisher noch nicht in Kraft getreten. Wie auch die weiteren menschenrechtlichen Pakte soll die UN-Kinderrechtskonvention über die Möglichkeit einer Individualbeschwerde verfügen. Neben dem Berichtsverfahren nach Art. 44 UN-KRK bietet das Mitteilungsverfahren eine weitere Möglichkeit, die Umsetzung der Konventionsrechte beziehungsweise vielmehr deren Verletzung zu untersuchen. Für das Mitteilungsverfahren zuständig ist nach Art. 1 des Fakultativprotokolls der Kinderrechtsausschuss. Nach Art. 5 des Fakultativprotokolls können Einzelpersonen oder Personengruppen die Verletzung eines ihnen gewährten Rechtes aus der UN-Kinderrechtskonvention oder den beiden weiteren Fakultativprotokollen der Konvention rügen. In den Beratungen im Zuge der Einführung eines solchen Verfahrens wurde insbesondere über die Normierung einer eigenen Beschwerdefähigkeit des Kindes debattiert und letztlich bejaht. Damit können Kinder ohne Vertretung durch die Eltern oder eine andere vertretungsberechtigte Person eine Individualbeschwerde anstrengen.

Das Fakultativprotokoll zum Übereinkommen über die Rechte des Kindes betreffend ein Mitteilungsverfahren weist daneben weitere positive Merkmale auf. Dazu zählt beispielsweise die Forderung eines kindgerechten Verfahrens und der durchgängigen Berücksichtigung des Kindeswohls, die auf der Ebene der Menschenrechtsverträge eine Neuerung darstellt. Wie auch bei dem Berichtsverfahren der UN-Kinderrechtskonvention ist die Frage nach der Sanktionierung einer Vertragsverletzung durch Vertragsstaaten unbefriedigend gelöst. Die Empfehlungen und Feststellungen des Kinderrechtsausschusses entfalten keine Bindungswirkung, sodass die Erfüllung einer Wiedergutmachungspflicht oder anderer Sanktionsmöglichkeiten auf Grundlage der Mechanismen der Konvention nicht verbindlich durchgesetzt werden kann.

Um Völkerrechtsverstößen vorzubeugen, existiert auf nationaler Ebene eine Kommission zur Wahrnehmung der Belange der Kinder. Diese setzt sich für die Interessen von Kindern insbesondere bei der parlamentarischen Arbeit, aber auch bei sonstigen öffentlichen Diskussionen und Entscheidungen ein. Die Überlegung der zusätzlichen Einrichtung einer nationalen Ombudsstelle wird in dieser Arbeit aufgrund des geltenden Kindeswohlvorrangs rechtlich zwar nicht als notwendig erachtet. Sie ist aber vor allem im Hinblick auf die Überlastung der Kinderkommission und die Bestrebung nach einer möglichst kinderfreundlichen und homogenen Gesetzgebung sinnvoll.

Die UN-Kinderrechtskonvention kann nicht nur als Menschenrechtsübereinkommen, sondern gleichwohl auch als Antidiskriminierungsübereinkommen qualifiziert werden. Besonders deutlich wird die Zielrichtung der Verhinderung jeglicher Diskriminierung in Art. 2 UN-KRK, der ein Verbot direkter sowie mittelbarer Diskriminierung normiert. Als erster völkerrechtlicher Vertrag enthält die UN-Kinderrechtskonvention auch das Verbot einer Diskriminierung anknüpfend an eine Behinderung. Besonders relevant ist in diesem Zusammenhang auch die Mehrfachdiskriminierung, die an mehreren Merkmalen, wie dem des Kindseins und der Behinderung ansetzt. Darüber hinaus schützt Art. 23 UN-KRK behinderte Kinder in besonderem Maße, der auf die besondere Situation und die Bedürfnisse behinderter Kinder hinweist und die Voraussetzungen für eine ihrer Würde entsprechenden Teilhabe an der Gesellschaft zu schaffen sucht.

Auf internationaler Ebene tritt neben die Gewährleistungen der UN-Kinderrechtskonvention das Übereinkommen über die Rechte von Menschen mit Behinderungen. Beide Übereinkommen ähneln sich in Ausgestaltung und Zielrichtung. Sie enthalten beide die allgemeinen Menschenrechtsgewährleistungen, nur werden diese durch die Übereinkommen für die jeweilige Gruppe der Berechtigten konkretisiert. Beide vereinen damit bürgerliche und politische sowie wirtschaftliche, soziale und kulturelle Rechte. Auch hinsichtlich der Durchsetzungsmechanismen gleichen sich die Konventionen, sieht auch die UN-Behindertenrechtskonvention das Beschwerde- und Mitteilungsverfahren, jedoch keine verbindliche Sanktionierung von Verstößen vor. Die UN-Behindertenrechtskonvention enthält mit Art. 3 lit. h UN-BRK, Art. 7 UN-BRK sowie Art. 24 UN-BRK ebenfalls kinderspezifische Vorschriften. Das Verhältnis der Normen der UN-Behindertenrechtskonvention zu denen der UN-Kinderrechtskonvention speziell im Bezug auf die Rechte behinderter Kinder herauszuarbeiten, ist im Hinblick auf die Feststellung der tatsächlich gewährten Berechtigung notwendig. Die beiden Konventionen enthalten insofern in Art. 41 UN-KRK und Art. 4 Abs. 4 S. 1 UN-BRK eine Regelung, die besser geeigneten Bestimmungen des nationalen oder des für den jeweiligen Staat geltenden Völkerrechts Vorrang gewährt.

Im Hinblick auf das Recht auf Bildung nach Art. 24 UN-BRK und Artt. 28, 29 UN-KRK ergibt sich zum Beispiel, dass die Ziele, die mit dem Recht auf Bildung von beiden Konventionen verfolgt werden, größtenteils übereinstimmen, die Maßnahmen zu deren Umsetzung aber divergieren. Das wird insbesondere bei der Forderung der Etablierung eines inklusiven Bildungssystems in der UN-Behindertenrechtskonvention deutlich, die sich in dieser Form in der UN-Kinderrechtskonvention nicht findet. Die Regelungen beider Übereinkommen weisen zwar für sich genommen keine unmittelbare Anwendbarkeit auf, sodass sich eine bessere Eignung einer der Konventionen im Sinne der Art. 41 UN-KRK und Art. 4 Abs. 4 S. 1 UN-BRK nicht eindeutig bestimmen lässt. Doch spricht beispielsweise im Fall des Rechtes auf Bildung die höhere Spezifizierung hinsichtlich der Bedürfnisse behinderter Kinder dafür, dass Art. 24 UN-BRK zur Auslegung des innerstaatlichen Rechtes besser berufen sein könnte als die vergleichbare Regelung der UN-Kinderrechtskonvention. Daneben gilt für die UN-Behindertenkonvention wie für die UN-Kinderrechtskonvention, dass sie innerstaatlich als einfaches Bundesgesetz gilt, aufgrund des Grundsatzes der Völkerrechtsfreundlichkeit jedoch zur Auslegung des innerstaatlichen Rechtes und nach der Rechtsprechung des Bundesverfassungsgerichts auch der verfassungsrechtlichen Normen berufen ist. Grundsätzlich sind die Bestimmungen beider Übereinkommen damit – für den Fall, dass keine unmittelbare Anwendbarkeit einer der Vorschriften vorliegt – parallel anzuwenden, und insbesondere ihre Wertungen sind gleichermaßen zu berücksichtigen.

Das Übereinkommen über die Rechte des Kindes ist trotz der mangelnden Durchsetzbarkeit der Sanktionen ein bedeutendes Vertragswerk internationalen Menschenrechtsschutzes. Die Normierung des Vorranges des Kindeswohls in dem unmittelbar anwendbaren Art. 3 Abs. 1 UN-KRK und die Konkretisierung der menschenrechtlichen Verbürgungen für die speziellen Bedürfnisse von Kindern besitzen nicht nur Signalwirkung, sondern bereichern und stärken die Möglichkeiten effektiven Kindesschutzes. Selbst wenn die UN-Kinderrechtskonvention in Deutschland in weiten Teilen, insbesondere auch hinsichtlich des Vorranges des Kindeswohls, eine Umsetzung erfahren hat, darf bei einer Bewertung der UN-Kinderrechtskonvention nicht die Situation in den übrigen Vertragsstaaten aus dem Blick geraten. Da sich die Vertragsstaaten annähernd aus allen Staaten der Welt zusammensetzen, ist eine Verbesserung der Situation der Kinder weltweit zu erhoffen. Mit Einführung des Mitteilungsverfahrens werden die Staaten noch mehr als bisher in die Pflicht genommen, die UN-Kinderrechtskonvention umzusetzen und die dort verbürgten Rechte zu schützen und unverletzt zu bewahren. Sollte ein Staat wegen der Verletzung eines Kinderrechtes verurteilt sein, so wird der internationale Druck zu einer Beseitigung der Verletzung die nicht vorhandenen Durchsetzungsmöglichkeiten eventuell sogar ausgleichen können. Im Hinblick auf die rechtliche Situation von Kindern in Deutschland ist zu erwarten, dass sich die Gerichte der Konkretisierung der Bestimmungen der Konvention annehmen und besonders in den problematischen Fällen des Ausländer- und Asylrechts über eine unmittelbare Anwendbarkeit der in Frage stehenden Normen der UN-Kinderrechtskonvention urteilen und das innerstaatliche Recht auf Konformität mit dem Übereinkommen überprüfen. Aber nicht nur in diesen Bereichen, sondern insgesamt ist vor allem das einfache Recht zu einer Verbesserung der rechtlichen Situation auf Grundlage der Verfassung und der Wertungen der UN-Kinderrechtskonvention berufen.

Literaturverzeichnis

ADAMSKI, HEINER, Kinderrechte – Bundesverfassungsgericht und UN-Kinderrechtskonvention, GWP 3/2008, S. 421-430.

AICHELE, VALENTIN, Die UN-Behindertenrechtskonvention und ihr Fakultativprotokoll. Ein Beitrag zur Ratifikationsdebatte, Berlin 2008.

DERS., Die UN-Behindertenrechtskonvention in der gerichtlichen Praxis. Eine Aufgabe für die Anwaltschaft: Die Rezeption menschenrechtlicher Normen durchsetzen, AnwBl. 10/2011, S. 727-730.

V. ARNAULD, ANDREAS, Völkerrecht, Heidelberg 2012.

BAER, INGRID, Übereinkommen der Vereinten Nationen über die Rechte des Kindes, NJW 1993, S. 2209-2211.

BARSH, RUSSEL LAWRENCE, The Draft Convention on thc Rights of the Child: A Case of Eurocentricism in Standard-Setting, Nordic Journal of International Law 58 (1989), S. 24-34.

BAUER, MONIKA, Vorbehalte zu Menschenrechtsverträgen, München 1994.

BEAUCAMP, GUY, Das Behindertengrundrecht (Art. 3 Abs. 3 Satz 2 GG) im System der Grundrechtsdogmatik, DVBl. 2002, S. 997-1005.

BEHNSEN, ALEXANDER, Das Vorbehaltsrecht völkerrechtlicher Verträge. Vorschlag einer Reform, Berlin 2007.

BENASSI, GÜNTER, Kinderrechte mit Kindeswohlvorrang ins Grundgesetz. Wege zur Umsetzung der Kinderrechte nach der Rücknahem der deutschen Vorbehaltserklärung, NDV 3/2012, S. 97-101.

BENEDEK, WOLFGANG, Understanding Human Rights. Manual on human rights education, 3. Aufl., Berlin 2012.

V. BERNSTORFF, JOCHEN, Menschenrechte und Betroffenenrepräsentation: Entstehung und Inhalt eines UN-Antidiskriminierungsübereinkommens über die Rechte von behinderten Menschen, ZaöRV 67 (2007), S. 1041-1063.

BETHKE, RALPH, Das Übereinkommen der Vereinten Nationen übcr dic Rcchte des Kindes und seine Umsetzung in der Bundesrepublik Deutschland, München 1996. (zit.: Das Übereinkommen)

BIELEFELDT, HEINER, Zum Innovationspotential der UN-Behindertenrechtskonvention, 3. Aufl., Berlin 2009.

DERS./DEILE, VOLKMER/HAMM, BRIGITTE (Hrsg.), Kinder und Jugendliche. Jahrbuch Menschenrechte 2010, Wien Köln Weimar 2009.

BLECKMANN, ALBERT, Begriff und Kriterien der innerstaatlichen Anwendbarkeit völkerrechtlicher Verträge. Versuch einer allgemeinen Theorie des self-executing treaty auf rechtsvergleichender Grundlage, Berlin 1970.

BORGEN, MARIANNE, Die Einrichtung des Kinderombudsmannes in Norwegen – ein Beispiel für andere Länder?, in: EWALD FILLER/AUGUSTIN KERN/DORIS KÖLBL/SYLVIA TRNKA/HELMUT WINTERSBERGER (Hrsg.), Kinder, Kinderrechte und Kinderpolitik. Enquête Wien, Österreich 2.-4. Mai 1994, Wien 1994, S. 75-90.

BORSCHE, SVEN, Kinderrechte – Versuch einer Übersicht. Teil I: Entwicklung und Grundlagen, Jugendhilfe 39 (4/2001), S. 173-180.

BRACHES-CHYREK, RITA, Kinderrechte: Politiken und Perspektiven, Soziale Passagen 2/2010, S. 63-77.

BROWNLIE, IAN, Principles of Public International Law, 7. Aufl., New York 2008.

V. BUEREN, GERALDINE, The International Law on the Rights of the Child, Dordrecht 1995.

BUNKE, SUSANNE/KRÖGER, PERDITA, Die bundesdeutsche Rechtslage nach der Ratifizierung des Fakultativprotokolls, IzKK-Nachrichten 2009/1: UN-Kinderrechtskonvention – Impulse für den Kinderschutz, S. 35.

CANTWELL, NIGEL, The Origins, Development and Significance of the United Nations Convention on the Rights of the Child, in: SHARON DETRICK, The United Nations Convention on the Rights of the Child. A Guide to the „Travaux Préparatoires“, Dordrecht 1992, S. 19-30.

COESTER, MICHAEL, Das Kindeswohl als Rechtsbegriff, Frankfurt a. M. 1983.

CRAWFORD, JAMES, Brownlie's Principles of Public International Law, 8. Aufl., Oxford 2012.

DERS., The International Law Commission's Articles on State Responsibility. Introduction, Text ans Commentaries, Cambridge 2002.

CREMER, HENDRIK, Die UN-Kinderrechtskonvention. Geltung und Anwendbarkeit in Deutschland nach der Rücknahme der Vorbehalte, Berlin 2011.

DERS., Stellungnahme: Aufnahme von Kinderrechten ins Grundgesetz als Maßnahme zur Umsetzung der UN-Kinderrechtskonvention?, Deutsches

Institut für Menschenrechte, Berlin 2011. (zit.: Stellungnahme: Aufnahme von Kinderrechten ins Grundgesetz)

DERS., Doch nicht ganz ernst gemeint? Staatenvorbehalte bei der Ratifikation der Kinderrechtskonvention der Vereinten Nationen, in: HEINER BIELEFELDT/VOLKMER DEILE/BRIGITTE HAMM (Hrsg.), Kinder und Jugendliche. Jahrbuch Menschenrechte 2010, Wien Köln Weimar 2009, S. 26-36.

DERS., Menschenrechtsverträge als Quelle von individuellen Rechten?, AnwBl. 3/2011, S. 159-165.

DERS., Kinderrechte und der Vorrang des Kindeswohls. Die UN-Kinderrechtskonvention bietet ein weites Anwendungsfeld, AnwBl. 4/2012, S. 327-329.

CURTIUS, ANTONIE/BOIE, BERTRAM, Funktionen und Tätigkeit des UN-Ausschusses für die Rechte des Kindes, in: SABINE V. SCHORLEMER (Hrsg.), Die Vereinten Nationen und die Entwicklung der Rechte des Kindes, Aachen 2004, S. 105-126.

DEGENER, THERESIA, Verfassungsrechtliche Probleme mit der Behindertendiskriminierung in Deutschland, KJ 3/2000, S. 425-433.

DIES., Die UN-Behindertenrechtskonvention als Inklusionsmotor, RdJB 2/2009, S. 200-219.

DETRICK, SHARON, The United Nations Convention on the Rights of the Child. A Guide to the „Travaux Préparatoires“, Dordrecht 1992.

DÖRR, OLIVER/SCHMALENBACH, KIRSTEN (Hrsg.), Vienna Convention on the Law of Treaties. A Commentary, Berlin Heidelberg 2012.

DOLZER, RUDOLF/KAHL, WOLFGANG/WALDHOFF, CHRISTIAN (Hrsg.), Bonner Kommentar zum Grundgesetz, Bd. 1: Einleitung – Art. 3 GG, Heidelberg, Stand: Dezember 2013.

DORSCH, GABRIELE, Die Konvention der Vereinten Nationen über die Rechte des Kindes, Berlin 1994.

DREIER, HORST (Hrsg.), Grundgesetz. Kommentar, Bd. 1: Artikel 1-19, 3. Aufl., Tübingen 2013.

DÜNNWELLER, BARBARA, Erfolg für die Kinderrechte: Die Kinderrechtskonvention bekommt ein Individualbeschwerderecht!, in: HEIKO KAUFFMANN/ALBERT RIEDELSHEIMER (Hrsg.), Kindeswohl oder Ausgrenzung? Flüchtlingskinder in Deutschland nach der Rücknahme der Vorbehalte, Karlsruhe 2010.

EICHHOLZ, REINALD, Best interest – Kindeswohl: Maxime von Recht und Politik?, in: SABINE V. SCHORLEMER/ELENA SCHULTE-HERBRÜGGEN (Hrsg.),

1989-2009: 20 Jahre UN-Kinderrechtskonvention. Erfahrungen und Perspektiven, Frankfurt a. M. 2010, S. 197-209.

DERS., Der Vorrang des Kindeswohls nach Art. 3 UN-Kinderrechtskonvention. Konsequenzen für die bundesdeutsche Praxis, IzKK-Nachrichten 2009/1, S. 12-15.

DERS., Kinder mit Behinderung und das Recht auf Inklusion, FPR 2012, S. 228-231.

ELSEN, SUSANNE/WEBER, KLAUS/HOCHSCHULE MÜNCHEN (Hrsg.), Aktiv für Kinderrechte. 20 Jahre UN-Kinderrechtskonvention, München 2010.

ENNUSCHAT, JÖRG, Die UN-Behindertenrechtskonvention und die Chancengleichheit für Schülerinnen und Schüler mit Behinderung, in: MICHAEL SACHS/HELMUT SIEKMANN (Hrsg.), Der grundrechtsgeprägte Verfassungsstaat. Festschrift für Klaus Stern zum 80. Geburtstag, Berlin 2012, S. 711-725.

ERMACORA, FELIX, Über die völkerrechtliche Verantwortlichkeit für Menschenrechtsverletzungen, in: HERBERT MIEHSLER/ERHARD MOCK/BRUNO SIMMA/ILMAR TAMMELO (Hrsg.), Ius humanitatis. Festschrift zum 90. Geburtstag von Alfred Verdross, Berlin 1980, S. 357-378.

FILLER, EWALD/KERN, AUGUSTIN/KÖLBL, DORIS/TRNKA, SYLVIA/WINTERSBERGER, HELMUT (Hrsg.), Kinder, Kinderrechte und Kinderpolitik. Enquête Wien, Österreich 2.-4. Mai 1994, Wien 1994.

FINK, FRANZ/HINZ, THORSTEN (Hrsg.), Inklusion in Behindertenhilfe und Psychiatrie. Vom Traum zur Wirklichkeit, Freiburg im Breisgau 2011.

FRÄDRICH, JANA/JERGER-BACHMANN, ILONA, Kinder bestimmen mit. Kinderrechte und Kinderpolitik, München 1995.

FRANKENBERG, GÜNTER (Hrsg.), Verfassungsrecht und gesellschaftliche Realität. Dokumentation: Kongress „60 Jahre Grundgesetz: Fundamente der Freiheit stärken" der Bundestagsfraktion Bündnis 90/Die Grünen am 13./14. März 2009 in Berlin, Baden-Baden 2009.

FRÜH, BEATRICE, Die UNO-Kinderrechtskonvention. Ihre Umsetzung im schweizerischen Schulrecht, insbesondere im Kanton Aargau, Zürich 2007.

GEIGER, GUNTER (Hrsg.), Kinderrechte sind Menschenrechte!: Kinderrechte in Deutschland, Opladen Berlin 2011.

GEIGER, RUDOLF, Grundgesetz und Völkerrecht mit Europarecht. Die Bezüge des Staatsrechts zum Völkerrecht und Europarecht, 6. Aufl., München 2013. (zit.: Grundgesetz und Völkerrecht)

DERS. (Hrsg.), Völkerrechtlicher Vertrag und staatliches Recht vor dem Hintergrund zunehmender Verdichtung der internationalen Beziehungen. Symposion vom 28. bis 30. Januar 1999 in Leipzig, Baden-Baden 2000.

GEIßLER, NILS, Die Rechte der Kinder durchsetzen: Zur Frage der Schaffung einer Individualbeschwerde zum Übereinkommen über die Rechte des Kindes, HuV 3/2001, S. 148-153.

GERLOF, KATHRIN/SURREY, DETLEF, Die Kinderkommission im Deutschen Bundestag, Deutscher Bundestag (Hrsg.), Berlin 2010.

GERSTEIN, HARTMUT, Verwirklichung von Kinderrechten nach der UN-Kinderrechtskonvention – zur diskursiven Einlösung von Geltungsansprüchen, ZfJ 12/1995, S. 527-531.

GIEGERICH, THOMAS, Vorbehalte zu Menschenrechtsabkommen: Zulässigkeit, Gültigkeit und Prüfungskompetenzen von Vertragsgremien. Ein konstitutioneller Ansatz, ZaöRV 1995, S. 713-782.

GRAF VITZTHUM, WOLFGANG (Hrsg.), Völkerrecht, 5. Aufl., Berlin/New York 2010.

GRÄF, CHRISTOPH, Inklusion – Was ist zu tun? Die Bedeutung der UN-Kinderrechtskonvention und der UN-Behindertenrechtskonvention für die Ausgestaltung von Hilfen zur Unterstützung junger Menschen mit Teilhabeerschwernissen und deren Familien, in: SABINE PENKA/ROLAND FEHRENBACHER (Hrsg.), Kinderrechte umgesetzt. Grundlagen, Reflexionen und Praxis, Freiburg im Breisgau 2012, S. 35-49.

GRZESZICK, BERND, Stellungnahme zu den Gesetzesentwürfen zur Aufnahme von Kinderrechten in das Grundgesetz - BT-Drucks. 17/10118, 17/11650 und 17/13223 –, abrufbar unter: http://www.bundestag.de/bundestag/ausschuesse17/a06/anhoerungen/archiv/56_Kinderrechte/04_Stellungnahmen/Stellungnahme_Grzeszick.pdf (zuletzt abgerufen am 15.10.2013).

HABBE, HEIKO, Kinder auf der Flucht. Der Schutz von Minderjährigen durch internationale Abkommen und Realität des deutschen Asyl- und Ausländerrechts, Forum Recht 2/2005, S. 88-90.

HALTERN, ULRICH, Europarecht. Dogmatik im Kontext, 2. Aufl., Tübingen 2007.

HARATSCH, ANDREAS, Stellungnahme zu den Gesetzesentwürfen zur Verankerung von Kinderrechten im Grundgesetz. BT-Drs. 17/10118, BT-Drs. 17/11650 und BT-Drs. 17/13223, abrufbar unter: http://www.bundestag.de/bundestag/ausschuesse17/a06/anhoerungen/archiv/56_Kinderrechte/0

4_Stellungnahmen/Stellungnahme_Haratsch.pdf (zuletzt abgerufen am 15.10.2013).

HERDEGEN, MATTHIAS, Völkerrecht, 12. Aufl., München 2013.

DERS., Die Aufnahme besonderer Rechte des Kindes in die Verfassung, FamRZ 1993, S. 374-386.

HERZIG, SABINE, Schutz von Kindern und Jugendlichen vor sexueller Gewalt nach Art. 34 UN-Kinderrechtskonvention, IzKK-Nachrichten 2009/1: UN-Kinderrechtskonvention – Impulse für den Kinderschutz, S. 36-37.

HILDEBRANDT, UTA, Stellungnahme zur Aufnahme von Kinderrechten ins Grundgesetz, abrufbar unter: http://www.bundestag.de/bundestag/ausschuesse17/a06/anhoerungen/archiv/56_Kinderrechte/04_Stellungnahmen/Stellungnahme_Hildebrandt.pdf (zuletzt abgerufen am 15.10.2013).

HILLGRUBER, CHRISTIAN, Schriftliche Stellungnahme für die öffentliche Anhörung des Deutschen Bundestages zur Aufnahme von Kinderrechten in das Grundgesetz am 26. Juni 2013, abrufbar unter: http://www.bundestag.de/bundestag/ausschuesse17/a06/anhoerungen/archiv/56_Kinderrechte/04_Stellungnahmen/Stellungnahme_Hillgruber.pdf (zuletzt abgerufen am 15.10.2013) (zit.: Schriftliche Stellungnahme für die öffentliche Anhörung des Deutschen Bundestages zur Aufnahme von Kinderrechten in das Grundgesetz).

HILPOLD, PETER, Das Vorbehaltsregime der Wiener Vertragskonvention. Notwendigkeit und Ansatzpunkt möglicher Reformen unter besonderer Berücksichtigung der Vorbehaltsproblematik bei menschenrechtlichen Verträgen, AVR 34 (1996), S. 376-425.

HIRSCHBERG, MARIANNE, Behinderung: Neues Verständnis nach der Behindertenrechtskonvention, Positionen Nr. 4, Deutsches Institut für Menschenrechte (Hrsg.), Berlin 2011.

HOBE, STEPHAN, Einführung in das Völkerrecht, 9. Aufl., Tübingen 2008.

HÖFLING, WOLFRAM, Rechtsfragen der Umsetzung von Art. 24 der UN-Behindertenrechtskonvention in Nordrhein-Westfalen unter besonderer Berücksichtigung der Konnexitätsproblematik. Rechtsgutachten erstattet im Auftrag des Städtetages Nordrhein-Westfalen, 2012; abrufbar unter: http://www.staedtetag-nrw.de/imperia/md/content/verbandsuebergreifend/2012/gutachten_hoefling_inklusion_schulbereich.pdf (zuletzt abgerufen am 31.01.2014). (zit.: Rechtsfragen zur Umsetzung der Inklusion im Schulbereich)

HOHM, KARL-HEINZ, Grundrechtsträgerschaft und „Grundrechtsmündigkeit" Minderjähriger am Beispiel öffentlicher Heimerziehung, NJW 1986, S. 3107-3115.

HOHMANN-DENNHARDT, CHRISTINE, Kinderrechte ins Grundgesetz – warum?, FPR 2012, S. 185-187.

HUFEN, FRIEDHELM, Staatsrecht II. Grundrechte, 2. Auflage, München 2009.

ISENSEE, JOSEF/KIRCHHOF, PAUL (Hrsg.), Handbuch des Staatsrechts der Bundesrepublik Deutschland, Bd. 7, 3. Aufl., Heidelberg 2009; Bd. 8, 3. Aufl., Heidelberg 2010.

JARASS, HANS D./PIEROTH, BODO, Grundgesetz für die Bundesrepublik Deutschland. Kommentar, 12. Aufl., München 2012.

JEAND'HEUR, BERND, Verfassungsrechtliche Schutzgebote zum Wohl des Kindes und staatliche Interventionspflichten aus der Garantienorm des Art. 6 Abs. 2 Satz 2 GG, Berlin 1993. (zit.: Verfassungsrechtliche Schutzgebote zum Wohl des Kindes)

JESTAEDT, MATTHIAS, Schriftliche Stellungnahme zu den Gesetzentwürfen zur Verankerung von Kindesrechten im Grundgesetz, BT-Drs. 17/10118, BT-Drs. 17/11650 und BT-Drs. 17/13223, abrufbar unter: http://www.bundestag.de/bundestag/ausschuesse17/a06/anhoerungen/archiv/56_Kinderrechte/04_Stellungnahmen/Stellungnahme_Jestaedt.pdf (zuletzt abgerufen am 15.10.2013).

KÄLIN, WALTER/KÜNZLI, JÖRG, Universeller Menschenrechtsschutz. Der Schutz des Individuums auf globaler und regionaler Ebene, 3. Aufl., Basel 2013.

KAUFFMANN, HEIKO/RIEDELSHEIMER, ALBERT (Hrsg.), Kindeswohl oder Ausgrenzung? Flüchtlingskinder in Deutschland nach der Rücknahme der Vorbehalte, Karlsruhe 2010.

KELLER, HELEN, Rezeption des Völkerrechts. Eine rechtsvergleichende Studie zur Praxis des U.S. Supreme Court, des Gerichtshofes der Europäischen Gemeinschaften und des schweizerischen Bundesgerichts in ausgewählten Bereichen, Berlin Heidelberg New York 2003.

KEMPEN, BERNHARD/HILLGRUBER, CHRISTIAN, Völkerrecht, 2. Aufl., München 2012.

KERBER-GANSE, WALTRAUD, Die Menschenrechte des Kindes. Die UN-Kinderrechtskonvention und die Pädagogik von Janusz Korczak. Versuch einer Perspektivenverschränkung, Opladen und Farmington Hills 2009.

KINDHÄUSER, URS/NEUMANN, ULFRIED/PAEFFGEN HANS-ULLRICH (Hrsg.), Strafgesetzbuch, Bd. 1: Allgemeiner Teil §§ 1 – 79 b, 4. Aufl., Baden-Baden 2013.

KIRCHHOF, GREGOR, Der besondere Schutz der Familie in Art. 6 Abs. 1 des Grundgesetzes. Abwehrrecht, Einrichtungsgarantie, Benachteiligungsverbot, staatliche Schutz- und Förderpflicht, AöR 129 (2004), S. 542-583.

DERS., Kinderrechte in der Verfassung – zur Diskussion einer Grundgesetzänderung, ZRP 05/2007, S. 149-153.

DERS., Stellungnahme für den Rechtsausschuss des Deutschen Bundestages. Anhörung am 26. Juni 2013 zu den Entwürfen, Art. 6 GG zu ändern – Kinderrechte in der Verfassung (BT-Drs. 17/10118, 17/11650/17/13223), abrufbar unter: http://www.bundestag.de/bundestag/ausschuesse17/a06/anhoerungen/archiv/56_Kinderrechte/04_Stellungnahmen/Stellungnahme_Kirchhof.pdf (zuletzt abgerufen am 15.10.2013).

KLEIN, ECKART, Die völkerrechtlichen Verpflichtungen Deutschlands und ihre Bedeutung für die drei Staatsgewalten, in: PETER KOEPPEL (Hrsg.), Kindschaftsrecht und Völkerrecht im europäischen Kontext, Neuwied 1996, S. 31-48.

KOEPPEL, PETER (Hrsg.), Kindschaftsrecht und Völkerrecht im europäischen Kontext, Neuwied 1996.

KOTZUR, MARKUS/RICHTER, CLEMENS, Anmerkungen zur Geltung und Verbindlichekit der Behindertenrechtskonvention im deutschen Recht, in: ANTJE WELKE (Hrsg.), UN-Behindertenrechtskonvention mit rechtlichen Erläuterungen, Ettenheim 2012, S. 81-92.

KRAJEWSKI, MARKUS, Ein Menschenrecht auf integrativen Schulunterricht. Zur innerstaatlichen Wirkung von Art. 24 der UN-Behindertenrechtskonvention, JZ 3/2010, S. 120-125.

DERS./BERNHARD, THOMAS, Artikel 24 – Bildung, in: ANTJE WELKE (Hrsg.), UN-Behindertenrechtskonvention mit rechtlichen Erläuterungen, Ettenheim 2012, S. 164-175.

KRAPPMANN, LOTHAR, Anspruch und Kerngehalte der Kinderrechtskonvention der Vereinten Nationen, in: HEINER BIELEFELDT/VOLKMER DEILE/BRIGITTE HAMM (Hrsg.), Kinder und Jugendliche. Jahrbuch Menschenrechte 2010, Wien Köln Weimar 2009, S. 15-25.

DERS., Bilanz – 20 Jahre UN-Kinderrechtskonvention, in: SABINE V. SCHORLEMER/ELENA SCHULTE-HERBRÜGGEN (Hrsg.), 1989-2009: 20 Jahre UN-

Kinderrechtskonvention. Erfahrungen und Perspektiven, Frankfurt a. M. 2010, S. 9-17.

DERS., KinderRechte umGesetzt? Erfahrungen und Empfehlungen aus der Arbeit im UN-Ausschuss, in: SABINE PENKA/ROLAND FEHRENBACHER (Hrsg.), Kinderrechte umgesetzt. Grundlagen, Reflexionen und Praxis, Freiburg im Breisgau 2012, S. 13-23.

DERS., Kinderrechte im Dialog durchsetzen? Die Arbeit des UN-Kinderrechtsausschusses, RdJB 2/2006, S. 153-164.

DERS., Ein Individualbeschwerdeverfahren für die UN-Kinderrechtskonvention, IzKK-Nachrichten 2009/1: UN-Kinderrechtskonvention – Impulse für den Kinderschutz, S. 48-51.

DERS., Die Rücknahme der Vorbehalte der Bundesrepublik gegen die Kinderrechtskonvention, RdJB 4/2010, S. 502-509.

KÜHNER, ROLF, Vorbehalte zu multilateralen völkerrechtlichen Verträgen, Berlin Heidelberg 1986.

DERS., Vorbehalte und auslegende Erklärungen zur Europäischen Menschenrechtskonvention. Die Problematik des Art. 64 MRK am Beispiel der schweizerischen „auslegenden Erklärung" zu Art. 6 Abs. 3 lit. e MRK, ZaöRV 1982, S. 58-92.

LEE, YANGHEE, Communications procedure under the Convention on the Rights of the Child: 3rd Optional Protocol, International Journal of Children's Rights 18 (2010), S. 567-583.

LILLICH, RICHARD B. (Hrsg.), The family in international law: some ermerging problems. Third Sokol colloqium, Virginia 1981.

LIPP, VOLKER, Die Rechtsstellung der Eltern im Verfahren des Kindes. Das Urteil des BVerfG vom 16.01.2003 (2 BvR 716/01) und seine Konsequenzen, RdJB 3/2003, S. 361-367.

LÖHR, TILLMANN, Gesetzliche Konsequenzen aus der Rücknahme des Vorbehalts zur Kinderrechtskonvention, ZAR 2010, S. 378-385.

DERS., Die Individualbeschwerde zur Kinderrechtskonvention, MRM 2/2011, S. 115-128.

DERS., Kinderrechtskonvention: Aktuelle Entwicklungen in Gesetzgebung und Rechtsprechung, RdJB 2/2012, S. 191-205.

LORZ, RALPH ALEXANDER, Der Schutz von Kindern durch die UN-Kinderrechtskonvention, APuZ B 17-18/2000, S. 30-38.

DERS., Menschenrechte unter Vorbehalt. Verfassungsdogmatische Lösungsansätze für eine kontroverse Völkerrechtsproblematik, Der Staat 41 (2002), S. 29-46.

DERS., Der Vorrang des Kindeswohls nach Art. 3 der UN-Kinderrechtskonvention in der deutschen Rechtsordnung, Berlin 2003.

DERS., Nach der Rücknahme der deutschen Vorbehaltserklärung: Was bedeutet die uneingeschränkte Verwirklichung des Kindeswohlvorrangs nach der UN-Kinderrechtskonvention im deutschen Recht?, Wissenschaftliche Stellungnahme im Auftrag der National Coalition, Berlin 2010. (zit.: Rücknahme der deutschen Vorbehaltserklärung)

DERS./SAUER, HEIKO, Kinderrechte ohne Vorbehalt. Die Folgen der unmittelbaren Anwendbarkeit des Kindeswohlvorrangs nach der UN-Kinderrechtskonvention in der deutschen Rechtsordnung, MRM 1/2011, S. 5-16.

LÜTKES, ANNE/SEDLMAYR, SEBASTIAN, Auswirkungen einer Grundrechtsänderung auf den Schutz, die Teilhabe und die Förderung von Kindern und Jugendlichen, FPR 2012, S. 187-190.

LUX, STEFANIE, Nichtregierungsorganisationen und das Übereinkommen über die Rechte des Kindes, in: SABINE V. SCHORLEMER (Hrsg.), Die Vereinten Nationen und die Entwicklung der Rechte des Kindes, Aachen 2004, S. 75-104.

DIES., Rechte des Kindes: 56. Bis 58. Tagung 2011, VN 6/2012, 274-275.

V. MANGOLDT, HERMANN/KLEIN, FRIEDRICH/STARCK, CHRISTIAN (Hrsg.), Kommentar zum Grundgesetz, Bd. 1: Präambel. Art. 1-19; Bd. 2: Artikel 20-82, 6. Aufl., München 2010.

MARAUHN, THILO, Die Rechtsstellung von Kindern in bewaffneten Auseinandersetzungen, Humanitäres Völkerrecht – Informationsschriften, 2/1995, S. 64-71.

DERS., Der Schutz von Kindern gegen sexuelle Ausbeutung und sexuelle Gewalt: Das Fakultativprotokoll zum Übereinkommen über die Rechte des Kindes betreffend den Verkauf von Kindern, die Kinderprostitution und die Kinderpornographie, in: SABINE V. SCHORLEMER/ELENA SCHULTE-HERBRÜGGEN (Hrsg.), 1989-2009: 20 Jahre UN-Kinderrechtskonvention. Erfahrungen und Perspektiven, Frankfurt a. M. 2010, S. 143-157.

MARTENSON, JAN, Preface, in: SHARON DETRICK, The United Nations Convention on the Rights of the Child. A Guide to the „Travaux Préparatoires“, Dordrecht 1992, S. ix-x.

MARWEGE, GABRIELE, Legasthenie und Dyskalkulie in der Schule. Eine verfassungsrechtliche Untersuchung unter besonderer Berücksichtigung der UN-Behindertenkonvention, Göttingen 2013.

MAUNZ, THEODOR/DÜRIG, GÜNTER, Grundgesetz, München, Stand: Mai 2013.

MAUNZ, THEODOR/SCHMIDT-BLEIBTREU, BRUNO/KLEIN, FRANZ/BETHGE, HERBERT (Hrsg.), Bundesverfassungsgerichtsgesetz. Kommentar, Bd. 2, München, Stand: Juli 2013.

MAYWALD, JÖRG, Kinder haben Rechte! Kinderrechte kennen – umsetzen – wahren, Weinheim und Basel 2012.

DERS., Zum Begriff des Kindeswohls. Impulse aus der UN-Kinderrechtskonvention, IzKK-Nachrichten 2009/1: UN-Kinderrechtskonvention – Impulse für den Kinderschutz, S. 16-20.

DERS., UN-Kinderrechtskonvention: Bilanz und Ausblick, APuZ 38/2010, S. 8-15.

DERS., Brauchen wir eigene Kinderrechte im Grundgesetz?, in: GUNTER GEIGER (Hrsg.), Kinderrechte sind Menschenrechte!: Kinderrechte in Deutschland, Opladen Berlin 2011, S. 47-57.

DERS., Stellungnahme anlässlich der öffentlichen Anhörung des Rechtsausschusses des Deutschen Bundestages am 26. Juni 2013 in Berlin zur Verankerung der Kinderrechten im Grundgesetz, abrufbar unter: http://www.bundestag.de/bundestag/ausschuesse17/a06/anhoerungen/archiv/56_Kinderrechte/04_Stellungnahmen/Stellungnahme_Maywald.pdf (zuletzt abgerufen am 15.10.2013).

MENG, WERNER, Anwendung völkerrechtlicher Konventionen über Kinderrechte im Deutschen Recht, in: PETER KOEPPEL (Hrsg.), Kindschaftsrecht und Völkerrecht im europäischen Kontext, Neuwied 1996, S. 5-30.

MENZEL, HANS-JOACHIM, Minderjährige Flüchtlinge zwischen völkerrechtlichem Kinderschutz und nationaler Ausländerabwehr, ZAR 1/1996, S. 22-27.

MERTEN, DETLEF/PAPIER, HANS-JÜRGEN (Hrsg.), Handbuch der Grundrechte in Deutschland und Europa, Bd. 4: Grundrechte in Deutschland – Einzelgrundrechte I, Heidelberg 2011.

MIEHSLER, HERBERT/MOCK, ERHARD/SIMMA, BRUNO/TAMMELO, ILMAR (Hrsg.), Ius humanitatis. Festschrift zum 90. Geburtstag von Alfred Verdross, Berlin 1980.

v. MÜNCH, INGO (Hrsg.), Staatsrecht – Völkerrecht – Europarecht. Festschrift für Hans-Jürgen Schlochauer zum 75. Geburtstag am 28. März 1981, Berlin New York 1981.

DERS./KUNIG, PHILIP (Hrsg.), Grundgesetz Kommentar, Bd. 1: Präambel bis Artikel 69, 6. Aufl. München 2012.

MÜNDER, JOHANNES, Elterliche Gewalt und Wohl des Kindes, RdJB 25/1977, S. 358-373.

NIEDOBITEK, MATTHIAS, Das Recht der grenzüberschreitenden Verträge. Bund, Länder und Gemeinden als Träger grenzüberschreitender Zusammenarbeit, Tübingen 2001.

PACHE, ECKHARD, Die Europäische Menschenrechtskonvention und die deutsche Rechtsordnung, EuR 2004, S. 393-415.

PALM-RISSE, MARTINA, Hilfe für die Wehrlosen. Die Konvention über die Rechte des Kindes, VN 3/1990, S. 101-105.

PARTSCH, KARL JOSEF, Die Anwendung des Völkerrechts im innerstaatlichen Recht. Überprüfung der Transformationslehre, BDGV 6 (1964), S. 13 ff.

PENKA, SABINE, Ein Recht auf Teilhabe?! Die Bedeutung der UN-Behindertenrechtskonvention und der UN-Kinderrechtskonvention für junge Menschen mit Behinderung, in: FRANZ FINK/THORSTEN HINZ (Hrsg.), Inklusion in Behindertenhilfe und Psychiatrie. Vom Traum zur Wirklichkeit, Freiburg im Breisgau 2011, S. 67-77.

DIES./FEHRENBACHER, ROLAND (Hrsg.), Kinderrechte umgesetzt. Grundlagen, Reflexionen und Praxis, Freiburg im Breisgau 2012.

PETER, ERICH, Eine schier unendliche Geschichte. Die deutsche Ratifikationserklärung zur UN-Kinderrechtskonvention im Diskurs. Dokumentation der rechtspolitischen Kontroverse um eine Rücknahme der deutschen Ratifikationserklärung, Frankfurt a. M. 2009.

DERS., Die Rücknahme des deutschen Ausländervorbehalts zur UN-Kinderrechtskonvention im Spannungsfeld verfassungsrechtlicher Kompetenzzuweisung, ZAR 4/2002, S. 144-151.

PFEFFER, ROBERT, Das Verhältnis von Völkerrecht und Landesrecht. Eine kritische Betrachtung alter und neuer Lehren unter besonderer Berücksichtigung der Europäischen Menschenrechtskonvention, Tübingen 2009.

PLUHAR, CHRISTINE, Auf dem Weg zu einem inklusiven Schulsystem – Zum Stand der Umsetzung der UN Konvention über die Rechte von Menschen mit Behinderungen (BRK) in Schleswig-Holstein, RdJB 2/2011, S. 18-21.

POSCHER, RALF/RUX, JOHANNES/LANGER, THOMAS, Von der Integration zur Inklusion. Das Recht auf Bildung aus der Behindertenrechtskonvention der Vereinten Nationen und seine innerstaatliche Umsetzung, Baden-Baden 2008.

PROKSCH, ROLAND, Die Rechte junger Menschen in ihren unterschiedlichen Lebensaltersstufen, RdJB 4/1996, S. 473-491.

RAUSCHENBACH, THOMAS, Wie wird Deutschland kindergerecht? Aktuelle Befunde und Handlungsansätze in Gesellschaft und Praxis, RdJB 2/2011, S. 133-140.

RIEDEL, EIBE, Gutachten zur Wirkung der internationalen Konvention über die Rechte von Menschen mit Behinderung und ihres Fakultativprotokolls auf das deutsche Schulsystem, Dortmund 2010. (zit.: Gutachten zur Wirkung der internationalen Konvention)

RÖBEN, VOLKER, Außenverfassungsrecht. Eine Untersuchung zur auswärtigen Gewalt des offenen Staates, Tübingen 2007.

ROTHFRITZ, LAURI PHILIPP, Die Konvention der Vereinten Nationen zum Schutz der Rechte von Menschen mit Behinderungen. Eine Analyse unter Bezugnahme auf die deutsche und europäische Rechtsebene, Frankfurt a. M. 2010.

RUDOLF, BEATE, Die neue europäische Grundrechtsarchitektur – Auftrag für Anwälte. Nationaler, europäischer und internationaler Grundrechts- und Menschenrechtsschutz, AnwBl. 3/2011, S. 153-158.

RUDOLF, WALTER, Völkerrecht und deutsches Recht, Tübingen 1967.

RULAND, FRANZ/BARON VON MAYDELL, BERND/PAPIER, HANS-JÜRGEN (Hrsg.), Verfassung, Theorie und Praxis des Sozialstaats. Festschrift für Hans F. Zacher zum 70. Geburtstag, Heidelberg 1998.

RUX, JOHANNES, Kein Handlungsbedarf oder Anlass für eine bildungspolitische Revolution? – Zur innerstaatlichen Umsetzung der Behindertenrechtskonvention der Vereinten Nationen, RdJB 2/2009, S. 220-228.

SACHS, MICHAEL, Grundgesetz. Kommentar, 6. Aufl., München 2011.

DERS., Das Grundrecht der Behinderten aus Art. 3 Abs. 3 Satz 2 GG, RdJB 2/1996, S. 154-174.

DERS./SIEKMANN, HELMUT (Hrsg.), Der grundrechtsgeprägte Verfassungsstaat. Festschrift für Klaus Stern zum 80. Geburtstag, Berlin 2012.

SÄCKER, FRANZ JÜRGEN/RIXECKER, ROLAND (Hrsg.), Münchener Kommentar zum Bürgerlichen Gesetzbuch, Bd. 1: Allgemeiner Teil, 6. Aufl., München 2012; Bd. 8: Familienrecht II, 6. Aufl., München 2012.

ŠAHOVIĆ, NEVENA VUČKOVIĆ/DOEK, JAAP E./ZERMATTEN, JEAN, The Rights of the Child in International Law. Rights of the Child in a Nutshell and in Context: all about Children's Rights, Bern 2012.

SCHÄFER, BERNHARD, Die Individualbeschwerde nach dem Fakultativprotokoll zum Zivilpakt. Ein Handbuch für die Praxis, 2. Aufl., Berlin 2007.

SCHMAHL, STEFANIE, Kinderrechtskonvention mit Zusatzprotokollen. Handkommentar, Baden-Baden 2013.

DIES., Menschen mit Behinderungen im Spiegel des internationalen Menschenrechtsschutzes. Überlegungen zur neuen UN-Behindertenkonvention, AvR 45 (2007), S. 517-540.

SCHMIDT, WILHELM, The German „Kinderkommission", International Journal of Children's Rights 1 (1993), S. 99-100.

SCHMIDT-BLEIBTREU, BRUNO/HOFMANN, HANS/HOPFAUF, AXEL, Kommentar zum Grundgesetz, 12. Aufl., Köln München 2011.

SCHNEIDER, JAKOB, Die Justiziabilität wirtschaftlicher, sozialer und kultureller Menschenrechte, Berlin 2004.

SCHOCH, FRIEDRICH/SCHNEIDER, JENS-PETER/BIER, WOLFGANG, Verwaltungsgerichtsordnung. Kommentar, Bd. 1, München, Stand: April 2013.

V. SCHORLEMER, SABINE (Hrsg.), Die Vereinten Nationen und die Entwicklung der Rechte des Kindes, Aachen 2004.

DIES., Die Vereinten Nationen und die Entwicklung der Kinderrechte, in: dies. (Hrsg.), Die Vereinten Nationen und die Entwicklung der Rechte des Kindes, Aachen 2004, S. 1-42.

DIES./SCHULTE-HERBRÜGGEN, ELENA (Hrsg.), 1989 – 2009: 20 Jahre UN-Kinderrechtskonvention. Erfahrungen und Perspektiven, Frankfurt a. M. 2010.

SCHRUTH, PETER, Beschwerden erwünscht! Ombuds- und Beschwerdestellen als Chance für Kinderrechte, in: SABINE PENKA/ROLAND FEHRENBACHER (Hrsg.), Kinderrechte umgesetzt. Grundlagen, Reflexionen und Praxis, Freiburg im Breisgau 2012, S. 81-90.

SCHULER-HARMS, MARGARETE, Kinder in den Mittelpunkt – und ins Grundgesetz, in: Günter Frankenberg (Hrsg.), Verfassungsrecht und gesellschaftliche Realität. Dokumentation: Kongress „60 Jahre Grundgesetz: Fundamente der Freiheit stärken" der Bundestagsfraktion Bündnis 90/Die Grünen am 13./14. März 2009 in Berlin, Baden-Baden 2009, S. 133-146.

SCHULZE, REINER U. A. (Hrsg.), Bürgerliches Gesetzbuch. Handkommentar, 7. Aufl., Baden-Baden 2012.

SCHWEISFURTH, THEODOR, Vorbehalte und Erklärungen beim Abschluß völkerrechtlicher Verträge, in: RUDOLF GEIGER (Hrsg.), Völkerrechtlicher Vertrag und staatliches Recht vor dem Hintergrund zunehmender Verdichtung der internationalen Beziehungen. Symposion vom 28. bis 30. Januar 1999 in Leipzig, Baden-Baden 2000, S. 71-86.

SCHWEITZER, HARVEY, A children's rights convention – What is the United Nations Accomplishing?, in: RICHARD B. LILLICH (Hrsg.), The family in international law: some ermerging problems, Virginia 1981, S. 115-151.

SEDLMAYR, SEBASTIAN, Kinderrechte ins Grundgesetz. Eine Verbesserung für den Kinderschutz?, IzKK-Nachrichten 2009/1: UN-Kinderrechtskonvention – Impulse für den Kinderschutz, S. 10-11.

SHAW, MALCOLM NATHAN, International Law, 6. Aufl., Cambridge 2008.

SIMMA, BRUNO, Self-contained regimes, NYIL 16 (1985), S. 111-136.

DERS., Fragen der zwischenstaatlichen Durchsetzung vertraglich vereinbarter Menschenrechte, in: INGO V. MÜNCH, (Hrsg.), Staatsrecht – Völkerrecht – Europarecht. Festschrift für Hans-Jürgen Schlochauer zum 75. Geburtstag am 28. März 1981, Berlin New York 1981, S. 635-648.

SPRANGER, TADE MATTHIAS, Wen schützt Art. 3 III 2 GG?, DVBl. 1998, S. 1058-1061.

V. STAUDINGER, JULIUS (Hrsg.), Kommentar zum Bürgerlichen Gesetzbuch mit Einführungsgesetz und Nebengesetzen, Buch 4: Familienrecht, Neubearbeitung 2007, Berlin.

STEIN, TORSTEN/V. BUTTLAR, CHRISTIAN, Völkerrecht, 13. Aufl., München 2012.

STEINDORFF-CLASSEN, CAROLINE, Kinder haben Rechte – 20 Jahre UN-Kinderrechtskonvention, in: SUSANNE ELSEN/KLAUS WEBER/HOCHSCHULE MÜNCHEN (Hrsg.), Aktiv für Kinderrechte. 20 Jahre UN-Kinderrechtskonvention, München 2010, S. 11-30.

DIES., Europäischer Kinderrechtsschutz nach dem EU-Reformvertrag von Lissabon, EuR 2011, S. 19-39.

STERNBERG, NILS, Der Rang von Menschenrechtsverträgen im deutschen Recht unter besonderer Berücksichtigung von Art. 1 Abs. 2 GG, Berlin 1999.

STÖCKER, HANS A., Die UNO-Kinderkonvention und das deutsche Familienrecht, FamRZ 1992, S. 245-252.

DERS., Die UNO-Kinderrechtskonvention und das innerstaatliche Recht. B. Schlußwort, FamRZ 1992, S. 895-896.

DERS., Der Ausländervorbehalt zur UNO-Kinderrechtskonvention, ZAR 2/1992, S. 80-84.

SUELMANN, SUSANNA, Bildung in der Frauenrechtskonvention, der Kinderrechtskonvention und der Behindertenrechtskonvention der Vereinten Nationen, Hamburg 2013.

TOMUSCHAT, CHRISTIAN, Verwirrung über die Kinderrechte-Konvention der Vereinten Nationen. Zur innerstaatlichen Geltungskraft völkerrechtlicher Verträge, in: FRANZ RULAND/BERND BARON VON MAYDELL/HANS-JÜRGEN PAPIER (Hrsg.), Verfassung, Theorie und Praxis des Sozialstaats. Festschrift für Hans F. Zacher zum 70. Geburtstag, Heidelberg 1998, S. 1143-1161.

DERS., Mehr Schutz für die Schutzlosen. Die beiden Fakultativprotokolle zu dem Übereinkommen über die Rechte des Kindes, VN 3/2002, S. 89-93.

ULLMANN, CHRISTIAN, Diskussion: Die UNO-Kinderrechtskonvention und das innerstaatliche Recht. A. Erwiderung auf den Beitrag von Stöcker, FamRZ 1992, 245 ff., FamRZ 1992, S. 892-894.

DERS., Verfassungs- und völkerrechtliche Widersprüche bei der Ratifikation der UNO-Kinderrechtekonvention, FamRZ 1991, S. 898-902.

VEERMAN, PHILIP E., The Rights of the Child and the Changing Image of Childhood, Dordrecht 1992.

VERHELLEN, EUGEEN, Das UN-Übereinkommen über die Rechte des Kindes: Entstehungsgeschichte, Inhalte und Ausblicke, in: EWALD FILLER/AUGUSTIN KERN/DORIS KÖLBL/SYLVIA TRNKA/HELMUT WINTERSBERGER (Hrsg.), Kinder, Kinderrechte und Kinderpolitik. Enquête Wien, Österreich 2.-4. Mai 1994, Wien 1994, S. 57-73.

VERSCHRAEGEN, BEA, Die Kinderrechtekonvention, Wien 1996.

WABNITZ, REINHARD JOACHIM, Kinderrechte und Kinderpolitik. Perspektivenwechsel und aktuelle Entwicklungen in der Bundesrepublik Deutschland, ZfJ 9/1996, S. 339-345.

DERS., Der Kindeswohlvorrang der UN-Kinderrechtskonvention (UN-KRK) nach der Rücknahme der deutschen Vorbehaltserklärung. Auswirkungen u. a. auf das Familien- und Kinder- und Jugendhilferecht, ZKJ 12/2010, S. 428-432.

WAPLER, FRIEDERIKE, Gesetzentwürfe BT-Drs. 17/10118, 17/11650 und 17/13223 zur Aufnahme von Kinderrechten in das Grundgesetz. Stellungnahme für den Rechtsausschuss des Bundestages, abrufbar unter: http://www.bundestag.de/bundestag/ausschuesse17/a06/anhoerungen/archiv/56

_Kinderrechte/04_Stellungnahmen/Stellungnahme_Wapler.pdf (zuletzt abgerufen am 15.10.2013).

WEIß, NORMAN, Wäre ein Individualbeschwerdeverfahren auch im Rahmen der Kinderrechtskonvention sinnvoll? – Zur Einklagbarkeit der Konventionsrechte und den Chancen einer Reform, MRM 2/2001, S. 85-97.

DERS., Die neue UN-Konvention über die Rechte von Menschen mit Behinderungen – weitere Präzisierung des Menschenrechtsschutzes, MRM 3/2006, S. 293-300.

WELKE, ANTJE (Hrsg.), UN-Behindertenrechtskonvention mit rechtlichen Erläuterungen, Ettenheim 2012.

WIESNER, REINHARD, Partizipation als Modus des Kinderschutzes. Bedeutung der UN-Kinderrechtskonvention für die Verfahren der Kinder- und Jugendhilfe, IzKK-Nachrichten 2009/1: UN-Kinderrechtskonvention – Impulse für den Kinderschutz, S. 21-24.

WOLF, JOACHIM, Ratifizierung unter Vorbehalten: Einstieg oder Ausstieg der Bundesrepublik Deutschland aus der UN-Konvention über die Rechte des Kindes?, ZRP (10) 1991, S. 374-378.

ZIPPELIUS, REINHOLD/WÜRTENBERGER, THOMAS, Deutsches Staatsrecht, 32. Aufl., München 2008.

Kölner Schriften zu Recht und Staat

Herausgegeben von
Hartmut Schiedermair und Bernhard Kempen

Band 1 Bernhard Kempen: Die deutsch-polnische Grenze nach der Friedensregelung des Zwei-plus-Vier-Vertrages. 1997.

Band 2 Hans-Georg Maaßen: Die Rechtsstellung des Asylbewerbers im Völkerrecht. Überlegungen zu den völkerrechtlichen Rahmenbedingungen einer europäischen Asylrechtsharmonisierung. 1997.

Band 3 Udo Fink: Kollektive Friedenssicherung. Kapitel VII UN-Charta in der Praxis des Sicherheitsrats der Vereinten Nationen. 1999.

Band 4 Stephan Grigolli: Sprachliche Minderheiten in Italien, insbesondere Südtirol, und in Europa. Der Gebrauch der Sprache vor Behörden und Gerichten und die Vergabe öffentlicher Stellen. 1997.

Band 5 Uta Stoy-Schnell: Das Bundesverfassungsgericht und die Corte costituzionale. Ein Vergleich der Verfassungsgerichtsbarkeiten in Deutschland und Italien. 1998.

Band 6 Christian Hillgruber: Die Aufnahme neuer Staaten in die Völkerrechtsgemeinschaft. Das völkerrechtliche Institut der Anerkennung von Neustaaten in der Praxis des 19. und 20. Jahrhunderts. 1998.

Band 7 Jochen Seitz: Planungshoheit und Grundeigentum. Die verfassungsrechtlichen Schranken der städtebaulichen Entwicklungsmaßnahmen. 1999.

Band 8 Jochen Herbst: Rechtskontrolle des UN-Sicherheitsrates. 1999.

Band 9 Kristin Möller: Die Beschaffung naturschutzrechtlicher Ausgleichsflächen im Baurecht. 1999.

Band 10 Klaus Löffelbein: Genehmigungsfreies Bauen und Nachbarrechtsschutz. Die baurechtlichen Anzeige- und Freistellungsverfahren der Länder aus nachbarlicher Sicht. 2000.

Band 11 Patrick Mittmann: Die Rechtsfortbildung durch den Gerichtshof der Europäischen Gemeinschaften und die Rechtsstellung der Mitgliedstaaten der Europäischen Union. 2000.

Band 12 Martin R. Albus: Zur Notwendigkeit eines Internationalen Umweltgerichtshofs. Zugleich eine Analyse der Staatenpraxis zum Internationalen Umwelthaftungsrecht und der Rechtsschutzmöglichkeiten bei grenzüberschreitenden Umweltbeeinträchtigungen. 2000.

Band 13 Irene Baur: Die Haftung der Europäischen Zentralbank. 2001.

Band 14 Tobias R. Ehlen: Zentralisierungsmöglichkeiten der deutschen Börsenaufsicht. 2003.

Band 15 Ulrich Steiner: Wertsicherungsklauseln. Zur Europarechtskonformität des neuen § 2 PaPkG. 2003.

Band 16 Stephanie Vogel: Der Prüfungsumfang des Bundesverfassungsgerichts bei Verfassungsbeschwerden am Beispiel der Kunstfreiheitsrechtsprechung. 2004.

Band 17 Thomas Schmidt: Deutsche Hochschulräte. Begriff, Darstellung und rechtliche Analyse. 2004.

Band 18 Kirsten Schmalenbach: Die Haftung Internationaler Organisationen im Rahmen von Militäreinsätzen und Territorialverwaltungen. 2004.

Band 19 Gunter Warg: Von Verteidigung zu kollektiver Sicherheit. Der Nato-Vertrag *auf Rädern*. 2004.

Band 20 Bernhard Kempen / Yvonne Dorf: Bodenreform 1945–1949. Eine verfassungsrechtliche Neubewertung. 2004.

Band 21 Jeanette Nolte: Die völkerrechtliche Vertragspraxis der EG und die Haftung der Mitgliedstaaten am Beispiel der Fischereipolitik. 2004.

Band 22 Rüdiger Schmid-Kühnhöfer: Die Staatlichkeit von Beihilfen. Mittel- und Transferzurechnung nach Art. 87 Abs. 1 EG-Vertrag. 2004.

Band 23 Florian Schöler: Die Reform des Europäischen Kartellverfahrensrechts durch die Verordnung (EG) Nr. 1/2003. 2004.

Band 24 Christina Maria Pelzer: Die Kompetenzen der EG im Bereich Forschung. Eine Analyse ihrer Reichweite und Grenzen vor dem Hintergrund des Art. 5 Abs. 3 GG. Dargestellt am Beispiel der Gentechnologie. 2004.

Band 25 Nikolaus Vieten: Die verfassungsrechtliche Zulässigkeit der Wiedereinführung einer Vermögensteuer. Zugleich eine Untersuchung des Halbteilungsbeschlusses des Bundesverfassungsgerichts. 2005.

Band 26 Bernhard Kempen (Hrsg.): Die rechtsstaatliche Bewältigung der demokratischen Bodenreform. 2005.

Band 27 Erik Hansalek: Die parlamentarische Kontrolle der Bundesregierung im Bereich der Nachrichtendienste. 2006.

Band 28 Thomas Günther: Zur Zulässigkeit der Errichtung privater Volksschulen als Bekenntnisschulen religiös-ethnischer Minderheiten nach Art. 7 Abs. 5 GG. Am Beispiel einer islamischen Grundschule. 2006.

Band 29 Christian Hoppe: Staatshaftung und Rechtsschutz bei Verletzung grundfreiheitlicher Schutzpflichten. 2006.

Band 30 Julia Schäfer: Die Entscheidung des ECOFIN-Rats über das Vorliegen eines übermäßigen Defizits. Eine Entscheidung zwischen Politik und Recht. 2007.

Band 31 Erika Elisabeth Orth: Ein Grundrecht auf Umweltschutz in Europa? Eine rechtsdogmatische Einordnung des Art. 37 GRC. 2007.

Band 32 Cécile Günther: Die Auslegung des Rechts auf Bildung in der europäischen Grundrechtsordnung. Eine Analyse von Schutzbereich und Reichweite – dargestellt am Beispiel des Art. 14 EU-GRCh (Art. II-74 EuVerf). 2007.

Band 33 Muna A. Yousif: Die extraterritoriale Geltung der Grundrechte bei der Ausübung deutscher Staatsgewalt im Ausland. 2007.

Band 34 Stefanie von Hoff: Die Rolle des US-Supreme Court im Prozess der Verfassungsänderung in den Vereinigten Staaten von Amerika. 2008.

Band 35 Alexander Metz: Das Recht Prominenter am eigenen Bild in Kollision mit Drittinteressen. Insbesondere vor dem Hintergrund des Falles Caroline von Hannover. 2008.

Band 36 Susanne Dyrchs: Das hybride Khmer Rouge-Tribunal. Entstehung, Entwicklung und rechtliche Grundlagen. 2008.

Band 37 Heiko F. Schmitz-Elvenich: Targeted Killing. Die völkerrechtliche Zulässigkeit der gezielten Tötung von Terroristen im Ausland. 2008.

Band 38 Stefania Slavu: Die Osterweiterung der Europäischen Union. Eine Analyse des EU-Beitritts Rumäniens. 2008.

Band 39 Thomas Krings: Der Grundrechtsberechtigte des Grundrechts aus Art. 13 GG. 2009.

Band 40 Zan He: The ICJ's Practice on Provisional Measures. 2010.

Band 41 Anna Köhler: Private Sicherheits- und Militärunternehmen im bewaffneten Konflikt. Eine völkerrechtliche Bewertung. 2010.

Band 42 Jens Beynio: Die völkerrechtliche Zulässigkeit der Aufrüstung mit Kernwaffen. 2010.

Band 43 Johannes Maria Baumann: Die Rechtsprechung des EuGH zum Vorrang von Gemeinschaftsrecht vor mitgliedstaatlichen Verwaltungsakten und Gerichtsurteilen. 2010.

Band 44 Susanne Koch: Die grenzüberschreitende Wirkung von nationalen Genehmigungen für umweltbeeinträchtigende industrielle Anlagen. 2010.

Band 45 Sebastian Gerlach: Innere Konfliktregelungsmechanismen der Afrikanischen Union vor dem Hintergrund der entsprechenden Bestimmungen der Europäischen Union. 2010.

Band 46 Anne Rausch: *Responsibility to Protect*. Eine juristische Betrachtung. 2011.

Band 47 Bernhard Kempen / Kolja Naumann: Demokratie und Religion. Tagungsband zum Kolloquium der Wissenschaftlichen Arbeitsgruppe für weltkirchliche Aufgaben der Deutschen Bischofskonferenz und der Demokratie Stiftung an der Universität zu Köln am 23.11.2009 in Köln. 2011.

Band 48 Clemens David Comans: Ein „modernes" europäisches Datenschutzrecht. Bestandsaufnahme und Analyse praktischer Probleme des europäischen Datenschutzes unter besonderer Berücksichtigung der Richtlinie zur Vorratsdatenspeicherung. 2012.

Band 49 Christian Peter Kokew: Der Auslandsschutz deutscher Staatsangehöriger bei Entführungen. 2012.

Band 50 Julia Pullen: Die Immunität von Staatsunternehmen im zivilrechtlichen Erkenntnis- und Vollstreckungsverfahren. 2012.

Band 51 Leonard Koops: Seeräubereibekämpfung durch die Bundeswehr im Einklang mit dem Grundgesetz. Verfassungsrechtliche Anforderungen an einen Einsatz der Streitkräfte zur Bekämpfung der Seepiraterie außerhalb deutscher Seegebiete. 2013.

Band 52 Gesine Anna Eva Krohne: Die Ausbürgerung illoyaler Staatsangehöriger. Geltendes Verfassungsrecht, internationaler Rechtsvergleich und rechtspolitische Reformperspektiven. 2013.

Band 53 Vincent Brenner: Der privatrechtsgestaltende Verwaltungsakt im Regulierungsrecht. Zu den Möglichkeiten und Grenzen der Privatrechtsgestaltung mittels Verwaltungsakt am Beispiel des Eisenbahn- und Telekommunikationszugangsrechts. 2014.

Band 54 Elisabeth Rossa: Kinderrechte. Das Übereinkommen über die Rechte des Kindes im internationalen und nationalen Kontext. 2014.

Ingram Content Group UK Ltd.
Milton Keynes UK
UKHW010120180523
421928UK00003B/21

9 783631 653555